Die Regulierung von Hedge-Fonds und Private Equity in Europa und den USA

Göttinger Schriften zum Wirtschaftsrecht

Herausgegeben von Olaf Deinert, Torsten Körber, Rüdiger Krause,
Gerald Spindler und Andreas Wiebe

Band 8

PL ACADEMIC RESEARCH

Sara Tancredi

Die Regulierung von Hedge-Fonds und Private Equity in Europa und den USA

Eine rechtsvergleichende Untersuchung der AIFM-Richtlinie und des Dodd-Frank-Act unter ergänzender Einbeziehung des AIFM-Umsetzungsgesetzes und der EuVECA-VO

PL ACADEMIC RESEARCH

Bibliografische Information der Deutschen Nationalbibliothek
Die Deutsche Nationalbibliothek verzeichnet diese Publikation in der Deutschen Nationalbibliografie; detaillierte bibliografische Daten sind im Internet über http://dnb.d-nb.de abrufbar.

Zugl.: Göttingen, Univ., Diss., 2015

D 7
ISSN 2192-2438
ISBN 978-3-631-66804-7 (Print)
E-ISBN 978-3-653-05928-1 (E-Book)
DOI 10.3726/978-3-653-05928-1

PL Academic Research ist ein Imprint der Peter Lang GmbH.
Peter Lang – Frankfurt am Main · Bern · Bruxelles · New York · Oxford · Warszawa · Wien

Diese Publikation wurde begutachtet.

www.peterlang.com

Vorwort

Die Arbeiten an der vorliegenden Dissertation habe ich während meiner Tätigkeit als wissenschaftliche Mitarbeiterin am Lehrstuhl für Bürgerliches Recht, Handels- und Wirtschaftsrecht, Rechtsvergleichung, Multimedia- und Telekommunikationsrecht unter der Leitung von Herrn Prof. Dr. Gerald Spindler an der Georg-August-Universität Göttingen aufgenommen und während meines sich anschließenden Rechtsreferendariats am Hanseatischen Oberlandesgericht Hamburg abschließen können. Die Arbeit wurde von der Rechtswissenschaftlichen Fakultät im Wintersemester 2014/15 als Dissertation angenommen. Das Rigorosum fand am 28. April 2015 statt. Die Arbeit befindet sich auf dem Stand von Mai 2015.

Zur Wahl des Themas inspirierte mich mein geschätzter Doktorvater Herr Prof. Dr. Gerald Spindler, dem ich für sein Vertrauen und die vielfältige Unterstützung sowie für den Freiraum zur wissenschaftlichen Entfaltung besonders danke. Auch gilt mein Dank Herrn Prof. Dr. Torsten Körber, LL.M. für die Erstellung des Zweitgutachtens sowie Herrn Prof. Dr. Dr. h.c. Ulrich Immenga für die Übernahme des Vorsitzes im Rahmen meines Rigorosums.

Die vergangenen Jahre waren eine sehr intensive Zeit, geprägt von vielen bereichernden Erfahrungen. Dies gilt umso mehr für die schwierigen und herausfordernden Phasen, die mir gezeigt haben, dass es möglich ist, die eigenen Grenzen zu überwinden. Mit der Fertigstellung dieser Dissertation habe ich mir einen bereits in frühester Jugend gefassten Wunsch erfüllt. Dies wäre nicht möglich gewesen ohne die grenzenlose und liebevolle Unterstützung meiner Eltern, Anna und Luigi Tancredi, die meine Ausbildung zu jeder Zeit bedingungslos gefördert haben. Ihnen gebührt mein tiefer und aufrichtiger Dank.

Darüber hinaus danke ich in besonderem Maße meinem Vater, der mir stets ein Vorbild gewesen ist und dessen eigene Lebensgeschichte mich gelehrt hat, dass Fleiß und der Glaube an sich selbst den Weg zum Ziel weisen.

Meinem Lebensgefährten Andreas danke ich von Herzen für seine unbändige Geduld sowie dafür, dass er mir in jeder auch noch so beschwerlichen Situation verständnisvoll und bestärkend zur Seite gestanden hat.

Hamburg im Mai 2015 Sara Tancredi

Inhaltsverzeichnis

Abkürzungsverzeichnis XIX

Literaturverzeichnis XXV

Abbildungsverzeichnis XLIX

Erster Teil: Einleitung 1

A. Gang der Untersuchung 1

B. Hintergrund der AIFM-Richtlinie 2

I. Die Entstehung der AIFM-RL 2

1. Beginn der Diskussion 2

2. Einleitung einer öffentlichen Konsultation 3

3. Ergebnis der öffentlichen Konsultation 4

II. Notwendigkeit der AIFM-Richtlinie 5

1. Wirtschaftliche Notwendigkeit 6

a) Der Einfluss der „Heuschreckendebatte“ 6

b) Alternative Investmentfonds und ihre „Systemrelevanz“ 7

aa) Leverage und Leerverkäufe 7

(1) Leverage 7

(2) Leerverkäufe 8

bb) Zwischenergebnis 10

cc) „Systemrelevanz“ als Anknüpfungspunkt der AIFM-RL 10

dd) Die „LTCM-Krise“ 11

2. Rechtliche Notwendigkeit 13

a) Fehlende Regulierung auf EU-Ebene 14

aa) Entwicklung von Hedge-Fonds 14

bb) Regulatorische Lücke im EU-Recht 15

(1) OGAW-Richtlinie ... 15
(2) MiFID-Richtlinie ... 16
(3) Sonstige Richtlinien ... 17
b) Regulatorische Lücke in Deutschland ... 18
c) Zusammenfassung ... 19

C. Selbstregulierung als Alternative zur AIFM-RL? ... 20
I. Was bedeutet Selbstregulierung? ... 20
II. Staatliche Einflussnahme ... 21
III. Vor- und Nachteile der Selbstregulierung ... 22
1. „Pro" Selbstregulierung ... 23
2. „Contra" Selbstregulierung ... 24
IV. Ergebnis ... 24

D. Ziele der AIFM-RL ... 26

Zweiter Teil: Die AIFM-Richtlinie ... 27

A. Anwendungsbereich ... 27
I. Personalistischer Regelungsansatz ... 27
1. Entscheidungsmacht des AIFM ... 27
2. Fehlanreize ... 28
3. (Un-)Bestimmbarkeit von AIF ... 30
a) OGAW-RL als Auslegungshilfe ... 30
b) Vielfalt der Anlageobjekte ... 31
c) Vielfalt der Anlagestrategien ... 32
aa) Klassifizierung von Hedge-Fonds-Strategien ... 32
bb) Beispiel: Klassifizierung nach Risikomaß ... 32
d) Zwischenergebnis ... 34
II. Was ist ein AIFM? ... 34
1. Überblick ... 35
2. Bestimmung des AIFM ... 35
a) Formelle Anforderungen ... 35
b) Materielle Anforderungen ... 37

III. Sachlicher Anwendungsbereich 37
1. Alternative Investmentfonds (AIF) 37
a) Merkmale 37
aa) Organismus 38
bb) Für gemeinsame Anlagen 38
cc) Einsammeln von Kapital 38
dd) Vielzahl von Anlegern 39
ee) Festgelegte Anlagestrategie 39
ff) Zum Nutzen der Anleger 40
b) Abgrenzung zu OGAW 40
c) Zwischenergebnis 41
2. Private Equity 41
a) Entwicklung von Private Equity 42
aa) Historische Entwicklung 42
bb) Jüngste Entwicklung 43
b) Funktionsweise des Private Equity-Sektors 44
aa) Ziel: Wertzuwachs durch Beteiligung 44
bb) Private Equity-Strategien 46
(1) Early Stage 46
(2) Expansion/Later Stage 47
(3) Buyouts 47
(3.1) LBO 48
(3.2) MBO 49
c) Rückschluss für den Anwendungsbereich der AIFM-Richtlinie 51
IV. Ausnahmen 52
1. Bereichsausnahmen 52
a) Family Offices 52
b) Holdinggesellschaften 53
c) Verbriefungszweckgesellschaften 54
2. Verwaltung kleiner sowie risikoarmer AIF 57
a) Berechnung der Vermögenswerte 58
b) Vorgehen bei Überschreiten der Schwellenwerte 60

3. Konzernprivileg....61
V. Problemfelder....63
1. „AIFM“ als richtiger Anknüpfungspunkt?....63
2. Private Equity als „Fremdkörper“?....64
B. Zulassungspflicht des AIFM....65
I. Erfüllbarkeit durch den AIFM....67
II. Anfangskapital und Eigenmittel....67
III. Persönliche Anforderungen an den AIFM....69
1. Allgemeine Anforderungen....69
2. Zuverlässigkeit des AIFM....71
a) „Zuverlässigkeit“ im Sinne nationaler Gesetze....71
aa) KWG....71
bb) WpHG....73
cc) Die Figur des „Geschäftsführers“....74
b) Rückschlüsse für den AIFM....74
IV. Die Anforderungen an qualifizierte Gesellschafter....76
1. Qualifizierte Beteiligung....76
a) Begrifflichkeit....76
b) Exkurs: Direkte und indirekte Beteiligung....77
2. Eignung der qualifizierten Gesellschafter....78
a) Zuverlässigkeit....78
b) Finanzielle Solidität....79
c) Sonstige Anforderungen....80
3. Zwischenfazit....80
C. Grundsätze ordnungsgemäßer Verwaltung....80
I. Vergütungspolitik....81
1. Hintergrund....81
a) Struktur von Managergehältern....81
aa) Der Einfluss der „Prinzipal-Agent-Theorie“....83
bb) Das Problem des *Moral Hazard*....84
b) Fehlanreize und Behavioral Finance....86
aa) Overconfidence....87

bb) Prospect Theory 88
cc) Herding (Herdenverhalten) 89
2. Die Vergütungspolitik der AIFM-Richtlinie 92
3. Zusammenfassung und Auswertung 95
a) Der AIFM ist nicht bloß ein Abbild des Homo oeconomicus 95
b) Kurzfristiges Erfolgsdenken fördert die Eingehung von Risiken 96
c) Die neue Vergütungspolitik beseitigt das Problem der „fiktiven Konten“ 96
II. Interessenkonflikte 97
1. Was ist ein „Interessenkonflikt“? 97
2. Arten von Interessenkonflikten 99
a) Grundsatz 99
b) Fallgruppen 99
aa) Art. 14 Abs. 1 lit. a) AIFM-RL 99
bb) Art. 14 Abs. 1 lit. b) AIFM-RL 100
cc) Art. 14 Abs. 1 lit. c) AIFM-RL 101
dd) Art. 14 Abs. 1 lit. d) AIFM-RL 101
ee) Art. 14 Abs. 1 lit. e) AIFM-RL 101
3. Conflicts of Interest Policy und Compliance 102
a) Stufe 1: Identifikation von Interessenkonflikten 103
b) Stufe 2: Vorkehrungen/ Beilegung 103
aa) Errichtung von *Chinese Walls* 104
bb) Gesonderte Überwachung 105
cc) Unabhängige Vergütung 106
dd) Keine ungebührliche Einflussnahme 106
ee) Keine gleichzeitige Einbeziehung 107
c) Stufe 3: Offenlegung 107
4. Spezialfall: Primebroker 108
a) Tätigkeit von Primebrokern 108
b) Interessenkonflikte zwischen Primebrokern und AIF.... 110
5. Zwischenergebnis 110

III. Risikomanagement ... 110
1. „Risiko“ und „Risikomanagement“ ... 111
a) Risiko ... 111
aa) Begrifflichkeit ... 111
bb) Arten von Risiken ... 112
b) Die Bedeutung von „Risikomanagement“ ... 114
aa) Begriffliche Bedeutung ... 114
bb) Unternehmerische Bedeutung ... 114
2. Aufbau eines Risikomanagementsystems ... 116
a) Risk Management Policy ... 117
b) Vorgehensweise des Risikomanagements ... 118
aa) Risikoidentifikation ... 119
bb) Risikobewertung ... 119
cc) Risikosteuerung ... 120
(1) Risikovorsorge ... 120
(2) Risikovermeidung ... 120
(3) Risikobegrenzung ... 121
(4) Risikodiversifikation ... 121
(5) Risikoüberwälzung ... 122
dd) Risikoüberwachung ... 122
3. Permanent Risk Function ... 123
4. Besonderheiten ... 124
a) Due Diligence-Process ... 124
b) Stresstests ... 125
5. Die Rolle der Ratingagenturen ... 126
a) Die Funktion von Ratings ... 126
b) Kritik an Ratingagenturen ... 127
aa) Struktur eines Ratingverfahrens ... 127
bb) Interessenkonflikte ... 128
(1) Problemstellung ... 128
(2) „Rating-Verordnungen“ ... 128

(3) Auswirkungen auf die AIFM-Richtlinie ... 130
c) Zusammenfassung ... 131
IV. Liquiditätsmanagement ... 132
1. Verfahren und Grundsätze ... 132
2. Limits und Stresstests ... 134
3. Das Bewertungsverfahren und seine Delegation ... 134
V. Verwahrung ... 136
1. Mögliche Verwahrstellen ... 136
2. Bestellung der Verwahrstelle ... 137
a) Verwahrstelle mit Sitz in der EU ... 137
b) Verwahrstelle mit Sitz in einem Drittland ... 138
3. Aufgaben der Verwahrstelle ... 139
a) Originärer Aufgabenbereich ... 139
b) Fakultativer Aufgabenbereich ... 141
c) Möglichkeit der Delegation ... 141
4. Haftung und Exkulpationsmöglichkeiten der Verwahrstelle ... 142
a) Relevante Rechtsverhältnisse ... 143
aa) Rechtsverhältnis zwischen der Verwahrstelle und dem AIF ... 143
bb) Rechtsverhältnis zwischen der Verwahrstelle und den Anlegern des AIF ... 144
(1) Echter Vertrag zugunsten Dritter ... 145
(2) Vertrag mit Schutzwirkung zugunsten Dritter ... 146
(3) Gesetzliches Schuldverhältnis ... 147
b) Haftung für Abhandenkommen ... 147
c) Sonstige Haftung ... 149
d) Exkulpation bei Vorliegen höherer Gewalt ... 149
e) Exkulpation in Bezug auf den eingeschalteten Dritten ... 150
VI. Transparenzanforderungen ... 151
1. Jahresbericht ... 151

2. Informationspflichten gegenüber den zuständigen Behörden 152
3. Informationspflichten gegenüber den Anlegern 155
a) Vor Anteilszeichnung 155
b) Nach Anteilszeichnung 155
D. Sondervorschriften zu Private Equity 156
I. Transparenzpflichten 157
II. Zerschlagen von Unternehmen (*Asset Stripping*) 159
1. Asset Stripping oder der „Heuschrecken-Faktor" 159
2. Das Verbot von Asset Stripping in der AIFM-Richtlinie 160
3. Financial Assistance im Rahmen von LBOs 161
III. Auswirkungen auf die Private Equity-Branche 162
E. EU-Pass und Regelungen mit Drittstaatenbezug 163
I. EU-Pass für AIFM 164
1. Vertrieb von EU-AIF 164
a) im Herkunftsmitgliedstaat des AIFM 164
b) in anderen Mitgliedstaaten als dem Herkunftsmitgliedstaat des AIFM 165
2. Verwaltung von EU-AIF mit Sitz in anderen Mitgliedstaaten 165
II. Regelungen mit Drittstaatenbezug 166
1. Der Referenzmitgliedstaat des Nicht-EU-AIFM 166
a) Der Referenzmitgliedstaat als Ersatz für den Herkunftsmitgliedstaat 166
b) Die Bestimmung des Referenzmitgliedstaates 167
aa) Verwaltung durch Nicht-EU-AIFM von EU-AIF 168
(1) mit Sitz in einem Mitgliedstaat 168
(2) mit Sitz in verschiedenen Mitgliedstaaten 168
bb) Vertrieb durch Nicht-EU-AIFM 168
(1) von EU-AIF 168
(1.1) in einem Mitgliedstaat 168
(1.2) in mehreren Mitgliedstaaten 168
(2) von Nicht-EU-AIF 169

(2.1) in einem Mitgliedstaat ... 169
(2.2) in mehreren Mitgliedstaaten ... 169
c) Vorgehen bei mehreren möglichen Referenzmitgliedstaaten ... 169
d) Änderung des Referenzmitgliedstaates ... 170
2. Zulassungsvoraussetzungen bei Drittlandbezug ... 170
a) Verwaltung von Nicht-EU-AIF durch EU-AIFM ... 171
b) Vertrieb von Nicht-EU-AIF durch EU-AIFM ... 171
aa) mit EU-Pass ... 171
bb) ohne EU-Pass ... 172
c) Gemeinsame Zulassungsvoraussetzungen für die Verwaltung und/ oder den Vertrieb von EU-AIF durch Nicht-EU-AIFM ... 173
d) Bedingungen für den Vertrieb durch einen Nicht-EU-AIFM mit EU-Pass ... 174
aa) EU-AIF ... 174
bb) Nicht-EU-AIF ... 175
e) Bedingungen für den Vertrieb durch einen Nicht-EU-AIFM ohne EU-Pass ... 175
f) Bedingungen für die Verwaltung durch einen Nicht-EU-AIFM ohne EU-Pass ... 176
F. Entzug der Zulassung ... 176
G. Resümee zur AIFM-Richtlinie ... 177

Dritter Teil: Dodd-Frank Wall Street Reform and Consumer Protection Act ... 181

A. Einführung und Hintergrund ... 181
I. Wirtschaftlicher Hintergrund ... 181
II. Regulierungsversuche vor dem Dodd-Frank Act ... 183
1. Securities Act of 1933 ... 183
2. Securities Exchange Act of 1934 ... 185
3. Investment Company Act of 1940 ... 186
4. Investment Advisers Act of 1940 ... 187

5. Die „Hedge Fund Rule“ und der Fall „Goldstein vs. SEC“ 188
6. Regulierungsansätze nach „Goldstein vs. SEC“ 190
a) „Anti Fraud“-Provision 190
b) „Best Practice-Regeln“ 191
aa) Aufklärungspflichten 192
bb) Bewertungsverfahren 193
cc) Risikomanagement 194
dd) Allgemeine Grundsätze 195
ee) Interessenkonflikte 195
7. Bindungswirkung der „Best-Practice-Regeln“ des AMC 196
III. Zwischenergebnis 198
B. Die Entstehung des Dodd-Frank Act 198
C. Struktur und Inhalt 200
I. Äußeres Erscheinungsbild 200
II. Kernbereiche der Regelung 201
1. Einführung des „Financial Stability Oversight Council“ 201
2. Das Ende von „Too big to fail“ 202
3. Die „Volcker-Rule“ 204
4. Das Federal Reserve System und das *emergency lending* 207
III. Titel IV: Hedge-Fonds 208
1. Registrierungspflicht für Hedge-Fonds-Manager 208
a) US-adviser 209
b) Non-US-adviser 211
2. Registrierung nach „Form ADV“ 212
3. Folgen der Registrierung 213
a) Disclosure 213
b) Custody 214
aa) Verwahrung durch (unabhängigen) *qualified custodian* 215
bb) Verwahrung durch *adviser* oder *related person* 215
c) Performance Based Fees 217

d) Code of Ethics und Whistleblowing 217
D. Fazit zum Dodd-Frank Act 218

Vierter Teil: Die Umsetzung der AIFM-Richtlinie in Deutschland 219

A. AIFM-Umsetzungsgesetz 219
I. Aufhebung des InvG 219
II. Anwendungsbereich 220
III. Auswirkungen des KAGB 222
1. „Semiprofessionelle" Anleger 222
2. Ausweitung der Aufsichtskompetenzen der BaFin 223
3. Erlaubnispflicht für Kapitalverwaltungsgesellschaften 224
4. Rechtsformen der Kapitalverwaltungsgesellschaft 225
5. Grundsätze ordnungsgemäßer Verwaltung 226
a) Allgemeine Verhaltensregeln 226
b) Interessenkonflikte 227
c) Risiko- und Liquiditätsmanagement 227
d) Berichtspflichten 227
aa) Gegenüber der BaFin 227
bb) Gegenüber den Anlegern 228
e) Vergütung 229
f) Verwahrung 229
6. Hedge-Fonds im KAGB 230
7. Private Equity im KAGB 232
B. Fazit zum AIFM-Umsetzungsgesetz 233

Fünfter Teil: Die „Verordnung über Europäische Risikokapitalfonds" 235

A. Problemstellung und Ziele der EuVECA-Verordnung 235
B. Inhalt der EuVECA-Verordnung 237
I. Anwendungsbereich und Begriffsbestimmung 237

II. Die Registrierung und ihre Folgen ... 238
III. Aufsicht ... 239
IV. Integrierung der EuVECA in das KAGB ... 240

Sechster Teil: Rechtsvergleich ... 241

A. AIFM-Richtlinie vs. Dodd-Frank Act ... 241
I. Hintergrund und Ziele ... 241
II. Anwendungsbereich und Ausnahmen ... 242
1. Persönlicher Anwendungsbereich ... 243
2. Sachlicher Anwendungsbereich ... 243
III. Regelungsbereiche ... 244
1. Registrierungspflicht ... 244
2. Berichtspflichten ... 245
3. Verwahrung ... 246
4. Vergütung ... 246
5. Sonstiges ... 247
IV. Ergebnis ... 248
B. AIFM-Richtlinie vs. KAGB ... 250
I. Anwendungsbereich ... 251
II. Anlegerklassifizierung ... 251
III. Struktur von AIFM ... 251
IV. Ergebnis ... 252
C. AIFM-Richtlinie vs. EuVECA-Verordnung ... 253
I. Regulatorischer Ansatz ... 253
II. Anlegerschaft ... 253
III. Wirkung ... 253
IV. Ergebnis ... 254
D. Dodd-Frank Act vs. EuVECA-Verordnung ... 254

Siebenter Teil: Abschließende Würdigung und Ausblick ... 257

Abkürzungsverzeichnis

A. A./a. A.	Andere Ansicht/andere Ansicht
ABl. EU	Amtsblatt der Europäischen Union
Abs.	Absatz
a. E.	am Ende
a. F.	alte Fassung
AG	Aktiengesellschaft
AIF	Alternativer Investmentfonds
AIFM	Verwalter alternativer Investmentfonds
AIFMD/ AIFM-RL/ AIFM-Richtlinie	Richtlinie 2011/61/EU über die Verwalter alternativer Investmentfonds vom 1.7.2011
AIFM-DVO	Durchführungsverordnung (EU) Nr. 447/2013 zur Richtlinie über die Verwalter alternativer Investmentfonds vom 15.5.2013
AIFM-UmsG	Umsetzungsgesetz zur Richtlinie über die Verwalter alternativer Investmentfonds
AIMA	Alternative Investment Management Association
AktG	Aktiengesetz
ALFI	Association of the Luxembourg Fund Industry
AMC	Asset Managers' Committee
Anm.	Anmerkung
Art.	Artikel
AT	Allgemeiner Teil
Az.	Aktenzeichen
BaFin	Bundesanstalt für Finanzdienstleistungsaufsicht
BAI	Bundesverband Alternative Investment e.V.
BB	Der Betriebs-Berater
BGB	Bürgerliches Gesetzbuch
BGBl.	Bundesgesetzblatt
BGH	Bundesgerichtshof
BGHZ	Entscheidungen des Bundesgerichtshofes in Zivilsachen
BKR	Zeitschrift für Bank- und Kapitalmarktrecht
BMF	Bundesminister der Finanzen
BörsG	Börsengesetz
BT	Bundestag/Besonderer Teil
BVerfG	Bundesverfassungsgericht
BVerwG	Bundesverwaltungsgericht
BVI	Bundesverband Investment und Asset Management
BVK	Bundesverband deutscher Kapitalbeteiligungsgesellschaften e.V.
bzw.	beziehungsweise

ca.	circa
CCP	Central Counterparties
CDS	Credit Default Swap
CESR	Committee of European Securities Regulators
C.F.R.	Code of Federal Regulations
ch.	chapter
CVC	Corporate Venture Capital
DAX	Deutscher Aktienindex
DB	Der Betrieb
D.C. Cir.	District of Columbia Circuit
DCGK	Deutscher Corporate Governance Kodex
DeStatis	Statistisches Bundesamt
d.h.	das heißt
dies.	dieselben
Dodd-Frank Act	Dodd-Frank Wall Street Reform and Consumer Protection Act
DRL	Durchführungsrichtlinie
Drucks.	Drucksache
DVO	Durchführungsverordnung
EG	Europäische Gemeinschaft
EMA	European Master Agreement
EMIR	European Market Infrastructure Regulation
ESMA	Europäische Wertpapier- und Marktaufsichtsbehörde
ESRB	Europäischer Ausschuss für Systemrisiken
et. al.	et alii
EU	Europäische Union
EuGH	Europäischer Gerichtshof
EUR	Euro
EuVECA-VO/ EuVECA-Verordnung	Verordnung (EU) Nr. 345/2013 über Europäische Risikokapitalfonds vom 17.4.2013
EuZW	Europäische Zeitschrift für Wirtschaftsrecht
EVCA	European Private Equity and Venture Capital Association
EWG	Europäische Wirtschaftsgemeinschaft
FAZ	Frankfurter Allgemeine Zeitung
FATF	Financial Action Task Force
FG	Festgabe
f./ff.	folgende/fortfolgende
Fn.	Fußnote
FRUG	Finanzmarkt-Richtlinie-Umsetzungsgesetz
FS	Festschrift
FSA	Financial Services Authority
FSF	Financial Stability Forum
G-20	Gruppe der zwanzig wichtigsten Industrie- und Schwellenländer

gem.	gemäß
GewO	Gewerbeordnung
GG	Grundgesetz
ggf.	gegebenenfalls
GmbH	Gesellschaft mit beschränkter Haftung
GmbH & Co. KG	Gesellschaft mit beschränkter Haftung & Compagnie Kommanditgesellschaft
GRIR	German Risk and Insurance Review
GWR	Gesellschafts- und Wirtschaftsrecht
Hdb.	Handbuch
Hdb. d. KapitalanlageR	Handbuch des Kapitalanlagerechts
HdV	Handbuch der Versicherung
HGB	Handelsgesetzbuch
h. M.	herrschende Meinung
Hrsg.	Herausgeber
i. E.	im Ergebnis
IFRS	International Financial Reporting Standards
insb.	insbesondere
InvG	Investmentgesetz
InvMaRisk	Mindestanforderungen an das Risikomanagement für Investmentgesellschaften
InvModG	Investmentmodernisierungsgesetz
IOSCO	Internationale Organisation der Wertpapieraufsichtsbehörden
i. S. v.	im Sinne von
KAGB	Kapitalanlagegesetzbuch
KapitalverwG	Kapitalverwaltungsgesellschaft
KG	Kommanditgesellschaft
KMRK	Kommentar zum Kapitalmarktrecht
KMU	Kleine und mittelständische Unternehmen
KWG	Kreditwesengesetz
LBO	Leveraged-Buyout
lit.	litera
LTCM	Long-Term Capital Management
MaComp	Mindestanforderungen an die Compliance-Funktion und die weiteren Verhaltens-, Organisations- und Transparenzpflichten nach §§ 31 ff. WpHG für Wertpapierdienstleistungsunternehmen
MaRisk	Aufsichtsrechtliche Mindestanforderungen an das Risikomanagement
MBO	Management-Buyout
MiFID-Richtlinie/ MiFID-RL	Richtlinie 2004/39/EG über Märkte für Finanzinstrumente vom 21.4.2004
Mio.	Million(en)

Mrd.	Milliarde(n)
MüHdbGesR	Münchener Handbuch des Gesellschaftsrechts
MüKo	Münchener Kommentar
m. w. N.	mit weiteren Nachweisen
NAV	Net Asset Volume
NJW	Neue Juristische Wochenschrift
No.	Number
Nr.	Nummer
Nw. J. Int.'l L. & Bus.	Northwestern Journal of International Law & Business
NZI	Neue Zeitschrift für das Recht der Insolvenz und Sanierung
o. ä.	oder ähnlich
OECD	Organisation for Economic Cooperation and Development
OGAW	Organismus für gemeinsame Anlagen in Wertpapieren
OGAW-RL	Richtlinie zur Koordinierung der Rechts- und Verwaltungsvorschriften betreffend bestimmte Organismen für gemeinsame Anlagen in Wertpapieren vom 20.12.1985
OHG	Offene Handelsgesellschaft
OTC	Over the Counter
ÖPP	Öffentlich-Private Partnerschaft
o. V.	ohne Verfasser
PCAOB	Public Company Accounting Oversight Board
P. L./Pub. L.	Public Law
p./pp.	page/pages
PWC	PriceWaterhouseCoopers
Rating-VO-I	Verordnung (EG) Nr. 1060/2009 über Ratingagenturen vom 17.11.2009
Rating-VO-II	Verordnung (EU) Nr. 462/2013 des Europäischen Parlaments und des Rates zur Änderung der Verordnung (EG) Nr. 1060/2009 über Ratingagenturen vom 21.5.2013
RG	Reichsgericht
RGZ	Entscheidungen des Reichsgerichtes in Zivilsachen
RL	Richtlinie
Rn.	Randnummer
S.	Seite(n)/Satz
SAIV	sophisticated alternative investment vehicle
Sec./sec.	section
SEC	Securities Exchange Commission
sog.	sogenannte
u. a.	unter anderem
UCITS	Undertakings for the Collective Investment of Transferable Securities
UmsG	Umsetzungsgesetz
Unterabs.	Unterabsatz

Urt. v.	Urteil vom
US	United States
USA	Vereinigte Staaten von Amerika
U.S.C.	United States Code
v.	vom/von
v. a.	vor allem
VA	Versicherungsaufsicht
VAG	Versicherungsaufsichtsgesetz
VCG	Venture Capital-Gesellschaft
VerwG	Verwaltungsgesellschaft
Vgl./vgl.	Vergleiche
VO	Verordnung
Vol.	Volume
VVDStRL	Veröffentlichungen der Vereinigung der Deutschen Staatsrechtslehrer
vs.	versus
WM	Wertpapier-Mitteilungen
WpDVerOV	Wertpapier-Verhalten- und Organisationsverordnung
WpHG	Wertpapierhandelsgesetz
WpHGMaAnzV	Verordnung über den Einsatz von Mitarbeitern in der Anlageberatung, als Vertriebsbeauftragte oder als Compliance-Beauftragte und über die Anzeigepflichten nach § 34d des Wertpapierhandelsgesetzes vom 21.12.2011
z. B.	zum Beispiel
z. T.	zum Teil

Literaturverzeichnis

Achleitner, Ann-Kristin: Folgewirkungen der AIFM-Richtlinie für Private-Equity-Gesellschaften und den Wirtschaftsstandort Europa, DB 2010, 83–84.

Achleitner, Ann- Kristin/ Fingerle, Christian H.: Unternehmenswertsteigerung durch Management Buyout, EF Working Paper Series No. 01–03, pp. 1–19, Stand: Februar 2003, abrufbar unter: http://www.cefs.de/files/EF-WP-01-03.pdf (zuletzt abgerufen: 31.5.2015).

Agarwal, Vikas/ Naik, Narayan Y.: On Taking the "Alternative" Route: Risks, Rewards, Style and Performance Persistence of Hedge Funds, Second Version 1999, abrufbar unter: http://papers.ssrn.com/sol3/papers.cfm?abstract_id=150388 (zuletzt abgerufen: 31.5.2015).

Albrecht, Peter: Kreditrisiken – Modellierung und Management, Ein Überblick, GRIR 2005, 21–152, abrufbar unter: http://www.econstor.eu/obitstream/10419/68725/1/635024292.pdf (zuletzt abgerufen: 31.5.2015).

Alternative Investment Management Association (zitiert: *AIMA*): Position Paper on the European Commission's Draft, Directive on Alternative Investment Fund Managers (AIFMs), Stand: 9.10.2009, abrufbar unter: http://www.aima.org/download.cfm/docid/0E8C0F1B-8DAF-478F-B9C8DDF012839DF9 (zuletzt abgerufen: 31.5.2015).

Appelbaum, Binyamin/ McGinty, Joe Craven: The Fed's Crisis Lending: A Billion Here, a Thousand There, The New York Times March 31, 2011, abrufbar unter: http://www.nytimes.com/2011/04/01/business/economy/01fed.html?_r=0 (zuletzt abgerufen am: 31.5.2015).

Asset Managers' Committee: Best Practices for the Hedge Fund Industry, Report of the Asset Managers' Committee to the President's Working Group on Financial Markets, Stand: 15.1.2009, abrufbar unter: http://www.cftc.gov/ucm/groups/public/@swaps/documents/file/bestpractices.pdf (zuletzt abgerufen: 31.5.2015).

Assmann, Heinz-Dieter/ Schneider, Uwe H. (Hrsg.): Wertpapierhandelsgesetz, Kommentar, 6. Auflage, Köln 2012.

Assmann, Heinz-Dieter/ Schütze, Rolf A.: Handbuch des Kapitalanlagerechts, 4. Auflage, München 2015, (zitiert: Hdb. KapitalanlageR).

Association of the Luxembourg Fund Industry (zitiert: ALFI): Response to ESMA discussion paper on key concepts of the Alternative Fund Managers Directive and types of AIFM, Luxemburg, Stand: 23.3.2012, abrufbar unter: http://www.alfi.lu/sites/alfi.lu/files/files/Publications_Statements/Statements/Clean-ESMA-2103-final-version.pdf (zuletzt abgerufen: 31.5.2015).

Ausschuss für Wirtschaft und Währung: Bericht über die Zukunft von Hedge-Fonds und derivativen Finanzprodukten, Stand: 17.12.2003, abrufbar unter:

http://www.europarl.europa.eu/sides/getDoc.do?type=REPORT&reference=A5-2003-0476&language=DE (zuletzt abgerufen: 31.5.2015).

Ayres, Ian/ Braithwaite, John: Responsive Regulation – Transcending the Deregulation Debate, New York/ Oxford 1992.

Balboa, Marina/ Martí, José: An Integrative Approach to the Determinants of Private Equity Fundraising, Spanien, Dezember 2003, abrufbar unter: http://papers.ssrn.com/sol3/papers.cfm?abstract_id=493344 (zuletzt abgerufen: 31.5.2015) (zitiert: Private Equity Fundraising).

Banik, Christopf/ Ogg, Matthias/ Pedergnana, Maurice: Hybride und mezzanine Finanzierungsmöglichkeiten: Möglichkeiten und Grenzen, Bern 2008.

Bankenverband – Bundesverband Deutscher Banken: Zur Diskussion über eine angemessene Regulierung der Verbriefungsaktivitäten von Banken, Positionen und Fakten, Stand: November 2009, abrufbar unter: http://www.true-sale-international.de/fileadmin/tsi_ downloads/ABS_Aktuelles/Verbriefungsmarkt/10-br0911_Verbriefung.pdf (zuletzt abgerufen: 31.5.2015).

Bankenverband – Bundesverband Deutscher Banken: Transparenz der Hedge-Fonds erhöhen Positionspapier des Bankenverbandes, Berlin, Stand: 15.5.2007, abrufbar unter: http://www.absolut-research.de/news/detail/n/ positionspapier-des-bankenverbandes-transparenz-der-hedge-fonds-erhoehen/?sword_list[]=Hedgefonds&no_cache=1 (zuletzt abgerufen: 31.5.2015).

Baseler Ausschuss für Bankenaufsicht: Internationale Konvergenz der Kapitalmessung und Eigenkapitalanforderungen (Basel II), Stand: Juni 2006, abrufbar unter: http://www.bis.org/publ/bcbs128ger.pdf (zuletzt abgerufen: 31.5.2015).

Baseler Ausschuss für Bankenaufsicht: The Internal Ratings-Based Approach, Stand: Mai 2001, abrufbar unter: http://www.bis.org/publ/bcbsca05.pdf (zuletzt abgerufen: 31.5.2015).

Baumann, Rico: Leveraged Buyouts: Eine empirische Untersuchung der finanziellen Charakteristika, Vermögenseffekte und brancheninternen Effekte, Dissertation, EBS Universität für Wirtschaft und Recht, Oestrich-Winkel, Wiesbaden 2012.

Beblo, Miriam/ Wolf, Elke/ Zwick, Thomas: Erfolgsabhängige Vergütung: Ein sicherer Weg zur Steigerung der Leistung von Top-Managern? Zentrum für Europäische Wirtschaftsforschung, Discussion Paper No. 02–72, Stand: November 2002, abrufbar unter: ftp://ftp.zew.de/pub/zew-docs/dp/dp0272.pdf (zuletzt abgerufen: 31.5.2015).

Bednarz, Sebastian: Die Regulierung von Hedge-Fonds, Eine rechtsvergleichende Untersuchung der Regulierungsdiskussion in Deutschland, den USA und Großbritannien, Dissertation, Universität Göttingen, Hamburg 2009.

Benicke, Christoph: Wertpapiervermögensverwaltung, Tübingen 2006.

Berg, Bernd: Finanzkrisen und Hedgefonds, Finanzmagier oder Krisenauslöser?, Dissertation, Universität Tübingen, Wiesbaden 2009.

Bernanke, Ben S.: Chairman Ben S. Bernanke, Speech at the Federal Reserve Bank of Chicago's 43rd Annual Conference on Bank Structure and Competition, Chicago, Illinois, Stand: 17.5.2007, abrufbar unter: http://www.federalreserve.gov/newsevents/speech/bernanke20070517a.htm (zuletzt abgerufen: 31.5.2015).

Bieg, Hartmut/ Kußmaul, Heinz: Externes Rechnungswesen, 4. Auflage, Oldenburg 2006.

Bikhchandani, Sushil/ Hirshleifer, Davis/ Welch, Ivo: A Theory of Fads, Fashion, Custom, and Cultural Change as Informational Cascades, Journal of Political Economy, Vol. 100, No. 5, October 1992, pp. 992–1026, abrufbar unter: http://papers.ssrn.com/sol3/papers.cfm?abstract_id=1286306 (zuletzt abgerufen: 31.5.2015).

Bikhchandani, Sushil/ Sharma, Sunil: Herd Behavior in Financial Markets: A Review, IMF Working Paper No. 00/48, March 2000, pp. 1–32, abrufbar unter: http://papers.ssrn.com/sol3/papers.cfm?abstract_id=228343 (zuletzt abgerufen: 31.5.2015).

Bolder, Daniel: Short Selling und Credit Default Swaps – welche neuen Regeln braucht der Markt? EuZW 2011, 769–771.

Boos, Karl-Heinz/ Fischer, Reinfried/ Schulte-Mattler, Hermann (Hrsg.): Kreditwesengesetz, Kommentar zu KWG und Ausführungsgesetzen, 4. Auflage, München 2012.

Brass, Stefan: Hedgefonds als aktive Investoren, Rechtliche Schranken und rechtspolitische Vorschläge, Dissertation, Universität Frankfurt am Main, Frankfurt am Main 2010.

Breithaupt, Joachim/ Ottersbach, Jörg H. (Hrsg.): Kompendium Gesellschaftsrecht, Formwahl – Gestaltung – Muster für die Praxis, München 2010.

Brettel, Malte/ Kauffmann, Christian/ Kühn, Christian/ Sobczak, Christina: Private Equity-Investoren, Eine Einführung, Stuttgart 2008.

Bris, Arturo/ Goetzmann, William N./ Zhu, Ning: Efficiency and the Bear: Short Sales and Marktes around the World, The Journal of Finance, Vol. 62, No. 3, June 2007, pp. 1029–1079, abrufbar unter: http://papers.ssrn.com/sol3/papers.cfm?abstract_id=357800 (zuletzt abgerufen: 31.5.2015).

Brooks, Chris/ Clare, Andrew/ Motson, Nick: The Gross Truth About Hedge Fund Performance and Risk: The Impact of Incentive Fees, Stand: November 2007, abrufbar unter: http://papers.ssrn.com/sol3/papers.cfm?abstract_id=1031096 (zuletzt abgerufen: 31.5.2015).

Bullinger, Hans-Jörg/ Warnecke, Hans Jürgen/ Westkämper, Engelbert: Neue Organisationsformen im Unternehmen, Ein Handbuch für das moderne Management, 2. Auflage, Berlin/Heidelberg 2003.

Bundesanstalt für Finanzdienstleistungsaufsicht (zitiert: BaFin): Auslegungsschreiben zum Anwendungsbereich des KAGB und zum Begriff des „Investmentvermögens“, Geschäftszeichen: WA 41-Wp 2137–2013/0001, Stand: 14.6.2013, abrufbar unter: http://www.bafin.de/SharedDocs/Veroeffentlichungen/DE/

Auslegungsentscheidung/WA/ae_130614_Anwendungsber_KAGB_begriff_inv vermoegen.html?nn=2818492#fn7 (zuletzt abgerufen: 31.5.2015).

Bundesanstalt für Finanzdienstleistungsaufsicht (zitiert: BaFin): Zulassung von Banken und Finanzdienstleistern, sowie von Zahlungs- und E-Geldinstituten, Stand: 28.5.2013, abrufbar unter: http://www.bafin.de/DE/Aufsicht/BankenFinanzdienstleister/Zulassung/zulassung_node.html (zuletzt abgerufen: 31.5.2015).

Bundesanstalt für Finanzdienstleistungsaufsicht (zitiert: BaFin): Rundschreiben 4/2010, Mindestanforderungen an die Compliance-Funktion und die weiteren Verhaltens-, Organisations- und Transparenzpflichten nach §§ 31 ff. WpHG für, Wertpapierdienstleistungsunternehmen (MaComp), Stand: 7.6.2010, abrufbar unter: http://www.bafin.de/SharedDocs/Downloads/DE/Rundschreiben/dl_rs_1004_MaComp_Fassung_2010.pdf?__blob=publicationFile (zuletzt abgerufen: 31.5.2015).

Bundesanstalt für Finanzdienstleistungsaufsicht (zitiert: BaFin): Merkblatt zur Erlaubnispflicht gemäß § 32 Abs. 1 KWG für Family Offices, Stand: 10.2.2009, abrufbar unter: http://www.bafin.de/SharedDocs/Veroeffentlichungen/DE/Merk blatt/mb_080630_familyoffices.html?nn=2818474#doc2679548bodyText5 (zuletzt abgerufen: 31.5.2015).

Die Bundesregierung: Magazin für Wirtschaft und Finanzen, Nr. 062 09/2009, abrufbar unter: http://www.bundesregierung.de/Content/DE/Magazine/MagazinW irtschaftFinanzen/062/sa-finanzplatz-deutschland.html (zuletzt abgerufen: 31.5.2015).

Bundesverband Alternative Investment e.V. (zitiert: BAI): Investitionen in Infrastruktur, Chancen durch die Energiewende in Deutschland, Bonn 2011, abrufbar unter: http://www.bvai.de/info-center/statistiken-und-studien/infrastruktur.html?eID=dam_frontend_push&docID=1005 (zuletzt abgerufen: 31.5.2015).

Bundesverband Alternative Investment e.V. (zitiert: BAI): BVK-Statistik, Das Jahr in Zahlen 2011, Stand: Februar 2012, abrufbar unter: http://www.bvkap.de/privateequity.php/cat/42/title/Aktuelle_Statistiken (zuletzt abgerufen: 31.5.2015).

Bundesverband Alternative Investment e.V. (zitiert: BAI): BVK-Special, Private Equity in Europa 2010, Stand: August 2011, abrufbar unter: http://www.bvkap.de/privateequity.php/cat/154/aid/161/title/BVK-Special__Private_Equity_in_Europa_ (zuletzt abgerufen: 31.5.2015).

Bundesverband Alternative Investment e.V. (zitiert: BAI): Zur Diskussion über eine angemessene Regulierung der Verbriefungsaktivitäten von Banken, Stand: November 2009, abrufbar unter: http://www.true-sale-international.de/fileadmin/tsi_ downloads/ABS_Aktuelles/Verbriefungsmarkt/10-br0911_Verbriefung.pdf (zuletzt abgerufen: 31.5.2015).

Bundesverband Alternative Investment e.V. (zitiert: BAI): BVK-Special, Private Equity in Europa 2008, Stand: Juli 2009, abrufbar unter: http://www.bvkap.de/

privateequity.php/cat/154/aid/161/title/BVK-Special__Private_Equity_in_Europa_ (zuletzt abgerufen: 31.5.2015).

Bundesverband Alternative Investment e.V. (zitiert: BAI): Die Geschichte von Private Equity, abrufbar unter: http://www.bvkap.de/privateequity.php/cat/187/aid/786/title/Die_Geschichte_von_Private_Equity (zuletzt abgerufen: 31.5.2015).

Bundesverband Alternative Investment e.V. (zitiert: BAI): Woher kommt das Kapital für Private Equity?, abrufbar unter: http://www.bvkap.de/privateequity.php/cat/12/aid/595/title/Woher_kommt_das_Kapital_fuer_Private_Equity_ (zuletzt abgerufen: 31.5.2015).

Bundesverband Alternative Investment e.V. (zitiert: BAI): Corporate Venture Capital-Gesellschaften, abrufbar unter: http://www.bvkap.de/privateequity.php/cat/39/aid/129/title/Corporate_Venture_Capital-Gesellschaften (zuletzt abgerufen: 31.5.2015).

Bundesverband Alternative Investment e.V. (zitiert: BAI): Mehrheitsbeteiligungen (Buy-Outs), abrufbar unter: http://www.bvkap.de/beteiligungskapital/finanzierungsanlasse/large-buy-out (zuletzt abgerufen: 31.5.2015).

Bürgers, Tobias/ Körber, Torsten (Hrsg.): Aktiengesetz, Heidelberger Kommentar, 2. Auflage, Heidelberg 2011.

Chany, Nicholas/ Getmansky, Mila/ Haas, Shane M./ Lo, Andrew W.: Systemic Risks and Hedge Funds, MIT Sloan School of Management, Working Paper 4535–05, pp. 1–111, Stand: 22.2.2005, abrufbar unter: http://papers.ssrn.com/sol3/papers.cfm?abstract_id=671443 (zuletzt abgerufen am: 31.5.2015).

Christians, Uwe: Performance Management und Risiko, Strategieumsetzung mit risikointegrierter Balances Scorecard, Wissensbilanzen und Werttreibernetzen, Methodik und Fallbeispiele aus dem Bankensektor, Berlin 2006.

CMS Hasche Sigle: AIFM-Richtlinie, Newsletter Sonderausgabe, Stand: Juli 2011, abrufbar unter: http://www.cms-hs.com/Sonderausgabe_AIFM_ Richtlinie_0711 (zuletzt abgerufen am: 31.5.2015).

Committee of European Securities Regulators (zitiert: CESR): Guidelines on Risk Measurement and the Calculation of Global Exposure and Counterparty Risk for UCITS (CESR/10-788), Stand: 28.7.2010, abrufbar unter: http://www.esma.europa.eu/system/files/10_788.pdf (zuletzt abgerufen: 31.5.2015).

Damrau, Jan: Selbstregulierung im Kapitalmarkt, Dissertation, Universität Göttingen, Berlin 2003.

Daniel, Kent/ Hirshleifer, David/ Subrahmanyam, Avanidhar: A Theory of Overconfidence, Self-Attribution, and Security Markte Under- and Over-reactions, Stand: 19.2.2007, abrufbar unter: http://papers.ssrn.com/sol3/papers.cfm?abstract_id=2017 (zuletzt abgerufen: 31.5.2015).

Dechert: US President's Working Group Recommends Best Practices for Hedge Fund Industry, Issue 8, Stand: Mai 2008, abrufbar unter: http://www.dechert.

com/files/Publication/4aab5f9c-cf23-4327-bc74-7b76fc107610/Presentation/Publication Attachment/83214623-af83-4937-85fb-7c2edb 55600b/FS_8_-_05-08_-_Presidents_Working_Group_Recommends_Best.pdf (zuletzt abgerufen: 31.5.2015).

Deckow, Frauke: Vertrauen durch Kompetenzmarketing, Ein ganzheitlicher, Ansatz zur Vermarktung vom Kontraktgütern, Dissertation, Technische Universität Chemnitz, Wiesbaden 2006.

Delling, Peter: Risikoverhalten von Aktienfondsmanagern, Eine spieltheoretische und empirische Analyse, Dissertation, Universität Duisburg-Essen, Wiesbaden 2010.

Deloitte: Aktuelle Entwicklungen in der Fondsindustrie, Newsletter 2/2012, August 2012, abrufbar unter: https://www2.deloitte.com/content/dam/Deloitte/de/Documents/financial-services/fsi-investment-management-newsletter-deutsch-2-2012.pdf (zuletzt abgerufen: 31.5.2015).

Deloitte: Aktuelle Entwicklungen in der Fondsindustrie, FSI Investment Management Newsletter 1/2012, Stand: Februar 2012, abrufbar unter: https://www2.deloitte.com/content/dam/Deloitte/de/Documents/financial-services/FSI_Investment%20Management%20Newsletter%201_2012_de.pdf (zuletzt abgerufen: 31.5.2015).

Deloitte: Ausgewählte Problembereiche der regulatorischen Anforderungen an die Fondsbranche, Stand: Januar 2012, abrufbar unter: https://www.deloitte.com/assets/Dcom-Germany/Local%20Assets/Documents/05_Wirtschaftspruefung/2012/DE_Beilage_SF_01_2012.pdf (zuletzt abgerufen: 31.5.2015).

Derleder, Peter/ Knops, Kai-Oliver/ Bamberger, Heinz Georg (Hrsg.): Handbuch zum deutschen und europäischen Bankrecht, 2. Auflage, Berlin/Heidelberg 2009.

DeStatis: Lange Reihen: Insolvenzen ab 1950, abrufbar unter: https://www.destatis.de/DE/ZahlenFakten/Indikatoren/LangeReihen/Insolvenzen/lrins01.html?cms_gtp=152398_list%253D2&https=1 (zuletzt abgerufen: 31.5.2015).

Deutsche Bundesbank: Statistik der Banken und sonstigen Finanzinstitute, Richtlinien, Statistische Sonderveröffentlichung 1, Stand: Januar 2014, abrufbar unter: http://www.bundesbank.de/Redaktion/DE/Downloads/Veroeffentlichungen/Statistische_Sonderveroeffentlichungen/Statso_1/statso_1_12_statistik_ueber_verbriefungszweckgesellschaften.pdf?__blob=publicationFile (zuletzt abgerufen: 31.5.2015).

Deutsche Bundesbank: Monatsbericht April 2007, Leveraged-Buyout-Transaktionen: Die Rolle von Finanzintermediären und Aspekte der Finanzstabilität, abrufbar unter: http://www.econbiz.de/Record/leveraged-buyout-transaktionen-die-rolle-von-finanzintermediären-und-aspekte-der-finanzstabilität/10009066924 (zuletzt abgerufen: 31.5.2015).

Devenow, Andrea/Welch, Ivo: Rational herding in financial economics, European Economic Review 40, 1996, pp. 603–615, abrufbar unter: http://citeseerx.ist.psu.edu/viewdoc/download?doi=10.1.1.17.4883&rep=rep1&type=pdf (zuletzt abgerufen: 31.5.2015).

Die Welt: Hedgefonds spekulieren auf Griechenland-Pleite, Stand: 12.1.2012, abrufbar unter: http://www.welt.de/wirtschaft/article13810823/Hedgefonds-spekulieren-auf-Griechenland-Pleite.html (zuletzt abgerufen: 31.5.2015).

Dillerup, Ralf/ Stoi, Roman: Unternehmensführung, 3. Auflage, München 2011.

DLA Piper: Foreign Private Advisers Under Dodd-Frank, Stand: Januar 2012, abrufbar unter: https://www.dlapiper.com/~/media/Files/Insights/Publications/2012/02/UK%20Foreign%20private%20advisers%20under%20DoddFrank/Files/UK_Corporate_Update_Foreign_Advisers_under_Frank__/FileAttachment/UK_Corporate_Update_Foreign_Advisers_under_Frank__.pdf (zuletzt abgerufen: 31.5.2015).

Dombret, Andreas: Private Equity und Basel III, Keynote-Rede auf dem 12. Deutschen Eigenkapitaltag des BVK in Berlin, Stand: 12.5.2011, abrufbar unter: http://www.bundesbank.de/Redaktion/DE/Downloads/Presse/Reden/2011/2011_05_12_dombret_private_equity_und_basel_iii.pdf?__blob=publicationFile (zuletzt abgerufen: 31.5.2015).

Dönges, Thorsten: Besteuerung privater Kapitalanlagen: Mit traditionellen und alternativen Investments zur steueroptimalen Depotstruktur, Wiesbaden 2008.

Dornseifer, Frank: Bedarf es einer Regulierung von Hedgefonds und Private Equity? – Eine Replik auf die Maßnahmen der Bundesregierung, In: Leible, Stefan/ Lehmann, Matthias (Hrsg.) Hedgefonds und Private Equity – Fluch oder Segen? Jena 2009, S. 77–86.

Dornseifer, Frank/ Jesch, Thomas/ Klebeck, Ulf/ Tollmann, Claus (Hrsg.): AIFM-Richtlinie, Richtlinie 2011/61/EU über die Verwalter alternativer Investmentfonds mit Bezügen zum KAGB-E, Kommentar, München 2013 (zitiert: Kommentar zur AIFM-Richtlinie).

Drachter, Kerstin/Kempf, Alexander: Vergütung von Managern deutscher Aktienfonds: Höhe, Struktur, Determinanten und Anreizwirkungen, CFR-Working Paper No. 10–05, abrufbar unter: http://www.econbiz.de/archiv1/2010/137132_verguetung_managern_aktienfonds.pdf (zuletzt abgerufen: 31.5.2015).

Drukarczyk, Jochen: Finanzierung: Eine Einführung, 10. Auflage, Stuttgart 2008.

Dudenredaktion (Hrsg.): Die deutsche Rechtschreibung, 26. Auflage, Berlin 2013.

Dürr, Ulrike R.: Mezzanine-Kapital in der HGB- und IFRS-Rechnungslegung, Ausprägungsformen, Bilanzierung, Rating, Berlin 2007.

Edwards, Franklin R.: Hedge Funds and the Collapse of Long-Term Capital Management, Journal of Economic Perspectives, Vol. 13, No. 2, 1999, pp. 189–210, abrufbar unter: https://www0.gsb.columbia.edu/faculty/fedwards/papers/Hedge_Funds_&_the_Collapse_of_LTCM.pdf (zuletzt abgerufen: 31.5.2015).

Eidgenössische Bankenkommission: EBK-Bericht Selbstregulierung, Stand: Juli 2007, abrufbar unter: http://www.finma.ch/archiv/ebk/d/publik/medienmit/20070704/20070704_02_d.pdf (zuletzt abgerufen: 31.5.2015).

Einsele, Dorothee: Bank- und Kapitalmarktrecht: Nationale und internationale Bankgeschäfte, Tübingen 2006.

Eling, Martin: Hedgefonds-Strategien, Systematisierung und Überblick Working Papers on Risk Management and Insurance, No. 13 – University of St. Gallen, Stand: Mai 2006, abrufbar unter: http://www.ivw.unisg.ch/de/Forschung/Grundlagenforschung/~/media/Internet/Content/Dateien/InstituteUndCenters/IVW/WPs/WP13.ashx (zuletzt abgerufen: 31.5.2015).

Encyclopædia Britannica Online (o.V.): The Great Depression, abrufbar unter: http://www.britannica.com/EBchecked/topic/243118/Great-Depression/234441/Causes-of-the-decline (zuletzt abgerufen: 31.5.2015).

Ernst & Young: Game changing regulation?–The perceived impact of the AIFM Directive on private equity in Europe, Stand: März 2012, abrufbar unter: http://www.ey.com/Publication/vwLUAssets/The_perceived_impact_of_the_AIFM_Directive_on_private_equity_in_Europe/$FILE/AIFMD_European_inpact_survey.pdf (zuletzt abgerufen: 31.5.2015).

Europäische Kommission: Staff Working Paper, A new European regime for Venture Capital, Consultation Document, Stand: 15.6.2011, abrufbar unter: http://ec.europa.eu/internal_market/consultations/docs/2011/venture_capital/consultation_paper_en.pdf (zuletzt abgerufen: 31.5.2015).

Europäische Kommission: Vorschlag für eine Richtlinie des Europäischen Parlaments und des Rates über die Verwalter alternativer Investmentfonds und zur Änderung der Richtlinien 2004/39/EG und 2009/.../EG. KOM (2009/207) endgültig, Stand: 30.4.2009, abrufbar unter: http://ec.europa.eu/internal_market/investment/docs/alternative_investments/fund_managers_proposal_de.pdf (zuletzt abgerufen: 31.5.2015) (zitiert: Vorschlag für eine Richtlinie über Verwalter alternativer Investmentfonds).

Europäische Kommission: Begleitdokument zum Vorschlag für eine Richtlinie de Europäischen Parlaments und des Rates über die Verwalter alternativer Investmentfonds und zur Änderung der Richtlinie 2004/39/EG und 2009/.../EG, Zusammenfassung der Folgenabschätzung, KOM (2009) 207 – SEK (2009) 576, Stand: 30.4.2009, abrufbar unter: http://ec.europa.eu/internal_market/investment/docs/alternative_investments/fund_managers_executive_summary_de.pdf (zuletzt abgerufen: 31.5.2015).

Europäische Kommission: Commission Staff Working Document, Accompanying the Proposal for a Directive of the European Parliament and the Councel on Alternative Investment Fund Managers and amending Directives 2004/39/EC and 2009/.../EC, Impact Assessment, SEC (2009) 576 – COM (2009) 207, Stand: 30.4.2009, abrufbar unter: http://ec.europa.eu/internal_market/investment/docs/alternative_investments/fund_managers_impact_assessment.pdf (zuletzt abgerufen: 31.5.2015) (zitiert: Impact Assessment).

Europäische Kommission: DG Market Services Working Document – Feedback Statement – Summary of Responses to Hedge Fund Consultation Paper, Stand: 12.3.2009, abrufbar unter: http://ec.europa.eu/internal_market/consultations/docs/hedgefunds/feedback_statement_en.pdf (zuletzt abgerufen: 31.5.2015).

Europäische Kommission: Working Document of the Commission Services (DG Internal Market), Consultation Paper on Hedge Funds, Stand: 18.12.2008, abrufbar unter: http://ec.europa.eu/internal_market/consultations/docs/hedgefunds/consultation_paper_en.pdf (zuletzt abgerufen: 31.5.2015).

Europäische Kommission: Kommission startet öffentliche Konsultation zu Hedgefonds, Pressemitteilung IP/08/2028, Stand: 17.12.2008, abrufbar unter: http://europa.eu/rapid/press-release_IP-08-2028_de.htm (zuletzt abgerufen am: 31.05.2015).

Europäisches Parlament: Bericht mit Empfehlungen an die Kommission zur Transparenz institutioneller Investoren, 2007/2239(INI), Stand: 9.7.2008, abrufbar unter: http://www.europarl.europa.eu/sides/getDoc.do?pubRef=-//EP//NONSGML+REPORT+A6-2008-0296+0+DOC+ PDF+V0//DE (zuletzt abgerufen: 31.5.2015) (zitiert: Entschließungsantrag).

Europäischer Wirtschafts- und Sozialausschuss: Stellungnahme zu dem „Vorschlag für eine Richtlinie des Europäischen Parlaments und des Rates über die Verwalter alternativer Investmentfonds und zur Änderung der Richtlinien 2004/39/EG und 2009/…/EG“, ABl. EU Nr. C 18, S. 90 vom 19.1.2011.

European Private Equity and Venture Capital Association (zitiert: EVCA): 2012 Pan-European Private Equity and Venture Capital Activity, Activity Data on Fundraising, Investments and Divestments, abrufbar unter: https://www.evca.eu/media/12067/2012_Pan-European_PEVC_Activity.pdf (zuletzt abgerufen: 31.5.2015).

European Securities and Market Authorities (zitiert: ESMA): Final Report, Guidelines on key concepts of the AIFMD, ESMA/2013/600, Stand: 24.5.2013, abrufbar unter: http://www.esma.europa.eu/system/files/2013-600_ final_report_on_guidelines_on_key_concepts_of_the_aifmd_0.pdf (zuletzt abgerufen: 31.5.2015).

European Securities and Market Authorities (zitiert: ESMA): Discussion paper, Key concepts of the Alternative Investment Fund, Managers Directive and types of AIFM, ESMA/2012/117, Stand: 23.2.2012, abrufbar unter: http://www.esma.europa.eu/system/files/2012-117.pdf (zuletzt abgerufen: 31.5.2015).

European Securities and Market Authorities (zitiert: ESMA): Final report, ESMA's technical advice to the European Commission on possible implementing measures of the Alternative Investment Fund Managers Directive, ESMA/2011/379, Stand: 16.11.2011, abrufbar unter: http://www.esma.europa.eu/system/files/2011_379.pdf (zuletzt abgerufen: 31.5.2015).

European Securities and Market Authorities (zitiert: ESMA): Consultation Paper, ESMA's draft technical advice to the European Commission on possible implementing measures of the Alternative Investment Fund Managers Directive, ESMA/2011/209, Stand: 13.7.2011, abrufbar unter: http://www.esma.europa.eu/system/files/2011_209.pdf (zuletzt abgerufen: 31.5.2015).

Expertengruppe zu Hedge-Fonds: Report of the Alternative Investment Expert Group to the European Commission – Managing, Servicing and Marketing Hedge Funds in Europe, Stand: 4.7.2006, abrufbar unter: http://ec.europa.eu/internal_market/investment/docs/other_docs/reports/hedgefunds_en.pdf (zuletzt abgerufen: 31.5.2015).

Fähnrich, Christian/ Manns, Denise: Konzeptionsentwicklung im Treasury-Management für Banken: Unter besonderer Berücksichtigung der Zinsbuchsteuerung, Hamburg 2008.

Farny, Dieter/ Helten, Elmar/ Koch, Peter/ Schmidt, Reimer (Hrsg.): Handwörterbuch der Versicherung HdV, Karlsruhe 1988.

Federal Reserve Bank of New York: Troubled Asset Relief Program Information, Stand: 18.7.2013, abrufbar unter: http://www.federalreserve.gov/bankinforeg/tarpinfo.htm (zuletzt abgerufen: 31.5.2015).

Federal Reserve Bank of New York: What were the Federal Reserve's emergency lending facilities during the financial crisis?, Stand: 17.6.2011, abrufbar unter: http://www.federalreserve.gov/faqs/banking_12842.htm (zuletzt abgerufen: 31.5.2015).

Federal Reserve Bank of New York: Historical Changes of the Target Federal Funds and Discount Rates (1971 to present), Stand: 22.12.2008, abrufbar unter: http://www.newyorkfed.org/markets/statistics/dlyrates/fedrate.html (zuletzt abgerufen: 31.5.2015).

Federal Reserve Bank of New York: The Federal Reserve System, Purposes and Functions, 9. Auflage 2005, abrufbar unter: http://www.federalreserve.gov/pf/pdf/pf_complete.pdf (zuletzt abgerufen: 31.5.2015).

Federal Reserve Bank of New York: Expanded Guidance for Subprime Lending Programs, SR 01–4 (GEN), Stand: 31.1. 2001, abrufbar unter: http://www.federalreserve.gov/boarddocs/SRLETTERS/2001/sr0104a1.pdf (zuletzt abgerufen: 31.5.2015).

Feinendegen, Stefan/ Schmidt, Daniel/ Wahrenburg, Mark: Die Vertragsbeziehung zwischen Investoren und Venture Capital-Fonds: Eine empirische Untersuchung des europäischen Venture Capital-Marktes, CFS Working Paper No. 2002/01, Frankfurt am Main 2002.

Feldhaus, Heiner-Georg/ Veith, Amos (Hrsg.): Frankfurter Kommentar zu Private Equity, Frankfurt am Main 2010.

Feser, Nepomuk: Corporate Governance und Unternehmensperformance, Der Kontrollmechanismus der Managementkompensation als Anlagekriterium für Investoren, Dissertation, Universität St. Gallen, Bamberg 2009.

Financial Services Authority (zitiert: FSA): Hedge Funds: A Discussion Paper of Risk and Regulatory Engagement DP 05/4, Stand: Juni 2005, abrufbar unter: http://www.fsa.gov.uk/pubs/discussion/dp05_04.pdf (zuletzt abgerufen: 31.5.2015).

Freiberg, Nicole: Rationales Herdenverhalten – Theorie, Empirie und Lösungsansätze, Dissertation, Universität Würzburg, Würzburg 2004.

Friedrich, Nico: Die Rolle von Analysten bei der Bewertung von Unternehmen am Kapitalmarkt, Das Beispiel Telekommunikationsindustrie, Dissertation, Universität Gießen, Köln 2007.

Gebeloff, Rob/ Roberts, Janet: The Fed's Crisis Lending: A Billion Here, A Million There, The New York Times, April 1st, 2011, p. B1.

Gerlach, Stephan H.: Risiko- und Performancekennzahlen zur Strategiebewertung von Hedge Fonds, Hamburg 2010.

Geßler, Ernst: Das Recht der Investmentgesellschaften und ihrer Zertifikatsinhaber, WM 1957 Sonderbeilage Nr. 4, 10–35.

Gietl, Robert: Substanzielle Wertschöpfungsbeiträge durch Private Equity-Gesellschaften in europäischen Secondary Buyout Investments, Eine vergleichende Analyse mit europäischen Primary Buyout Investments, Dissertation, Universität Erlangen-Nürnberg, Berlin 2009.

Gleißner, Werner: Grundlagen des Risikomanagements im Unternehmen, Controlling, Unternehmensstrategie und wertorientiertes Management, 2. Auflage, München 2011.

Grant, Joseph Karl: Planning for the Death of a Systemically Important Financial Institution under Title I § 165(d) of the Dodd-Frank Act: The Practical Implications of Resolution Plans or Living Wills in Planning a Bank's Funeral, Virginia Law & Business Review, Vol. 6, No. 3, March 2012, pp. 467–507, abrufbar unter: http://papers.ssrn.com/sol3/papers.cfm?abstract_id=2016525 (zuletzt abgerufen: 31.5.2015).

Greenspan, Alan: Private-sector refinancing of the large hedge fund, Long Term Capital Management, Testimony before the Committee on Banking and Finance, US House of Representatives, Stand: 1.10.1998, abrufbar unter: http://www.federalreserve.gov/boarddocs/testimony/1998/19981001.htm (zuletzt abgerufen: 31.5.2015).

Grote, Michael H.: Private Equity im Mittelstand – Mythos und Realität, Johann Wolfgang Goethe-Universität, Working Paper Series: Finance & Accounting, No. 183, Stand: November 2007, Frankfurt am Main.

Gummert, Hans/ Weipert, Lutz (Hrsg.): Münchener Handbuch des Gesellschaftsrechts, Band I, 3. Auflage, München 2009 (zitiert: MüHdbGesR).

Hagemann, Michael H.: Grauer Kapitalmarkt und Strafrecht, Dissertation, Universität Osnabrück, Osnabrück 2005.

Harbaugh, Rick: Prospect Theory or Skill Signaling?, Claremont Colleges Working Paper No. 2002–03, August 2006, pp. 1–39, abrufbar unter: http://papers.ssrn.com/sol3/papers.cfm?abstract_id=311409 (zuletzt abgerufen: 31.5.2015).

Hasenmüller, Philipp: Unternehmensrisiko Klimawandel, Risiken managen und Chancen strategisch nutzen, Wiesbaden 2009.

Hauswirth, Sabine: Risk Management, Betriebliche Altersvorsorge im Umgang mit Entgeltumwandlung, Handbuch für die Beratungs- und Personalpraxis zur Einführung eines Risikomanagement-Projektes bAV für die mittelbaren Durchführungswege, Reutlingen 2010.

Hawkes, Valerie: Act Companion to Treasury Management, 2. Auflage, Abington 1999.

Heid, Manfred: Infrastrukturinvestitionen, Profil einer neuen Anlageklasse in Theorie und Praxis, Frankfurt am Main 2009.

Heinrich, Lutz J./ Lehner, Franz: Informationsmanagement, München 2005.

Hellwig, Martin F.: Finanzmarktregulierung – Welche Regelungen empfehlen sich für den deutschen und europäischen Finanzsektor?, In: Hellwig, Martin F./ Höfling, Wolfram/ Zimmer, Daniel (Hrsg.) Gutachten E/F/G zum 68. Deutschen Juristentag, Finanzmarktregulierung – Welche Regelungen, empfehlen sich für den deutschen und europäischen Finanzsektor?, München 2010, Gutachten E.

High-Level Expert Group on Financial Supervision in the EU: De Larosière-Bericht, Brüssel, Stand: 25.2.2009, abrufbar unter: http://ec.europa.eu/internal_market/finances/docs/de_larosiere_report_de.pdf (zuletzt abgerufen: 31.5.2015).

Hilpold, Claus/ Kaiser, Dieter G.: Innovative Investmentstrategien, Handelstechniken für eine optimierte Portfoliodiversifikation, Wiesbaden 2010.

Hochrangige Expertengruppe für Strukturreformen im Bankensektor: Liikanen-Bericht vom 2. Oktober 2012, abrufbar unter: http://ec.europa.eu/finance/bank/docs/high-level_ expert_group/report_de.pdf (zuletzt abgerufen: 31.5.2015).

Höfling, Wolfram: Finanzmarktregulierung – Welche Regelungen empfehlen sich für den deutschen und europäischen Finanzsektor?, In: Hellwig, Martin F./ Höfling, Wolfram/ Zimmer, Daniel (Hrsg.), Gutachten E/F/G zum 68. Deutschen Juristentag, Finanzmarktregulierung – Welche Regelungen, empfehlen sich für den deutschen und europäischen Finanzsektor?, München 2010, Gutachten F.

Höring, Johannes: Investmentrecht: Rechtliche Grundlagen für die Anlageberatung, Wiesbaden 2013.

Hornberg, Klaus Wilhelm: Hedgefonds, Gute Renditen durch Risikokontrolle und Verlustvermeidung, Wiesbaden 2006.

Hsu, David H./ Kenney, Martin: Organizing Venture Capital: The Rise and Demise of American Research & Development Corporation, 1946–1973, Working Paper 163, December 2004, abrufbar unter: http://www.brie.berkeley.edu/publications/WP163.pdf (zuletzt abgerufen: 31.5.2015).

Hutzschenreuter, Thomas: Allgemeine Betriebswirtschaftslehre, Grundlagen mit zahlreichen Praxisbeispielen, 3. Auflage, Wiesbaden 2009.

Indjic, Drago/ Heen, Aasmund: AIMA survey of hedge fund classification pratice, AIMA Journal, September 2003, abrufbar unter: http://w.edge-fund.com/InHe03.pdf (zuletzt abgerufen: 31.5.2015).

Ineichen, Alexander M.: Absolute Returns: The Risk and Opportunities of Hedge Fund Investing, New Jersey 2002.

Investors' Committee: Principles and Best Practices for Hedge Fund Investors, Report of the Investors' Committee to the President's Working Group on Financial Markets, Stand: 15.4.2008, abrufbar unter: http://www.cftc.gov/ucm/groups/public/@swaps/ documents/file/principlespractices.pdf (zuletzt abgerufen: 31.5.2015).

Jensen, Michael C.: Agency Costs of Free Cash Flow, Corporate Finance, and Takeovers, The American Economic Review, Vol. 76, No. 2, May 1986, pp. 323–329, abrufbar unter: http://papers.ssrn.com/sol3/papers.cfm?abstract_id=99580 (zuletzt abgerufen: 31.5.2015).

Jordan, Thomas J.: Private Equity – Gibt es speziellen Regulierungsbedarf? Veranstaltung der Schweizerischen Botschaft in Deutschland und der Schweizerischen Bankiervereinigung: „Deutschland-Schweiz: Partner im Dialog“, Berlin, Stand: 9.5.2007, abrufbar unter: http://www.snb.ch/de/mmr/speeches/id/ref_20070509_tjn/source/ref_20070509_tjn.de.pdf (zuletzt abgerufen: 31.5.2015).

Kabir, M. Humajun/ Hassan, M. Kabir: The near-collapse of LTCM, US financial stock returns, and the fed, Journal of Banking and Finance, Vol. 29, 2005, pp. 441–460, abrufbar unter: https://www.econbiz.de/Record/the-near-collapse-of-ltcm-us-financial-stock-returns-and-the-fed-kabir-humayun/10002485314 (zuletzt abgerufen: 31.5.2015).

Kaelble, Martin: Das sind die fünf größten Hedgefonds, Stand: 6.8.2014, abrufbar unter: http://www.capital.de/themen/das-sind-die-fuenf-groessten-hedgefonds-der-welt.html (zuletzt abgerufen: 31.5.2015).

Kahnemann, Daniel/ Tversky, Amos: Prospect Theory: An analysis of decision under risk, Econometrica Vol. 47, No. 2, March 1979, pp. 263–292, abrufbar unter: http://people.hss.caltech.edu/~camerer/Ec101/ProspectTheory.pdf (zuletzt abgerufen: 31.5.2015).

Kaiser, Dieter G.: Hedgefonds: Entmystifizierung einer Anlagekategorie, 2. Auflage, Wiesbaden 2009.

Kaiser, Dieter G.: Der Lebenszyklus von Hedgefonds: Grundlagen, Modellierung und Empirische Evidenz, Wiesbaden 2007.

Kaplan, Steven N./ Strömberg, Per: Leveraged Buyouts and Private Equity, NBER Working Paper No. 14207, July 2008, pp. 1–35, abrufbar unter: http://www.nber.org/papers/w14207 (zuletzt abgerufen: 31.5.2015).

Kapoor, Vicky: Due Diligence – Die Unternehmensprüfung vor der Unternehmensakquisition, Veranschaulicht anhand einer Legal Due Diligence mit Praxisbeispielen, Hamburg 2010.

Kirchgässner, Gebhard: Homo Oeconomicus, 3. Auflage, Tübingen 2008.

Klebeck, Ulf/ Zollinger, Peter Felix: Compliance-Funktion nach der AIFM-Richtlinie, BB 2013, 459–464.

Knöss, Alexander/ Kreßmann, Markus: Die Jahres- und Vorhabenplanung, In: Schott, Eric/ Campana, Christophe (Hrsg.), Strategisches Projektmanagement, Heidelberg 2005, S. 67–92.

Koch, Susanne: Einführung in das Management von Geschäftsprozessen, Six Sigma, Kaizen, TQM, Berlin/ Heidelberg 2011.

Kouwenberg, Roy/ Ziemba, William T.: Incentives and Risk Taking in Hedge Funds, Sauder School of Business Working Paper, June 2004, pp. 1–39, abrufbar unter: http://papers.ssrn.com/sol3/papers.cfm?abstract_id=574186 (zuletzt abgerufen: 31.5.2015).

Kübler, Friedrich: Europäische Hedgefonds nach der Finanzkrise, In: Grunewald, Barbara/ Westermann, Peter (Hrsg.), Festschrift für Georg Maier-Riemer zum 70. Geburtstag, München 2010, S. 345–358.

Kunz, Peter V.: Corporate Governance – Tendenz von der Selbstregulierung zur Regulierung, In: Kramer, Ernst A./ Nobel, Peter/ Waldburger, Robert (Hrsg.), Festschrift für Peter Böckli zum 70. Geburtstag, Zürich 2006, S. 471–496 (zitiert: Corporate Governance).

Lamberti, Matthias: Moderne Kapitalmarkttheorie und Behavioral Finance Theorie, Eine kritische Würdigung und die Möglichkeit der Optimierung, Munich Business School Working Paper 2009–04, abrufbar unter: http://www.munich-business-school.de/fileadmin/mbs_ daten/dateien/working_papers/mbs-wp-2009-04.pdf (zuletzt abgerufen: 31.5.2015).

Lang, Matthias K.: Die Zuverlässigkeit von Personen- und Kapitalgesellschaften im Umweltrecht, Dargestellt unter besonderer Berücksichtigung der Entstehungsgeschichte und des Regelungsinhalts von § 35 der Gewerbeordnung, Berlin 1997.

Leclaire, Andreas/ von Websky, Philipp: Legal Issues in German Securitisation, In: Deloitte (Hrsg.), Ausgewählte Problembereiche der regulatorischen Anforderungen an die Fondsbranche, Stand: Januar 2012, abrufbar unter: https://www.true-sale-international.de/fileadmin/tsi_downloads/ABS_Research/Informationsmaterial_und_Literatur/Einfuehrende_Handbuecher_und_Leitfaeden/Asset_Securitisation_in_Germany_3rd_edition.pdf (zuletzt abgerufen: 31.5.2015) S. 170–187.

Linne, Thomas/ Gabrisch, Hubert: Russland-Krise: Ursachen, Folgen und Wege zu ihrer Überwindung, Wirtschaft im Wandel, Vol. 4, 12/1998, S. 3–12, abrufbar unter: http://econpapers.repec.org/article/iwhiwhwiw/12-98-2.htm (zuletzt abgerufen: 31.5.2015).

Lüscher-Marty, Max: Theorie und Praxis der Geldanlage 1, Grundlagen und traditionelle Investments, 3. Auflage, Zürich 2010.

Lutter, Marcus/ Hommelhoff, Peter (Hrsg.): GmbH-Gesetz, Handkommentar, 18. Auflage, Köln 2012.

Lütz, Susanne: Der Staat und die Globalisierung von Finanzmärkten, Regulative Politik in Deutschland, Großbritannien und den USA, Habilitation, FernUniversität Hagen, Frankfurt am Main 2002.

Macharzina, Klaus/ Wolf, Joachim: Unternehmensführung: Das internationale Managementwissen, Konzepte-Methoden-Praxis, 6. Auflage, Wiesbaden 2008.

Madaus, Stephan: Das Insolvenzverfahren der Lehman Brothers Holding Inc. – ein in jeder Hinsicht besonderes Reorganisationsverfahren – NZI 2008, 715–719.

Markowitz, Harry M.: Portfolio Selection, The Journal of Finance, Vol. 7, No. 1, March 1952, pp. 77–91, abrufbar unter: http://www.jstor.org/stable/2975974?seq=1#page_scan_tab_contents (zuletzt abgerufen: 31.5.2015).

Mauch, Peter: Risikomanagement in Banken, In: Götze, Uwe/ Henselmann, Klaus/ Mikus, Barbara (Hrsg.), Risikomanagment, Heidelberg 2001, S. 327–350.

Mayer, Christopher J./ Pence, Karen M./ Sherlund, Shane M.: The Rise in Mortgage Defaults, Journal of Economic Perspectives, Vol. 23, No 1, 2009, pp. 27–50, abrufbar unter: http://papers.ssrn.com/sol3/papers.cfm?abstract_id=1949309 (zuletzt abgerufen: 31.5.2015).

McCreevy, Charlie: Opening Speech, EC Conference on Private Equity & Hedge Funds, Brüssel, Stand: 26.2.2009 European Commission – SPEECH/09/80, abrufbar unter: http://europa.eu/rapid/press-release_SPEECH-09-80_de.htm?locale=en (zuletzt abgerufen: 31.5.2015).

Meierbeck, Reiner: Strategisches Risikomanagement der Beschaffung, Entwicklung eines ganzheitlichen Modells am Beispiel der Automobilindustrie, Dissertation, Universität Bayreuth, Lohmar / Köln 2010.

Mensch, Gerhard: Finanz-Controlling, Finanzplanung und -kontrolle, 2. Auflage, München 2008.

Michaelsen, Amir: Abweichungen vom Deutschen Corporate Governance Kodex und von § 161 AktG als Pflichtverletzung im Sinne der Untreue, Göttingen 2011.

Mihm, Max: Indexbasierte Anlagestrategien: Eine theoretische und empirische Untersuchung am britischen Aktienmarkt, Dissertation, Technische Universität Dresden, Lohmar/ Köln 2011.

Mikus, Barbara: Risiken und Risiomanagement – Ein Überblick, In: Götze, Uwe/ Henselmann, Klaus/ Mikus, Barbara (Hrsg.), Risikomanagement, Heidelberg 2001, S. 1–28.

Mönnig, Alexander: Die aufsichtsbehördliche Überwachung der Inhaber bedeutender Beteiligungen an Versicherungsunternehmen, Eine kritische Analyse der betreffenden Vorschriften im Versicherungsaufsichtsgesetz unter besonderer

Berücksichtigung der Parallelvorschriften im Kreditwesengesetz, Dissertation, Universität Hamburg, Karlsruhe 2001.

Moosa, Imad: The Myth of Too Big to Fail, Journal of Banking Regulation, Vol. 11, No. 4, 2010, pp. 319–333, abrufbar unter: http://www.palgrave-journals.com/jbr/journal/v11/n4/ abs/jbr201015a.html (zuletzt abgerufen: 31.5.2015).

Morgan Lewis: SEC Adopts Exemptions for Certain Private Fund Advisers and Other Dodd-Frank Implementing Rule, Stand: 29.6.2011, abrufbar unter: http://www.morganlewis.com/pubs/sec-adopts-exemptions-for-certain-private-fund-advisers-and-other-dodd-frank-implementing-rules (zuletzt abgerufen: 31.5.2015).

Morgenroth, Karl-Heinz: Ökonomische Analyse der Funktionen von Rating durch Ratingagenturen im Rahmen einer Gläubiger-Schuldner- Beziehung, Göttingen 2006.

Münchener Kommentar zum Bürgerlichen Gesetzbuch: Band 2, Schuldrecht – Allgemeiner Teil, 6. Auflage, München 2012 (zitiert: MüKo zum BGB).

Müntefering, Franz: Freiheit und Verantwortung, Rede bei einer Veranstaltung der Friedrich-Ebert-Stiftung am 19. November 2004 in Berlin, abrufbar unter: http://www.franz-muentefering.de/reden/19.11.04.html (zuletzt abgerufen: 31.5.2015).

Natter, Alexander: Private Equity und Venture Capital als private Vermögensanlage, Frankfurt am Main 2003.

Nelles, Michael/ Klusemann, Markus: Die Bedeutung der Finanzierungsalternative Mezzanine-Capital im Kontext von Basel II für den Mittelstand, Finanz Betrieb 2003, 1–10.

Nguyen, Tristan: Handbuch der wert- und risikoorientierten Steuerung von Versicherungsunternehmen, Karlsruhe 2008.

Nobel, Peter: Selbstregulierung, In: Margelisch, Claude-Alain (Hrsg.), Festgabe für Jean-Paul Chapuis, Zürich 1998, S. 119–134.

Oehler, Andreas/ Unser, Matthias: Finanzwirtschaftliches Risikomanagement, 2. Auflage, Berlin/ Heidelberg/ New York et. al. 2002.

Oehler, Andreas/ Wendt, Stefan: Der Lockruf der Herde, Über den Einfluss des Herdenverhaltens in der Fonds-Industrie, Bamberger Beiträge zur Finanzwirtschaft, In: uni.vers 15: Geld regiert! Regiert Geld?, S. 12–15, Stand: Mai 2009, abrufbar unter: https://www.uni-bamberg.de/fileadmin/uni/verwaltung/presse/Publikationen/uni.vers/uni.vers15/03_Der_Lockruf_der_Herde.pdf (zuletzt abgerufen: 31.5.2015).

Ohl, Karl: Die Rechtsbeziehungen innerhalb des Investment-Dreiecks, Dissertation, Universität Mainz, Berlin 1989.

Ossenbühl, Fritz: Die Erfüllung von Verwaltungsaufgaben durch Private, VVDStRL 29 (1971),137–209.

Pfeifer, Benjamin: Zur Nachhaltigkeitsorientierung von Private Equity- Investoren, Dissertation, EBS Universität für Wirtschaft und Recht Oestrich-Winkel, Lohmar/ Köln 2009.

Picot, Arnold/ Reichwald, Ralf/ Wigand, Rolf T.: Information, Organization and Management, Heidelberg 2008.

Pitzke, Marc: Der neue König des Geldes, In: Spiegel Online, Stand: 17.4.2008, abrufbar unter: http://www.spiegel.de/wirtschaft/0,1518,547928,00.html (zuletzt abgerufen: 31.5.2015).

PricewaterhouseCoopers (zitiert: PWC): The AIFM and its delegates: Getting organised, A closer look at the Organisational and Operating Conditions of the AIFMD, Stand: Februar 2013, abrufbar unter: http://www.pwc.lu/en/aifm/docs/pwc-aifmd-operating.pdf (zuletzt abgerufen: 31.5.2015).

PricewaterhouseCoopers (zitiert: PWC): Private Equity Trend Report 2012, Learning to live with the new reality, Stand: März 2012, abrufbar unter: http://www.pwc.de/de_DE/de/finanzinvestoren/assets/pwc-private-equity-trend-report-2012.pdf (zuletzt abgerufen: 31.5.2015).

PricewaterhouseCoopers (zitiert: PWC): Compliance und Unternehmenskultur, Zur aktuellen Situation in deutschen Großunternehmen, Stand: Februar 2010, abrufbar unter: https://www.pwc.de/de/risiko-management/assets/studie_compliance-und-unternehmenskultur.pdf (zuletzt abgerufen: 31.5.2015).

PricewaterhouseCoopers (zitiert: PWC): Transparency versus returns: The institutional investor view of alternative assets, Stand: März 2008, abrufbar unter: http://www.qrmo.com/pdf/PwC_alternatives_briefing.pdf (zuletzt abgerufen: 31.5.2015).

Priermeier, Thomas: Fundamentale Analyse in der Praxis, München 2006.

Putnoki, Hans/Schwadorf, Heike/ Then Bergh, Friedrich: Investition und Finanzierung, München 2011.

Rasmussen, Poul Nyrup: Rasmussen-Bericht, Direct EU regulation for Private Equity and Hedge funds, The real economy comes first, Private Equity und Hedgefonds-Konferenz, Februar 2009, Stand: 26.2.2009, abrufbar unter: http://ec.europa.eu/finance/investment/docs/conference/rasmussen_en.pdf (zuletzt abgerufen: 31.5.2015) (zitiert: Rasmussen-Bericht).

Rau, Charlotte: Compliance und Unternehmensverantwortlichkeit, Dissertation, Universität Frankfurt am Main, Frankfurt am Main 2010.

Reichling, Peter/ Bietke, Daniela/ Henne, Antje: Praxishandbuch Risikomanagement und Rating, Ein Leitfaden, 2. Auflage, Wiesbaden 2007.

Ricciardi, Victor/ Simon, Helen K.: What is Behavioral Finance? Business, Education & Technology Journal, Vol. 2, No. 2, Fall 2000, pp. 27–34, abrufbar unter: http://citeseerx.ist.psu.edu/viewdoc/download?doi=10.1.1.202.4157&rep=rep1&type=pdf#page=27 (zuletzt abgerufen: 31.5.2015).

Ricken, Stephan: Verbriefung von Krediten und Forderungen in Deutschland, Betriebswirtschaftliche Handlungshilfen, Düsseldorf 2008.

Ripperger, Tanja: Ökonomik des Vertrauens: Analyse eines Organisationsprinzips, Tübingen 1998.

Röhrenbacher, Hans: Finanzierung und Investition, 3. Auflage, Wien 2008.

Rosowski, Oliver: Die rechtlichen Rahmenbedingungen für Hedgefonds, Unter Berücksichtigung des Primebrokerage, Dissertation, Universität Kiel, Hamburg 2009.

Ross, Stephan A.: The Economic Theory of Agency: The Principal's Problem, The American Economic Review, Vol. 63, No. 2, Papers and Proceedings of the Eighty-fifth Annual Meeting of the American Economic Association, May 1973, pp. 134–139, abrufbar unter: http://www3.uah.es/econ/MicroDoct/Ross_1973_The%20 economic%20theory%20of%20agency.pdf (zuletzt abgerufen: 31.5.2015).

Roßkopf, Gabriele: Selbstregulierung von Übernahmeangeboten in Großbritannien, Dissertation, Universität Tübingen, Berlin 2000.

Rudolph, Bernd: Unternehmensfinanzierung und Kapitalmarkt, Tübingen 2006.

Sachtleber, Ole W.: Zivilrechtliche Strukturen von open-end-Investmentfonds in Deutschland und England, Dissertation, Universität Kiel, Göttingen 2011.

Sami, George: A Comparative Analysis of Hedge Fund Regulation in The United States and Europe, Northwestern Journal of International Law & Business, Vol. 39, Winter 2009, pp. 275–307, abrufbar unter: http://scholarlycommons.law.northwestern.edu/cgi/viewcontent.cgi?article=1685&context=njilb (zuletzt abgerufen: 31.5.2015) (zitiert: Nw.J. Int'l L. & Bus.).

Schaaf, Martin: Risikomanagement und Compliance in Versicherungsunternehmen – aufsichtsrechtliche Anforderungen und Organverantwortung, Dissertation, Universität Mainz, Karlsruhe 2010.

Schäfer, Daniel: Die Wahrheit über die Heuschrecken, Wie Finanzinvestoren die Deutschland AG umbauen, Frankfurt am Main 2006.

Schäfer, Daniel: Historische Finanzkrisen: LTCM 1998, Der Schock durch den Fonds der Nobelpreisträger, In: Frankfurter Allgemeine Zeitung (zitiert: FAZ), vom 13.3.2008, Nr. 60, S. 25.

Schäfer, Henry: Unternehmensfinanzen: Grundzüge in Theorie und Management, 2. Auflage, Heidelberg 2002.

Schenz, Richard/ Eberhartinger, Michael: Corporate Governance Codes, In: Guserl, Richard/ Pernsteiner, Helmut (Hrsg.), Handbuch Finanzmanagement in der Praxis, Wiesbaden 2004, S. 33–56.

Schiemert, Richard: Credit Default Swaps, Bewertungsunterschiede zu Corporate Bonds und implizite Marktrisikoprämien, Dissertation, Katholische Universität Eichstätt-Ingolstadt, Ingolstadt 2011.

Schierenbeck, Henner/ Lister, Michael: Value Controlling: Grundlagen wertorientierter Unternehmensführung, 2. Auflage, München/ Wien/ Oldenburg 2002.

Schimansky, Herbert/ Bunte, Hermann-Josef/ Lwowski, Hans- Jürgen (Hrsg.): Bankrechts-Handbuch, Band II, 4. Auflage, München 2011.

Schmidt, Karsten/ Lutter, Marcus (Hrsg.): Aktiengesetz, Kommentar, 2. Auflage, Köln 2010.

Schmidt, Nora: Ausgliederung aus den öffentlichen Kernhaushalten: Öffentliche Fonds, Einrichtungen und Unternehmen, abrufbar unter: https://www.destatis.de/DE/Publikationen/WirtschaftStatistik/FinanzenSteuern/Kernhaushalte0211.pdf?__blob=publicationFile (zuletzt abgerufen: 31.5.2015).

Schmidt, Reinhard H./ Spindler, Gerald: Finanzinvestoren aus ökonomischer und juristischer Perspektive, Eine Betrachtung der Risiken, der Notwendigkeiten und Möglichkeiten einer Regulierung von Private Equity und aktivistischen Hedgefonds aus ökonomischer und gesellschafts-, kapitalmarkt- und arbeitsrechtlicher Sicht, Baden-Baden 2008.

Schmies, Christian: Die Regulierung von Hedgefonds, Dissertation, Universität Bonn, Baden-Baden 2010.

Schmitz, Thorsten/ Wehrheim, Michael: Risikomanagement: Grundlage, Theorie, Praxis, Stuttgart 2006.

Schmutzer, Christof: Der Diskurs der Heuschreckendebatte in Deutschland, Finanzinvestoren im Spiegel der öffentlichen Wahrnehmung, Saarbrücken 2010.

Schneck, Ottmar: Handbuch Alternative Finanzierungsformen, Weinheim 2006 (zitiert: Hdb. Alternative Finanzierungsformen).

Schramm, Frank/ Speer, Arne: Erfolgreicher Börsengang, CMS Hasche Sigle, P-Newsletter, Ausgabe Nr. 18, Stand: Mai 2012, abrufbar unter: http://www.cms-hs.com/Hubbard.FileSystem/files/Publication/f1163848-8db7-409a-adde-58c8d5a4f452/Presentation/PublicationAttachment/7fdf1976-2646-4eed-9dd8-fbff30204b7f/P_Newsletter_0512.pdf (zuletzt abgerufen: 31.5.2015).

Schröder, Oliver/ Rahn, Alexander: Das KAGB und Private-Equity-Transaktionen – Pflichten für Manager von Private-Equity Fonds und deren Verwahrstellen, GWR 2014, 49–54.

Schulte, Martin/ Schröder, Rainer (Hrsg.): Handbuch des Technikrechts, 2. Auflage, Berlin/ Heidelberg 2011.

Schwark, Eberhard/ Zimmer, Daniel (Hrsg.): Kapitalmarktrechts-Kommentar, 4. Auflage, München 2010 (zitiert: KMRK).

Scope: Renditeverlust durch Performance Fee, Scope Studie zu erfolgsabhängigen Vergütungsmodellen bei Investmentfonds, Scope Analysis – Report Nr. 04, Stand: 23.4.2012, abrufbar unter: http://www.scoperatings.com/study/download%253Bjsessionid%3D50601A5AAAF0179E3752039C372362AD%3Fid%3Db0a5a7b4-7753-45b0-9744-53794e3e9e03+&cd=2&hl=de&ct=clnk&gl=de&client=safari (zuletzt abgerufen: 31.5.2015).

Securities Exchange Commission of the United States (zitiert: SEC): More Than 1,500 Private Fund Advisers Registered With the SEC Since Passage of the Financial Reform Law, Press Release 2012–214, Stand: 19.10.2012, abrufbar unter: http://www.sec.gov/News/PressRelease/Detail/PressRelease/1365171485494#.UgO0ihYtdW8 (zuletzt abgerufen: 31.5.2015).

Securities Exchange Commission of the United States (zitiert: SEC): Registration under the Securitites Act of 1933, Stand: 2.9.2011, abrufbar unter: http://www.sec.gov/answers/regis33.htm (zuletzt abgerufen: 31.5.2015).

Securities Exchange Commission of the United States (zitiert: SEC): Exemptions for Advisers to Venture Capital Funds, Private Fund Advisers with less than $150 Million in Assets Under Management, and Foreign Private Advisers, Stand: 21.7.2011, abrufbar unter: http://www.sec.gov/rules/final/2011/ia-3222.pdf (zuletzt abgerufen: 31.5.2015) (zitiert: Exemption Release).

Securities Exchange Commission of the United States (zitiert: SEC): SEC adopts Dodd-Frank Act Amendments to Investment Advisers Act, Press Release 2011–133, Stand: 22.6.2011, abrufbar unter: http://www.sec.gov/news/press/2011/2011-133.htm (zuletzt abgerufen: 31.5.2015).

Securities Exchange Commission of the United States (zitiert: SEC): Custody of Funds or Securities of Clients by Investment Advisers Release No. IA-2968; File No. S7-09-09, Stand: 12.3.2010, abrufbar unter: https://www.sec.gov/rules/final/2009/ia-2968.pdf (zuletzt abgerufen: 31.5.2015).

Securities Exchange Commission of the United States (zitiert: SEC): Commission Guidance Regarding Independent Public Accountant Engagements Performed Pursuant to Rule 206(4)-2 Under the Investment Advisers, Act of 1940, Release Nos. IA-2969; FR-81, Stand: 12.3.2010, abrufbar unter: http://www.sec.gov/rules/interp/2009/ia-2969.pdf (zuletzt abgerufen: 31.5.2015).

Securities Exchange Commission of the United States (zitiert: SEC): Investment Adviser Codes of Ethics, Release Nos. IA-2256, IC-26492; File No. S7-04-04, Stand: 7.1.2005, abrufbar unter: http://www.sec.gov/rules/final/ia-2256.htm#P48_2987 (zuletzt abgerufen: 31.5.2015).

Securities Exchange Commission of the United States (zitiert: SEC): Registration Under the Advisers Act of Certain Hedge Fund Advisers, Release No. IA-2333; File No. S7-30-04, Stand: 7.12.2004, abrufbar unter: http://www.sec.gov/rules/final/ia-2333.htm#IID (zuletzt abgerufen: 31.5.2015).

Securities Exchange Commission of the United States (zitiert: SEC): Implications of the Growth of Hedge Funds, Staff Report to the United States Securities and Exchange Commission, Stand: 29.9.2003, abrufbar unter: http://www.sec.gov/news/studies/hedgefunds0903.pdf (zuletzt abgerufen: 31.5.2015).

Seegebarth, Nils: Stellung und Haftung der Depotbank im Investment-Dreieck, Dissertation, Universität Hamburg, Frankfurt am Main 2004.

Seiler, Katharina: Phasenmodelle und Investmentstilanalyse von Hedge- und Investmentfonds, Dissertation, Universität Bremen, Frankfurt am Main 2007.

Shearman & Sterling LLP: Neue Chancen für das Pension Asset Pooling, Stand: 18.3.2013, abrufbar unter: http://www.shearman.com/~/media/Files/NewsInsights/Publications/2013/03/Pension-Asset-Pooling-in-Germany/Client-Publication--Neue-Chancen-fr-das-Pension-Asset-Pooling.pdf (zuletzt abgerufen: 31.5.2015).

Siering, Lea Maria/ Izzo-Wagner, Anna Lucia: „Praktische Hürden" der EuVECA-Verordnung, BKR 2014, 242–244.

Simon, Carol J.: The Effect of the 1933 Securities Act on Investor Information and the Performance of New Issues, UCLA Working Paper No. 541, 1988, pp. 1–37, abrufbar unter: http://www.econ.ucla.edu/workingpapers/wp541.pdf (zuletzt abgerufen: 31.5.2015).

Smith, Adam: An Inquiry into the Nature and Causes of the Wealth of Nations, London 1904, abrufbar unter: http://www.ifaarchive.com/pdf/smith_-_an_inquiry_into_the_nature_and_causes_of_the_wealth_of_nations[1].pdf (zuletzt abgerufen: 31.5.2015).

Spiegel Online (o. V.): Hedgefonds zocken mit der Griechenpleite, Stand: 24.1.2012, abrufbar unter: http://www.spiegel.de/wirtschaft/unternehmen/schuldenschnitt-hedgefonds-zocken-mit-der-griechenpleite-a-810470.html (zuletzt abgerufen: 31.5.2015).

Spiegel Online (o. V.): Geprellte Anleger: Millionenbetrüger Kiener muss elf Jahre ins Gefängnis, Stand: 22.7.2011, abrufbar unter: http://www.spiegel.de/wirtschaft/unternehmen/geprellte-anleger-millionenbetrueger-kiener-muss-elf-jahre-ins-gefaengnis-a-775905.html (zuletzt abgerufen: 31.5.2015).

Spiegel Online (o. V.): McCreevy will Hedefonds an die Kandare nehmen, Stand: 6.4.2009, abrufbar unter: http://www.spiegel.de/wirtschaft/regulierung-mccreevy-will-hedgefonds-an-die-kandare-nehmen-a-617630.html (zuletzt abgerufen: 31.5.2015).

Spindler, Gerald: Die europäische Regulierung von „Alternativen Investments" – oder: gezähmte „Heuschrecken"?, DB 2010, 85–86.

Spindler, Gerald/ Bednarz, Sebastian: Die Regulierung von Hedge-Fonds im Kapitalmarkt- und Gesellschaftsrecht – Teil I: Die Rechtslage, WM 2006, 553–560.

Spindler, Gerald/ Bednarz, Sebastian: Die Regulierung von Hedge-Fonds im Kapitalmarkt- und Gesellschaftsrecht – Teil II: Der Stand der Reformdiskussion, WM 2006, 601–606.

Spindler, Gerald/ Kasten, Roman: Der neue Rechtsrahmen für den Finanzdienstleistungssektor – die MiFID und ihre Umsetzung – Teil I, WM 2006, 1749–1756.

Spindler, Gerald/ Tancredi, Sara: Die Richtlinie über Alternative Investmentfonds, (AIFM-Richtlinie) – Teil I, WM 2011, 1393–1405.

Spindler, Gerald/ Tancredi, Sara: Die Richtlinie über Alternative Investmentfonds, (AIFM-Richtlinie) – Teil II, WM 2011, 1441–1452.

Stern, Gary H./ Feldman, Ron J.: Too Big To Fail, The Hazard of Bank Bailouts, Washington, D.C. 2004.

Strulik, Holger: Steht auf, wenn ihr Deutsche seid! Sozio-ökonomische Erklärungsansätze der neuen Patriotismuswelle anlässlich der Fußball-WM, Leibniz Universität Hannover, Discussion Paper No. 343, Stand: Juli 2006, abrufbar unter: https://www.econbiz.de/Record/steht-auf-wenn-ihr-deutsche-seid-sozio-ökonomische-erklärungsansätze-der-neuen-patriotismuswelle-anläßlich-der-fußball-wm-strulik-holger/10003346228 (zuletzt abgerufen: 31.5.2015).

Tcherveniachki, Vassil: Kapitalgesellschaften und private Equity Fonds: Unternehmenskauf durch Leveraged Buyout, Dissertation, Universität Saarbrücken, Berlin 2007.

Tettinger, Peter J./ Wank, Rolf/ Ennuschat, Jörg (Hrsg.): Gewerbeordnung, Kommentar, 8. Auflage, München 2011.

The Economist (o. V.): CSI: Credit Crunch, Central banks have played a starring role, Stand: 18.10.2007, abrufbar unter: http://www.economist.com/node/9972489 (zuletzt abgerufen: 31.5.2015).

The Hedgefund Journal (o. V.): The Europe 50 (2013), Europe's largest single managers ranked by AUM, Stand: 31.3.2013, abrufbar unter: http://www.thehedgefundjournal.com/sites/default/files/hfj-europe-50-2013_0.pdf (zuletzt abgerufen: 31.5.2015).

Trüg, Gerson: Ist der Leerverkauf von Wertpapieren strafbar?, NJW 2009, 3202–3206.

United States Senate Committee on Banking: Brief Summary of the Dodd-Frank Wall Street Reform and Consumer Protection Act, abrufbar unter: http://www.banking.senate.gov/public/_files/070110_Dodd_Frank_Wall_Street_Reform_comprehensive_summary_Final.pdf (zuletzt abgerufen: 31.5.2015).

U.S. Department of the Treasury: Treasury Outlines Framework For Regulatory Reform, Press Release tg-72, March 26, 2009, abrufbar unter: http://www.treasury.gov/press-center/press-releases/Pages/tg72.aspx (zuletzt abgerufe: 31.5.2015).

U.S. House of Representatives: The Legislative Process, abrufbar unter: http://www.house.gov/content/learn/legislative_process/ (zuletzt abgerufen: 31.5.2015).

Van der Brink, Gerrit Jan: Management von operationellen Risiken in Finanzinstituten: Qualitative Verfahren, In: Kaiser, Thomas (Hrsg.), Wettbewerbsvorteil Risikomanagement Erfolgreiche Steuerung der Strategie-, Reputations- und operationellen Risiken, Berlin 2007, S. 177–194.

Vater, Dirk: Die Qualität Deutscher Private-Equity-Unternehmen: Optimierungsmöglichkeiten bei der Vergabe von Beteiligungskapital, Dissertation, Technische Universität Chemnitz, Wiesbaden 2003.

Verfürth, Ludgar C./ Grunenberg, Carsten: Pflichtangaben für geschlossene Fonds nach der Vermögensanlagen-Verkaufsprospektverordnung, DB 2005, 1043–1047.

Volhard, Patricia/ Kruschke, André: Rechtliche Aspekte bei der Auflegung von Infrastrukturfonds, VentureCapital Magazin 10/2010, S. 38–39, abrufbar unter http://www.pplaw.com/sites/default/files/publications/2010/09/pav-akr-2010-rahmen-mit-kritischen-punkten.pdf (zuletzt abgerufen am: 31.5.2015).

Vora, Shivani/ Gongloff, Mark: Hedge-Fund Milestones, Wall Street Journal vom 29.1.2007, abrufbar unter: http://online.wsj.com/article/SB115394214778218146.html# (zuletzt abgerufen: 31.5.2015).

Weiser, Benedikt/ Jang, Jin-Hyuk: Die nationale Umsetzung der AIFM-Richtlinie und ihre Auswirkungen auf die Fondsbranche in Deutschland, BB 2011, 1219–1226.

Weitnauer, Wolfgang: Die AIFM-Richtlinie und ihre Umsetzung, BKR 2011, 143–147.

Weitnauer, Wolfgang/ Boxberger, Lutz/ Anders, Dietmar (Hrsg.): KAGB, Kommentar zum Kapitalanlagegesetzbuch und zur Verordnung über Risikokapitalfonds mit Bezügen zum AIFM-StAnpG, München 2014.

Wentrup, Christian: Die Kontrolle von Hedgefonds, Dissertation, Universität Freiburg, Berlin 2009.

The White House: Remarks by the President at Signing of Dodd-Frank Wall Street Reform and Consumer Act, July 21, 2010, abrufbar unter: https://www.whitehouse.gov/the-press-office/remarks-president-signing-dodd-frank-wall-street-reform-and-consumer-protection-act (zuletzt abgerufen: 31.5.2015).

Wiederkehr, Bruno/ Züger, Rita-Maria: Risikomanagementsystem im Unternehmen: Grundlagen mit zahlreichen Beispielen, Repetitionsfragen und Antworten, Zürich 2010.

Winkler von Mohrenfels, Hannah: Behavioral Economics, Risikoeinstellungen in der Anlageberatung, Möglichkeiten und Grenzen der Risikopräferenzmessung, Hamburg 2010.

Wolke, Thomas: Risikomanagement, 2. Auflage, München 2008.

Wortberg, Sven: Wege aus der Regulierung – Gestaltungsspielräume der AIFM-Richtlinie, In: Deutscher AnwaltSpiegel/ King & Spalding (Hrsg.), Immobilienkapitalmarkt 2012, AnwaltSpiegel Spezial – AIFM-Richtlinie, Einschneidende Änderungen für die Immobilienpraxis, abrufbar unter: http://www.deutscheranwaltspiegel.de/spezial (zuletzt abgerufen: 31.5.2015), S. 9–10.

Zhu, Bingyu: Rationales Herdenverhalten und seine Auswirkungen auf Investitionsentscheidungen, Dissertation, Universität Greifswald, Wiesbaden 2009.

Zulauf, Urs: Selbstregulierung im Banken- und Finanzsektor: Thesen der Eidgenössischen Bankenkommission, Leges 2006, 31–48.

Abbildungsverzeichnis

Abbildung 1: Struktur einer Verbriefung. 56
Abbildung 2: Investment-Dreieck. 143
Abbildung 3: Exkulpations-Modell 149
Abbildung 4: Häufigkeit der Informationspflichten. 154
Abbildung 5: Anwendungsbereich des KAGB. 221
Abbildung 6: Rechtsformen der Kapitalverwaltungsgesellschaft. 225
Abbildung 7: System der Verwaltungsgesellschaften im KAGB. 252

Erster Teil: Einleitung

A. Gang der Untersuchung

Die vorliegende Arbeit hat die Regulierung von Hedge-Fonds und Private Equity in Europa und den USA zum Gegenstand. Die Verfasserin untersucht zu diesem Zweck die am 8. Juni 2011 in Kraft getretene europäische „Richtlinie über die Verwalter alternativer Investmentfonds (AIFM-Richtlinie)“ sowie den in den USA bereits ein Jahr früher – am 21. Juli 2010 – in Kraft getretenen „Dodd-Frank Wall Street Reform and Consumer Protection Act (Dodd-Frank Act)“ eingehend. Im Anschluss daran erfolgt eine rechtsvergleichende Gegenüberstellung beider Gesetzeswerke mit dem Ziel festzustellen, inwieweit der europäische Regulierungsrahmen für alternative Investmentfonds mit dem US-amerikanischen Regelwerk übereinstimmt.

Nachdem im ersten Teil einleitende Hintergrundinformationen zu dem Erlass der und zu den gesetzgeberischen Motiven in Bezug auf die AIFM-Richtlinie vorgebracht werden, wird im zweiten Teil der Untersuchung eine vertiefende Analyse der Vorschriften der AIFM-Richtlinie durchgeführt. Voraussetzung hierfür ist zunächst die Erörterung der begrifflichen Bedeutung der Ausdrücke „AIFM“ und „AIF“, um sodann das Zulassungsverfahren für AIFM sowie die von der Richtlinie geforderten Grundsätze der AIF-Verwaltung vorstellen zu können. Dabei bilden die Vorgaben zu Vergütungs- und Risikopolitik einen besonderen Schwerpunkt, aber auch die Regelungen mit Drittstaatenbezug bleiben nicht unberücksichtigt.

Der dritte Teil der Arbeit beschäftigt sich sodann mit dem Dodd-Frank Act und umfasst insbesondere die vor diesem geltende Rechtslage in Bezug auf *private funds* sowie eine intensive Untersuchung des Titel IV, der spezielle Vorschriften für Hedge-Fonds beinhaltet.

Im vierten Teil wird das nationale AIFM-Umsetzungsgesetz unter besonderer Bezugnahme auf das Kapitalanlagegesetzbuch (KAGB) erörtert.

Der fünfte Teil der Untersuchung widmet sich der europäischen „Verordnung über Risikokapitalfonds“ (EuVECA-VO) und zeigt Zusammenhänge zu den Venture-Capital-Vorschriften des Dodd-Frank Act auf.

Gegenstand des sechsten Teils schließlich ist die rechtsvergleichende Gegenüberstellung der AIFM-Richtlinie mit dem Dodd-Frank Act, des KAGB und der EuVECA-VO sowie der Rechtsvergleich zwischen dem Dodd-Frank Act und der EuVECA-VO. Ziel ist es hier, wechselseitige Beziehungen zu erkennen, um im Anschluss ergebnisrelevante Rückschlüsse ziehen zu können.

Die Untersuchung endet mit dem siebenten Teil, der die in deren Rahmen gefundenen Ergebnisse zusammenfasst und abschließend würdigt.

B. Hintergrund der AIFM-Richtlinie

I. Die Entstehung der AIFM-RL

Am 1. Juli 2011 wurde die „Richtlinie 2011/61/EU des Europäischen Parlaments und des Rates vom 8. Juni 2011 über die Verwalter alternativer Investmentfonds und zur Änderung der Richtlinien 2003/41/EG und 2009/65/EG und der Verordnungen (EG) Nr. 1060/2009 und (EU) Nr. 1095/2010“ (AIFM[1]-Richtlinie) im Amtsblatt der Europäischen Union veröffentlicht.[2] Zwanzig Tage nach ihrer Veröffentlichung, am 21. Juli 2011, ist sie in Kraft getreten. Von diesem Zeitpunkt an verblieben den EU-Mitgliedstaaten gemäß Art. 66 Abs. 1 AIFM-RL zwei Jahre, um die Bestimmungen der Richtlinie in nationales Recht umzusetzen.

Die AIFM-Richtlinie ist das Ergebnis eines langen Entstehungsprozesses, mit deren Erlass die EU auf die häufig geäußerte Kritik an Hedge-Fonds reagiert, die vergangene Finanzmarktkrise ausgelöst bzw. im Wesentlichen mitverursacht zu haben.[3]

1. Beginn der Diskussion

Die Diskussion um die Erhöhung der Transparenz im alternativen Investmentfonds-Sektor nahm jedoch schon weitaus früher ihren Anfang. So wurde bereits in Art. 2 Abs. 1 der RL 2001/108/EG[4] vom 21. Januar 2002 festgeschrieben, dass die Europäische Kommission dem Europäischen Parlament bis zum 13. Februar 2005 „einen Bericht über die Anwendung der geänderten Richtlinie 85/611/EWG[5] sowie gegebenenfalls Änderungsvorschläge“ zu unterbreiten habe, der/ die u. a. zum Inhalt haben sollte(n), wie sich der Anwendungsbereich dieser Richtlinie auf verschiedene Produkttypen, z. B. Hedge-Fonds, auswirkt. Der britische EU-Abgeordnete *John Purvis*[6] schlug sodann gegen Ende des Jahres 2003 im Rahmen der sog. Europäischen Transparenzinitiative im „Bericht über die Zukunft von Hedge-Fonds und derivativen Finanzprodukten“ des Ausschusses für Wirtschaft und Währung vor, dass

---

1 AIFM = Alternative Investment Funds Manager.

2 ABl. EU Nr. L 174, S. 1 ff. vom 1.7.2011.

3 *Dornseifer*, Bedarf es einer Regulierung von Hedgefonds und Private Equity?, S. 77, 77.

4 Richtlinie 2001/108/EG des Europäischen Parlaments und des Rates vom 21. Januar 2002 zur Änderung der Richtlinie 85/611/EWG des Rates zur Koordinierung der Rechts- und Verwaltungsvorschriften betreffend bestimmte Organismen für gemeinsame Anlagen in Wertpapieren (OGAW) hinsichtlich der Anlagen der OGAW, ABl. EU Nr. L 41, S. 35 ff. vom 13.2.2002.

5 Richtlinie des Rates vom 20. Dezember 1985 zur Koordinierung der Rechts- und Verwaltungsvorschriften betreffend bestimmte Organismen für gemeinsame Anlagen in Wertpapieren (OGAW) (85/611/EWG), ABl. EU Nr. L 375, S. 3 ff. vom 31.12.1985.

6 *John Purvis* wurde am 20.5.2003 vom Ausschuss für Wirtschaft und Währung zu dessen Berichterstatter ernannt (Ausschuss für Wirtschaft und Währung, Bericht über die Zukunft von Hedge-Fonds und derivativen Finanzprodukten).

„[...] dies angesichts des Potenzials für Systemrisiken sowie des zunehmenden Interesses der Anleger bereits viel früher geschehen sollte“[7]. Zudem führte er an, dass „[...] ein angemessenes EU-weites Beaufsichtigungssystem für SAIV[8] [...]“ eingeführt werden solle, das „nur wenig regulierend eingreift“ sowie „[...] kontrollieren und überzeugt sein muss, dass die Anbieter, Direktoren und Manager von SAIV geeignete und integre Personen sind [...] und [...] über angemessene Sachkenntnis verfügen und über die Anlagetechniken und -instrumente, die im jeweiligen Unternehmen eingesetzt werden, gut informiert sind [...]“[9].

Es bedurfte jedoch erst einer globalen Finanzmarktkrise, um die Arbeiten an diesem Vorhaben voranzubringen.

2. Einleitung einer öffentlichen Konsultation

Am 17. Dezember 2008 gab die Europäische Kommission in einer Pressemitteilung bekannt, dass sie „mit Blick auf eine angemessene Regulierung der Hedge-Fonds-Industrie eine umfassende öffentliche Konsultation zu Fragen im Zusammenhang mit den Tätigkeiten dieses Sektors eingeleitet [habe]“[10]. Diese vom 18. Dezember 2008 bis zum 31. Januar 2009 andauernde Konsultation, zu der jeder Interessierte seine Meinung kundtun konnte, erfolgte dabei „vor dem Hintergrund der aktuellen Überlegungen auf europäischer und auf internationaler Ebene, ob die Konzepte für die Regulierung und Aufsicht von Hedge-Fonds angesichts der Finanzkrise neu überdacht werden sollten“[11]. Um Hinweise für die geplante Regulierungsinitiative zu erhalten, wurde im Rahmen der Konsultation insbesondere nach Meinungen und Fakten hinsichtlich möglicher Systemrisiken und Finanzmarktgefährdungen durch Hedge-Fonds sowie einer Erhöhung der behördlichen Kontrollbefugnisse in Bezug auf das Risikomanagement und den Anlegerschutz gefragt. Zu diesem Zweck wurde ein sog. Consultation Paper on Hedge Funds[12] veröffentlicht, das ergänzende Erklärungen und Hintergrundinformationen sowie elf konkrete Fragen für jedes zu beurteilende Thema bereitstellte und als eine Art Leitfaden für die Stellungnahme dienen sollte.

Dieser Entschluss der Europäischen Kommission zum Beginn einer Konsultation geht zurück auf den Entschließungsantrag des Europäischen Parlaments vom 9. Juli 2008. Hierin ersuchte das Europäische Parlament die Europäische Kommission, „eine oder mehrere Richtlinien vorzuschlagen, durch die ein gemeinsamer Transparenzstandard gewährleistet wird und Fragen im Zusammenhang mit Hedge

7 Ausschuss für Wirtschaft und Währung (Fn. 6), Hedgefonds Nr. 1.

8 „sophisticated alternative investment vehicle“ (= komplexe alternative Investitionsvehikel), siehe: Ausschuss für Wirtschaft und Währung (Fn. 6), Hedgefonds (A.).

9 Ausschuss für Wirtschaft und Währung (Fn. 6), Hedgefonds Nr. 4 und Nr. 6.

10 Pressemitteilung IP/08/2028 der Europäischen Kommission vom 17.12.2008, S. 1.

11 Europäische Kommission, Fn. 10.

12 Europäische Kommission, Working Document of the Commission Services (DG Internal Market) – Consultation Paper on Hedge Funds.

Fonds und Private Equity geregelt werden“[13]. Gleichzeitig sollte jedoch durch die Richtlinie(n) sichergestellt sein, dass den Mitgliedstaaten ausreichend Flexibilität eingeräumt wird, um die EU-Regelungen in ihren bestehenden Gesellschaftssystemen umsetzen zu können.[14]

Aus diesem Grund wurde im Auftrag der Europäischen Kommission eine *High-Level Expert Group on Financial Supervision* beauftragt, deren Aufgabe darin bestand, Empfehlungen zur künftigen Regulierung und Beaufsichtigung der europäischen Finanzmärkte abzugeben. Zu diesem Zweck hat die Expertengruppe die Ursachen der Finanzkrise analysiert, um die vorhandenen Schwachstellen im System und mit ihnen den regulatorischen Handlungsbedarf aufzuzeigen. Die Ergebnisse wurden im sog. *De Larosière*-Bericht[15] vom 25. Februar 2009 festgehalten, welcher den Abschluss der Konsultation darstellt und die spätere Ausgestaltung der AIFM-Richtlinie wesentlich beeinflusst hat.

3. Ergebnis der öffentlichen Konsultation

Die Resultate der öffentlichen Konsultation wurden auf der „European Commission Conference on Private Equity and Hedge Funds“ am 26. und 27. Februar 2009 in Brüssel präsentiert und im „DG Market Services Working Document – Feedback Statement – Summary of Responses to Hedge Fund Consultation Paper“ von der Europäischen Kommission zusammengefasst. Insgesamt konnten 104 Rückmeldungen verzeichnet werden, von denen 71 % von privaten Organisationen (insbesondere Asset Managern und Banken), 21 % von Einrichtungen des öffentlichen Sektors und 8 % von Bürgern ausgingen.[16] Die größte Beteiligung kam dabei aus Ländern mit den stärksten Finanzmärkten bzw. mit dem größten Interesse an einer Regulierung des Hedge-Fonds-Sektors: Großbritannien[17], Deutschland und Belgien bzw. der EU.[18] Nach Auswertung der Stellungnahmen kristallisierten sich im Wesentlichen vier Kernelemente heraus, die eine künftige Regelung respektieren müsse[19]:

---

13 Entschließungsantrag des Europäischen Parlaments vom 9.7.2008, S. 10.

14 Europäisches Parlament, Fn. 13.

15 Benannt nach dem Vorsitzenden der *High-Level Expert Group on Financial Supervision in the EU* (sog. *De Larosière*-Gruppe*), Jacques de Larosière.* Der Bericht vom 25.2.2009 ist abrufbar unter: http://ec.europa.eu/economy_finance/publications/publication14527_en.pdf (zuletzt abgerufen: 31.5.2015).

16 Europäische Kommission, DG Market Services Working Document – Feedback Statement – Summary of Responses to Hedge Fund Consultation Paper vom 12.3.2009, S. 3 f.

17 Dem dominierenden Finanzmarkt innerhalb Europas: *Bednarz*, Die Regulierung von Hedge-Fonds, S. 74; Bundeszentrale für politische Bildung, Globalisierung – Die größten Aktienbörsen, http://www.bpb.de/wissen/N202PW,0,Die_gr%F6%DFten_Aktienb%F6rsen.html (zuletzt abgerufen: 31.5.2015).

18 Europäische Kommission (Fn. 16), S. 4.

19 Europäische Kommission (Fn. 16), S. 3.

- Aufgrund der Komplexität von Hedge-Fonds dürfen diese lediglich erfahrenen Anlegern vorbehalten bleiben.
- Bei der Entwicklung einer Regulierung für Hedge-Fonds muss deren Heterogenität berücksichtigt werden, sodass sich ein Vorgehen getreu dem Motto "one size fits all" in diesem Zusammenhang verbietet.
- Einflüsse, die von Hedge-Fonds auf den Finanzmarkt ausgehen können, müssen insbesondere durch die Einführung geeigneter Risikomanagementsysteme effektiver kontrolliert werden.
- Zur Überwachung von Systemrisiken und deren Auswirkungen auf den europäischen bzw. globalen Finanzmarkt müssen die Aufsichtsbehörden mit mehr Informationen zu den Hedge-Fonds ausgestattet werden.

Uneinigkeit bestand jedoch dahin gehend, ob eine „rein europäische" Lösung für die Stärkung des Hedge-Fonds-Sektors tatsächlich Erfolg versprechend sein könnte. Während die einen sich auf den Standpunkt stellten, dass ein Außerachtlassen der internationalen Initiativen (G-20, FSF, IOSCO) auf diesem Marktsegment die Wettbewerbsfähigkeit der europäischen Asset-Management-Industrie schwächen würde, waren wiederum andere der Ansicht, dass die EU als Repräsentant einer substanziellen Kundenbasis für die Hedge-Fonds-Branche gerade auch als Referenz für eine globale Regulierung der alternativen Investmentfonds herangezogen werden könnte.[20]

Auch in Bezug auf die vorvertragliche und kontinuierliche Ausstattung der Anleger mit Informationen zum Hedge-Fonds waren die Lager geteilt:[21] Insbesondere industrielle Organisationen vertraten hier den Standpunkt, dass Investoren mit ausreichend Informationen versorgt würden und bei etwaiger Unzufriedenheit einfach nicht in den jeweiligen Fonds investieren sollten. Öffentliche Behörden jedoch kritisierten die Unzulänglichkeiten, die diesbezüglich bestehen würden.

Im Hinblick auf den Zugang privater Anleger zum Hedge-Fonds-Sektor bestand vor allem bei den privaten Organisationen Disharmonie. Während sich die eine Hälfte dafür aussprach, plädierte die andere Hälfte dagegen. Einigkeit bestand jedoch dahin gehend, dass eine etwaige Zulassung Privater mit strengen Schutzvorschriften einhergehen müsse.[22]

II. Notwendigkeit der AIFM-Richtlinie

Wie bereits die ersten Ausführungen zeigen, war der Aufwand, der im Vorfeld der AIFM-Richtlinie innerhalb eines relativ kurzen Zeitraumes betrieben wurde, nicht unerheblich. Nachdem die Diskussionen um die Regulierung der Hedge-Fonds-Branche schon seit einigen Jahren geführt wurden, gewinnt man beinahe den Eindruck, als habe sich die EU plötzlich einem immensen Handlungsdruck ausgesetzt gesehen. Die Gründe hierfür gilt es im Folgenden zu untersuchen.

---

20 Europäische Kommission (Fn. 16), S. 8.
21 Dazu: Europäische Kommission (Fn. 16), S. 17.
22 Europäische Kommission (Fn. 16), S. 18.

1. *Wirtschaftliche Notwendigkeit*

a) *Der Einfluss der „Heuschreckendebatte“*

Der Finanzsektor ist einer der bedeutendsten Bereiche der Volkswirtschaft. Er wird als Oberbegriff für alle Märkte verwendet, an denen Handel mit Kapital betrieben wird.[23] Im Gegensatz zu den Gütermärkten hängt seine Entwicklung von der allgemeinen Konjunktur und von der Bewegung der nationalen und internationalen Finanzmärkte ab. Allein in Deutschland trugen die Finanzdienstleister im Jahr 2007 mit einer Bruttowertschöpfung von rund 92 Mrd. EUR knapp vier Prozent zum deutschen Bruttoinlandsprodukt (BIP) bei.[24] Wie sich jüngst wieder einmal gezeigt hat, wird die Effizienz und Stabilität der Finanzmärkte insbesondere in wirtschaftlich schwierigen Zeiten auf die Probe gestellt. So haben die Ereignisse der Finanzmarktkrise ab dem Jahr 2007 deutlich offenbart, dass viele Märkte diesem Druck auf Dauer nicht standhalten können. Die Ursachen hierfür sind vielfältig und komplex. Und doch dürfte seitdem keine andere Branche so sehr in die öffentliche Kontroverse geraten sein wie die Hedge-Fonds- und Private Equity-Branche. Zwar ist spätestens seit der durch den früheren SPD-Vorsitzenden *Franz Müntefering* initiierten „Heuschreckendebatte“[25] bekannt, dass Hedge-Fonds- und Private Equity-Gesellschaften primär auf die kurzfristige Erwirtschaftung hoher Renditen durch Eingehung hoher Risiken abzielen, jedoch sehen viele hierin auch gerade den Nutzen, den diese Anlageprodukte für die Wirtschaft entfalten können. Es ist nicht von der Hand zu weisen, dass ein Unternehmenserwerb durch jene Beteiligungsgesellschaften regelmäßig mit erheblichen Restrukturierungen desselben einhergeht, was Standortauflösungen, Entlassungen von Mitarbeitern und sicherlich die eine oder andere Insolvenz einschließt. Auf der anderen Seite jedoch ist ebenso anzuerkennen, dass derartige Beteiligungsgesellschaften als „Treiber eines unweigerlichen Strukturwandels“[26] funktionieren können. So übernehmen sie von schwankenden Banken notleidende Immobilienkredite in Milliardenhöhe und stellen Erfolg versprechenden Start-up-Unternehmen die nötigen finanziellen Mittel zur Verfügung, die ihnen Kreditinstitute aufgrund fehlender Sicherheiten nicht gewähren.[27] Der metaphorische Vergleich *Münteferings* mit den kleinen gefräßigen Insekten, deren zweifelhafter Ruf hinlänglich bekannt ist, hat zweifelsohne den

---

23 Die Bundesregierung, Magazin für Wirtschaft und Finanzen, Nr. 062 09/2008, S. 4.

24 Die Bundesregierung, Fn. 23.

25 Interview in „Bild am Sonntag“ vom 17. April 2005. Jedoch wurde der Begriff bereits früher von *Franz Müntefering* verwendet, in „Freiheit und Verantwortung“, Rede bei einer Veranstaltung der Friedrich-Ebert-Stiftung am 19.11.2004 in Berlin: Hierin bezeichnete dieser Hedge-Fonds und Private Equity als „[...]verantwortungslose[n] Heuschreckenschwärme, die im Vierteljahrestakt Erfolg messen, Substanz absaugen und Unternehmen kaputtgehen lassen, wenn sie sie abgefressen haben“, http://www.franz-muentefering.de/reden/19.11.04.html, S. 6 (zuletzt abgerufen: 31.5.2015).

26 *Schmutzer*, Der Diskurs der Heuschreckendebatte in Deutschland, S. 30.

27 *Schmutzer* (Fn. 26), S. 4.

Anstoß zu einer längst überfälligen Diskussion gegeben. So hat die Frage nach der moralischen und ethischen Tragbarkeit bestimmter Investitionspraktiken Eingang in Politik, Wirtschaft und auch Gesellschaft gefunden. Auch wenn sich die Debatte z. T. weit außerhalb einer vernünftigen öffentlichen Diskussion abspielte[28], so hat sie doch dazu geführt, dass die Branche kein Leben mehr im Verborgenen führen konnte. Mit anderen Worten: Die „Heuschreckendebatte“ hat die Aufmerksamkeit der Öffentlichkeit erstmals auf einen Bereich des Finanzmarktes gelenkt, der bis dahin von einer weitreichenden Handlungs- und Entscheidungsfreiheit profitierte, die darauf beruhte, dass der Branche nur wenig Beachtung zuteilwurde.

b) Alternative Investmentfonds und ihre „Systemrelevanz“

Wie eingangs bereits angemerkt, wird insbesondere dem Hedge-Fonds-Sektor vielfach vorgeworfen, an der Entstehung der vergangenen Finanzmarktkrise nicht unwesentlich beteiligt gewesen zu sein. Um die Richtig- bzw. Schlüssigkeit dieser doch recht schweren Beschuldigung angemessen beurteilen zu können, muss zunächst untersucht werden, inwieweit Hedge-Fonds tatsächlich geeignet sind, das finanzwirtschaftliche Geschehen auf dem internationalen Finanzparkett zu beeinflussen. Zum besseren Verständnis kann es in diesem Zusammenhang nicht unterbleiben, die zwei wichtigsten Anlagestrategien näher darzustellen.

aa) Leverage und Leerverkäufe

Bei kaum einem anderen Finanzinstrument liegen Erfolg und Misserfolg so nah beieinander wie bei den Hedge-Fonds. Ein permanentes Spannungsfeld zwischen hohen Renditen einerseits und der inhärenten Gefahr immenser (Total-)Verluste andererseits ist geradezu kennzeichnend für sie. Daher ist in der Herbeiführung einer stabilen Balance durch die Zusammenstellung eines ausgeglichenen Anlageportfolios und den richtigen Einsatz von Anlagestrategien mithin die Kernaufgabe eines Fondsmanagers zu sehen. Zur Erreichung dieses Ziel werden im Wesentlichen zwei Anlageinstrumente verwendet – Leverage und Leerverkäufe.

(1) Leverage

Die AIFM-Richtlinie verwendet den Begriff „Leverage“ an keiner Stelle, sondern spricht in diesem Zusammenhang von „Hebelfinanzierung“.[29] Gemäß Art. 4 Abs. 1 lit. v) AIFM-RL ist unter Hebelfinanzierung „jede Methode [zu verstehen], mit der ein AIFM das Risiko eines von ihm verwalteten AIF durch Kreditaufnahme, Wertpapierleihe, in Derivate eingebettete Hebelfinanzierungen oder auf andere Weise erhöht“. Expressis verbis geht es bei Leverage um die Absicht, eine Steigerung der Eigenkapitalrendite zu erzielen, ohne jedoch weiteres Eigenkapital in den Fonds einbringen zu

28 *Schäfer*, Die Wahrheit über die Heuschrecken, S. 14 f.

29 Siehe hierzu insbesondere Art. 25 AIFM-RL, der die Verwaltung hebelfinanzierter AIF regelt.

müssen. Die Eigenkapitalrendite setzt sich aus dem Periodenüberschuss abzüglich der Fremdkapitalkosten und der eingesetzten Eigenkapitalrentabilität zusammen.[30] Die Eigenkapitalrendite steigt mit der Höhe des Verschuldungsgrades an, solange die Kosten für die Fremdkapitalverzinsung niedriger sind als die durch das zusätzlich eingesetzte Fremdkapital erreichte Gesamtkapitalrendite.[31] Das Fremdkapital dient hier folglich als *Hebel*.

Die Höhe des aufzunehmenden Fremdkapitals wird dabei stets vom verantwortlichen Fondsmanager festgelegt und im Wesentlichen durch die absoluten Ertragsziele des AIF beeinflusst. Regelmäßig kann das Verhältnis von Fremdkapital zu Eigenkapital innerhalb eines Hedge-Fonds jedoch mit 4 zu 1 beschrieben werden, mit der Folge, dass nur 20 % des gesamten Fondsvermögens durch eigene Mittel bereitgestellt werden.[32] Diese geringe Eigenkapitalausstattung wirkt zunächst erschreckend. Man vermag an dieser Stelle zu argumentieren, dass durch diese hohe Fremdkapitalquote ein zu großes Risiko für die Anleger des Hedge-Fonds geschaffen wird, da Fremdkapital unweigerlich zu periodischen Festbetragsansprüchen, insbesondere in Form von Zinsen, führt, die stetig bedient werden müssen. Unter reinen Liquiditätsgesichtspunkten ist dieser Umstand ohne Zweifel als negativ zu bewerten, da ein ständiger Abfluss von Kapital erfolgt.[33] Doch ist folgender positiver Nebeneffekt zu beachten: Je höher die Fremdkapitalquote einer wirtschaftlichen Einheit ist, desto mehr Sorgfalt muss aufgebracht werden, um die periodischen Festbetragsansprüche stets erfüllen und die Realisierung erheblicher Verluste vermeiden zu können.[34] Der Druck, der hierdurch auf den Fondsmanager ausgeübt wird, kann demnach auch leistungssteigernd wirken, indem dieser, geleitet durch die Gefahr des Scheiterns, davon abgehalten wird, „Geld in windigen Projekten zu verplempern“.[35] Folglich kann eine hohe Fremdkapitalquote auch zur Gestaltung einer effizienteren Organisation und hierdurch bedingt zu einer Risikominimierung aufseiten der Investoren beitragen. Dass auf der anderen Seite der Zusammenbruch eines zum größten Teil auf Fremdkapital beruhenden Hedge-Fonds auch erheblichen Einfluss auf die Kapitalgeber (z. B. Kreditinstitute, Versicherungen) haben kann, darf dabei jedoch nicht unerwähnt bleiben.

(2) Leerverkäufe

Neben der Möglichkeit, Leverage zur Gewinnmaximierung einzusetzen, spielt auch der Einsatz von Leerverkäufen *(short sales)* auf dem Hedge-Fonds-Sektor eine

---

30 *Hutzschenreuter*, Allgemeine Betriebswirtschaftslehre, S. 100.
31 *Tcherveniachki*, Kapitalgesellschaften und Private Equity Fonds, S. 58.
32 *Kaiser*, Hedgefonds, S. 62.
33 *Drukarczyk*, Finanzierung, S. 314.
34 *Kaiser*, Fn. 32.
35 Vgl. *Drukarczyk*, Fn. 33; *Jensen*, Agency Costs of Free Cash Flow, The American Economic Review, Vol. 76, No. 2, S. 323, 324 bezeichnet dies als „Kontrollfunktion der Verschuldung“.

bedeutende Rolle. Im Gegensatz zu Leverage sieht das EU-Recht jedoch keine Legaldefinition für diesen Begriff vor. Daher soll unterstützend die Definition der nationalen Vorschrift des § 112 Abs. 1 Nr. 2 InvG[36] herangezogen werden. Dieser Vorschrift zufolge ist „der Verkauf von Vermögensgegenständen für gemeinschaftliche Rechnung der Anleger, die im Zeitpunkt des Geschäftsabschlusses nicht zum [...] Vermögen gehören" als Leerverkauf zu bezeichnen. Leerverkäufen liegt dabei folgende Konstruktion zugrunde: Ein Hedge-Fonds bekommt von einem Verleiher (z. B. einer Bank) Wertpapiere überlassen, die er nach Ende einer vereinbarten Laufzeit (sog. Termingeschäft[37]) in gleicher Art, Güte und Menge zurückzuerstatten hat (sog. Wertpapierleihe[38]). Wird vereinbart, dass der Güteraustausch innerhalb von zwei Handelstagen zu erfolgen hat, spricht man von einem sog. Kassageschäft[39]. Diese Wertpapiere werden sodann in der Absicht, sie später billiger zu erwerben und an der Differenz zwischen Verkaufs- und Kaufpreis zu verdienen, vom Hedge-Fonds veräußert. Mit dem Leerverkauf spekuliert der Leerverkäufer folglich auf einen fallenden Kurs des Wertpapiers.[40] Der Maximalgewinn, der so generiert werden kann, entspricht dabei der Höhe des einstigen Verkaufspreises, ein etwaiger Verlust für den Fall einer Fehlspekulation ist jedoch unbegrenzt, da der Kurs des Wertpapiers beliebig steigen kann. Die Wirkung, die durch Leerverkäufe erzeugt werden kann, ist jedoch noch in einem größeren Zusammenhang zu sehen. Würden mehrere Hedge-Fonds Leerverkäufe hinsichtlich desselben Unternehmens vornehmen, so führte dies dazu, dass eine Flut von Aktien den Markt überschwemmen würde, was wiederum zur Folgen haben könnte, dass potenzielle Anleger, in der Erwartung eines fallenden Kurses, von einer etwaigen Investition ebenfalls Abstand nehmen würden. Überdies könnte eine Kettenreaktion dahin gehend ausgelöst werden, dass weitere Anteilseigner sich dazu veranlasst sähen, Leerverkäufe zu tätigen, um möglichen Verlusten vorzubeugen. Die Folgen für das betroffene Unternehmen wären immens, dessen Insolvenz nicht auszuschließen. Ähnliche Wirkungen lassen sich auch durch das sog. *abusive short selling* bewirken. Bei diesem besteht im Gegensatz zu den „normalen" Leerverkäufen jedoch keine tatsächliche Verkaufsabsicht des Leerverkäufers, vielmehr werden Leerverkäufe hier benutzt, um eine (missbräuchliche) Preis- und damit Marktmanipulation vorzunehmen.[41] Es handelt sich hierbei zumeist um sog. Scheinkassageschäfte, bei denen der Käufer im Einvernehmen mit

---

36 *Anm.*: Wenn im Rahmen dieser Arbeit auf Normen des InvG verwiesen wird, so wird auf die bis zum 21.7.2013 geltende Fassung Bezug genommen.

37 *Wentrup*, Die Kontrolle von Hedgefonds, S. 38.

38 Anders als der Begriff der Wertpapierleihe implizieren mag, handelt es sich bei diesem Geschäft nicht um eine Leihe i. S. v. § 598 BGB, sondern um ein Sachdarlehen gem. § 607 BGB, dazu: *Kienle*, in: Schimansky/ Bunte/ Lwowski, Bankrechts-Handbuch, § 105 Rn. 1 ff.

39 *Schwark*, in: Schwark/ Zimmer, KMRK, § 26 BörsG Rn. 2; *Trüg*, NJW 2009, 3202.

40 Der Leerkäufer *(long position)* hingegen spekuliert auf einen steigenden Aktienkurs, um die Wertpapiere später zu einem höheren Preis verkaufen zu können.

41 *Trüg* (Fn. 39), 3202, 3204.

seinem Vertragspartner keine unbeschränkte Verfügungsbefugnis über die Wertpapiere anstrebt und zu ihrer Bezahlung weder eigenes Kapital noch vor Abschluss des Geschäfts vertraglich fest vereinbarte Kreditmittel, sondern den Erlös aus einem von vornherein beabsichtigten Gegengeschäft einsetzen will.[42]

Führt man sich die eben erwähnten Risiken vor Augen, die durch Leerverkäufe realisiert werden können, mag man dazu geneigt sein, die positiven Effekte jener Geschäfte leicht zu übersehen. So dienen Leerverkäufe zunächst subjektiv den Spekulanten als wichtiges Werkzeug, um aus überbewerteten Sicherheiten Kapital zu schlagen.[43] Objektiv hat dies zur Folge, dass die Preise auf dem Markt reguliert werden und so ein erheblicher Beitrag zur Stabilität und Liquidität des Kapitalmarktes geleistet wird.[44] Darüber hinaus dienen Leerverkäufe auch dem Risikomanagement als nützliches Hilfsmittel, um Verluste aus *Long*-Positionen auszugleichen. Dies geschieht, indem einer Spekulation auf einen Kursanstieg eine Spekulation auf einen Kursverlust gegenübergestellt und so eine Neutralisierung erzeugt wird.

bb) Zwischenergebnis

Nach einer kurzen Darstellung der beiden wesentlichen Anlageinstrumente von Hedge-Fonds, Leverage und Leerverkäufen, lässt sich zu der Frage, inwieweit diese geeignet sind, den Kapitalmarkt zu beeinflussen, Folgendes festhalten:

Hedge-Fonds sind in jeder Weise geeignet, den Kapitalmarkt zu beeinflussen, sowohl in positiver wie auch in negativer Hinsicht. Richtig eingesetzt sind sie ein unentbehrliches Mittel, um für einen funktionierenden und liquiden Finanzmarkt zu sorgen und Risiken zu minimieren bzw. zu kontrollieren. Wie aufgezeigt, wird jedoch insbesondere durch die Vornahme von Leerverkäufen auch die Möglichkeit zur missbräuchlichen Preis- und Marktmanipulation eröffnet. Dieser Effekt kann durch die Trendsetzung, die in *short sellings* gesehen wird (= fallender Kurs eines Wertpapiers), zusätzlich verstärkt werden und Wettbewerber zur Nachahmung animieren.

cc) „Systemrelevanz" als Anknüpfungspunkt der AIFM-RL

Auch wenn Hedge-Fonds bei der Entstehung der Krise keine wesentliche Rolle gespielt haben,[45] so weist doch bereits Erwägungsgrund (1) AIFM-RL darauf hin, dass die Manager alternativer Investmentfonds „[...] in beträchtlichem Umfang am Handel auf den Märkten für Finanzinstrumente beteiligt [sind] und die Märkte und Unternehmen, in die sie investieren, erheblich beeinflussen [können]". Dieser Umstand wird gemeinhin als „Systemrelevanz" bezeichnet. Zwar wird auch zugestanden, dass die Märkte, auf denen AIFM operieren, zumeist von

---

42 BGH, Urt. v. 18.12.2001, Az. XI ZR 363/00, S. 8, in: BGHZ 149, 294.

43 *Bris/ Goetzmann/ Zhu*, Efficiency and the Bear, Journal of Finance, Vol. 62, No. 3, S. 1029, 1035.

44 *Bolder*, EuZW 2011, 769, 769 weist darauf hin, dass 20–30 % des Aktienhandels auf *short selling* basieren.

45 Siehe: *De Larosière*-Bericht (Fn. 15), Nr. 86.

deren Tätigkeit profitieren, dass jedoch die jüngsten Schwierigkeiten auf den Finanzmärkten ebenso gezeigt haben, wie die Geschäfte von AIFM dazu beitragen können, Risiken über das Finanzsystem zu verbreiten oder zu verstärken (Erwägungsgrund (2) AIFM-RL).[46] Dies geschieht durch sog. Transmissionseffekte, die insbesondere durch massive Aktien- und Leerverkäufe ausgelöst werden[47] und die aufgrund ihrer Beschaffenheit geeignet sind, Auswirkungen auf das Gesamtsystem auszuüben.[48] Dieser Bereich des Finanzmarktes wird im *De Larosière*-Bericht als Parallelbankensystem bezeichnet.[49] Aufgrund der Tatsache, dass dieses bisher nicht mehr als ein Schattendasein geführt hat, hat es sich die AIFM-Richtlinie zum Ziel gesetzt, „gemeinsame Anforderungen für die Zulassung von und Aufsicht über AIFM festzulegen, um für die damit zusammenhängenden Risiken und deren Folgen für Anleger und Märkte in der Union ein kohärentes Vorgehen zu gewährleisten" (Erwägungsgrund (2) AIFM-RL). Es geht um die Schaffung von Transparenz, da Banken – als größter Kreditgeber von Hedge-Fonds – und Aufsichtsbehörden bislang keine Möglichkeit hatten, sich ein umfassendes Bild von den Risiken, die von Hedge-Fonds ausgehen können, zu verschaffen.[50] Eine im Jahr 2008 von PriceWaterhouseCoopers (PWC) durchgeführte Studie bestätigte, dass 38 % der europäischen Investoren sich insbesondere im Hinblick auf die Risiken der Anlagestrategien von Hedge-Fonds schlecht aufgeklärt fühlen.[51] Darüber hinaus soll jedoch auch sichergestellt werden, dass „relevante und sachliche Informationen eindeutig offen gelegt und rechtzeitig bekannt gemacht werden, um hochwertige Entscheidungsprozesse und eine transparente Kommunikation zwischen Anlegern und der Unternehmensführung sowie zwischen Anlegern und anderen Geschäftspartnern zu erleichtern"[52].

dd) Die „LTCM-Krise"

Das Hauptanliegen, das in der Verabschiedung der AIFM-RL erblickt werden kann, besteht demnach in der Eingrenzung bzw. Ausschaltung der systemischen Risiken, die von Hedge-Fonds bzw. AIF im Allgemeinen ausgehen können. Welche Auswirkungen jene Ansteckungsgefahr entfalten kann, zeigte erstmals der Beinahe-Zusammenbruch des Hedge-Fonds *Long-Term Capital Management (LTCM)* im Jahr 1998 in den USA. Der 1994 aufgelegte Hedge-Fonds LTCM genoss aufgrund der aktiven Mitwirkung der Wirtschaftsnobelpreisträger *Scholes* und *Merton* einen

46 Daher ist mit Systemrelevanz zumeist der Begriff der „Systemgefährdung" verbunden: *Höfling*, Finanzmarktregulierung, S. F 55.

47 *De Larosière*-Bericht, Fn. 45.

48 *Chany/ Getmansky* et al., Systemic Risks and Hedge Funds, Working Paper 4535–05, p. 1.

49 *De Larosière*-Bericht (Fn. 15), Nr. 85.

50 *De Larosière*-Bericht (Fn. 15), Nr. 88.

51 *PWC*, Transparency versus returns, S. 20.

52 Entschließungsantrag des Europäischen Parlaments, Fn. 13.

herausragenden Ruf.[53] Dieser Ruf und das hierin gesetzte Vertrauen der Anleger machte es ihm möglich, schier unbegrenztes Fremdkapital zu akquirieren. Das war auch nötig, denn LTCM setzte strategisch auf mathematische Zeitreihen und Modelle, mit deren Hilfe kleine Bewertungsunterschiede an den Rentenmärkten ausgenutzt werden sollten.[54] Sollten mithilfe dieser kleinen Differenzen große Gewinne erzielt werden, so musste vorher eine große Menge an Kapital eingesetzt werden. Und tatsächlich schienen die Rekordergebnisse für LTCM zu sprechen: So konnte der Fonds aufgrund seiner riskanten Anlagestrategien und einer – selbst für Hedge-Fonds hohen – Hebelung von bis zum 25-fachen des Eigenkapitals zunächst außerordentliche Gewinne generieren, die in den Jahren 1994 und 1995 40 % des eingesetzten Kapitals überstiegen.[55] Dies änderte sich jedoch drei Jahre später, als der Hedge-Fonds, der mittlerweile Nachahmer gefunden hatte, aufgrund von Fehlprognosen und unvorhergesehenen Ereignissen[56] Verluste hinnehmen musste[57], die nunmehr 90 % seines verhältnismäßig geringen Eigenkapitals verzehrten.[58] LTCM war damit faktisch zahlungsunfähig. Da die Folgen einer Insolvenz von LTCM vor allem für die Kreditgeber, zumeist Banken, dramatisch gewesen wären, übernahm ein Konsortium von vierzehn Gläubigerbanken – mit Unterstützung der *Federal Reserve Bank of New York* – 90 % der Anteile gegen den Verzicht auf Forderungen in Höhe von 3,6 Mrd. US-Dollar, um den endgültigen Zusammenbruch von LTCM – und damit wahrscheinlich auch den eigenen[59] – noch abzuwenden.[60] Die *Federal Reserve*, vertreten durch das Vorstandsmitglied *Alan Greenspan*, untermauerte die Vorgehensweise vor dem Kongress wie folgt:

> The act of unwinding LTCM's portfolio in a forced liquidation would not only have a significant distorting impact on market prices but also in the process could produce large losses, or worse, for a number of creditors and counterparties, and for other market participants who were not directly involved with LTCM. [...] Had the failure of LTCM

---

53 *Myron Scholes* und *Robert Merton* erhielten 1997 den Wirtschaftsnobelpreis "for a new method to determine the value of derivatives", siehe: http://www.nobelprize.org/nobel_prizes/economics/laureates/1997/ (zuletzt abgerufen: 31.5.2015).

54 *Schäfer*, Historische Finanzkrisen: LTCM 1998, Der Schock durch den Fonds der Nobelpreisträger, in: FAZ vom 13.3.2008 (Nr. 60), S. 25.

55 *Kübler*, Europäische Hedgefonds nach der Finanzkrise, S. 345, 346.

56 Hierzu gehört u. a. die als „Russlandkrise" bekannte Wirtschaftskrise in Russland in den Jahren 1998 und 1999, die ihre Ursache vor allem in einem steigenden Budgetdefizit und einer schwindenden Steuermoral der Unternehmen hatte. Siehe dazu: *Linne/ Gabrisch*, Wirtschaft im Wandel, S. 3, 5.

57 Eine detaillierte Darstellung zu den Gründen findet sich bei: *Edwards*, Hedge Funds and the Collapse of Long Term Capital Management, Journal of Economic Perspectives, Vol. 13, No. 2, pp. 197–200.

58 *Kübler*, Fn. 55.

59 *Kabir/ Hassan*, The near-collapse of LTCM, Journal of Banking and Finance, Vol. 29, S. 441, 442.

60 *Kübler*, Fn. 55.

> triggered the seizing up of markets, substantial damage could have been inflicted on many market participants [...] and could have potentially impaired the economies of many nations, including our own.[61]

Aus der Stellungnahme *Greenspans* wird zudem deutlich, dass eine Liquidierung von LTCM signifikante und weitreichende Auswirkungen gehabt hätte. So wären nicht nur die kreditgebenden Banken und sonstigen unmittelbaren Gegenparteien des Hedge-Fonds betroffen gewesen, vielmehr hätten die Konsequenzen auch Marktteilnehmer getroffen, die nur mittelbar an LTCM beteiligt waren. Der Zusammenbruch großer Kreditinstitute und mit ihnen ganzer Finanzmärkte hätte nicht ausgeschlossen werden können. Die spürbaren Folgen wären, so lässt sich aus heutiger Sicht annehmen, denen der jüngsten Finanzmarktkrise gleichzusetzen gewesen. Die kurzfristige Erstellung eines effektiven Rettungsprogramms für LTCM – getreu dem Motto „too big to fail“[62] – war demnach mehr als die bloße Rettung eines Hedge-Fonds, vielmehr konnte hierin der, im Ergebnis geglückte, Versuch der Vermeidung einer globalen Wirtschaftskrise gesehen werden. Dass es jedoch nicht immer gelingt, den Ernstfall zu vermeiden, haben die vergangenen Ereignisse im Zusammenhang mit der Insolvenz der US-Investmentbank *Lehman Brothers Holding Inc.* in aller Härte veranschaulicht.[63] Deren Auswirkungen waren nachweislich nicht nur auf den US-amerikanischen Raum beschränkt, sondern lösten vielmehr eine der größten Finanzmarktkrisen aller Zeiten aus, die allein in Deutschland dazu führte, dass die Zahl der Unternehmensinsolvenzen seit dem bisherigen Höchststand von 2003 im Jahr 2009 erstmals wieder einen Anstieg um 11,6 % im Vergleich zu den Vorjahreswerten verzeichnen musste.[64]

2. Rechtliche Notwendigkeit

Seit dem – faktischen – Zusammenbruch von LTCM meldeten sich erstmals Stimmen, die für eine Regulierung von Hedge-Fonds plädierten. Augenscheinlich war klar geworden, wie weitreichend die Gefahr systemischer Risiken, die von Hedge-Fonds ausgehen können, tatsächlich ist und welche immensen Maßnahmen erforderlich sind, um in Krisenzeiten einen Totalausfall abzuwenden. Aufgrund dessen jedoch, dass sich der Markt in jenen Tagen relativ schnell von dieser Talfahrt erholen konnte, verloren Diskussionen um konkrete Regulierungsvorhaben hinsichtlich

---

61 *Greenspan*, Private-sector refinancing of the large hedge fund, Long-Term Capital Management.

62 Zur Entstehung der Doktrin: *Moosa*, The myth of too big to fail, Journal of Banking Regulation, Vol. 11, No. 4, S. 319–333.

63 Die *Lehman Brothers Holding Inc.* gehörte mit einem Vermögen von zuletzt 639 Mrd. Dollar zu den größten Investmentbanken der Welt und war durch ihren plötzlichen Zusammenbruch in gerade einmal zehn Tagen nicht nur komplett vom Markt verschwunden, sondern durch Ver-äußerung ihrer Börsenmaklertochter nahezu ausverkauft. Dazu: *Madaus*, NZI 2008, 715 f.

64 Destatis, Lange Reihen: Insolvenzen ab 1950.

des Hedge-Fonds-Sektors in der Folgezeit an Priorität. Erst zehn Jahre später, als diejenige Bedrohung Realität geworden war, die zuvor bei LTCM noch abgewendet werden konnte, blühte die Regulierungsdebatte von Neuem auf und mündete letztlich in der Verabschiedung des Dodd-Frank Act[65] in den USA und der europäischen AIFM-Richtlinie, die nunmehr für das Gebiet der EU „einen harmonisierten und strikten Regulierungs- und Kontrollrahmen" (Erwägungsgrund (4) AIFM-RL) zu schaffen beabsichtigt. Wie sich die Rechtslage in Europa und speziell auch in Deutschland für alternative Investmentfonds, insbesondere Hedge-Fonds, vor der AIFM-Richtlinie präsentierte, soll Gegenstand der folgenden Ausführungen sein.

a) Fehlende Regulierung auf EU-Ebene

aa) Entwicklung von Hedge-Fonds

Die Hedge-Fonds-Branche hat sich in den vergangenen Jahren stetig im Wachstum befunden, und dies sowohl im Hinblick auf ihre Anzahl als auch auf das von ihr verwaltete Vermögen.[66] Die Gesamtzahl der weltweit existierenden Hedge-Fonds erreichte zu Beginn der Krise im Jahr 2007 mit (schätzungsweise) 10.500 ihren bisherigen Höchstwert.[67] Dabei verwalteten diese ein Gesamtvermögen von ca. 2.150 Mrd. US-Dollar, von denen 22 % auf Europa und 67 % auf die USA entfielen.[68] Zum Vergleich: Im Jahr 2002 noch lag die ungefähre Zahl von Hedge-Fonds bei 5.700, das Gesamtvolumen des von diesen verwalteten Gesamtkapitals betrug 600 Mrd. US-Dollar, immerhin bereits doppelt so viel wie noch 1999 (324 Mrd. US-Dollar). Und doch: Trotz dieser stetig wachsenden Bedeutung der Hedge-Fonds-Branche für den Finanzmarkt[69] befanden sich Hedge-Fonds in Europa bis zum Erlass der AIFM-Richtlinie im „regulatorischen und aufsichtsrechtlichen Niemandsland"[70]. Hieraus leitete sich eine weitgehende Handlungs- und Entscheidungsfreiheit der Fondsmanager ab, die so, fernab von jedweder Kontrolle, ihrer Risikofreudigkeit freien Lauf lassen konnten. Im Folgenden soll die vor der AIFM-Richtlinie bestehende Rechtslage für alternative Investmentfonds aufgezeigt werden.

---

65 Dodd-Frank Wall Street Reform and Consumer Protection Act, Public Law 111–203, H.R. 4173 vom 21.7.2010 (siehe: Dritter Teil dieser Arbeit).

66 Manche vermuten, dass die Publicity um die Krise des LTCM-Hedge-Fonds nicht unwesentlich dazu beigetragen hat, das Interesse potenzieller Investoren an dieser Branche zu erhöhen.

67 Bundeszentrale für politische Bildung, Globalisierung – Finanzmärkte – Hedge-Fonds.

68 Bundeszentrale für politische Bildung, Fn. 67.

69 Siehe auch: FSA, Discussion paper 05/4, 1.5. (S. 5).

70 *Spindler/Bednarz*, WM 2006, 553, 556 ff.; *dies.*, WM 2006, 601, 602 ff.; *Bednarz* (Fn. 17), S. 102 ff.; *Kaiser* (Fn. 32), S. 20.

bb) Regulatorische Lücke im EU-Recht

(1) OGAW-Richtlinie

Zunächst könnte die Anwendbarkeit der OGAW-Richtlinie[71] aus dem Jahr 2009 in Betracht gezogen werden. Fraglich ist, ob deren Anwendungsbereich auf Hedge-Fonds zugeschnitten ist. Dazu ist zunächst zu klären, was unter einem „OGAW" im Sinne der Richtlinie zu verstehen ist. Der Ausdruck bezeichnet gemäß Art. 2 Abs. 1 OGAW-RL „Organismen, deren ausschließlicher Zweck es ist, beim Publikum beschaffte Gelder für gemeinsame Rechnung nach dem Grundsatz der Risikostreuung in Wertpapieren [...] zu investieren, und deren Anteile auf Verlangen der Anteilinhaber unmittelbar oder mittelbar zulasten des Vermögens dieser Organismen zurückgenommen oder ausgezahlt werden". Gemäß Art. 1 Abs. 3 OGAW-RL können OGAW in Form von Investmentgesellschaften sowie Investmentfonds errichtet werden. Da es sich bei Hedge-Fonds um Investmentfonds handelt, erscheinen die Regelungen der OGAW-Richtlinie zunächst anwendbar. Bei Betrachtung des Art. 3 a) OGAW-RL fällt jedoch auf, dass dieser Organismen des geschlossenen Typs ausdrücklich vom Regelungsbereich der Richtlinie ausschließt. Unter einen „geschlossenen Fonds" werden zum einen Kapitalansammlungen gefasst, die auf ein bestimmtes, von vornherein festgelegtes Investitionsvolumen gerichtet sind und bei denen eine Investition regelmäßig nur innerhalb eines bestimmten Platzierungszeitraumes möglich ist, nach dessen Ablauf der Fonds geschlossen wird.[72] Häufiger jedoch bezieht sich der Ausdruck „geschlossener Fonds" auf die Frage, ob den Anlegern des Fonds ein Rückgaberecht in Bezug auf ihre Anteile eingeräumt oder ob eine Rücknahme für einen bestimmten Zeitraum ausgeschlossen wird. Besteht kein Rückgaberecht, da eine sog. *Lock-up*-Periode, die regelmäßig mindestens ein Jahr beträgt, vereinbart wurde, spricht man von einem geschlossenen Investmentfonds.[73] Aufgrund des Umstandes, dass ein Rückgaberecht bei Hedge-Fonds typischerweise nicht besteht, unterfallen sie nicht dem Geltungsbereich der OGAW-Richtlinie, da diese in Art. 1 Abs. 2 lit. b) das Rückgabeerecht als Definitionsmerkmal für einen OGAW statuiert. Darüber hinaus untersagt Art. 36 Abs. 2 OGAW-RL eine Kreditaufnahme, die 10 % des Fondsvermögens übersteigt; zusätzlich werden nach Art. 89 OGAW-RL Leerverkäufe verboten, sodass auch hieran erkennbar ist, dass der Regelungsgehalt der OGAW-Richtlinie nicht auf die typische Eigenart und Anlagepolitik von

71 Richtlinie 2009/65/EG des Europäischen Parlaments und des Rates vom 13.7.2009 zur Koordinierung der Rechts- und Verwaltungsvorschriften betreffend bestimmte Organismen für gemeinsame Anlagen in Wertpapiere (OGAW), ABl. EU Nr. L 302, S. 32 ff. vom 17.11.2009.

72 *Eckhold/ Balzer*, in: Assmann/ Schütze, Hdb. KapitalanlageR, § 26 Rn. 46; *Hennrichs*, in: Schwark/ Zimmer, KMRK, VerkaufsprospektG § 8 f. Anwendungsbereich, Rn. 6; *Inhester*, in: Gummert/ Weipert, MüHdbGesR, § 9 Rn. 20; *Verfürth/ Grunenberg*, DB 2005, 1043, 1043.

73 *Rosowski*, Die rechtlichen Rahmenbedingungen für Hedgefonds, S. 10.

Hedge-Fonds zugeschnitten ist.[74] Dies wird zudem durch die Anlagebeschränkung für OGAW im Sinne der OGAW-Richtlinie unterstrichen, die, wie schon rein begrifflich zu erkennen ist, nur Investitionen in Wertpapieren nach Art. 2 Abs. 1 lit. n) OGAW-RL zulässt. Eine derartige Anlagebeschränkung ist Hedge-Fonds fremd[75], sodass auch hieran deutlich wird, dass der OGAW-Richtlinie ein anderes gesetzgeberisches Konzept zugrunde liegt.[76]

(2) MiFID-Richtlinie

Weiter ist zu fragen, ob nicht die bereits im Jahr 2004 erlassene MiFID-Richtlinie[77] verbindliche Regelungen für Hedge-Fonds beinhalten könnte. Dies wird durch Art. 2 Abs. 1 lit. h) MiFID-RL jedoch ausdrücklich ausgeschlossen. Hiernach unterliegen „Organismen für gemeinsame Anlagen und Pensionsfonds unabhängig davon, ob sie auf Gemeinschaftsebene koordiniert werden, sowie die Verwahrer und Verwalter solcher Organismen" nicht dem Anwendungsbereich der Richtlinie.[78] Zu beachten ist an dieser Stelle, dass die Bezeichnung „Organismen für gemeinsame Anlagen" über den Anwendungsbereich der OGAW-Richtlinie hinausgeht. Während dort in Art. 1 Abs. 1 ein OGAW verstanden wird als „Organismus für gemeinsame Anlagen in Wertpapieren" und mithin eine Beschränkung hinsichtlich der Anlageobjekte vorgenommen wird, ist eine derartige Begrenzung in dem Ausdruck „Organismus für gemeinsame Anlagen", wie er in der MiFID-Richtlinie verwendet wird, nicht festzustellen. Hieraus lässt sich eine grundsätzliche Nichtanwendbarkeit der MiFID-Regelungen auf Hedge-Fonds und deren Verwalter ableiten. Etwas anderes kann sich jedoch für den Fall ergeben, dass der Hedge-Fonds-Manager Anlageberatung oder Portfolioverwaltung i. S. v. Art. 4 Abs. 1 Nr. 4 oder Nr. 9 MiFID-RL betreibt. Als Grundlage hierfür dient Art. 66 MiFID-RL, der die Art. 2 Abs. 2, 12, 13 und 19 MiFID-RL in diesem Fall für anwendbar erklärt. Zwar bezieht sich Art. 66 MiFID-RL ausdrücklich nur auf OGAW im Sinne der OGAW-Richtlinie, sodass Hedge-Fonds eigentlich nicht von dieser Rückausnahme betroffen wären, der deutsche Bundesrat

74 So auch schon: *Expertengruppe zu Hedge-Fonds*, Report of the Alternative Investment Expert Group to the European Commission – Managing, Servicing and Marketing Hedge Funds in Europe, S. 15.

75 Vgl. nur § 112 InvG, der folgende Aussage beinhaltet: „Sondervermögen mit zusätzlichen Risiken sind Investmentvermögen, die den Grundsatz der Risikomischung beachten und im Übrigen im Rahmen ihrer Anlagestrategien keinen Beschränkungen bei der Auswahl der Vermögensgegenstände [...] unterworfen sind."

76 *Rosowski* (Fn. 73), S. 72.

77 Richtlinie 2004/39/EG des Europäischen Parlaments und des Rates vom 21.4.2004 über Märkte für Finanzinstrumente, zur Änderung der Richtlinien 85/611/EWG und 93/6/EWG des Rates und der Richtlinie 2000/12/EG des Europäischen Parlaments und zur Aufhebung der Richtlinie 93/22/EWG des Rates, ABl. EU Nr. L 145, S. 1 ff. vom 30.4.2004 (im Folgenden: MiFID-Richtlinie).

78 Siehe auch Erwägungsgrund (15) MiFID-RL.

hat jedoch in seiner Begründung zum „FRUG“[79] Folgendes deutlich gemacht: „Im Interesse einer Gleichbehandlung werden die genannten Vorschriften nicht nur auf harmonisierte Organismen für gemeinsame Anlagen im Sinne der Richtlinie 85/611/EWG, sondern auch auf alle anderen Kapitalanlagegesellschaften oder Investmentaktiengesellschaften im Sinne des Investmentgesetzes angewendet, die sonstige Publikums- oder Spezial-Sondervermögen verwalten“.[80]

(3) Sonstige Richtlinien

Fraglich ist, ob neben der MiFID-Richtlinie auch noch andere europäische Richtlinien eine Ausstrahlungswirkung in Bezug auf Hedge-Fonds erzeugen können.

Gegenstand der Finanzsicherheiten-Richtlinie[81] ist die Schaffung „eine[r] gemeinschaftsweite[n] Regelung für die Bereitstellung von Wertpapieren und Bargut-haben als Sicherheiten“.[82] Investment- und damit Hedge-Fonds unterfallen als Finanzinstitut im Sinne von Art. 1 Abs. 2 lit. c) iii) Finanzsicherheiten-RL i. V. m. Art. 1 Nr. 5, Anhang I Nr. 7 lit. c) und lit. e, Nr. 11, 12 RL 2000/12/EG[83] dem Anwendungsbereich der Finanzsicherheiten-Richtlinie, sodass ihre Regelungen für den Fall zu beachten sind, dass das Fondsvermögen als Sicherheit gegeben wird.

Bei der Prospekt-Richtlinie[84] geht es um den Prospekt, der beim öffentlichen Angebot von Wertpapieren oder bei deren Zulassung zum Handel zu veröffentlichen ist. Nach Art. 1 Abs. 2 a) ist diese Richtlinie auf OGAW des geschlossenen Typs grundsätzlich anzuwenden. Zu beachten ist jedoch, dass nach Art. 3 Abs. 2 lit. a) i. V. m. Erwägungsgrund (16) Prospekt-RL eine Prospektpflicht dann nicht besteht, wenn sich das Wertpapierangebot *ausschließlich* an „qualifizierte Anleger“ i. S. v. Art. 2 Abs. 1 lit. e) Prospekt-RL, also z. B. lediglich an Kreditinstitute oder Versicherungsgesellschaften, richtet. In diesem Fall besteht nur eine eingeschränkte Informationspflicht gemäß Art. 15 Abs. 5 Prospekt-RL.

---

79 „FRUG“ bezeichnet das „Finanzmarkt-Richtlinie-Umsetzungsgesetz“ und stellt das nationale Umsetzungsgesetz zur MiFID-Richtlinie dar.

80 Bundesrat, Begründung zum Entwurf eines Gesetzes zur Umsetzung der Richtlinie über Märkte für Finanzinstrumente und der Durchführungsrichtlinie der Kommission (Finanzmarkt-Richtlinie- Umsetzungsgesetz), Drucks. 833/06, S. 1, 135 vom 8.12.2006.

81 Richtlinie 2002/47/EG des Europäischen Parlaments und des Rates vom 6.6.2002 über Finanzsicherheiten, ABl. EU Nr. L 168, S. 43 ff. vom 27.6.2002.

82 Erwägungsgrund (3) Finanzsicherheiten-RL.

83 Richtlinie 2000/12/EG des Europäischen Parlaments und des Rates vom 20.3.2000 über die Aufnahme und Ausübung der Tätigkeit der Kreditinstitute, ABl. EU Nr. L 126, S. 1 ff. vom 26.5.2000.

84 Richtlinie 2003/71/EG des Europäischen Parlaments und des Rates vom 4.11.2003 betreffend den Prospekt, der beim öffentlichen Angebot von Wertpapieren oder bei deren Zulassung zum Handel zu veröffentlichen ist, und zur Änderung der Richtlinie 2001/34/EG, ABl. EU Nr. L 345, S. 64 ff. vom 31.12.2003

Wie schon oben erwähnt[85], ist marktmissbräuchliches Verhalten eine immanente Gefahrenquelle der Hedge-Fonds-Branche. So können z.B. *abusive short sellings* dazu eingesetzt werden, um falsche oder irreführende Signale auf dem Markt zu setzen. Darüber hinaus kommt es auch vor, dass Fondsmanager, deren Strategien sich als wenig rentabel erwiesen haben, wissentlich falsche Bewertungen herausgeben und so ihre Anleger täuschen.[86] Derartiges Verhalten zu unterbinden beabsichtigt die Marktmissbrauchs-Richtlinie.[87]

b) Regulatorische Lücke in Deutschland

Wie die Ausführungen gezeigt haben, gibt es zwar Richtlinien, welche die Tätigkeiten von Verwaltern von Hedge-Fonds berühren können, eine speziell auf sie zugeschnittene Richtlinie existierte auf europäischer Ebene hingegen bisher nicht. Auch auf nationaler Ebene ist ein ähnliches Defizit vorzufinden. Zwar statuierte das im Jahr 2004 verabschiedete „Investmentmodernisierungsgesetz (InvModG)“[88] zum ersten Mal spezielle Regelungen für Hedge-Fonds, tatsächlich änderte sich hierdurch jedoch die rechtliche Realität von Hedge-Fonds nicht wirklich. Das Investmentgesetz sah seitdem in seinen §§ 112 bis 120 ausdrücklich Vorschriften für Hedge-Fonds („Sondervermögen mit zusätzlichen Risiken“) vor, jedoch wurde der Inhalt dieser Normen bewusst minimalistisch gehalten, um die vielfältigen Anlagestrategien und die Wettbewerbsfähigkeit deutscher Produkte nicht einzuschränken.[89] Neu war lediglich der Grundsatz der Risikomischung gemäß § 112 Abs. 1 S. 1 InvG, der Hedge-Fonds verpflichtete, die ihnen zufließenden Mittel in eine Vielzahl von Vermögensgegenständen anzulegen. Jedoch verbietet sich hierbei jede schematische Betrachtungsweise, da die erforderliche Risikomischung je nach Einzelfall unter Berücksichtigung der verfolgten Anlagestrategien zu beurteilen ist.[90] Für Dach-Hedge-Fonds ist zu beachten, dass nicht mehr als 20 % in einen einzelnen Zielfonds investiert werden dürfen (§ 113 Abs. 4 S. 1 InvG). Im Hinblick auf die Auswahl der Vermögensgegenstände sowie den Einsatz von Leverage oder

---

85 Siehe die Ausführungen unter Zweiter Teil.B.II.1.b).aa).(2).

86 Siehe zum bisher größten Fall von Anlagebetrug durch den Fondsmanager *Helmut Kiener*: Spiegel Online vom 22.7.2011, Geprellte Anleger: Millionenbetrüger Kiener muss elf Jahre ins Gefängnis.

87 Richtlinie 2003/6/EG des Europäischen Parlaments und des Rates vom 28.1.2003 über Insider-Geschäfte und Marktmanipulation (Marktmissbrauch), ABl. EU Nr. L 96, S. 16 ff. vom 12.4.2003.

88 Gesetz zur Modernisierung des Investmentwesens und zur Besteuerung von Investmentvermögen (Investmentmodernisierungsgesetz) vom 15.12.2003, BGBl. I Nr. 62, S. 2676 ff. vom 19.12.2003.

89 *Bednarz* (Fn. 17), S. 109.

90 *Bednarz*, Fn. 89; so auch *Wentrup*, Die Kontrolle von Hedgefonds, S. 54, der darauf verweist, dass insbesondere bei Hedge-Fonds bereits durch zwei Positionen, die sich exakt gegenläufig entwickeln, eine hinreichende Risikomischung gewährleistet sein kann.

Leerverkäufen bestand für Hedge-Fonds nach dem InvG somit weiterhin weitgehende „Narrenfreiheit".[91]

c) *Zusammenfassung*

Der Hedge-Fonds-Sektor hat sich innerhalb kürzester Zeit als ein bedeutender und einflussreicher Bereich des Finanzmarktes etabliert. Der Einsatz von Leverage und *short sellings* ermöglicht es diesem, überdurchschnittlich hohe Renditen zu realisieren. Gerät der Fonds jedoch in finanzielle Schwierigkeiten und kommt es infolgedessen zu Verlusten, so können hierdurch Ansteckungsgefahren erzeugt werden, die jeden treffen können, der (un)mittelbar am Hedge-Fonds beteiligt ist. Welche drastischen Gegenmaßnahmen im schlimmsten Fall erforderlich sein können, haben die Vorgänge während der LTCM-Krise deutlich gezeigt. Die Gefahr systemischer Risiken wurde zudem dadurch verstärkt, dass Hedge-Fonds bisher nahezu unreguliert waren, da sich die existierenden EU-Richtlinien nicht an den Eigenheiten von Hedge-Fonds orientierten. Zwar war der Anwendungsbereich einiger Richtlinien in Bezug auf Hedge-Fonds eröffnet, doch ging es bei diesen nicht um die konkrete Regulierung des Hedge-Fonds oder von dessen Verwalter, sondern vielmehr um Maßnahmen, die dem allgemeinen Schutz des Finanz- und Kapitalmarktes dienten.[92] Allein die MiFID vermag Anforderungen an den Fondsmanager oder an die Organisation zu stellen, jedoch nur für den Fall, dass dieser Wertpapierdienstleistungen im Sinne der Richtlinie erbringt.

Diese Ausführungen zeigen, dass sowohl auf wirtschaftlicher wie auch auf rechtlicher Seite genügend Gründe vorhanden waren, die eine Regulierung alternativer Investmentfonds notwendig machten.[93] Darüber hinaus gesteht selbst der damalige EU-Kommissar *Charlie McCreevy* ein, dass es auch auf regulatorischer Seite in der Vergangenheit versäumt worden sei, die Auswirkungen und Risiken, die von alternativen Investmentfonds ausgehen können, allumfassend und korrekt zu bewerten und man mit einer fast selbstsicheren Überzeugung davon ausgegangen sei, dass die bestehenden Regelungen ausreichen würden, um etwaige eintretende Schwierigkeiten aufzufangen.[94]

---

91 *Bednarz*, Fn. 89.

92 Siehe: Erwägungsgrund (3) Finanzsicherheiten-RL; Art. 1 Abs. 1 Prospekt-RL; Erwägungsgründe (2), (11) Marktmissbrauchs-RL.

93 Auch die Hedge-Fonds-Branche selbst befürwortet eine Regulierung: *AIMA*, Position Paper on the European Commission's Draft Directive on Alternative Investment Fund Managers (AIFMs), Punkt 1.4, S. 2 f.

94 *McCreevy*, Eröffnungsrede auf der Private Equity und Hedge-Fonds Konferenz am 26.2.2009 in Brüssel; so auch: Europäische Kommission, Impact Assessment, S. 23.

C. Selbstregulierung als Alternative zur AIFM-RL?

An dieser Stelle soll untersucht werden, ob anstelle einer Regulierung von Hedge-Fonds „von oben" die Alternative einer *Selbstregulierung* in Betracht gezogen werden könnte. Es geht folglich konkret um die Fragestellung, ob eine europäische, d.h. staatliche, Regulierung durch eine private Selbstregulierung der Wirtschaft ersetzt werden könnte.

I. Was bedeutet Selbstregulierung?

Zunächst gilt es zu fragen, was unter dem Begriff „Selbstregulierung" zu verstehen ist. Obwohl der Terminus in Literatur und Presse immer wieder verwendet wird, ist es nicht möglich, eine allgemeingültige Definition für diesen Ausdruck bereitzustellen.[95] Dies ist darauf zurückzuführen, dass „Selbstregulierung" häufig ohne nähere Konkretisierung geradezu selbstverständlich gebraucht wird, als sei es für jeden offensichtlich, welche Bedeutung dieses Wort in sich birgt. An dieser Stelle soll daher versucht werden, sich einer Aufschlüsselung dieses Begriffs anzunähern, um eine einheitliche Grundlage für die weiteren Ausführungen bieten zu können.

„Selbstregulierung" wird häufig als Gegenbegriff zur staatlichen Regulierung verstanden.[96] Eine derart scharfe Trennung ist jedoch, wie im Folgenden zu zeigen sein wird, nicht immer geboten.

Grundsätzlich wird bei der Regulierung *durch den Gesetzgeber* beabsichtigt, durch die Errichtung und Überwachung neuer generell-abstrakter Regeln sowie Sanktionierung von Regelverstößen eine spezifische Form staatlicher Aufsicht und Kontrolle über private Marktakteure auszuüben. Erforderlich ist diese Art des Vorgehens immer dann, wenn die Marktmechanismen versagt haben und es infolgedessen zu irrationalen Preisverschiebungen oder Systemrisiken gekommen ist, die aus kollektiver Perspektive unerwünscht sind und mithin beseitigt werden müssen.[97] Die regulative Politik setzt an diesem Punkt an und beabsichtigt, dieses Marktversagen mit dem Ziel zu beheben, dass der Schutz unbeteiligter Dritter gewahrt bzw. wiederhergestellt wird.[98] Im Kapital- oder auch Finanzmarkt spielt der Anlegerschutz eine besonders herausragende Rolle. Im Kern wird beabsichtigt, Personen, die sich durch Vermittlung des öffentlichen Kapitalmarktes mittelbar oder unmittelbar an Unternehmen zu Anlegerzwecken beteiligen, den Schutz ihrer Interessen zu

95 Nach Ansicht von *Kunz*, Corporate Governance, S. 471, 476 ist diese „[...] auch insofern überflüssig, als die Thematik ohnehin nicht *über einen Leisten geschlagen* werden darf, d.h. jede Selbstregulierungsordnung besteht für sich allein und muss individuell betrachtet werden."

96 *Roßkopf*, Selbstregulierung von Übernahmeangeboten in Großbritannien, S. 38.

97 *Lütz*, Staat und Globalisierung, S. 24.

98 *Lütz*, Fn. 97.

gewähren.[99] Gleichzeitig soll hierdurch die Wiederbelebung des durch das Marktversagen verursachten Vertrauensverlustes in die Märkte erreicht werden.[100]

Ein Rückschluss auf die Bedeutung des Begriffs „Selbstregulierung" lässt sich an dieser Stelle jedoch noch nicht ziehen. Vielmehr ist zunächst die Frage zu klären, wer denn eigentlich etwas *selbst regulieren* soll. Ist davon die Rede, dass etwas gerade *nicht* durch den Staat geregelt werden soll, so kann dem eigentlich nur das Handeln eines *Privaten* gegenüberstehen. Fraglich ist wiederum, wer als Privatperson einzustufen ist. Würde man auf die Organisationsform des normsetzenden Rechtssubjekts abstellen, so wäre an dieser Stelle noch nicht viel gewonnen. Denn aufgrund des Umstandes, dass auch der Staat in Gestalt privatrechtlicher Organisationsformen auftreten kann, wäre hier letztlich auch der Weg für eine private Normsetzung durch den Staat eröffnet.[101] Dieses Verständnis ist jedoch wenig zweckdienlich. Daher wird vorgeschlagen, nicht auf die Rechtssubjektsqualität als solche abzustellen, sondern vielmehr auf diejenige Person, die für die Entscheidung letztlich verantwortlich ist.[102] Dies hat den Vorteil, dass eine formale Betrachtungsweise angelegt werden kann, mit deren Hilfe die Abgrenzung zum Begriff „Staat" klar wird. Hiernach ist Privater jeder, der nicht Beamter oder sonstiger professioneller Funktionär des Staates ist.[103] Träger der so verstandenen Selbstregulierung können mithin privatrechtlich oder öffentlich-rechtlich organisierte Wirtschaftsverbände oder auch Berufsvereinigungen sein.[104] „Selbstregulierung" meint folglich die Eigenbildung von Regeln durch Personen oder Institutionen, die nicht Teil der unmittelbaren Staatsverwaltung sind.[105]

II. Staatliche Einflussnahme

Auch wenn Selbstregulierung so grundsätzlich als Gegensatz zur staatlichen Normsetzung verstanden werden kann, so ist dennoch zu beachten, dass eine völlige Trennung von Wirtschaft und Staat nur schwer gewährleistet werden kann. Vielmehr wird der gesetzgeberische Regulierungsprozess genauso von wirtschaftlichen Interessen(verbänden) beeinflusst wie die Selbstregulierung ebenso wenig in einem völlig staatsfreien Raum stattfindet.[106] So stehen dem Staat grundsätzlich fünf Möglichkeiten offen, bei der privaten Selbstregulierung zu intervenieren[107]:

99 *Damrau*, Selbstregulierung im Kapitalmarkt, S. 28.
100 *Lütz* (Fn. 97), S. 26.
101 *Damrau*, Fn. 99.
102 *Damrau* (Fn. 99), S. 10.
103 *Ossenbühl*, VVDStRL 29 (1971), S. 139, 144.
104 *Damrau* (Fn. 99), S. 58.
105 *Nobel*, Selbstregulierung, S. 119, 122; *Damrau* (Fn. 99), S. 59.
106 *Zulauf*, Selbstregulierung im Banken- und Finanzsektor, S. 31.
107 Dazu: *Damrau* (Fn. 99), S. 60.

- Der Staat sieht von jedweder Einflussnahme ab.
- Der Staat formuliert prozedurale Rahmenbedingungen.
- Der Staat formuliert materielle Ziele.
- Der Staat klärt die wesentlichen Fragen eines Regelungsbereiches und überlässt den Betroffenen lediglich die Lösung von Detailproblemen.
- Der Staat formuliert Zustimmungserfordernisse für private Regulierungen.

Welcher Form der Einflussnahme sich der Staat bedient, hängt im Wesentlichen vom Regelungsgegenstand und der Verantwortung ab, die dem Gesetzgeber in diesem Zusammenhang beigemessen wird. Man differenziert hier zwischen Erfüllungsverantwortung, Gewährleistungsverantwortung und Auffangverantwortung.[108]

Erfüllungsverantwortung bezeichnet dabei den originären Bereich der Gesetzgebung, z.B. Justiz oder Verteidigung, welcher vom Staat vollumfänglich und eigenverantwortlich wahrgenommen werden muss. Obliegt dem Staat die *Gewährleistungsverantwortung*, so versucht er das Verhalten Dritter z.B. durch bloße Rahmenvorgaben zu steuern; dies entbindet ihn jedoch nicht von der Letztverantwortlichkeit gegenüber Drittbetroffenen und der Allgemeinheit für den Fall der Beteiligung privater Normungsverbände.[109] Darüber hinaus spricht man von der *Auffangverantwortung* des Staates, wenn sich dieser für den Fall des Versagens der privaten Steuerung die Möglichkeit vorbehält, korrigierend bzw. substituierend einzugreifen.[110] Im nächsten Schritt gilt es folglich zu klären, weshalb im Fall der AIFM-Richtlinie – trotz der offensichtlichen Bereitschaft der Branche[111] – nie eine Selbstregulierung der alternativen Investmentfonds in Betracht gezogen worden ist. Denn bereits im *De Larosière*-Bericht wird darauf hingewiesen, dass zur Modernisierung des heutigen Regulierungsrahmens „der Nutzen von Selbstregulierung durch den privaten Sektor nicht aus dem Blick verloren werden [soll]" und öffentliche Regulierung und Selbstregulierung Hand in Hand gehen sollten.[112] Zur Klärung dieser Frage ist ein Blick auf die Vorzüge, jedoch auch auf die Nachteile einer Selbstregulierung erforderlich.

III. Vor- und Nachteile der Selbstregulierung

Insbesondere die Schweiz ist ein wahrer Verfechter der Selbstregulierung. Die Normsetzung durch Private ist dort stark verbreitet und bildet einen wesentlichen Bestandteil der dortigen Finanzmarktregulierung. So übertrifft die Selbstregulierung in der Schweiz mit rund 190 Erlassen auf 1.280 Seiten sogar das Seitenvolumen der staatlichen Regulierung, welche es mit einer Zahl von 127 Erlassen auf 1.200 Seiten

108 Siehe: *Damrau*, Fn. 107.

109 *Kloepfer*, Instrumente des Technikrechts S. 150; a.A. *Damrau*, Fn. 107, der darauf verweist, dass der Staat gerade nicht als Garant auftritt.

110 *Damrau*, Fn. 107.

111 FSA, Discussion paper 05/4, Punkt 7.5/ 7.6 (S. 64) („*Code of Practice*").

112 *De Larosière*-Bericht (Fn. 15), Nr. 52.

schafft.[113] Da diese Zahlen deutlich gegen den internationalen Trend sprechen, sich von der Selbstregulierung abzukehren und dem Staat die Normsetzung zu überlassen, ist danach zu fragen, welche Gründe sowohl für die eine wie auch die andere Vorgehensweise angeführt werden können.

1. *„Pro" Selbstregulierung*

Wie schon dargestellt, werden bei der Selbstregulierung spezifische Fragen und Probleme von den Rechtssubjekten erörtert und geregelt, die von der entstehenden Regelungsordnung unmittelbar betroffen sein werden. Hieraus ergibt sich eine besondere Praxisnähe mit breit gefächertem Expertenwissen. Darüber hinaus kann eine Selbstregulierung einen wichtigen Beitrag zur Erhöhung der Transparenz auf diesem Sektor leisten. Denn insbesondere große und systemisch relevante Hedge-Fonds profitieren von stabilen und gut funktionierenden Finanzmärkten, weshalb von ihrer Seite gleichfalls ein Eigeninteresse an Finanzstabilität und mithin daran besteht, zu dieser einen Beitrag zu leisten.[114] Ein weiterer wichtiger Vorteil von Selbstregulierung ist in ihrer Flexibilität zu sehen. Private Normen werden zumeist ohne langwierige und komplizierte Rechtsetzungsverfahren erlassen und können bei Änderung der äußeren Rahmenbedingungen leichter und schneller angepasst werden.[115] Zudem sind Private nicht oder zumindest nicht im gleichen Umfang an staatliche Prinzipien gebunden wie der Gesetzgeber, sodass darüber hinaus ein größerer Entscheidungs- und Gestaltungsspielraum bei der Formulierung von Normen zur Verfügung steht.[116] Diese erhöhte Einflussmöglichkeit führt weiterhin zu größerer Akzeptanz in Bezug auf die erlassenen Normen auf Adressatenseite. Die Betroffenen fühlen sich und ihre Interessen hinreichend berücksichtigt und sehen sich nicht bloß einseitig gesetzten Regelungen ausgesetzt, die es zu befolgen gilt.[117] Rechtsverstöße können hierdurch minimiert werden. Ein sog. *code of conduct*, in dem sich die Hedge-Fonds auf eine Art „*Best Practice*-Richtlinien" zu Themen wie Risikomanagement, Corporate Governance oder auch Bewertungsmodellen verpflichten, könnte demnach ein konstruktiver Beitrag der Hedge-Fonds-Branche zu einer Erhöhung der Transparenz auf diesem Sektor sein. Es ist jedoch zu berücksichtigen, dass es sich bei der Etablierung eines solchen Kodexes nicht um bloße unverbindliche Empfehlungen handeln dürfte, vielmehr wäre es zur Verbesserung der Finanzstabilität erforderlich, dass die Einhaltung der Standards durch eine Kontrollinstanz überwacht und Verstöße publiziert werden würden.[118]

---

113 Eidgenössische Bankenkommission, EBK-Bericht Selbstregulierung, S. 6.

114 Bankenverband deutscher Banken (BVK), Transparenz von Hedge-Fonds erhöhen, S. 12.

115 *Damrau* (Fn. 99), S. 76.

116 *Damrau*, Fn. 115.

117 *Damrau* (Fn. 99), S. 78.

118 Bankenverband (Fn. 114), S. 13.

2. „Contra" Selbstregulierung

Auch wenn die positiven Aspekte einer Selbstregulierung schon äußerst überzeugend erscheinen, darf jedoch nicht übersehen werden, dass der Verzicht auf eine staatliche Regulierung auch negative Begleiterscheinungen mit sich bringt. Versteht man den Erlass privater Normen grundsätzlich als Gegensatz zu gesetzgeberischen Rechtsetzungsakten, so ergibt sich hieraus zwangsläufig der Rückschluss, dass die Selbstregulierungserlasse keinen verbindlichen Normcharakter aufweisen können, aus dem sich eine zwangsweise vollstreckbare Durchsetzbarkeit ergibt. Hieraus leitet sich wiederum das Problem ab, wie etwaige Verstöße gegen die privaten Regelungen geahndet werden sollen. Für den Fall, dass der Selbstregulierungsakt Sanktionen bereitstellen sollte, beschränken sich diese in der Regel auf die beiden Extreme einer schlichten Verwarnung oder eines äußerst schwerwiegenden Ausschlusses aus der jeweiligen Organisation.[119] Mittelschwere Verstöße können mangels vorhandener Mittel nicht in angemessener Weise geahndet werden, was letztlich zu Einbußen an der Glaubwürdigkeit des gesamten Systems führt.[120] Ein abgestuftes System von Sanktionsmöglichkeiten ist für die Funktionsfähigkeit eines Kontrollsystems daher geradezu unabdingbar.[121] Ein weiterer wichtiger Punkt, der gegen eine Selbstregulierung vorgebracht wird, ist der Einwand der Parteilichkeit. Zwar vermag die besondere Sachnähe und das spezielle Expertenwissen der rechtsetzenden Personen die Interessen der Adressaten unter Umständen besser zu erfassen als der Gesetzgeber, doch ist in dieser besonderen Sachnähe zugleich auch ein Problem zu erachten. Über die Belange der Betroffenen hinaus gibt es zumeist auch andere, so auch öffentliche, Interessen, die in einem Regelungswerk angemessene Berücksichtigung finden müssen. Um diese im Rahmen eines Selbstregulierungsprozesses hinreichend gewährleisten zu können, müsste eine Anhörung aller sonstigen betroffenen Interessengruppen vorgenommen werden, welche jedoch aus Kosten- und Organisationsgründen zumeist unterbleiben dürfte. Tritt der Regulierte zugleich als Regulierer auf, so ist die Gefahr einer bloß eingeschränkten, zum eigenen Vorteil gereichenden Sichtweise auf den Regelungsgegenstand demnach nicht auszuschließen und der objektive Nutzen der im Wege der Selbstregulierung geschaffenen Normen infrage zu stellen.[122]

IV. Ergebnis

Wie die Ausführungen gezeigt haben, gibt es durchaus einige Aspekte, die für eine Selbstregulierung und somit gegen eine europäische Regelung von Hedge-Fonds sprechen. Jedoch ist nicht von der Hand zu weisen, dass insbesondere

---

119 *Roßkopf* (Fn. 96), S. 47.
120 *Roßkopf*, Fn. 119.
121 *Damrau* (Fn. 99), S. 81 f.; *Ayres/ Braithwaite*, Responsive Regulation, S. 35 ff.
122 Auch der BVK weist in seinem Positionspapier „Transparenz der Hedge-Fonds erhöhen" (Fn. 114) auf S. 12 auf die fehlende Neutralität im Rahmen von Selbstregulierungsprozessen hin: „Der Erfolg jeder Selbstregulierung ist allerdings eng an das vorhandene Eigeninteresse der zu Regulierenden geknüpft."

Selbstregulierungen ohne jeglichen staatlichen Einfluss nur auf den ersten Blick eine interessengerechtere Alternative darstellen. Häufig würden diese schlichtweg dazu führen, dass externe Modalitäten komplett unberücksichtigt blieben und lediglich die eigenen Belange vorangestellt werden würden. Insbesondere die fehlende zwangsweise Durchsetzbarkeit der privaten Normen und das unklare Vorgehen bei Normverstößen verursachen Rechtsunsicherheiten, die auch durch die allseits gelobte Flexibilität nicht ausgeräumt werden können. Sinn und Zweck einer kapitalmarktrechtlichen Regulierung von alternativen Investmentfonds ist es jedoch primär, diejenigen Rechtsunsicherheiten und -unklarheiten zu beseitigen, die gerade durch die uneinheitlichen und unspezifischen nationalen Regelungen in diesem Bereich existieren. Zudem ist zu berücksichtigen, dass die gesamte Hedge-Fonds-Branche einen erheblichen Image- und Vertrauensverlust dadurch erlitten hat, dass dieser zumindest eine Mitverantwortlichkeit an der Entstehung der letzten Finanzmarktkrise und deren verheerenden Folgen vorgehalten wurde. Den Verwaltern alternativer Investmentfonds eine Selbstregulierung zu eröffnen, wäre daher in der Öffentlichkeit wohl auf heftige Gegenwehr gestoßen. Aufgrund dessen, dass diese Alternative jedoch nie – zumindest nicht unter den gegebenen Umständen – ernsthaft in Betracht gezogen wurde, verflüchtigten sich erste Ansätze schnell.

Darüber hinaus ist die Frage, ob eine Selbstregulierung in Betracht gezogen werden kann oder nicht, stets vom zu regelnden Gegenstand und von den äußeren Umständen abhängig. Die Regulierung von alternativen Investmentfonds durch den europäischen Gesetzgeber ist ohne Zweifel ein Meilenstein der EU-Kapitalmarktregulierung, der nicht nur die Fonds und deren Verwalter, sondern überdies auch viele andere Interessengruppen sowie den gesamten internationalen Finanzmarkt betrifft und vornehmlich die Wiederherstellung von Stabilität und Vertrauen in die Märkte bezweckt. Mit jeder Regulierung wird zugleich eine politische Wertentscheidung getroffen, die mehr als nur bloßen Sachverstand erfordert und insbesondere ein hohes Maß an Objektivität und Unabhängigkeit der Regulatoren voraussetzt. Anforderungen, denen die Ersteller einer Selbstregulierung, zumindest zu diesem Zeitpunkt, wohl kaum entsprechen konnten. Denn erschwerend kommt hinzu, dass sich zur Zeit der EU-Regulierungsdiskussion die Welt in einer der schlimmsten Wirtschaftskrisen und Rezessionen seit dem sog. Schwarzen Freitag im Jahr 1929 befand und daher schnelles und ver-antwortungsvolles Handeln gefordert war.

Aus diesem Grund ist auch dem Entschließungsantrag zur AIFM-Richtlinie zu entnehmen, „dass Richtlinien wohl die geeigneten Rechtsinstrumente sind, um Themen zu behandeln, mit denen man sich im Zusammenhang mit Hedge Fonds und Private Equity auseinander setzen muss".[123] Der ehemalige EU-Abgeordnete *Poul Nyrup Rasmussen* formulierte seine Haltung zur Selbstregulierung von alternativen Investmentfonds auf

123 Entschließungsantrag des Europäischen Parlaments (Fn. 13), Punkt G.

der „Private Equity und Hedgefonds-Konferenz“ im Jahr 2009 klar und deutlich: „The moment for self-regulation has passed, if it has ever been there in the real world.“[124]

D. Ziele der AIFM-RL

Nachdem sowohl Entstehungshintergrund und -prozess der AIFM-Richtlinie als auch die Gründe für einen Regulierungsbedarf in Bezug auf die alternative Investmentfondsbranche dargestellt wurden, sollen zum Abschluss der einleitenden Ausführungen die Ziele und Motive des europäischen Gesetzgebers genannt werden, die dieser mit dem Erlass der AIFM-Richtlinie zu realisieren beabsichtigt. Die Hauptstoßrichtungen der am 8. Juni 2011 beschlossenen AIFM-Richtlinie lassen sich wie folgt zusammenfassen:

Erstens: Schutz der Marktintegrität durch Abwehr systemischer Risiken, insbesondere durch die Einführung eines soliden und wirksamen Risikomanagements sowie durch Schaffung solider Vergütungsstrukturen (Erwägungsgründe (2), (24) AIFM-RL).

Zweitens: Schaffung eines harmonisierten und strikten Regulierungs- und Kontrollrahmens für Verwalter alternativer Investmentfonds, die streng von den eigentlichen Fonds zu unterscheiden sind (Erwägungsgründe (4), (6), (10) AIFM-RL).

Drittens: Schaffung eines Binnenmarktes für AIFM (Erwägungsgrund (4) AIFM-RL).

Viertens: Erhöhung der Transparenz durch Etablierung zahlreicher Berichts- und Offenlegungspflichten für AIFM (Erwägungsgründe (53), (61), (89) AIFM-RL).

Fünftens: Stärkung des Anlegerschutzes und Vermeidung von Interessenkonflikten, insbesondere durch die Pflicht des AIFM zur Beauftragung einer Verwahrstelle (Erwägungsgründe (33) bis (46) AIFM-RL).

Sechstens: *Asset Stripping* in Bezug auf nicht börsennotierte Unternehmen, über die ein AIF die Kontrolle erlangt hat, zu unterbinden (Erwägungsgrund (57) AIFM-RL).[125]

Ohne an dieser Stelle näher auf die einzelnen Ziele der AIFM-Richtlinie einzugehen, da sie Gegenstand der nachfolgenden Ausführungen sein werden, wird bereits anhand des obigen Kataloges deutlich, dass der Gesetzgeber mit der AIFM-Richtlinie ein umfangreiches und ehrgeiziges Regulierungskonzept entworfen hat, das die Intention verfolgt, dem Schattendasein von Verwaltern alternativer Investmentfonds ein Ende zu setzen und gleichzeitig sowohl das Verantwortungs- wie auch das Risikobewusstsein von AIFM zu schärfen. Auffällig ist jedoch auch, dass Vorgaben hinsichtlich der Produkte selbst, der AIF, gänzlich zu fehlen scheinen.

---

124 *Rasmussen*-Bericht vom 26.2.2009, S. 3.

125 Angelehnt an *Spindler*, DB 2010, 85, 85.

Zweiter Teil: Die AIFM-Richtlinie

Gegenstand des zweiten Teils dieser Arbeit bildet die europäische „Richtlinie über die Verwalter alternativer Investmentfonds (AIFM-Richtlinie)“ vom 8. Juni 2011, die als Meilenstein der europäischen Rechtsetzung angesehen werden kann, da sie zum ersten Mal einheitliche Anforderungen für die Verwaltung und den Vertrieb alternativer Investmentfonds innerhalb der EU errichtet. Ihr Inhalt wird nachfolgend dargestellt.

A. Anwendungsbereich

I. Personalistischer Regelungsansatz

In seinem Entschließungsantrag vom 9. Juli 2008 ersuchte das Europäische Parlament die Kommission, eine oder mehrere Richtlinien vorzuschlagen, durch die „Fragen im Zusammenhang mit Hedgefonds und Private Equity geregelt werden“.[126] Gleichzeitig riet das EU-Parlament dazu, dass „die Adressaten dieser gemeinschaftlichen Regelungen die Manager solcher Fonds sein sollten“.[127] Die Gründe, die den Anstoß zu dieser Entscheidung gegeben haben, gehen aus dem Entschließungsantrag selbst nicht hervor. Jedoch wird der Ansatz in einer Erklärung des damals zuständigen EU-Kommissars *Charlie McCreevy* deutlich, wonach bezweckt wurde, Fondsmanager dazu zu bringen, ihr Risikomanagement zu überdenken und zu verbessern.[128]

1. Entscheidungsmacht des AIFM

Die Ursächlichkeit für die Verstärkung von Systemrisiken durch Hedge-Fonds ist nicht nur auf Fehler innerhalb des Aufsichtssystems selbst (sog. Systemfehler) zurückzuführen, sondern insbesondere auch auf ein Fehlverhalten der eigentlichen Urheber – der verantwortlichen Fondsmanager.[129] Die besondere Einflussmöglichkeit, die von AIFM auf das Finanzsystem ausgeht, wird bereits im ersten Erwägungsgrund zur AIFM-Richtlinie dokumentiert. Dieser weist darauf hin, dass

---

126 Entschließungsantrag des Europäischen Parlaments (Fn. 13). Einen Hinweis darauf, was genau unter Hedge-Fonds bzw. Private Equity zu verstehen ist, enthält der Entschließungsantrag jedoch nicht, so auch *Weiser/ Jang*, BB 2011, 1219, 1219.

127 Entschließungsantrag des Europäischen Parlaments (Fn. 13), S. 12.

128 Spiegel Online vom 6.4.2009, Regulierung: McCreevy will Hedgefonds an die Kandare nehmen.

129 So *Hellwig*, Finanzmarktregulierung, S. E 35, der zudem noch darauf verweist, dass im Vorfeld einer Beurteilung stets zwischen Systemfehlern und Fehlverhalten zu differenzieren ist.

die Verwalter von AIF durch den Handel mit Finanzprodukten einen erheblichen Einfluss auf investierte Märkte und Unternehmen ausüben. Auch wenn die Märkte, wie zugestanden wird, zumeist hiervon profitieren, so ist die Tätigkeit von AIFM gleichfalls dazu geeignet, für Anleger und Gegenparteien ebenso wie für die Effizienz und Stabilität der Finanzmärkte eine Reihe von Risiken hervorzubringen, die jedoch in ihrer Art und Intensität je nach Geschäftsmodell variieren können.[130]

So ist etwa der Einsatz von Leverage eine wesentliche Risikoquelle bei Hedge-Fonds. Ob und in welchem Ausmaß im Fall eines Zusammenbruchs Risiken für das System drohen, hängt dabei jedoch insbesondere von der Frage ab, wie hoch sich die Kapitalhebelung beim konkreten Fonds gestaltet. Der Entscheidung des AIFM für oder gegen ein bestimmtes Anlagekonzept ist somit bereits das fondseigene Potenzial für systemische Ansteckungseffekte inhärent. Die meisten Fondsmanager waren sich dieser Verantwortung vor dem Hintergrund ihrer hauptsächlich auf die Erreichung absoluter und kurzfristiger Erfolge ausgerichteten Ertragspolitik jedoch nicht bzw. nicht hinreichend bewusst. Aber selbst die Europäische Kommission – vertreten durch ihren früheren EU-Kommissar *McCreevy* – gesteht ein, dass man die Verluste von Hedge-Fonds hauptsächlich als ein Problem für den Fonds selbst bzw. für seine finanzstarken professionellen Investoren betrachtete und nicht die Möglichkeit in Betracht gezogen hatte, dass der Fall eines Hedge-Fonds eine direkte Bedrohung für die Stabilität des Finanzmarktes darstellen könne.[131] Diesbezüglich verspricht die AIFM-Richtlinie, Abhilfe zu schaffen, indem sie den Managern von AIF zu einer weitsichtigeren und verantwortungsvolleren Entscheidungsfindung zu verhelfen beabsichtigt. Das der AIFM-Richtlinie zugrunde liegende, personalistische Konzept ist daher im Kontext der typischen Besonderheiten bei Hedge-Fonds zu betrachten. Es basiert auf der Erwägung, dass die Wahl der eingesetzten Anlageinstrumente und die mit diesen logischerweise einhergehenden Risikosphären letztlich allein auf die Entscheidung des einzelnen Fondsmanagers zurückzuführen ist, und dieser daher vor dem Hintergrund der Vermeidung bzw. Minimierung systemischer Risiken und zur Verbesserung des Anlegerschutzes den geeigneten Anknüpfungspunkt darstellt.[132]

2. *Fehlanreize*

Zusätzlich kommt, wie auch schon aus dem Banken- und Versicherungsbereich bekannt, der nicht zu vernachlässigende Umstand hinzu, dass Verhaltensfehlanreize, z. B. ausgelöst durch undurchsichtige Vergütungssysteme, erhebliche Auswirkungen auf die Bereitschaft zur Übernahme von z. T. schon irrational anmaßenden Risiken

---

130 Europäische Kommission, Begleitdokument vom 30.4.2009 zum Vorschlag für eine Richtlinie des Europäischen Parlaments und des Rates über die Verwalter alternativer Investmentfonds und zur Änderung der Richtlinien 2004/39/EG und 2009/[...]/EG, Zusammenfassung der Folgenabschätzung, S. 2.

131 *McCreevy*, Eröffnungsrede vom 26.2.2009, Fn. 94.

132 So auch schon *Spindler/ Tancredi*, WM 2011,1393, 1396.

entfalten können. Dieses Phänomen ist umso stärker zu beobachten, je mehr die eigene Höhe der Beteiligung des AIFM am Fonds sinkt. Ist der Fondsmanager beispielsweise alleiniger Investor am AIF, so beobachteten *Kouwenberg/Ziemba*, dass dessen Interesse an einer Erfolgsvergütung gen Null sinkt, da die Verwaltung des Fonds vielmehr zu einer eigenen persönlichen Angelegenheit geworden ist und variable Erfolgszahlungen deshalb nur eine untergeordnete Rolle einnehmen.[133] Ist der Fondsmanager selbst hingegen überhaupt nicht am Hedge-Fonds beteiligt, so ist eine zunehmende Steigerung der Volatilität zu beobachten, da das Interesse des AIFM an einer möglichst hohen, erfolgsabhängigen Vergütung umso mehr in das Zentrum seines Interesses zu rücken scheint.[134] Gefördert wird die Risikogeneigtheit von AIFM dabei insbesondere durch den herrschenden Wettbewerbsdruck. Verwalter von Hedge-Fonds, die es sich zum Ziel gesetzt haben, besser als die Konkurrenz zu sein, müssen besondere Erfolge vorweisen können. Erfolge wiederum werden in der Fondsbranche in Zahlen gemessen, sodass letztlich nur die Gewinne, die zugunsten des Hedge-Fonds und seiner Anleger erzielt werden konnten, maßgeblich sind. Diese gelten ihrerseits wieder als Indikator für die persönlichen Begabungen und Fähigkeiten des Fondsverwalters und verhelfen diesem dazu, seinen Ruf innerhalb der Branche zu verbessern und so seine Karrierechancen zu vergrößern. Verluste hingegen zeugen von Inkompetenz und mangelndem Ehrgeiz und sorgen für einen Vertrauensverlust, der es dem AIFM erschwert, Investoren für zukünftige Projekte zu finden.[135] Eine lediglich auf die Erwirtschaftung hoher Vergütungen ausgelegte Vergütungsstruktur kann den Fondsmanager so zu bloß kurzfristigem Denken verleiten und dazu führen, dass dieser die langfristige Ertragsentwicklung vollends außer Acht lässt.[136] Dies wird insbesondere durch den Umstand beeinflusst, dass die gängigen Vergütungssysteme für Manager im Wesentlichen auf Bonuszahlungen, welche mit wachsender Höhe der erzielten Unternehmensgewinne ebenfalls proportional ansteigen, und nur zu einem geringen Teil auf einem Festgehalt beruhen.[137] Eine Beteiligung der Manager an den Verlusten, die sie selbst durch Fehlspekulationen generiert haben, fand bislang jedoch nicht statt. Daher muss es innerhalb eines Regulierungskonzeptes nicht nur darum gehen, die Höhe der Vergütungen selbst auf ein angemessenes und vernünftiges Maß zu reduzieren – Fondsmanager gehören bekanntlich zu den Spitzenverdienern –, sondern vielmehr auch darum, insbesondere die Struktur der vorhandenen Vergütungspolitik transparenter und nachvollziehbarer zu gestalten. Vergütungsbezogene Anreize müssen unbedingt wieder mit den Anlegerinteressen und der langfristigen Rentabilität des Fonds in Einklang gebracht werden.[138]

---

133 *Kouwenberg/ Ziemba*, Incentives and Risk Taking in Hedge Funds, S. 15.

134 *Kouwenberg/ Ziemba*, Fn. 133.

135 *Harbaugh*, Prospect Theory or Skill Signaling?, S. 1.

136 *De Larosière*-Bericht (Fn. 15), Nr. 117.

137 *Brooks/ Clare/ Motson*, The Groth Truth About Hedge Fund Performance and Risk, S. 1.

138 Siehe auch: *De Larosière*-Bericht (Fn. 15), Nr. 118.

3. (Un-)Bestimmbarkeit von AIF

Darüber hinaus wäre es für eine unmittelbare Unterwerfung von AIF unter europäische Gesetzesvorgaben im Vorfeld erforderlich gewesen, konkret zu bestimmen, was unter alternativen Investmentfonds zu verstehen ist – eine Aufgabe, die den Gesetzgeber vor nicht unerhebliche Schwierigkeiten gestellt hätte. In Kenntnis dessen weist der Europäische Wirtschafts- und Sozialausschuss sodann auch selbst darauf hin, dass „der Verzicht auf eine direkte Regulierung der Produkte darin begründet [liegt], dass alternative Investmentfonds sich nur nach dem Ausschlussprinzip definieren lassen, da sie nicht nach der OGAW-Richtlinie harmonisiert sind, und die Kommission davon ausgeht, dass jeder Versuch einer direkten Produktregelung schon bald hinfällig und überholt wäre“.[139] Diese Erklärung trägt jedoch nur wenig zum Verständnis in Bezug auf die Unbestimmbarkeit von AIF bei, sondern schafft überdies noch zusätzlichen Klärungsbedarf. Ziel der folgenden Ausführungen ist es daher, sich mit den möglichen Gründen zu befassen, die der konkreten Bestimmbarkeit von AIF entgegenstehen.

a) OGAW-RL als Auslegungshilfe

Die AIFM-Richtlinie selbst definiert einen AIF in Art. 4 Abs. 1 lit. a) als „Organismus für gemeinsame Anlagen einschließlich seiner Teilfonds [...], der (1.) von einer Vielzahl von Anlegern Kapital einsammelt, um es gemäß einer festgelegten Anlagestrategie zum Nutzen dieser Anleger zu investieren, und (2.) keine Genehmigung gemäß Art. 5 RL 2009/65/EG benötigt“. Was jedoch unter einem *Organismus für gemeinsame Anlagen* genau zu verstehen ist, erläutert die AIFM-Richtlinie nicht näher, und auch dem sonstigen, bis zum Erlass der AIFM-Richtlinie geltenden EU-Recht lassen sich diesbezüglich keine konkreten Hinweise entnehmen. Zwar findet sich in Art. 1 OGAW-RL eine Erläuterung des Begriffs „OGAW“ (Organismus für gemeinsame Anlagen in Wertpapieren). Jedoch ist dieses Verständnis, wie Art. 1 Abs. 2 OGAW-RL deutlich macht, nur für die Zwecke der OGAW-Richtlinie heranzuziehen, demnach folglich nicht auf andere Regelungswerke übertragbar. Darüber hinaus ist zu berücksichtigen, dass sich die Begriffserklärung nur auf Organismen für gemeinsame Anlagen *in Wertpapieren* bezieht. Inwieweit hieraus allgemeingültige Inhalte für ein generelles Verständnis von Organismen für gemeinsame Anlagen gewonnen werden können, lässt sich schwer einschätzen, da diese in ihrer Reichweite sehr viel weitgehender sind als OGAW im Sinne der OGAW-Richtlinie.

139 Stellungnahme des Europäischen Wirtschaft- und Sozialausschusses zu dem „Vorschlag für eine Richtlinie des Europäischen Parlaments und des Rates über die Verwalter alternativer Investmentfonds und zur Änderung der Richtlinien 2004/39/EG und 2009/[...]/EG“, ABl. EU Nr. C 18, S. 90, 92 vom 19.1.2011.

b) *Vielfalt der Anlageobjekte*

Die Probleme, die sich im Zusammenhang mit der Bestimmbarkeit von AIF stellen, hängen u. a. mit der Größe und der Vielschichtigkeit der Branche zusammen. So sind alternative Investmentfonds nicht nur die bereits erwähnten Hedge-Fonds und Private Equity-Fonds, sondern z. B. auch Rohstoff-, Immobilien- und Infrastrukturfonds. Die mit diesen Fonds verbundene Verschiedenartigkeit ergibt sich bereits aus der Natur der Sache selbst. Hedge-Fonds sind bereits im Rahmen der Erörterung der Systemrelevanz dargestellt worden.[140] Die wesentlichsten Merkmale dieser sind demnach der risikoreiche Einsatz von Leverage und Leerverkäufen zur Maximierung der Rendite. Private Equity hingegen bedeutet Kapitalunterstützung auf Zeit durch die außerbörsliche Bereitstellung von Eigenkapital für ein Unternehmen, das zunächst Kapital von Investoren benötigt, um zu einem späteren Zeitpunkt den wirtschaftlichen Erfolg mit den Kapitalgebern zu teilen.[141] Bei Rohstofffonds investiert der Anleger in Rohstoff-Aktien von Unternehmen, die sich mit der Exploration und der Gewinnung von Rohstoffen (z. B. Gold, Kaffee oder Baumwolle) befassen, um so im besten Fall von einer steigenden Rohstoffnachfrage am Markt profitieren zu können.[142] Immobilienfonds hingegen finanzieren einzelne (dann: geschlossene Immobilienfonds ohne Risikostreuung) oder mehrere Bauprojekte (dann: offene Immobilienfonds mit Risikostreuung).[143] Und Infrastrukturfonds sind in vielfacher Hinsicht von Nutzen: Sie finanzieren Projekte[144] wie z. B. Brücken, Straßen, Flughäfen, Schulen, aber auch Krankenhäuser und Pipelines für die Wasser-, Gas- und Stromversorgung nicht nur in Deutschland, sondern insbesondere auch in aufstrebenden und stetig wachsenden Schwellenländern wie China oder Indien und greifen so Bund, Länder und Kommunen insbesondere im Bereich der Reinvestition finanziell unter die Arme.[145] Die Bandbreite an Anlageobjekten, die AIF abdecken, ist demnach äußerst vielseitig, sodass auch die Interessen und Absichten, die mit jeder Investition verbunden sind, gleichfalls sehr unterschiedlich ausfallen können.

---

140 Siehe bereits: Erster Teil.A.II.1.b) dieser Arbeit.

141 BMF, Glossar – Private Equity, abrufbar unter: http://www.bundesfinanzministerium.de/Web/DE/Service/Glossar/Functions/glossar.html?lv2=206396&lv3=301858#lvl3 (zuletzt abgerufen: 31.5.2015).

142 *Dönges*, Besteuerung privater Kapitalanlagen, S. 163 f.; *Hilpold/ Kaiser*, Innovative Investmentstrategien, S. 113 ff.

143 Deutscher Fondsverband BVI, FAQ Offene Immobilienfonds – Welche Unterschiede bestehen zwischen offenen und geschlossenen Immobilienfonds?, abrufbar unter: http://www.bvi.de/kapitalanlage/privatanleger/basiswissen/fondsarten/faq-offene-immobilienfonds/ (zuletzt abgerufen: 31.5.2015).

144 Dabei handelt es sich um sog. ÖPP-Projekte („Öffentlich-Private Partnerschaften"), welche die Finanzierung von Anlagen und Bauwerken zum Gegenstand haben, an denen ein öffentliches Interesse besteht und die eigentlich dem Aufgabenbereich der öffentlichen Hand unterfallen: *Volhard/ Kruschke*, VentureCapital Magazin 10/2010, S. 38, 38; *Schramm/ Speer*, Erfolgreicher Börsengang, S. 2.

145 BAI, Investitionen in Infrastruktur, S. 3; *Heid*, Infrastrukturinvestitionen, S. 55 ff.

c) *Vielfalt der Anlagestrategien*

aa) Klassifizierung von Hedge-Fonds-Strategien

Es lassen sich jedoch Unterschiede nicht nur in Bezug auf die Anlageobjekte, sondern auch in Bezug auf die eingesetzten Anlagestrategien feststellen. Dies soll am Beispiel von Hedge-Fonds verdeutlicht werden. Hedge-Fonds sind von einer hohen Flexibilität gekennzeichnet, die darauf zurückzuführen ist, dass diese weder einer Begrenzung im Hinblick auf ihre Anlageobjekte noch im Hinblick auf die eingesetzten Strategien und Techniken unterliegen. Aus diesem Grund haben sich sowohl durch Wissenschaft als auch durch Praxis diverse Ansätze zur Systematisierung herausgebildet, denen gemeinsam ist, dass sie die Gesamtheit aller Hedge-Fonds aus einem bestimmten Blickwinkel darzustellen beabsichtigen.[146] So differenzieren die einen nach der Risikoeigenschaft eines Hedge-Fonds, die anderen im Rahmen einer mehrdimensionalen Kategorisierung nach Anlageprozess, Anlageklasse und geografischem Fokus bzw. nach „marktorientiert“ oder „nicht marktorientiert“, und wiederum einige verzichten vollends auf eine Einteilung, sondern stellen die einzelnen Hedge-Fonds-Strategien ungruppiert nebeneinander.[147] Empirische Untersuchungen[148] der *AIMA*[149] haben jedoch ergeben, dass sich in der Praxis eine Differenzierung nach der Volatilität der Renditen[150] durchgesetzt hat und das Risikomaß eines Hedge-Fonds den häufigsten Klassifizierungsmaßstab bildet.[151] Zwingend ist diese Einteilung jedoch keineswegs, denn wie die Ergebnisse der AIMA-Untersuchung gezeigt haben, benutzen 50 % der teilnehmenden Unternehmen sogar eigene bzw. interne Klassifizierungsmodelle für Hedge-Fonds, und nur 47 % greifen auf externe Systeme zurück.[152] Hieraus kann mithin abgeleitet werden, dass vor dem Hintergrund der Heterogenität der Hedge-Fonds-Branche jede Einteilungsmöglichkeit letztlich subjektiven Bewertungsmaßstäben unterliegt und demnach dem Anspruch auf Vollständigkeit kaum gerecht werden kann.[153]

bb) Beispiel: Klassifizierung nach Risikomaß

Um eine Klassifizierung anhand des Risikomaßes vornehmen zu können, muss zwischen marktneutralen, ereignisgetriebenen und opportunistischen Strategien differenziert werden.[154] Zu den marktneutralen Strategien *(Relative Value)* zählen

---

146 *Eling*, Hedgefonds-Strategien, S. 3.
147 *Eling* (Fn. 146), S. 3–5.
148 Siehe dazu: *Indjic/ Heen*, AIMA survey of hedge fund classification pratice, S. 3.
149 Alternative Investment Management Association.
150 Eine derartige Klassifizierung wird z. B. von der *Credit Suisse First Boston/ Tremont* vorgenommen, siehe: http://www.hedgeindex.com/hedgeindex/en/indexoverview.aspx?indexname=HEDG&cy=USD (zuletzt abgerufen: 31.5.2015).
151 *Mihm*, Indexbasierte Anlagestrategien, S. 106.
152 *Indjic/ Heen* (Fn. 148), S. 2.
153 *Eling* (Fn. 146), S. 5; *Ineichen*, Absolute Returns, S. 181.
154 *Mihm*, Fn. 151.

folgende Sub-Strategien: *Fixed Income Arbitrage* (Ausrichtung: Anleihen), *Convertible Arbitrage* (Ausrichtung: Aktienmärkte) und *Equity Market Neutral* (Ausrichtung: Wandelanleihen).[155] Diese zeichnen sich grundsätzlich dadurch aus, dass sie die geringste Korrelation zu den Aktienmärkten aufweisen und versuchen, losgelöst vom Marktgeschehen, Marktineffizienzen durch das frühzeitige Erkennen von Fehlbewertungen zu generieren.[156] Aufgrund des Umstandes, dass die identifizierten Fehlbewertungen in der Regel sehr klein sind, ist ein erheblicher Einsatz von Kapital erforderlich, um die Abweichungen gewinnbringend ausnutzen zu können; die Aufnahme erheblicher Summen von Fremdkapital ist in diesem strategischen Bereich daher zumeist unumgänglich.[157] Dieses strategische Vorgehen ermöglicht es jedoch, selbst in Krisenzeiten hohe Gewinne erwirtschaften zu können.[158]

Ereignisgetriebene Strategien *(event-driven strategies)* hingegen sind auf Spezialsituationen im Lebenszyklus von Unternehmen (z. B. Insolvenzen, Restrukturierungen, Übernahmen) fokussiert und bieten Hedge-Fonds Anlass, Spekulationen mit ihnen zu betreiben.[159] Zur Gruppe der „Event-Driven-Strategien" gehören die Strategien *Distressed Securities* und *Risk Arbitrage*; sie zeichnen sich durch eine gegenüber den marktneutralen Strategien höhere Volatilität der Renditen aus, da der Ausgang des unternehmerischen Ereignisses bis zuletzt unsicher ist und ein umfangreiches Wissen über die Bewertung von Wertpapieren beim Hedge-Fonds-Manager sowie schnellen und sicheren Zugang zu den aktuellsten Informationen voraussetzt.[160] Da z. B. der Eintritt einer Unternehmensinsolvenz häufig auch im Zusammenhang mit der allgemeinen wirtschaftlichen Lage zu sehen ist, können ereignisgetriebene Strategien zudem nicht, wie bei marktneutralen Strategien der Fall, losgelöst vom Marktgeschehen betrachtet werden.

Für opportunistische Strategien (dazu zählen: *Global Macro*, *Dedicated Short Bias*, *Emerging Markets* und *Long/ Short Equity*) ist kennzeichnend, dass sie versuchen, ihre Wertpapierpositionen an bestimmte Bewegungen der internationalen Kapitalmärkte anzupassen.[161] In Abgrenzung zu den marktneutralen und ereignisgetriebenen

---

155 *Eling* (Fn. 146), S. 7 ff.

156 *Gerlach*, Risiko- und Performancekennzahlen zur Strategiebewertung von Hedge Fonds, S. 21; *Brass*, Hedgefonds als aktive Investoren, S. 23; *Agarwal/ Naik*, On Taking the 'Alternative' Route, S. 4.

157 *Eling* (Fn. 146), S. 10; vgl. auch die Ausführungen im Rahmen von „LTCM": Erster Teil.B.II.1.b).dd).

158 Bestes Beispiel hierfür ist der „King of Cash" (*Anm.*: Der Begriff geht zurück auf das US- Investmentmagazin „Alpha") des Krisenjahres 2007: Hedge-Fonds-Manager *John Paulson*, der durch das frühzeitige Erkennen immenser Fehlbewertungen während der größten Finanz- und Wirtschaftskrise der Nachkriegszeit am Platzen der US-amerikanischen Immobilienblase 3,7 Mrd. US-Dollar verdiente und somit seinen bis dato ersten Rekordgewinn erzielten konnte.

159 *Eling* (Fn. 146), S. 16.

160 *Eling*, Fn. 159.

161 *Eling*, (Fn. 146), S. 22.

Hedge-Fonds-Strategien versuchen Hedge-Fonds-Manager mit opportunistischen Strategien, Entwicklungen vorherzusehen und von andauernden Trends und mit ihnen verbundenen, starken Preisbewegungen zu profitieren.[162] Der Umstand, dass sich in diese Strategienkategorie die größten und bekanntesten Hedge-Fonds einreihen und die Aufnahme großer Summen von Fremdkapital erforderlich ist, um die strategischen Ziele erreichen zu können, kann sich zudem sehr folgenreich auswirken. Die Volatilität der Rendite ist in diesem Segment am höchsten.

d) Zwischenergebnis

Sinn und Zweck der vorangegangen Ausführungen ist es gewesen, die Schwierigkeiten zu veranschaulichen, denen der europäische Gesetzgeber ausgesetzt war, als er zuerst beabsichtigte, eine Regulierung für alternative Investmentfonds zu entwerfen. Aufgrund der Unterschiedlichkeiten, die in dieser Branche vorzufinden sind, insbesondere in Bezug auf die Anlageobjekte und -strategien, besteht die besondere Herausforderung bei der Konkretisierung von alternativen Investmentfonds darin, Gemeinsamkeiten herauszufiltern, die allen AIF innewohnen. Da dies jedoch, wie am Beispiel von Hedge-Fonds aufgezeigt, aufgrund der Heterogenität dieser Investmentanlagen äußerst schwierig ist, ist der Schritt des Gesetzgebers nachvollziehbar, sich gegen eine direkte Regulierung der alternativen Investmentfonds selbst zu entscheiden. Jeder Versuch, ein allgemeingültiges Verständnis von AIF zu definieren, wäre zudem schnell hinfällig, da es sich bei AIF um äußerst vielfältige und dynamische Anlagen handelt, die sich dem Wandel der Zeit und den Bedürfnissen der Anleger flexibel anpassen und mithin von fortwährender Weiterentwicklung und Veränderung geprägt sind. Daher entbehrt die Begriffserklärung in Art. 4 Abs. 1 (a) AIFM-RL jeglicher Detailregelung, sondern gibt vielmehr nur einen groben Überblick der wichtigsten Merkmale von AIF.

II. Was ist ein AIFM?

Die Entscheidung des europäischen Gesetzgebers für einen personalistischen Regelungsansatz der AIFM-Richtlinie ist vor dem Hintergrund der Ausführungen zur Komplexität und der darauf zurückzuführenden mangelnden Bestimmbarkeit von alternativen Investmentfonds erläutert worden. Erwägungsgrund (10) AIFM-RL stellt darüber hinaus klar, dass eine Harmonisierung in Bezug auf die Portfoliostruktur oder -zusammensetzung der von AIFM verwalteten AIF auf Unionsebene unverhältnismäßig und angesichts der unterschiedlichen Arten der von AIFM verwalteten AIF schlicht schwierig wäre. Aber auch der Umstand, dass dem Verwalter von AIF eine weitreichende Entscheidungs- und Handlungsmacht und mithin Einflussnahme auf den Erfolg des Fonds und damit die Gewinnaussichten der Anleger zuzusprechen ist, stützt diese Vorgehensweise zudem.

---

162 *Eling*, Fn. 161.

1. Überblick

Die AIFM-Richtlinie selbst gibt für den Begriff „AIFM" eine Legaldefinition an die Hand. Gemäß Art. 4 Abs. 1 lit. b) AIFM-RL ist ein AIFM demnach „jede juristische Person, deren reguläre Geschäftstätigkeit darin besteht, einen oder mehrere AIF zu verwalten". Verwaltung meint dabei nach Art. 4 Abs. 1 lit. w) i. V. m. Anhang I Nr. 1 lit. a), lit. b) AIFM-RL mindestens die Übernahme der Portfolioverwaltung oder des Risikomanagements. Gleichzeitig konstituiert Art. 6 Abs. 5d) AIFM-RL jedoch, dass AIFM nicht zugelassen werden dürfen, wenn sie nur eine der in Anhang I lit. a) oder lit. b) AIFM-RL genannten Dienstleistungen zu erbringen beabsichtigen. Daraus folgt, dass ein AIFM grundsätzlich sowohl die Portfolioverwaltung wie auch das Risikomanagement übernehmen muss, um eine Zulassung zu erhalten, ihm jedoch die Möglichkeit der Auslagerung offensteht.[163] Der Erwägungsgrund (6) zur AIFM-RL sagt überdies: „Der Geltungsbereich dieser Richtlinie sollte auf Unternehmen beschränkt sein, die die Verwaltung von AIF als regelmäßige Geschäftstätigkeit betreiben und die sich bei einer Anzahl von Anlegern Kapital beschaffen, um dieses Kapital einer bestimmten Anlagepolitik entsprechend zugunsten dieser Anleger zu investieren [...]." Aufgrund der Tatsache, dass es sich bei „AIFM" um den zentralen Begriff der gleichlautenden Richtlinie handelt, soll im Folgenden näher auf den AIFM und dessen Tätigkeitsbereich eingegangen werden.

2. Bestimmung des AIFM

Gemäß Art. 5 Abs. 1 AIFM-RL muss für jeden AIF, der im Geltungsbereich der AIFM-Richtlinie verwaltet wird, ein einziger AIFM zuständig sein, der für die Einhaltung der Richtlinie verantwortlich ist. Die Bestimmung des AIFM hat dabei anhand der in der AIFM-Richtlinie aufgestellten Anforderungen zu erfolgen. Hierbei ist zwischen formellen und materiellen Anforderungen zu differenzieren, welche die AIFM-Richtlinie für die Qualifizierung als AIFM konstituiert.

a) Formelle Anforderungen

Wie Art. 4 Abs. 1 lit. b) AIFM-RL deutlich macht, muss es sich bei einem AIFM um eine *juristische Person* handeln, womit deutlich wird, dass die Vorschrift denselben Ansatz verfolgt wie § 6 Abs. 1 S. 2 InvG a. F., der für Kapitalanlagegesellschaften die Rechtsform der Aktiengesellschaft oder GmbH vorgab.[164] Personengesellschaften wie die OHG und KG sowie natürliche Personen als AIFM sind innerhalb des Anwendungsbereichs der AIFM-Richtlinie mithin unzulässig, obgleich zu beachten ist, dass sich hinter jeder juristischen Person stets (mindestens) eine vertretungsberechtigte Person verbirgt, die nach außen für das Unternehmen auftritt. Demnach sind,

---

163 *Weiser/ Hüwel*, BB 2013, 1091, 1092.

164 *Tollmann*, in: Dornseifer/ Jesch et. al., Kommentar zur AIFM-Richtlinie, Art. 4 Rn. 49.

obwohl die AIFM-Richtlinie nur juristische Personen zu regulieren beabsichtigt, die Anforderungen an die juristische Person gleichsam als Anforderungen an die dahinterstehende, natürliche Person zu qualifizieren. Es ist zu erwarten, dass der Rechtsformzwang des Art. 4 Abs. 1 lit. b) AIFM-RL insbesondere bei geschlossenen AIF zu Umstrukturierungen führen wird, da bisher gängige Strukturen nunmehr nicht mehr zulässig sind.[165]

Gleichzeitig macht Art. 2 Abs. 1 AIFM-RL deutlich, dass sich der Geltungsbereich der Richtlinie keineswegs nur auf AIFM aus der Europäischen Union beschränkt, vielmehr unterfallen auch Nicht-EU-AIFM den Vorschriften der AIFM-Richtlinie.

Die AIFM-Richtlinie differenziert weiter zwischen zwei Arten von AIFM, dem *externen* und dem *internen* Verwalter. Eine interne Verwaltung bzw. Selbstverwaltung kommt dabei nur für diejenigen Investmentfonds in Betracht, die über eine eigene Rechtspersönlichkeit verfügen und damit per se schon über ihre Organe handlungsfähig sind.[166] Für den externen AIFM bestimmt Art. 5 Abs. 1 lit. a) AIFM-RL, dass es sich bei diesem um die vom oder im Namen des AIF bestellte juristische Person handelt, die aufgrund dieser Bestellung für die Verwaltung des AIF verantwortlich ist. Ein externer AIFM darf keine anderen Tätigkeiten ausüben als die in Anhang I AIFM-RL genannten, vorbehaltlich einer Genehmigung nach Art. 5 OGAW-RL darf er jedoch zusätzlich die Verwaltung von OGAW übernehmen (Art. 6 Abs. 2 AIFM-RL). Zudem können die Mitgliedstaaten dem AIFM gemäß Art. 6 Abs. 4 AIFM-RL die Ausübung weiterer Dienstleistungen erlauben, sofern sich dessen Tätigkeit nicht nur auf solche nach Art. 6 Abs. 4 AIFM-RL beschränkt (Art. 6 Abs. 5 lit. a) AIFM-RL).

Lässt die Rechtsform des AIF jedoch auch eine interne Verwaltung zu (z. B. bei der Investmentaktiengesellschaft), so ist der AIFM der AIF selbst (Art. 5 Abs. 1 lit. b) AIFM-RL). Eine Rechtsform ist dabei als zulässig zu erachten, wenn es sich bei dem AIFM um ein vertretungsberechtigtes Organ handelt, was z. B. bei Kapitalgesellschaften gegeben ist, wenn die Geschäftsführung oder der Vorstand für das Portfolio- oder Risikomanagement zuständig ist.[167] Zusätzlich muss in diesem Fall das Leitungsgremium des AIF darüber entschieden haben, keinen externen AIFM bestellen zu wollen.[168] Es wird deutlich, dass es insoweit nicht auf die rechtliche oder vertragliche Form ankommt, in der der AIFM mit der Verwaltung betraut ist.[169] Zu beachten ist in diesem Zusammenhang auch, dass ein interner AIFM nach Art. 6 Abs. 3 AIFM-RL keine andere Tätigkeit ausüben darf als die interne Verwaltung des AIF gemäß Anhang I AIFM-RL.

165 *Tollmann*, in: Dornseifer/ Jesch et. al. (Fn. 164), Art. 4 Rn. 50 f.

166 *Tollmann*, in: Dornseifer/ Jesch et. al. (Fn. 164), Art. 5 Rn. 13.

167 *Deloitte*, Ausgewählte Problembereiche der regulatorischen Anforderungen an die Fondsbranche, S. 1.

168 *Deloitte*, Fn. 167.

169 *CMS Hasche Sigle*, AIFM-Richtlinie, S. 1.

b) *Materielle Anforderungen*[170]

Ist unter formellen Gesichtspunkten klar, wer als AIFM zu qualifizieren ist, so muss dieser auch den materiellen Anforderungen der AIFM-Richtlinie genügen, um die Verwaltung von AIF tatsächlich ausführen zu dürfen. Die Kriterien, denen der AIFM nachzukommen hat, werden durch die Art. 6 ff. AIFM-RL festgesetzt. Erteilen die zuständigen Behörden dem AIFM die Genehmigung für die Aufnahme der Verwaltung von AIF, so hat dieser sicherzustellen, dass er den Anforderungen der AIFM-Richtlinie jederzeit entspricht, da ansonsten der Entzug der Zulassung möglich ist (Art. 11 lit. c) AIFM-RL).

III. Sachlicher Anwendungsbereich

Nachdem zuvor der Geltungsbereich der AIFM-Richtlinie in personeller Hinsicht erläutert worden ist, muss noch auf den sachlichen Anwendungsbereich der Richtlinie näher eingegangen werden. Zu diesem Zweck ist der Begriff des alternativen Investmentfonds bzw. AIF näher zu erläutern.

1. *Alternative Investmentfonds (AIF)*

a) *Merkmale*

Gegenstand der AIFM-Richtlinie bildet die Verwaltung von alternativen Investmentfonds. Um sich mit der Frage auseinandersetzen zu können, wie diese entsprechend den Vorgaben der Richtlinie zu erfolgen hat, ist es grundsätzlich unabdingbar, zuvor zu klären, welches Verständnis von AIF dem europäischen Regelungswerk zugrunde gelegt wird. Zwar heißt es in Art. 4 Abs. 1 lit. a) AIFM-RL:

> AIF“ ist jeder Organismus für gemeinsame Anlagen einschließlich seiner Teilfonds [...], der
>
> (1.) von einer Vielzahl von Anlegern Kapital einsammelt, um es gemäß einer festgelegten Anlagestrategie zum Nutzen dieser Anleger zu investieren, und
>
> (2.) keine Genehmigung gemäß Art. 5 RL 2009/65/EG benötigt.

Wie jedoch bereits unter Gliederungspunkt Zweiter Teil.A.I.3. festgestellt, ist diese Legaldefinition des europäischen Gesetzgebers nicht mehr als eine grobe Zusammenfassung der wichtigsten Merkmale von AIF und gibt in keiner Weise die Vielfalt und Komplexität der alternativen Investmentfonds wieder. Darüber hinaus ist zu beachten, wie Erwägungsgrund (10) AIFM-RL klarstellt, dass die Richtlinie selbst keine Regelungen für AIF enthält, sondern nur für deren Verwalter. Dabei ist es jedoch, wie auch von legislativer Seite zugestanden wird, unausweichlich, dass die AIFM-Richtlinie zumindest mittelbar auch Auswirkungen auf die Geschäftstätigkeit und Merkmale der Fonds

170 Die materiellen Anforderungen werden hier zum Zwecke der Vollständigkeit nur kurz erwähnt. Zur Vertiefung siehe die Ausführungen unter Punkt Zweiter Teil.B.

hat.[171] Grundsätzlich unterliegt die Regulierung der Fonds selbst jedoch weiterhin dem nationalen Recht (Art. 1 i.V.m. Erwägungsgrund (10) AIFM-RL). Die AIFM-Richtlinie differenziert zudem nicht zwischen den verschiedenen Arten von AIF, sondern umfasst alle, die unter die Definition des Art. 4 Abs. 1 lit. a) AIFM-RL subsumiert werden können. Keine Rolle spielt daher, in welcher Rechts- bzw. Vertragsform der AIF organisiert ist oder ob er börsennotiert ist oder nicht (Art. 2 Abs. 2 i.V.m. Erwägungsgrund (6) AIFM-RL). Die *European Securities and Markets Authority*, kurz ESMA,[172] hat in ihrem „Final Report" vom 24. Mai 2013 jedoch die Merkmale der in Art. 4 Abs. 1 lit. a) AIFM-RL niedergelegten Definition konkretisiert und damit zu mehr Klarheit verholfen[173]:

aa) Organismus

Unter einem „Organismus" ist demnach ein Vehikel zu verstehen, in dem das externe, von den Investoren eingesammelte Kapital „gepoolt" wird.[174] Auf eine bestimmte Rechtsform kommt es gemäß Art. 2 Abs. 2 lit. a) und lit. b) AIFM-RL nicht an. Darüber hinaus ist auch nicht entscheidend, in welcher Form der Anleger an dem Vermögen beteiligt ist. Die Beteiligung des Anlegers kann gesellschaftsrechtlicher, mitgliedschaftlicher oder schuldrechtlicher Natur sein. Darüber hinaus darf der Organismus keinen allgemeinen kommerziellen oder industriellen Zweck verfolgen.[175]

bb) Für gemeinsame Anlagen

Damit das Kriterium „für gemeinsame Anlagen" erfüllt ist, kommt es gemäß den Ausführungen der ESMA darauf an, dass das Vehikel, welches das Kapital *poolt*, dies mit dem Ziel tut, „eine gemeinschaftliche Rendite für die Investoren zu generieren, die daraus resultiert, dass gemeinschaftliche Risiken durch das Kaufen, Halten und Verkaufen von Vermögensgegenständen eingegangen werden".[176] Demnach ist entscheidend, dass die Anleger sowohl an den Chancen wie auch an den Risiken des Organismus – wenn auch vertraglich begrenzt – beteiligt werden.

cc) Einsammeln von Kapital

Dieses Kriterium gilt dann als erfüllt, wenn – zumeist vom AIFM – direkte oder indirekte Schritte unternommen werden, um gewerblich bei einem oder mehreren Anlegern Kapital zu beschaffen, um es gemäß einer festgelegten Anlagestrategie

---

171 Europäischer Wirtschafts- und Sozialausschuss (Fn. 139), S. 92.

172 Die ESMA ersetzt die bis zum 1.1.2011 unter dem Namen „Committee of European Securities Regulators" (CESR) bekannte Institution.

173 ESMA, Final Report – Guidelines on key concepts of the AIFMD vom 24.5.2013.

174 ESMA (Fn. 173), S. 31; BaFin, Auslegungsschreiben zum Anwendungsbereich des KAGB und zum Begriff des „Investmentvermögens", Gliederungspunkt I.1.

175 ESMA, Fn. 174.

176 ESMA (Fn. 173), Definition „pooled return", S. 29; BaFin (Fn. 174), Gliederungspunkt I.2.

anzulegen.[177] Dieses Merkmal ist insbesondere in Bezug auf ein *Family Office* nicht erfüllt. Bei ihnen handelt es sich um eine sog. *pre-existing group*, die insbesondere die Ehegatten sowie Lebenspartner, aber auch die in direkter Linie verwandten Mitglieder, folglich Kinder und auch Geschwister, Onkel, Tanten sowie Cousins und Cousinen ersten Grades umfasst.[178] Diese Art von „Organismus" besteht schon kraft natürlicher bzw. gesetzlicher Verbundenheit, sodass ohne das zusätzliche Einsammeln von Kapital dritter Personen, die nicht Teil dieser familiären Gemeinschaft sind, z. B. Freunde, das Kriterium nicht erfüllt ist.[179]

dd) Vielzahl von Anlegern

Die ESMA sieht das Merkmal „Vielzahl von Anlegern" bereits dann als gegeben an, wenn Kapital nur von einer Person eingesammelt worden ist.[180] Dabei kommt es jedoch entscheidend darauf an, dass die Anlagebedingungen keine Begrenzung auf nur einen Anleger vorsehen, sondern grundsätzlich auch anderen Anlegern die Möglichkeit offensteht, sich noch an der Anlage zu beteiligen. Schließen die Anlagebedingungen jedoch das Hinzutreten weiterer Anleger aus, ist das Merkmal der „Vielzahl" nicht erfüllt.[181] Ist es dem Organismus jedoch kraft nationaler Gesetze untersagt, Kapital von mehr als einer Person einzusammeln, so ist die „Vielzahl" dennoch gegeben, wenn der alleinige Investor seinerseits das Kapital von mehr als einer juristischen oder natürlichen Person eingesammelt hat oder er in eine Struktur eingebunden ist, die dem AIFM tatsächlich mehr als einen Anleger stellt.[182] Dies ist z. B. bei Einschaltung eines Treuhänders oder Dach-Fonds der Fall. Insoweit wird dann eine „materielle Betrachtung" zugrunde gelegt und auf die Anleger durchgeschaut.[183]

ee) Festgelegte Anlagestrategie

Ein Organismus, der eine Politik dahin gehend besitzt, wie das gepoolte Kapital zu verwalten ist, um einen *pooled return* für die Anleger zu erzielen, von denen das Kapital zuvor eingesammelt wurde, wird als Organismus mit festgelegter Anlagestrategie im Sinne von Art. 4 Abs. 1 lit. a) AIFM betrachtet.[184] Der Ausdruck „gepooltes Kapital" dient dabei als Abgrenzungskriterium zur individuellen Vermögensverwaltung und führt dazu, dass die Anleger mit Einzahlung ihres Kapitals ihr

177 ESMA (Fn. 173), S. 32; BaFin (Fn. 174), Gliederungspunkt I.3.
178 ESMA (Fn. 173), Definition „pre-existing-group", S. 30.
179 BaFin (Fn. 174), Gliederungspunkt I.3a.
180 ESMA (Fn. 173), S. 32 (Nr. 17).
181 BaFin (Fn. 174), Gliederungspunkt I.4.
182 ESMA (Fn. 173), S. 32 (Nr. 18).
183 BaFin, Fn. 181.
184 ESMA, Fn. 182.

Eigentum daran verlieren und im Gegenzug einen Anteil an dem AIF erwerben.[185] Dabei dienen folgende Kriterien zur Bestimmung:

- Die Anlagestrategie ist spätestens zu dem Zeitpunkt beschlossen und festgelegt, zu welchem die Investition des Anlegers bindend wird.
- Die Anlagestrategie ist schriftlich niedergelegt und wird Bestandteil der Vereinbarung mit dem Anleger.
- Der Verwalter des Organismus ist gesetzlich verpflichtet, die festgelegte Anlagepolitik zu befolgen.
- Die Investmentpolitik konkretisiert u. a. folgende Anlagegrundsätze:
  - Kategorien der Assets, in die investiert werden kann,
  - Investitionen in bestimmten geografischen Regionen,
  - Einhaltung bestimmter Leverage-Grenzen,
  - Einhaltung bestimmter Risikogrenzen zur Risikodiversifikation.

ff) Zum Nutzen der Anleger

Zuletzt ist erforderlich, dass die Investition zum Nutzen der Anleger erfolgt. In Abgrenzung hierzu ergibt sich, dass dies insbesondere dann nicht gegeben ist, wenn die Investition lediglich bzw. im überwiegend eigenen Interesse des AIFM erfolgt. Ziel der Anlage muss daher zumindest auch die Erwirtschaftung eines Vermögenszuwachses jeglicher Art sein, an dem alle Anleger teilhaben.[186]

b) Abgrenzung zu OGAW

Alternative Investmentfonds im Sinne der AIFM-Richtlinie sind streng von den *Organismen für gemeinsame Anlagen in Wertpapieren* gemäß der OGAW-Richtlinie zu trennen.[187] Per definitionem unterfällt ein AIF nur dann dem Anwendungsbereich der AIFM-Richtlinie, wenn dieser keine Genehmigung gemäß Art. 5 OGAW-RL benötigt. Bei den Organismen für gemeinsame Anlagen in Wertpapieren besteht nach Art. 1 Abs. 2 lit. a) OGAW-RL der ausschließliche Zweck darin, beim Publikum beschaffte Gelder für gemeinsame Rechnung nach dem Grundsatz der Risikostreuung in nach Art. 50 OGAW-RL zulässige Anlagen zu investieren. Aus dieser Begriffsdefinition heraus ergibt sich ein wichtiges Abgrenzungskriterium zu den AIF: Während OGAW nur als Publikumsfonds ausgestaltet sein dürfen und damit sowohl einer unbegrenzten wie auch unqualifizierten Anzahl potenzieller Anleger offenstehen, richten sich AIF vorrangig an professionelle Investoren, die über ausreichend Erfahrung, Kenntnis und Sachverstand verfügen, um ihre Entscheidungen

185 *Tollmann*, in: Dornseifer/ Jesch et. al. (Fn. 164), Art. 4 Rn. 21 f.
186 *Tollmann*, in: Dornseifer/ Jesch et. al. (Fn. 164), Art. 4 Rn. 25 f.
187 Vgl. bereits Zweiter Teil:.A.I.3.a) dieser Arbeit.

eigenverantwortlich treffen und in ihrer Reichweite einschätzen zu können.[188] Ein Vertrieb an Kleinanleger, die gemäß Art. 4 Abs. 1 lit. (aj) AIFM-RL im Gegensatz zu den professionellen Anlegern zu sehen sind, kann ausnahmsweise unter Einhaltung der in Art. 41 AIFM-RL speziell für Kleinanleger konstituierten Sonderbestimmungen erfolgen. Ein weiterer Unterschied zwischen der AIFM-Richtlinie und OGAW-Richtlinie besteht darin, dass der Geltungsbereich der AIFM-Richtlinie gemäß Art. 2 Abs. 2 lit. a) AIFM-RL sowohl für offene wie auch geschlossene Fonds eröffnet ist, wohingegen Art. 3a OGAW-RL Organismen für gemeinsame Anlagen des geschlossenen Typs ausdrücklich von ihrem Anwendungsbereich ausschließt. Damit erfasst die AIFM-Richtlinie, im Gegensatz zur OGAW-Richtlinie, insbesondere auch Hedge-Fonds und deckt somit ein wesentlich umfangreicheres Spektrum ab. Ein drittes Abgrenzungskriterium bieten Art. 83 Abs. 1 und Art. 89 OGAW-RL, indem sie ein Kreditaufnahmeverbot[189] für Rechnung des Investmentfonds aussprechen und zudem die Vornahme von Leerverkäufen im Geltungsbereich der OGAW-Richtlinie untersagen. Hierbei handelt es sich jedoch um Hilfsmittel, die für die alternativen Investmentfonds (insbesondere Hedge-Fonds) elementare und damit unverzichtbare Bestandteile ihrer Anlagestrategie darstellen.

c) Zwischenergebnis

Mit dem Inkrafttreten der AIFM-Richtlinie im Jahr 2011 tritt nun ein weiteres Werk neben die OGAW-Richtlinie, das sich mit Investmentfonds befasst. Beide Richtlinien sind jedoch streng voneinander abzugrenzen, auch wenn sie auf den ersten Blick scheinbar denselben Regelungsgegenstand zum Inhalt haben. Während sich die OGAW-Richtlinie jedoch mit der Zulassung des Fonds selbst befasst, reguliert die AIFM-Richtlinie die Verwalter von alternativen Investmentfonds und stellt keine direkten Anforderungen an die Ausgestaltung des AIF selbst. Zudem unterscheiden sich AIF in wesentlichen Punkten von den OGAW. Insbesondere im Hinblick auf die Zielgruppen, die von ihnen angesprochen werden sollen, lassen sich klare Gegensätze feststellen. Aber auch der andersartige Einsatz von Anlagestrategien und -instrumenten kennzeichnet die Unterschiedlichkeit der beiden europäischen Regelungswerke.

2. Private Equity

Der sachliche Geltungsbereich der AIFM-Richtlinie erfasst entsprechend der Definition in Art. 4 Abs. 1 lit. a) AIFM-RL alle alternativen Investmentfonds, die nicht schon durch die OGAW-Richtlinie reguliert werden. Bereits der Entschließungsantrag des Europäischen Parlaments vom 9. Juli 2008 stellte ausdrücklich klar, dass der

---

188 Vgl. u. a.: Art. 4 Abs. 1 (ag), 32 Abs. 9, 35 Abs. 17, 39 Abs. 11, 40 Abs. 17, Erwägungsgründe (14), (15), (59), (92) AIFM-RL.

189 Art. 83 Abs. 2 OGAW-RL sieht jedoch einen eingeschränkten Genehmigungsvorbehalt für die Mitgliedstaaten vor.

Anwendungsbereich der AIFM-Richtlinie auch Private Equity einbeziehen sollte.[190] Dabei sollte es insbesondere um Regelungen gehen, „die es Anlegern verbieten, Unternehmen ‚auszuplündern' und dadurch ihre finanzielle Macht auf eine Art zu missbrauchen, die dem erworbenen Unternehmen langfristig nur schadet und keine positiven Auswirkungen auf die Zukunft des Unternehmens und die Interessen seiner Mitarbeiter, Gläubiger und Geschäftspartner hat".[191] Vor dem Hintergrund sowie der Entstehungsgeschichte der AIFM-Richtlinie vermag die Einbeziehung von Private Equity in den Anwendungsbereich jedoch Anlass zur Verwunderung geben.

Wie schon im ersten Teil dieser Arbeit ausgeführt, bestand der vornehmliche Zweck der AIFM-Richtlinie in der Beseitigung bzw. Eindämmung von systemischen Risiken, die von alternativen Investmentfonds aufgrund ihrer besonders risikoreichen Anlagestrategien und -instrumente ausgehen können. Der Entschluss des europäischen Gesetzgebers zur Einbeziehung von Private Equity in den Anwendungsbereich der AIFM-Richtlinie wäre demnach nachvollziehbar und begrüßenswert, wenn derartige Systemrisiken für den europäischen Kapitalmarkt gerade auch vonseiten der Private Equity-Branche ausgingen. Wie jedoch die Europäische Kommission selbst eindeutig festgestellt hat, haben Private Equity-Fonds aufgrund ihrer Anlagestrategien und aufgrund der Tatsache, dass sie Hebeleffekte (Leverage) anders einsetzen als Hedge-Fonds, nicht zur Erhöhung von Systemrisiken beigetragen.[192] Denn im Unterschied zu Hedge-Fonds wird im Private Equity-Sektor Fremdkapital in der Regel auf der Einzeltransaktionsebene und nicht auf Fondsebene verwendet.[193]

a) Entwicklung von Private Equity

Für ein besseres Verständnis der wirtschaftlichen Bedeutung des Private Equity-Sektors erscheint es sinnvoll, sich an dieser Stelle der Entwicklung von Private Equity zu widmen. Dabei sollen sowohl die ersten Ursprünge wie auch die Entwicklungen der letzten Jahre ihre Erwähnung finden.

aa) Historische Entwicklung

Die USA werden als das eigentliche Herkunftsland von Private Equity bezeichnet. Bereits um 1900 finanzierten reiche Privatpersonen und Privatbanken Unternehmensgründungen und -entwicklungen und legten damit den Grundstein für die Industrialisierung.[194] Die eigentliche Etablierung dieser privaten Kapitalvergabe geht jedoch auf die sog. Große Depression zurück, die durch den Börsencrash im

190 Entschließungsantrag des Europäischen Parlaments vom 9.7.2008 (Fn. 13), S. 10 ff.

191 Entschließungsantrag des Europäischen Parlaments vom 9.7.2008 (Fn. 13), S. 12.

192 Europäische Kommission, Begleitdokument vom 30.4.2009 (Fn. 130), S. 3.

193 *Achleitner*, DB 2010, 83, 83.

194 BVK, Die Geschichte von Private Equity („Private Equity industrialisierte die alte und die neue Welt").

Jahr 1929 ausgelöst wurde und zum Bankrott vieler kleiner und mittelständischer Unternehmen geführt hatte.[195] Sowohl die amerikanische Wirtschaft als auch die Bevölkerung befanden sich zu diesem Zeitpunkt an einem Tiefpunkt, den es zu überwinden galt. So wurde die Überlegung angestellt, dass kleine innovative Unternehmen mit Expansionsbestreben eine lukrative Einnahmequelle darstellen und so bei der Schaffung von Arbeitsplätzen mitwirken könnten.[196] Damit ist die „Erfindung" Private Equity grundsätzlich nicht auf eine natürliche Evolution zurückzuführen, sondern vielmehr auf ein soziales und wirtschaftliches Bedürfnis nach Wiederherstellung der alten Ordnung und Wiederaufbau des Finanzsystems.[197] Die Institutionalisierung von Private Equity nahm im Jahr 1946 nach langwierigen, ganze 15 Jahre andauernden Konzeptions- und Finanzierungsüberlegungen mit der Gründung des ersten Wagniskapitalgebers *American Research and Development Corporation*[198] ihren Anfang. Der ARDC lag die Überzeugung zugrunde, dass Forschung und Entwicklung gepaart mit einem professionellen Management wirtschaftliches Wachstum und Kapitalzuwachs generieren könnten.[199] Einige Jahre später finden sich auch in Deutschland erste kleine Kapitalbeteiligungsgesellschaften, die es sich zum Ziel gesetzt haben, die Eigenkapitalstruktur von Unternehmen zu verbessern und Innovationsstreben zu unterstützen.[200]

bb) Jüngste Entwicklung

Seit der Jahrtausendwende ist Private Equity ein fester und stetig wachsender Faktor des deutschen Wirtschaftslebens, der insbesondere für kleine und mittelständische Unternehmen eine mittlerweile unentbehrliche Möglichkeit für die Bereitstellung von Eigenkapital geworden ist.[201] Selbst die vergangene Wirtschaftskrise schadete der Branche, zumindest was die Anzahl von Private Equity-Fonds betrifft, nicht. Wurde im Jahr 2000 noch eine Anzahl von 168 Beteiligungsgesellschaften verzeichnet, belief sich bereits zum Jahresende 2010 die Gesamtzahl der in Deutschland ansässigen Beteiligungsgesellschaften auf 218.[202] Diese verwalteten ein Kapital in Höhe von 38,97 Mrd. EUR.[203] Im Jahr 2011 hingegen sank die Zahl der Beteiligungsgesellschaften auf 203, das Gesamtkapital fiel mit 37,2 Mrd. EUR leicht zurück. Das

195 *Hsu/Kenney*, Organizing venture capital, S. 579.

196 *Hsu/Kenney* (Fn. 195), S. 580.

197 *Hsu/Kenney*, Fn. 196.

198 Das Unternehmen *ARDC* mit Sitz im US-Bundesstaat Florida existiert auch heute noch, siehe: http://arndfl.com/ (zuletzt abgerufen: 31.5.2015).

199 *Hsu/Kenney* (Fn. 195), S. 587.

200 BVK (Fn. 194), Mitbauen am Wohlstand – Private Equity startet in Deutschland.

201 Im Jahr 2011 wurde in Deutschland insgesamt in 1.174 Unternehmen investiert, 81 % (= 951) von diesen beschäftigten weniger als 100 Arbeitnehmer. 79 % (= 927) der 2011 finanzierten Unternehmen setzten dabei weniger als 10 Mio. EUR um: BVK, Das Jahr in Zahlen 2011, S. 7.

202 BVK (Fn. 201), S. 4.

203 BVK, Fn. 202.

Fundraising konnte in Deutschland mit rund 2,83 Mrd. EUR zwar erneut einen Anstieg verzeichnen, an den Rekordwert von 2007 (5,63 Mrd. EUR) konnte es jedoch nicht anknüpfen.[204] Auf europäischer Ebene lässt sich Vergleichbares feststellen: Das Investitionsvolumen erreichte im Jahr 2007 in Europa mit einem Wert von 72,2 Mrd. EUR einen absoluten Spitzenwert, der bis 2009 jedoch auf 24 Mrd. EUR sank und erst ab 2010 wieder einen Anstieg verzeichnen konnte (42 Mrd. EUR).[205] Im Verhältnis zum Vorjahreswert reduzierte sich im Jahr 2008 das Fundraising geringfügig um 2 Mrd. EUR auf 79 Mrd. EUR und blieb damit während der Krise deutlich unter der Rekordmarke von 112 Mrd. EUR im Jahr 2006 zurück.[206] Den größten Einbruch musste das europäische Fundraising im Jahr 2009 verzeichnen. Es stürzte von 80 Mrd. EUR im Jahr 2008 auf 19 Mrd. EUR ein.[207] Und auch 2012 stellte mit einem Fundraising-Wert von 24 Mrd. EUR und einem Gesamtinvestitionsvolumen von 37 Mrd. EUR ein schwaches Jahr für Private Equity dar.[208] Diese Werte verdeutlichen die bestehende Verunsicherung und Zurückhaltung sowie das mangelnde Vertrauen aufseiten der institutionellen Investoren, was insbesondere als Konsequenz der *Subprime*-Krise sowie der für viele unerwartet im August 2011 eingetretenen Euro-Schuldenkrise gesehen werden muss.[209]

b) Funktionsweise des Private Equity-Sektors

Im Folgenden werden sowohl die Arbeits- und Funktionsweise des Private Equity-Sektors als auch die von Private Equity-Managern eingesetzten Strategien einer näheren Betrachtung unterzogen. Dies ist erforderlich, um im Anschluss an diese Ausführungen angemessene Rückschlüsse auf den sachlichen Geltungsbereich der AIFM-Richtlinie ziehen zu können.

aa) Ziel: Wertzuwachs durch Beteiligung

Grundsätzlich handelt es sich bei Private Equity um einen Oberbegriff für alle Formen der Bereitstellung außerbörslichen Eigenkapitals für ein (mittelständisches) Unternehmen, der sowohl die Finanzierung durch *Venture-Capital* als auch durch *Buyout*-Formen wie *Leveraged Buyout* oder *Management Buyout* umfasst.[210] Dabei gestaltet sich der typische Sachverhalt derart, dass eine inländische oder ausländische Private Equity-Gesellschaft eine Personengesellschaft – zumeist in der Rechtsform der Kommanditgesellschaft – gründet und die Investoren als Kommanditisten an

---

204 BVK (Fn. 201),S. 5.
205 BVK, BVK-Special, Private Equity in Europa 2010, S. 12.
206 BVK, BVK-Special, Private Equity in Europa 2008, S. 3.
207 EVCA, 2012 Pan-European Private Equity and Venture Capital Activity, S. 6.
208 EVCA, Fn. 207.
209 *PWC*, Private Equity Trend Report 2012, S. 11.
210 *Schneck*, Hdb. Alternative Finanzierungsformen, S. 253; *Feldhaus*, in: Feldhaus/ Veith, Frankfurter Kommentar zu Private Equity, Kapitel 1 Rn. 2.

der KG beteiligt werden.[211] Der Umstand, dass es sich bei Private Equity um vergleichsweise langfristige (acht bis zwölf Jahre)[212] Investitionen handelt, führt auf Investorenseite jedoch zu einer deutlich geringeren Liquidität als z. B. beim Halten von Aktien. Wer folglich in eine Beteiligung investiert, nimmt damit gleichzeitig in Kauf, dass dieses Kapital für einen festen Zeitraum gebunden ist und nicht in Geld umgewandelt werden kann.[213] Aus volkswirtschaftlicher Sicht erfüllen Private Equity-Fonds eine äußerst nützliche und wertvolle Funktion: Ähnlich wie Banken schaffen sie einen Ausgleich zwischen Kapitalangebot und -nachfrage, indem sie im Wege von Fundraising das Kapital meist institutioneller Kapitalgeber einsammeln und Unternehmen als Eigenkapital zur Verfügung stellen.[214] Jedoch profitieren die Zielgesellschaften nicht nur von diesem zusätzlichen Kapital, das ihnen gestellt wird, sondern – und dies dürfte insbesondere auf die zumeist noch unerfahrenen *Start-ups* zutreffen – auch von der umfangreichen betriebswirtschaftlichen Erfahrung, die das Beteiligungsmanagement einbringt.[215] Dies alles hat zur Folge, dass die durch Private Equity finanzierten Unternehmen eine wesentlich höhere Eigenkapitalquote erzielen können, was in der Folge regelmäßig zu höheren Umsatz- und Mitarbeiterzahlen führt. Als Gegenleistung für die Zurverfügungstellung des Kapitals erhalten die Investoren eine entsprechende Beteiligung an der Zielgesellschaft. Doch streben diese gerade keine dauerhafte Beteiligung an, sondern vielmehr verfolgen sie die Absicht, bei ihrer Veräußerung den sukzessiv aufgebauten Wertzuwachs der Beteiligung profitabel zu realisieren.[216] Es handelt sich folglich um eine Art „Partnerschaft auf Zeit".[217] Doch eignet sich nicht jedes Unternehmen für diese Art der Finanzierung. Aus diesem Grund wird von den Investoren[218] anhand einer festgelegten Checkliste im Vorfeld geprüft, ob das potenzielle Zielunternehmen den abverlangten quantitativen sowie qualitativen Anforderungen in dem Maße genügt, dass eine Investition sich als lukrativ und mithin sinnvoll erweisen könnte. Für eine erfolgreiche Wachstumsfinanzierung wird in *quantitativer* Hinsicht u. a. gefordert, dass das Zielunternehmen ein stabiles Wachstum, konstante Cashflows, ein profitables Geschäftsmodell sowie einen hohen Marktanteil und einen bestimmten (variablen) Mindestumsatz für sich verzeichnen kann.[219] *Qualitative* Anforderungen auf der anderen Seite können z. B. sein: Ein qualifiziertes Management-Team, erfolgreiche Unternehmensentwicklung,

---

211 *Feldhaus*, in: Feldhaus/ Veith (Fn. 210), Kapitel 1 Rn. 60.
212 *Balboa/ Martí*, Private Equity fundraising, S. 6.
213 *Natter*, Private Equity und Venture Capital als private Vermögensanlage, S. 33.
214 *Brettel et. al.*, Private Equity-Investoren, S. 14; siehe auch BVK, Woher kommt das Kapital für Private Equity?
215 *Natter* (Fn. 213), S. 25.
216 *Natter*, Fn. 215.
217 *Natter*, Fn. 215.
218 Bei rein privaten Investoren spricht man in diesem Zusammenhang auch von den sog. Business Angels.
219 Anforderungen des BVK, abrufbar unter: http://www.bvkap.de/privateequity.php/cat/37/aid/598/title/Wachstumskapital (zuletzt abgerufen: 31.5.2015).

Wachstumspotenzial auf Unternehmens- und Marktebene sowie ein aussagekräftiges Berichtswesen.[220] Fällt die Prognose zugunsten der Zielgesellschaft aus, wird vor der tatsächlichen Investition zumeist noch eine *Due Diligence* durchgeführt, mit deren Hilfe das Unternehmen sorgfältig geprüft und der Unternehmenswert festgesetzt wird.[221] Anschließend erfolgt das *Decision Making* (Vertragsgestaltung) einschließlich der Festlegung des *Exit*-Zeitpunkts.[222] Vom späteren Verkaufserlös werden dann zunächst die Einlagen der Investoren zurückgezahlt; wurde zudem eine Rendite[223] erwirtschaftet, so fließt diese ebenfalls an die Investoren.[224]

bb) Private Equity-Strategien

Private Equity kann in allen Lebensphasen eines Unternehmens zur Finanzierung herangezogen werden. Dabei lassen sich die sog. *Early Stage* sowie *Later Stage* unterscheiden.

(1) Early Stage

Als *Seed*- bzw. *Start-up-Stage* bezeichnet man gemeinhin die *Early Stage*, also die Vorgründungs- bzw. Gründungsphase eines Unternehmens, in welcher es darum geht, auf Grundlage einer innovativen Idee ein Geschäftskonzept zu erstellen und im Anschluss die Gründung des theoretisch konzipierten Unternehmens voranzutreiben. Es handelt sich hierbei folglich um die „Geburt" eines neuen Unternehmens und deshalb auch um einen für Finanzinvestoren besonders risikoreichen Zeitpunkt der Förderung, zumal die Erfolgsaussichten des Unternehmens nur auf Prognosen beruhen und keine handfesten Zahlen wie Jahresabschlüsse oder Gewinn- und Verlust-Rechnungen existieren. Man spricht bei den zur Verfügung gestellten Mitteln in diesem Zusammenhang deshalb auch oft von *Wagnis*- oder *Risikokapital*. In dieser besonderen Unternehmensphase wird zumeist das sog. *Venture-Capital* eingesetzt, um die nötigen Gründungskosten für z.B. Forschung und Entwicklung sowie Markteinführung aufbringen zu können. Der besonders in dieser Phase erhöhte Kapitalbedarf des Jungunternehmens kann mangels vorhandener Sicherheiten nur selten über Kreditinstitute gedeckt werden. Daher muss ein *Venture-Capital* suchendes Unternehmen in dieser Phase wesentliche Charakteristika aufweisen, um Venture-Capital-Gesellschaften (VCG) auf sich aufmerksam zu machen. Zu diesen gehören v.a. Neuheit, Innovationsorientierung und Wachstumsausrichtung.[225] Ist

---

220 Anforderungen der Norddeutschen Private Equity GmbH, abrufbar unter: http://www.norddeutsche-private-equity.de/de/beteiligung/anforderungen.html (zuletzt abgerufen: 31.5.2015).

221 *Tcherveniachki* (Fn. 31), S. 26.

222 *Tcherveniachki*, Fn. 221.

223 Diese liegt üblicherweise bei ca. 20–25 %: *Grote*, Private Equity im Mittelstand – Mythos und Realität, S. 1.

224 BVK, Fn. 214.

225 *Pfeifer*, Zur Nachhaltigkeitsorientierung von Private Equity-Investoren, S. 23.

die erste Kontaktaufnahme erfolgt, wird sich die VCG sodann einen Businessplan vom Zielunternehmen vorlegen lassen, um sich einen ersten Eindruck von diesem verschaffen zu können.[226] Im Anschluss daran wird der Venture-Capital-Geber einen umfangreichen *Due Diligence*-Prozess einleiten, um die unternehmerische Idee sowohl aus wirtschaftlicher, steuerlicher, finanzieller und rechtlicher Perspektive als auch aus Marktgesichtspunkten realistisch bewerten zu können.[227] Entscheidet sich die VCG für die Investition, steht sie dem Unternehmen auch hier in der Folgezeit beratend zur Seite.

(2) Expansion/Later Stage

Dieses Stadium ist dadurch gekennzeichnet, dass die zu diesem Zeitpunkt durch Private Equity finanzierten Unternehmen sich in ihrem Marktsegment bereits etabliert haben. In dieser Phase erzielt das junge Unternehmen bereits Umsätze – also kommerziellen Erfolg – aus dem Verkauf der zuvor entwickelten Produkte, es wird jedoch zusätzliches Kapital benötigt, um die Produktpalette zu erweitern und Produktion sowie Vertrieb zu verbessern bzw. auszubauen (sog. *growth capital).*[228] Eine Beteiligung in diesem Stadium stellt sich für die Investoren daher weitaus weniger riskant als in dem zuvor genannten Stadium dar, dafür jedoch auch wesentlich teurer.

(3) Buyouts

In späteren Lebenszyklen eines Unternehmens wird häufig auf Buyout-Gesellschaften als Kapitalgeber zurückgegriffen. Wörtlich übersetzt bezeichnet der Ausdruck „Buyout" den Aufkauf eines Unternehmens. Um einen Private Equity-Buyout im Speziellen handelt es sich dabei immer dann, wenn der Eigenkapitalanteil des Buyouts zum größten Teil durch eine Private Equity-Gesellschaft finanziert wird.[229] Hierbei erwerben Investoren eine Mehrheitsbeteiligung eines nicht börsennotierten und bereits etablierten Unternehmens, um dieses nach einer bestimmten Zeit wieder mit Gewinn zu verkaufen.[230] Diese Unternehmensübernahmen sind deshalb von besonderer Bedeutung, da mit dem Erwerb der Unternehmensanteile auch der Übergang der Kontrolle über das Unternehmen und mithin regelmäßig auch eine strategische sowie operative Neuausrichtung einhergehen.[231] Das erworbene Unternehmen profitiert auch hier nicht nur von dem frischen Kapital, das ihm zufließt,

---

226 *Gabrysch*, in: Breithaupt/ Ottersbach, Kompendium Gesellschaftsrecht, § 1 Rn. 25.

227 *Gabrysch*, Fn. 226.

228 *Vater*, Die Qualität Deutscher Private-Equity-Unternehmen, S. 52.

229 *Gietl*, Substanzielle Wertschöpfungsbeiträge durch Private Equity-Gesellschaften in europäischen Secondary Buyout Investments, S. 28.

230 BVK, Mehrheitsbeteiligungen (Buy-Outs), abrufbar unter: http://www.bvkap.de/beteiligungskapital/finanzierungsanlasse/large-buy-out (zuletzt abgerufen: 31.5.2015).

231 *Baumann*, Leveraged Buyouts, S. 1.

sondern vielmehr auch vom Know-how, das benötigt wird, um sich weiterentwickeln und den Unternehmenswert steigern zu können. Das Gesamtkapital aller Beteiligungsgesellschaften betrug im Jahr 2011 in Deutschland 5,92 Mrd. EUR, wobei der Großteil von 78 % (4,6 Mrd. EUR) auf Buyouts entfiel.[232] Hieraus ergibt sich bereits ihre hervortretende Bedeutung im Rahmen von Private Equity-Transaktionen. Im Wesentlichen lässt sich zwischen zwei Formen von Buyouts differenzieren: dem *Leveraged-Buyout* (LBO) und dem *Management-Buyout* (MBO).

(3.1) LBO

Bevor ein Unternehmenskauf durch eine Private Equity-Gesellschaft vorgenommen werden kann, gilt es im Vorfeld zunächst die Frage nach der Art der Finanzierung zu klären. Dabei kann grundsätzlich zwischen drei Möglichkeiten gewählt werden: Erstens, die Finanzierung erfolgt aus den zur Verfügung stehenden Reserven an liquiden Mitteln des Unternehmenskäufers, zweitens, es wird zusätzliches Fremdkapital aufgenommen, oder drittens, es wird ein Tausch der Anteile an der Zielgesellschaft gegen Anteile der Erwerbsgesellschaft vorgenommen.[233] Bei einem *Leveraged-Buyout* wird, wie der Begriff schon erahnen lässt, die zweite Lösung zur Finanzierung des Unternehmenserwerbs herangezogen, folglich die Aufnahme von Fremdkapital. Ein LBO weist in der Regel eine Fremdkapitalquote zwischen 60 % und 90 % auf.[234] Diese enorm hohe Verschuldungskapazität wird begünstigt durch die besondere Finanzierungsstruktur[235], die sich für LBOs manifestiert hat.

Das durch den LBO-Fonds von den Investoren eingesammelte Eigenkapital wird in Form von Anteilen in eine eigens zum Zweck der konkreten Unternehmensübernahme gegründete „Muttergesellschaft" investiert. Diese wiederum leitet ihre finanziellen Mittel, ggf. erhöht um von Verkäuferseite gewährte Darlehen, zu 100 % an eine „Unterbeteiligungsgesellschaft" weiter, die mithilfe von sog. *Mezzanine*-Krediten ihrerseits zusätzlichen Kapitalzufluss zu bewirken beabsichtigt. Bei *Mezzanine*-Kapital handelt es um eine besondere Art von Finanzierungsinstrument, da es je nach vertraglicher Ausgestaltung sowohl Elemente des Eigenkapitals wie auch des Fremdkapitals in sich vereinen kann.[236] Wirtschaftlich gesehen handelt es sich dabei jedoch stets um Eigenkapital, ohne dass jedoch Mitbestimmungsrechte aufseiten der Kapitalgeber

---

232 BVK (Fn. 201), S. 2.

233 *Tcherveniachki* (Fn. 31), S. 49.

234 Die restlichen 10–40 %, die benötigt werden, um den Kaufpreis voll abzudecken, werden aus Eigenkapitalmitteln der Finanzinvestoren akquiriert: *Kaplan/ Strömberg*, Leveraged Buyouts and Private Equity, S. 6 f.

235 Die nachfolgende Darstellung der Finanzierungsstruktur ist angelehnt an: Deutsche Bundesbank, Monatsbericht April 2007, S. 16 ff.

236 Man differenziert hier zwischen *Equity Mezzanine*, welches bilanziell als Eigenkapital bewertet wird, und *Debt Mezzanine*, das als Fremdkapital zu bilanzieren ist, siehe dazu: *Dürr*, Mezzanine-Kapital in der HGB- und IFRS-Rechnungslegung, S. 35.

entstünden.[237] Der Vorteil von *Mezzanine*-Kapital besteht darin, dass es die wirtschaftliche Eigenkapitalquote des Unternehmens und damit dessen Liquiditätslage erhöht.[238] Dies wiederum führt zu einer verbesserten Bonität, die dem Finanzierungsspielraum Tür und Tor für zusätzliches Fremdkapital öffnet.[239]

Die Unterbeteiligungsgesellschaft investiert im nächsten Schritt ihre finanziellen Mittel in eine ausschließlich zum Zweck des Erwerbs der Zielgesellschaft gegründete neue Gesellschaft. Die neue Gesellschaft intendiert ihrerseits, weitere Kreditgeber zu akquirieren, um den Fremdkapitalanteil des LBO weiter anwachsen zu lassen. Dies deshalb, um mit dem umfangreichen Einsatz von Fremdmitteln in den Genuss des – bereits im Rahmen der Erläuterungen zu Hedge-Fonds erwähnten – Leverage-Effektes[240] zu gelangen, dessen Wirkung linear mit der Höhe der Fremdkapitalaufnahme zunimmt.[241] Dieser bewirkt – vorausgesetzt, die Gesamtkapitalrendite liegt über den für die Fremdkapitalverzinsung anfallenden Aufwendungen – zum einen die gewünschte Erhöhung der Eigenkapitalrendite, zum anderen jedoch auch eine unvermeidbare Erhöhung des Risikos für die Investoren *(Leverage-Risiko)*.[242] Dieser Umstand lässt sich darauf zurückführen, dass die Spannweite, in der die möglichen Eigenkapitalrenditen liegen können, umso größer ist, je höher der Anteil des Fremdkapitals am Gesamtkapital ist.[243] Scheitert die Unternehmensübernahme z. B. aufgrund einer plötzlich eintretenden Insolvenz, droht im Ernstfall der Totalausfall, da die Zinsen für das Fremdkapital nicht mehr bedient werden können. Aus diesem Grund kommen für den LBO klassischerweise nur solche Unternehmen in Betracht, die über einen stabilen Cashflow und darüber hinaus über das nötige Potenzial verfügen, den Unternehmenswert durch operative Verbesserungen sowie durch eine Optimierung der Finanzierungsstruktur nachhaltig steigern zu können.[244] Denn den Endpunkt einer jeden LBO-Transaktion bildet der *Exit*, die Auflösung des Fonds, der hier in Form eines Börsengangs oder Weiterverkaufs an andere Investoren erfolgen kann.[245]

(3.2) MBO

Ein wesentlicher Unterschied des Management-Buyout zum LBO ist der Umstand, dass nicht ein externer Investor Käufer des zu übernehmenden Unternehmens ist, sondern das bisher vom Unternehmen angestellte Management selbst

---

237 *Putnoki/ Schwadorf/ Bergh*, Investition und Finanzierung, S. 156.
238 *Banik et. al.*, Hybride und mezzanine Finanzierungsmöglichkeiten, S. 19.
239 *Banik et. al.*, Fn. 238.
240 Siehe dazu Gliederungspunkt Erster Teil:A.II.1.b).aa).(1.) dieser Arbeit.
241 Deutsche Bundesbank (Fn. 235), S. 17.
242 *Schmidt/ Spindler*, Finanzinvestoren aus ökonomischer und juristischer Perspektive, Kapitel C Rn. 11.
243 *Schmidt/ Spindler* (Fn. 242), Kapitel C Rn. 15.
244 Deutsche Bundesbank (Fn. 235), S. 25 Fn. 24.
245 Deutsche Bundesbank (Fn. 235), S. 18.

Mehrheitsanteile bzw. eine Mindestbeteiligung von 25 % erwirbt.[246] Dabei werden jedoch auch hier regelmäßig Private Equity-Investoren zum Zweck der Kaufpreisfinanzierung eingeschaltet, da das Management nur selten in der Lage ist, den Kaufpreis selbst in vollem Umfang aufzubringen. Bei den Unternehmen, die Gegenstand eines MBO sind, handelt es sich in der Regel um Familienunternehmen, deren Weiterführung nicht familienintern gesichert ist. Der MBO stellt hier eine sinnvolle und häufig verwendete Alternative dar, da mithilfe der Übernahme der Gesellschaft durch das „alte" Management sichergestellt werden kann, dass eigens für das Unternehmen entwickeltes Know-how im Betrieb erhalten bleibt und die bisherige Unternehmenstradition zumindest im Wesentlichen fortgeführt wird.[247] Da jedoch insbesondere die beteiligten Finanzinvestoren ein Interesse daran haben, sich ihrer Beteiligung an dem Unternehmen nach Ablauf einer bestimmten Zeit wieder mit Gewinn zu entledigen, sind Umstrukturierungen bzw. Umorientierungen mit dem Ziel der Erzeugung von Kosteneffizienzen mithilfe einer bestmöglichen Performance ihres Investments sehr häufig nicht zu vermeiden.[248] Aufgrund dessen, dass auch das Management als Anteilsinhaber vom Unternehmenserfolg profitiert, sind die Interessen der Manager und der Beteiligungsgesellschaften in diesem Fall deckungsgleich, sodass sich die Gefahr für Konflikte basierend auf den Annahmen des sog. Prinzipal-Agent-Modells[249] auf ein Minimum reduziert.[250] Dieses durch den Harvard-Professor *Michael Jansen* im Jahr 1976 entwickelte und auf *Adam Smith*[251] zurückgehende Modell besagt, dass der auf Informationsasymmetrien beruhende Interessengegensatz von Investoren und Managern (z. B. bezüglich der Risikopolitik) dazu führt, dass Manager nicht im Sinne der Investoren handeln und damit Kosten für diese verursachen.[252] Eine Angleichung der Interessen kann hiernach – so wie beim MBO gegeben – insbesondere durch eine Beteiligung des Managements am Unternehmen erreicht werden.[253] Dieser Umstand führt im Hinblick auf die Maximierung des Unternehmenserfolgs dazu, dass Management und Investoren aktiv an einer Umstrukturierung des Betriebs zusammenarbeiten, um einen bestmöglichen Cashflow im Unternehmen zu erzielen. Im Rahmen dieser

246 *Achleitner/ Fingerle*, Unternehmenswertsteigerung durch Management Buyout, S. 3, 14.
247 *Bullinger et. al.*, Neue Organisationsformen im Unternehmen, S. 230 (Punkt 5.3.3).
248 *Achleitner/ Fingerle* (Fn. 246), S. 14.
249 *Anm.*: Dieses Modell wird im Zusammenhang mit der Struktur von Managergehältern näher erläutert werden. Siehe hierzu die Ausführungen unter Kapitel Zweiter Teil.C.I.1.a).aa).
250 *Bullinger et. al.* (Fn. 247), S. 236 (Punkt 5.3.7.3).
251 Vgl. *Smith*, An Inquiry into the Nature and Causes of the Wealth of Nations.
252 *Feser*, Corporate Governance und Unternehmensperformance, S. 23.
253 *Feser*, Fn. 252.

Unternehmensumstrukturierungen können daher Maßnahmen wie z. B. die Veräußerung nicht betriebsnotwendiger Vermögensteile in Betracht gezogen werden.[254]

c) *Rückschluss für den Anwendungsbereich der AIFM-Richtlinie*

Sowohl Hedge-Fonds wie auch Private Equity werden im Geltungsbereich der AIFM-Richtlinie unter dem Begriff „AIF" zusammengefasst. Allein dieser Umstand indiziert, dass es trotz vielfacher Kritik vonseiten der Praxis Gemeinsamkeiten zwischen diesen beiden Anlagemitteln geben muss, die eine derartige Gleichsetzung im Anwendungsbereich einer Richtlinie rechtfertigen. Wie eingangs bereits betont, liegt der entscheidende Beweggrund der AIFM-Richtlinie in der Eindämmung bzw. Beseitigung von Systemrisiken. Demzufolge ist die Beantwortung der Frage, ob Private Equity-Fonds zu Recht in den Anwendungsbereich der AIFM-Richtlinie einbezogen werden, davon abhängig, ob überhaupt Systemrisiken von diesen ausgehen, die durch die AIFM-Richtlinie beseitigt werden können. Sowohl Stimmen aus der Praxis wie auch die Europäische Kommission selbst haben, wie an anderer Stelle bereits erwähnt, darauf verwiesen, dass Private Equity grundsätzlich nicht „zur Erhöhung von Systemrisiken" beigetragen hat.[255] Doch warum werden diese dann vom Geltungsbereich der Richtlinie erfasst? Stellt man die Eigenheiten von Hedge-Fonds und Private Equity gegenüber, wird man schnell bemerken, dass es sich hierbei um zwei im Grundsatz komplett andersartige Anlagemethoden handelt. Die hier entscheidende Frage ist jedoch, inwieweit diese gleichermaßen geeignet sind, Auswirkungen auf die Systemstabilität zu entfalten. Für Hedge-Fonds ist dies bereits ausführlich dargestellt worden.[256] Nun gilt es, dasselbe für Private Equity zu klären.

Private Equity-Fonds verfolgen, genauso wie Hedge-Fonds, die Absicht, den Leverage-Effekt voll auszuschöpfen. Fremdmittel werden, zumeist von institutionellen Kapitalgebern, akquiriert und in die entsprechende Zielgesellschaft investiert, um durch Restrukturierungs- oder Expansionsmaßnahmen das Geschäftsfeld zu optimieren und Gewinne zu erhöhen und durch den *Exit* aus dem Unternehmen möglichst hohe Renditen einzufahren. Auch wenn hierdurch ein komplett anderes Anlagefeld als von Hedge-Fonds angesprochen wird, ist beiden Anlagemitteln dennoch gemeinsam, dass es um die Erwirtschaftung bestmöglicher Renditen geht, die Gewinnerzielungsabsicht bei beiden folglich definitiv im Vordergrund steht. Insoweit unterscheiden sich Private Equity-Fonds von Hedge-Fonds nur durch ihre Anlagezeit, die bei Hedge-Fonds in der Regel wesentlich kürzer ausfällt. In Bezug auf die Verschuldungsquote bei Private Equity ist anzumerken, dass diese ähnlich hoch wie bei Hedge-Fonds ausfallen kann, jedoch im Einzelfall vom Cashflow der jeweiligen Zielgesellschaft abhängt, da mithilfe dessen die Zinsen für das

254 *Schäfer*, Unternehmensfinanzen, S. 267.
255 Europäische Kommission, Begleitdokument vom 30.4.2009, Fn. 192.
256 Siehe: Erster Teil.B.II.1. dieser Arbeit.

Fremdkapital getilgt werden.[257] Für den Fall, dass eine Investition sich nicht wie gewünscht entwickelt oder sogar komplett ausfällt, lässt sich somit auch bei Private Equity-Investitionen nicht vermeiden, dass etwaige Rückkopplungseffekte für die beteiligten Investoren entstehen.[258] Systemrisiken können daher auch von fehlgehenden Private Equity-Fonds ausgehen, da Schocks im Finanzmarkt vor allem über das Bankensystem auf die übrige Wirtschaft übertragen werden und Banken zu den vorwiegenden Private Equity-Investoren gehören.[259] Zu beachten ist hier jedoch, dass diese Systemrisiken generell nur für AIF zu befürchten sind, die aufgrund ihrer Größe einen entsprechenden Einfluss ausüben können. So könnte z. B. die Übernahme einer systemisch relevanten Bank durch eine Private Equity-Gesellschaft derartige Effekte bewirken, wenn es aufseiten der Sparer zu einem Vertrauensverlust kommt, infolge dessen diese dann ihre Konten auflösen.[260] Generell ist jedoch zu beachten, dass gleich weitreichende Systemrisiken wie auf dem Hedge-Fonds-Sektor für die Private Equity-Branche nicht zu befürchten sind. Dies rührt daher, dass Private Equity-Gesellschaften insbesondere in nicht börsennotierte Unternehmen investieren und zudem keine Spekulationsgeschäfte mit Leerverkäufen vornehmen.

IV. Ausnahmen

Die AIFM-Richtlinie sieht in Art. 3 einige Ausnahmen für AIFM vor, die nicht bzw. nur eingeschränkt dem Anwendungsbereich der Richtlinie unterfallen.

1. Bereichsausnahmen

Die AIFM-Richtlinie stellt in Art. 2 einen abschließenden Katalog vor, der bestimmte Arten von Gesellschaften und Institutionen vom Anwendungsbereich der Richtlinie ausschließt.

a) Family Offices

Wertpapierfirmen, die das Privatvermögen von Anlegern investieren, ohne Fremdkapital aufzunehmen, werden gemäß Erwägungsgrund (5) AIFM-RL aus dem Anwendungsbereich der AIFM-Richtlinie ausgeschlossen. Hierbei handelt es sich vor allem um sog. *Family Office*-Unternehmen, auf die zwar im Erwägungsgrund (5) direkt verwiesen, in den nachfolgenden Artikeln der Richtlinie zur Konkretisierung ihres Anwendungsbereiches jedoch nicht weiter eingegangen wird. Auch eine Legaldefinition zu „Family Office“ ist weder der AIFM-Richtlinie selbst noch sonstigen

---

257 *Jordan*, Private Equity, S. 5.

258 A. A.: *Achleitner*, DB 2010, 85, 85, da nach Ansicht der Autorin Fremdkapital im Private Equity-Segment in Abgrenzung zur Hedge-Fonds-Branche nicht auf Fonds-, sondern auf Einzeltransaktionsebene verwendet wird und hierdurch der klassische Dominoeffekt entfalle.

259 *Jordan*, Fn. 257.

260 *Jordan* (Fn. 257), S. 6.

Hintergrundpapieren zur Richtlinie zu entnehmen.[261] Wegen dieser zunächst offenbar existierenden Unklarheit und der nur beiläufigen Erwähnung von Family Office-Unternehmen in der AIFM-Richtlinie fragte die ESMA in ihrem Diskussionspapier vom 23. Februar 2012 nach, ob bei den Anlegern diesbezüglich Klärungs- bzw. Konkretisierungsbedarf bestehe.[262] Dies verneinte die *Association of the Luxembourg Fund Industry (ALFI)* jedoch mit der Begründung, dass sich die Begriffserklärung aus der Richtlinienformulierung selbst ergebe, welche hinreichend deutlich mache, dass es bei dem Verständnis von AIF entscheidend um die Generierung neuen Kapitals *(raising capital)* ginge, was jedoch gerade bei *Family Offices* nicht gegeben sei, weil dort bereits zuvor eine Beziehung zwischen dem *Family Office* und den Familienmitgliedern bestehe und folglich kein neues Kapital generiert werde.[263] Unterstützend kann in diesem Zusammenhang auch auf die Begriffsdefinition der deutschen BaFin zurückgegriffen werden, welche diese im Rahmen der Diskussion um die Erlaubnispflicht von *Family Offices* gemäß § 32 Abs. 1 KWG offengelegt hat. Demnach handelt es sich bei *Family Offices* um „Unternehmen, unabhängig von ihrer Rechtsform, die sich mit der bankenunabhängigen Verwaltung großer privater Vermögen befassen".[264] Es geht folglich aufgrund der bloßen Vermögensverwaltung nicht nur um die fehlende Generierung neuen Kapitals[265], sondern hiermit verbunden ebenso auch darum, dass die Entstehung und Ausweitung systemischer Risiken auf den Bankensektor (bankenunabhängig) nicht droht und *Family Offices* mithin für die Regelungsziele der AIFM-Richtlinie nicht von relevanter Bedeutung sind.

b) Holdinggesellschaften

Als weitere Bereichsausnahme zum Geltungsbereich der AIFM-Richtlinie nennt Art. 2 Abs. 3 lit. a) die Holdinggesellschaft. Diese wird in Art. 4 Abs. 1 lit. o) AIFM-RL definiert als „Gesellschaft, die an einem oder mehreren anderen Unternehmen eine Beteiligung hält, deren Geschäftsgegenstand darin besteht, durch ihre Tochterunternehmen oder verbundenen Unternehmen oder Beteiligungen eine Geschäftsstrategie oder -strategien zur Förderung deren langfristigen Werts zu verfolgen, und bei der es sich um eine Gesellschaft handelt, die entweder auf eigene Rechnung tätig ist und deren Anteile zum Handel auf einem geregelten Markt in der Union zugelassen sind, oder die ausweislich ihres Jahresberichts oder anderer amtlicher Unterlagen nicht mit dem Hauptzweck gegründet wurde, ihren Anlegern durch Veräußerung ihrer Tochterunternehmen oder verbundenen Unternehmen eine Rendite zu verschaffen".

---

261 Hierauf wurde bereits hingewiesen in: *Spindler/ Tancredi*, WM 2011, 1393, 1398.

262 ESMA, Discussion paper, S. 8.

263 ALFI, Response to ESMA discussion paper, S. 3.

264 BaFin, Merkblatt zur Erlaubnispflicht gemäß § 32 Abs. 1 KWG für Family Offices, Punkt 5.

265 *Zur Erinnerung:* Die Legaldefinition von „AIF" in Art. 4 Abs. 1 a) AIFM-RL verlangt als Tatbestandsmerkmal „Einsammeln von Kapital von einer Vielzahl von Anlegern".

Aus dieser recht ausführlichen und daher engen Legaldefinition selbst ergibt sich bereits, dass das der AIFM-Richtlinie zugrunde gelegte Verständnis einer Holdinggesellschaft nicht viel mit einem AIF zu tun hat. Insbesondere der Aspekt der fehlenden Renditeerzielungsabsicht spricht dagegen. Denn wie bei den Ausführungen zu den Family Offices bereits erwähnt, fehlt es in einem solchen Fall an dem Merkmal „Einsammeln von Kapital von einer Vielzahl von Anlegern", da entsprechend der „AIF"-Definition in Art. 4 Abs. 1 lit. a) AIFM-RL ein Einsammeln von Kapital dann nicht vorliegt, wenn diese Aktivität in erster Linie für nicht kommerzielle Zwecke durchgeführt wird und eine Gewinnerzielungsabsicht („[...] zum Nutzen dieser Anleger zu investieren [...]") nicht festzustellen ist.[266] Für den Fall, dass eine Holdinggesellschaft mithin nicht die Erwirtschaftung von Renditen für ihre Anleger durch Verkauf ihrer Tochterunternehmen beabsichtigt, sondern die Verwaltung des vorhandenen Vermögens und die Erzielung langfristiger Unternehmenswerte im Vordergrund stehen (*reine* Holdinggesellschaft), findet die AIFM-Richtlinie keine Anwendung. Es ist jedoch zu beachten, dass damit nicht alle Holdinggesellschaften aus dem Geltungsbereich der AIFM-Richtlinie ausgenommen werden, sondern vielmehr nur diejenigen, die dem speziellen Wortlaut des Art. 4 Abs. 1 lit. o) AIFM-RL unterliegen. Damit bleibt der Anwendungsbereich für *gemischte* Holdinggesellschaften, welche neben dem Halten der Beteiligungen an Tochtergesellschaften selbst noch eigene operative bzw. strategische Aufgaben im Konzerngefüge übernehmen, weiterhin offen.

c) Verbriefungszweckgesellschaften

Gemäß Art. 2 Abs. 2 lit. g) AIFM-RL werden auch die Verbriefungszweckgesellschaften aus dem Geltungsbereich der AIFM-Richtlinie ausgeschlossen. Weder der Richtlinie noch ihren Erwägungsgründen selbst ist eine Begründung für diese Entscheidung des europäischen Gesetzgebers zu entnehmen. Verbriefungszweckgesellschaften werden nach Art. 4 Abs. 1 lit. (an) AIFM-RL definiert als „Gesellschaften, deren einziger Zweck darin besteht, eine oder mehrere Verbriefungen im Sinne von Artikel 1 Abs. 2 der Verordnung (EG) Nr. 24/2009 der Europäischen Zentralbank vom 19. Dezember 2008 über die Statistik über die Aktiva und Passiva von finanziellen Mantelkapitalgesellschaften, die Verbriefungsgeschäfte betreiben, und weitere zur Erfüllung dieses Zwecks geeignete Tätigkeiten durchzuführen". Per definitionem ist unter einer Verbriefung mithin „[...] eine Transaktion oder ein System [zu verstehen], wodurch eine Sicherheit oder ein Sicherheitenpool auf ein Rechtssubjekt übertragen wird, das von dem Originator getrennt ist und zum Zweck der Verbriefung geschaffen wird oder diesem Zweck bereits dient und/ oder wodurch das Kreditrisiko einer Sicherheit oder eines Sicherheitenpools ganz oder teilweise auf Investoren in Wertpapiere, Verbriefungsfondsanteile [...] übertragen wird [...]." Aus dieser Begriffserklärung geht folglich hervor, dass der eigentliche Sinn einer Verbriefungszweckgesellschaft darin besteht, Kreditrisiken bzw. Ausfallrisiken von

266 ALFI, Fn. 263; BaFin, Fn. 264.

(insbesondere) Banken zu erwerben[267] und durch die Verbriefung in Wertpapiere an die Investoren bzw. an den Kapitalmarkt weiterzugeben. Dies wiederum bedeutet, dass Verbriefungszweckgesellschaften grundsätzlich in nicht unerheblichem Maße dazu geeignet sind, systemische Risiken auf dem Finanzmarkt zu verbreiten und ggf. zu vergrößern, indem sie zuvor nicht handelbare Risiken handelbar machen. Daher ist danach zu fragen, weshalb sie trotz dieser vermeintlichen Systemrelevanz von dem Anwendungsbereich der AIFM-Richtlinie ausgeschlossen werden. Zunächst ist festzustellen, dass Verbriefungszweckgesellschaften trotz der eben dargestellten Gefahr auch sinnvolle Funktionen für den Kapitalmarkt ausüben. So sind Verbriefungszweckgesellschaften zum einen ein wichtiges und unverzichtbares Instrument zur Refinanzierung, zur Eigenkapitalentlastung und – durch den stattfindenden Risikotransfer – zum Risikomanagement von Banken[268], zum anderen spielen sie bei der Finanzierung des Mittelstands eine bedeutende Rolle, da sie eine zusätzliche Möglichkeit zur Finanzierung darstellen.[269] Daraus lässt sich folglich ableiten, dass der Gesetzgeber anerkennt, dass systemische Risiken nicht vollends beseitigt werden können, sondern in bestimmtem Umfang zum Nutzen einer funktionierenden Wirtschaft akzeptiert werden müssen. Darüber hinaus ist jedoch auch der konkrete Wortlaut des Art. 4 Abs. 1 lit. (an) AIFM-RL zu berücksichtigen. Dort werden Verbriefungszweckgesellschaften definiert als „Gesellschaften, deren *einziger Zweck*[270] darin besteht, eine oder mehrere Verbriefungen [...] durchzuführen". Als AIFM im Sinne der Richtlinie ist hingegen nach Art. 4 Abs. 1 lit. b) AIFM-RL „jede juristische Person [zu verstehen], deren reguläre Geschäftstätigkeit darin besteht, einen oder mehrere AIF zu *verwalten*". Um dem Geltungsbereich der AIFM-Richtlinie zu unterfallen, müssten Verbriefungszweckgesellschaften folglich mindestens einen AIF verwalten. Aufgrund des Umstandes jedoch, dass Zweckgesellschaften regelmäßig weder über eigene Mitarbeiter noch über Betriebsmittel verfügen, wird das sog. *Servicing*, also insbesondere die Verwaltung der Vermögensgegenstände, von einem *Servicer* übernommen, der bei einer Verbriefungstransaktion in der Regel der Originator, folglich der Kreditgeber selbst, ist.[271] Hierdurch soll sichergestellt werden, dass dessen Beziehung zu dem Kunden bzw. Kreditnehmer unverändert bleibt. Da wegen

---

267 Dies geschieht entweder durch die wirtschaftliche Übertragung der zu verbriefenden Vermögensgegenstände vonseiten des Originators („true sale") oder durch die Risikoübertragung mittels Kreditderivaten, Garantien o.ä. („synthetische Verbriefung"). Siehe: Deutsche Bundesbank, Statistik der Banken, S. 564 ff.

268 *Zur Veranschaulichung:* Vor dem Ausbruch der *Subprime*-Krise im Jahr 2007 wurden 50 % der US-amerikanischen Hypothekarkredite durch Verbriefungen refinanziert; in Europa lediglich 13 %. Jedoch wurden die Risiken der in den USA vergebenen Kredite weltweit verteilt und die Auswirkungen der Krise somit auch in Europa spürbar: BVK, Zur Diskussion über eine angemessene Regulierung der Verbriefungsaktivitäten von Banken, S. 21.

269 BVK (Fn. 268), S. 6, 26.

270 *Anm.*: Hervorhebung durch die Verfasserin.

271 *Ricken*, Verbriefung von Krediten und Forderungen in Deutschland, S. 23 f.

des zwischen der Verbriefungszweckgesellschaft und dem Originator bestehenden „Servicing-Agreement“[272] folglich keine Verwaltungstätigkeiten von der Zweckgesellschaft übernommen werden, unterfällt sie mithin nicht dem Anwendungsbereich der AIFM-Richtlinie, solange sich ihre Tätigkeiten auf die reine Verbriefung im Sinne von Art. 1 Abs. 2 VO (EG) 24/2009 beziehen. Damit bleiben jedoch gleichzeitig auch hochspekulative Finanzgeschäfte wie z. B. der *Credit Default Swap (CDS)*[273] von den Regelungen der AIFM-Richtlinie befreit. CDS werden im Rahmen synthetischer Verbriefungen verwendet und dienen als eine Art „Kreditausfallversicherung“ für den Originator, indem sich die Zweckgesellschaft verpflichtet, bei bereits vorher festgelegten Zahlungsausfällen seitens des Kreditnehmers eine Ausgleichszahlung (*Physical* oder *Cash Settlement*) für die noch ausstehenden Beträge vorzunehmen und im Gegenzug hierfür eine das Garantierisiko kompensierende periodische Prämie *(spread)* erhält.[274] Zur Veranschaulichung der Struktur und Funktionsweise von Verbriefungszweckgesellschaften soll die folgende Abbildung dienen:

Abbildung 1: Struktur einer Verbriefung.

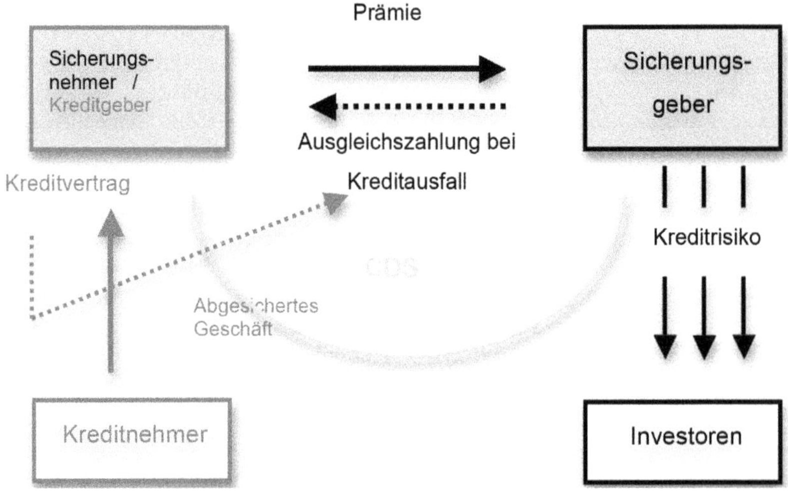

Das von der Zweckgesellschaft übernommene Kreditrisiko wird sodann an den Finanzmarkt weitergereicht, indem es in Form von Wertpapieren emittiert und spekulativen Investoren (z. B. Hedge-Fonds) so die Möglichkeit eröffnet wird, auf die Verschlechterung der Kreditqualität oder dessen Ausfall zu spekulieren.[275] Die

272 *Leclaire/ v. Websky*, Legal Issues in German Securitisation, S. 170, 172 f.
273 Zur Veranschaulichung der Konstruktion siehe Abbildung 1.
274 *Ricken* (Fn. 271), S. 29.
275 *Schiemert*, Credit Default Swaps, S. 12.

besondere Gefahr bei den CDS besteht vor allem darin, dass diese Investoren, um ihrerseits eine möglichst hohe Rendite mithilfe ihrer Investition zu erzielen, Geschäfte vornehmen könnten (z.B. Leerverkäufe), die zu einer wirtschaftlichen Abnahme aufseiten des Kreditnehmers und mithin zu dessen Kreditausfall führen könnten. Ist der Kreditnehmer ein Staat, so tritt die Gefahr systemischer Risiken, die von CDS ausgehen kann, besonders deutlich hervor.[276]

Aufgrund dessen, dass die AIFM-Richtlinie *Credit Default Swaps* und die mit ihnen verbundenen Risiken bewusst aus dem Anwendungsbereich ausschließt, der europäische Gesetzgeber sich jedoch der Bedeutung der oben beschriebenen Gefahren für die europäische Wirtschaft durchaus bewusst ist, wurde am 14. März 2012 eine Verordnung beschlossen, die sich der Risiken, die von Leerverkäufen und CDS ausgehen, annimmt und somit die Lücken der AIFM-Richtlinie an dieser Stelle ausfüllt.[277] Es bedurfte folglich eines weiteren Rechtsaktes, um eine europäische Regelung auf diesem Gebiet erzielen zu können.

2. Verwaltung kleiner sowie risikoarmer AIF

Art. 3 Abs. 2 lit. a) i.V.m. Erwägungsgrund (17) AIFM-RL sieht für AIFM, bei denen das Vermögen aller verwalteten AIF zusammengenommen 100 Mio. EUR nicht übersteigt, ein reduziertes Aufsichtsregime vor (sog. *De-minimis*-Freistellung). Gleiches gilt für AIFM, die entweder direkt oder indirekt über eine Gesellschaft, mit der sie über eine gemeinsame Geschäftsführung, ein gemeinsames Kontrollverhältnis oder durch eine wesentliche direkte oder indirekte Beteiligung verbunden sind, verwalten, deren Vermögen 500 Mio. EUR jedoch nicht übersteigt und die weder Hebeleffekte nutzen noch ihren Anlegern in einem Zeitraum von fünf Jahren Rücknahmerechte einräumen (Art. 3 Abs. 2 i.V.m. Erwägungsgrund (13) AIFM-RL). Diese Vorschrift ist daher insbesondere auf geschlossene Fonds wie Private Equity-Fonds zugeschnitten, da bei geschlossenen Fonds ein Rückgaberecht typischerweise schon gar nicht eingeräumt wird.[278] Es wird argumentiert, dass sich die Tätigkeiten dieser AIFM nicht erheblich auf die Finanzstabilität auswirken, jedoch die Möglichkeit besteht, dass ein Zusammenwirken ihrer Aktivitäten Systemrisiken nach sich ziehen könnte und diese daher in ihrem Herkunftsmitgliedstaat nicht der vollen

---

276 Am Rande erwähnt sei hier nur die seit 2010 bestehende griechische Finanzkrise. Auch hier wurde Hedge-Fonds, die sowohl in griechische Staatsanleihen investiert als auch entsprechende „Ausfallversicherungen" (CDS) abgeschlossen hatten („Doppelwette"), der Vorwurf gemacht, aufgrund ihrer Spekulationen auf eine Pleite Griechenlands kein Interesse an dessen Rettung zu haben. Siehe z.B.: *Die Welt*, Hedgefonds spekulieren auf Griechenland-Pleite; *Spiegel Online*, Hedgefonds zocken mit der Griechenlandpleite.

277 Verordnung EU Nr. 236/2012 des Europäischen Parlaments und des Rates über Leerverkäufe und bestimmte Aspekte von Credit Default Swaps, veröffentlicht in: ABl. EU Nr. L 86, S. 1 vom 24.3.2012.

278 *Tollmann*, in: Dornseifer/ Jesch et al. (Fn. 164), Art. 3 Rn. 30.

Zulassungspflicht unterliegen sollen, sondern lediglich einer Registrierungs- und Informationspflicht bezüglich der wichtigsten Instrumente, mit denen sie handeln, und der größten Risiken ihrer verwalteten AIF (Art. 3 Abs. 3 AIFM-RL i. V. m. Erwägungsgrund (17) AIFM-RL). Darüber hinaus wird es ihnen freigestellt, sich im Rahmen eines sog. *Opt-in*-Verfahrens freiwillig den Anforderungen der AIFM-Richtlinie vollumfänglich zu unterwerfen, um so z. B. in den Genuss eines europaweiten Vertriebspasses zu gelangen (Art. 3 Abs. 4 AIFM-RL).

Zu der Art und Weise, wie die Berechnung der Schwellenwerte erfolgen soll oder wie vorzugehen ist, sollte ein AIF kurzzeitig die Schwelle von 100 Mio. bzw. 500 Mio. EUR über- bzw. unterschreiten, schweigt die AIFM-Richtlinie zwar, Art. 3 Abs. 6 lit. a) AIFM-RL weist die Europäische Kommission jedoch an, delegierte Rechtsakte zu erlassen, um diese Fragen verbindlich zu regeln. Den ersten Schritt unternahm die Europäische Kommission sodann am 2. Dezember 2010, indem sie die ESMA um beratende Unterstützung bei der Festlegung geeigneter Maßstäbe bat. Aus diesem Anlass hat die ESMA am 13. Juli 2011 ein Konsultationspapier veröffentlicht, das den verschiedenen betroffenen Stakeholdern der AIFM-Richtlinie die Möglichkeit eröffnen sollte, eine Stellungnahme zu den infrage stehenden Themen abzugeben.[279] Die Ergebnisse dieser öffentlichen Konsultation wurden sodann in einem von der ESMA am 16. November 2011 veröffentlichten Abschlussbericht festgehalten.[280]

a) Berechnung der Vermögenswerte

Um als AIFM Rechtssicherheit dahin gehend haben zu können, ob man in den Anwendungsbereich des vereinfachten Zulassungsverfahrens nach Art. 3 AIFM-RL fällt oder nicht, ist es zunächst erforderlich, eine Bewertung der verwalteten Vermögensgegenstände vorzunehmen, um im Anschluss erkennen zu können, ob die von der Richtlinie geforderten Schwellenwerte erreicht bzw. nicht überschritten werden. Zunächst gibt Art. 19 Abs. 1 AIFM-RL ganz allgemein vor, dass der AIFM sicherzustellen hat, dass für jeden von ihm verwalteten AIF geeignete und kohärente Verfahren festgelegt werden, die eine ordnungsgemäße und unabhängige Bewertung der Vermögenswerte ermöglichen. Dabei ist zu beachten, dass für die Bewertung der Vermögenswerte die jeweiligen Vorschriften des Landes zu berücksichtigen sind, in dem der zu bewertende AIF seinen gesetzlichen oder satzungsmäßigen Sitz hat (Art. 19 Abs. 2 AIFM-RL). Die Bezeichnung „unabhängig" meint in diesem Zusammenhang, dass die Vermögensbewertungsaufgabe von der Portfolioverwaltung und der Vergütungspolitik des AIFM funktional getrennt sein sollte, um Interessenkonflikte bzw. eine unzulässige Einflussnahme zu vermeiden

279 ESMA, Consultation Paper – ESMA's draft technical advice to the European Commission on possible implementing measures of the Alternative Investment Fund Managers Directive (ESMA/2011/209).

280 ESMA, Final Report – Technical advice to the European Commission on possible implementing measures of the Alternative Investment Fund Managers Directive (ESMA/2011/379).

(Erwägungsgrund (29) AIFM-RL). Dies ist unabdingbare Voraussetzung für eine Bewertung durch eine interne Stelle. Unter „gewissen Umständen" wird dem AIFM jedoch auch die Möglichkeit eingeräumt, eine externe Bewertungsstelle zur Wahrnehmung der Bewertungsfunktion beauftragen zu können, um so insbesondere „die Effizienz der Ausübung seiner Geschäftstätigkeit zu erhöhen" (Erwägungsgründe (29), (30) AIFM-RL). „Extern" bedeutet in diesem Sinne, dass der Bewerter eine natürliche oder juristische Person sein muss, die unabhängig vom AIF, dem AIFM und anderen Personen mit engen Verbindungen zum AIF oder zum AIFM agiert (Art. 19 Abs. 4 AIFM-RL). Für die Bestellung eines externen Bewerters sind darüber hinaus die besonderen Voraussetzungen des Art. 19 Abs. 5 AIFM-RL zu beachten. Hiernach hat der AIFM nachzuweisen, dass (a) der externe Bewerter einer gesetzlich anerkannten, obligatorischen berufsmäßigen Registrierung unterliegt, (b) dieser ausreichende berufliche Garantien vorweisen kann, um wirksam die Bewertungsfunktion ausüben zu können und (c) die Bestellung des externen Bewerters den Anforderungen von Art. 20 Abs. 1 und Abs. 2 AIFM-RL und den gemäß Art. 20 Abs. 7 AIFM-RL erlassenen, delegierten Rechtsakten entspricht. Bei den „beruflichen Garantien" handelt es sich dabei um Dokumente, die vom externen Bewerter selbst oder seinem gesetzlichen Vertreter unterzeichnet sein müssen und sowohl die Qualifikation wie auch die Fähigkeiten des externen Bewerters belegen.[281] Hierunter fallen der Nachweis über das Vorhandensein ausreichender personeller und technischer Ressourcen, geeigneter Verfahren zur angemessenen und unabhängigen Bewertung sowie angemessene Kenntnis und angemessenes Verständnis hinsichtlich der Investmentstrategien und der zu bewertenden Assets des AIF.[282] Wann genau ein externer Berater über „ausreichend Erfahrung" verfügt, ergibt sich weder aus der AIFM-Richtlinie selbst noch aus ihren Hintergrunddokumenten. Grundsätzlich hat die Bewertung der von einem AIFM verwalteten Vermögenswerte sowie des Nettoinventarwerts[283] *(net asset value)* mindestens einmal pro Jahr zu erfolgen.[284] Handelt es sich um offene Fonds, so ist eine Bewertung zudem in einem zeitlichen Abstand durchzuführen, der den von dem AIF gehaltenen Vermögenswerten und seiner Ausgabe- und Rücknahmehäufigkeit angemessen ist; bei geschlossenen Fonds sind Bewertungen insbesondere bei Kapitalerhöhungen bzw. -herabsetzungen vorzunehmen (Art. 19 Abs. 3 AIFM-RL). Die Berechnung des Gesamtvolumens aller der Verwaltung des AIFM unterfallenden Assets hat dabei nach einem bestimmten, im Abschlussbericht der ESMA näher erläuterten Verfahren zu erfolgen.[285] Dieses gestaltet sich wie folgt: Zunächst hat der AIFM zu identifizieren, welche der von ihm verwalteten AIF der Definition des Art. 1 Abs. 1 lit. a) AIFM-RL unterfallen

281 ESMA, Final Report (Fn. 280), S. 118 Box 61.
282 ESMA, Fn. 281.
283 Unter dem Nettoinventarwert versteht man den Verkehrswert einer Anlage/ eines Anteils, vermindert um allfällige Verbindlichkeiten: *Lüscher-Marty*, Theorie und Praxis der Geldanlage 1, S. 8.29 unter Punkt 3.2.4.
284 ESMA, Final Report (Fn. 280), S. 17 Punkt 4; Art. 19 Abs. 3 AIFM-RL.
285 Siehe hierzu: ESMA, Final Report (Fn. 280), S. 18 Box 1.

und demgemäß für die Bewertung der unter Art. 3 AIFM-RL zu berücksichtigenden Vermögenswerte herangezogen werden müssen. OGAW sowie AIF, die gemäß den Übergangsbestimmungen des Art. 61 AIFM-RL keiner Zulassung im Sinne der Richtlinie bedürfen, müssen bei der Berechnung des gesamten verwalteten Vermögenswertes nicht zugrunde gelegt werden.[286] Bei der Berechnung der Werte sind jedoch Assets einzubeziehen, die mithilfe des Einsatzes von Leverage erworben wurden. Zum Zwecke der Vermögensbewertung müssen auch Derivate herangezogen werden. Handelt es sich bei diesen um eingebettete Derivate, d.h., ein nicht derivativer Basisvertrag wird um derivative Elemente erweitert (z.B. Wandelanleihe), so muss auf Basis der dem Derivat zugrunde liegenden Basisvariablen *(underlying)* eine Umrechnung vorgenommen werden, um einen äquivalenten Wert erhalten zu können. Diese Umrechnung hat anhand der im Juli 2010 von dem damals noch unter dem Namen CESR (heute: ESMA) bekannten Komitee erlassenen „Guidelines on Risk Measurement and the Calculation of Global Exposure and Counterparty Risk for UCITS"[287] zu erfolgen.[288] Der so ermittelte absolute Wert ist maßgeblich für die Berechnung der gesamten von einem AIFM verwalteten Vermögenswerte.[289] Hinsichtlich Hedging-Geschäften, die der Wechselkurs- bzw. Zinssicherung dienen und gemäß den Anlagestrategien des AIF nicht dazu verwendet werden, eine Rendite zu erzielen, gilt, dass diese für die Berechnung des Gesamtvermögens vom AIFM nicht berücksichtigt werden müssen.[290]

b) Vorgehen bei Überschreiten der Schwellenwerte

Im Anschluss an die Frage, wie eine Bewertung der Vermögensgüter zu erfolgen hat, ist zu klären, wie vorzugehen ist, wenn ein AIFM, der zunächst die Voraussetzungen für das vereinfachte Zulassungsverfahren nach Art. 3 der AIFM-Richtlinie aufgrund des Einhaltens der Schwellenwerte erfüllt, nach erneuter Bewertung feststellt, dass er diese nun nicht mehr erfüllt.

Diesbezüglich hält die ESMA in ihrem Abschlussbericht zunächst einmal fest, dass es wenig sinnvoll und praktikabel wäre, wenn ein AIFM durch geringes Überschreiten der in Art. 3 Abs. 2 AIFM-RL festgelegten Schwellenwerte von 100 Mio. EUR für nicht gehebelte AIF bzw. 500 Mio. EUR für gehebelte AIF ständig aus dem Anwendungsbereich der *De-minimis*-Regelung herausfallen und bei Wiedererreichen der Zielwerte erneut von ihm erfasst werden würde.[291] Gleichzeitig weist die ESMA jedoch auch darauf hin, dass es nicht unwahrscheinlich ist, dass die

---

286 ESMA, Final Report (Fn. 280), S. 19 f. Nr. 10.

287 CESR, Guidelines on Risk Measurement and the Calculation of Global Exposure and Counterparty Risk for UCITS (CESR/10-788).

288 Siehe: ESMA, Final Report (Fn. 280), S. 208 Nr. 45, zu den Richtlinien von CESR vgl. Box 99 (S. 204 ff.).

289 ESMA, Final Report (Fn. 280), S. 18 Box. 1 Nr. 2.

290 ESMA, Final Report (Fn. 280), S. 18 Box. 1 Nr. 2 a.E.

291 ESMA, Final Report (Fn. 280), S. 18 Nr. 9.

einem AIF zugeordneten Assets aufgrund der gewählten Anlagestrategien, externen Marktgegebenheiten sowie dem eingesetzten Level an Leverage regelmäßigen Wertschwankungen unterliegen können. Aus diesem Grund reiche es für Verwalter von AIF, die in den Genuss der Vorteile eines vereinfachten Zulassungsverfahrens nach der AIFM-Richtlinie kommen wollen, nicht aus, die Bewertung der von ihnen verwalteten Vermögenswerte (wie sonst üblich) nur einmal im Jahr vorzunehmen, da ansonsten die Gefahr bestehe, dass Perioden, in denen die Schwellenwerte nicht eingehalten werden und mithin die Voraussetzungen einer Zulassung in der „Light-Version" nicht mehr gegeben sind, nicht erfasst werden könnten.[292] Um dem entgegenzuwirken, rät die ESMA den betroffenen AIFM dazu, Verfahren auf fortlaufender Basis einzuführen und anzuwenden. Sollte der AIFM zu dem Ergebnis gelangen, dass die Schwellenwerte in einem nicht unerheblichen Maße überschritten werden und es sich hierbei nicht bloß um eine temporäre Übertretung handelt, sondern diese von dauerhafter Natur sein wird, so ist er verpflichtet, eine Zulassung entsprechend den Art. 7 ff. AIFM-RL zu beantragen.[293] Als nicht bloß „temporär" wird dabei ein Zeitraum angesehen, der über drei Monate hinausgeht.[294] Nach Ablauf der drei Monate hat der AIFM erneut eine Bewertung seiner Vermögenswerte vorzunehmen und die zuständigen Behörden im Anschluss darüber zu informieren, ob der Schwellenwert erneut erreicht werden konnte oder ob der Umstand, der zu dem Übertritt der Werte geführt hat, behoben werden konnte und ein Antrag auf Zulassung gemäß Art. 7 ff. AIFM-RL aus diesem Grund nicht mehr notwendig ist.[295] Dabei muss es den zuständigen Behörden offenstehen, sowohl die Berechnungen des AIFM wie auch die Situationen, die zu einer Überschreitung der Schwellenwerte geführt haben, auf ihre Richtigkeit hin zu überprüfen.[296]

3. Konzernprivileg

Neben die bereits genannten Ausnahmen vom Anwendungsbereich der AIFM-Richtlinie tritt noch eine weitere hinzu. Gemäß Art. 3 Abs. 1 i.V.m. Erwägungsgrund (3) AIFM-RL sind die Regelungen darüber hinaus „nicht auf AIFM anzuwenden, soweit sie einen oder mehrere AIF verwalten, deren einziger Anleger der AIFM oder die Muttergesellschaften oder die Tochtergesellschaften des AIFM sind, sofern keiner dieser Anleger selbst ein AIF ist".

---

292 ESMA, Fn. 291.

293 ESMA, Final Report (Fn. 280), S. 19 Box 1 Nr. 6; Art. 4 Abs. 1, Abs. 2 Delegierte Verordnung (EU) Nr. 231/2013 der Kommission vom 19. Dezember 2012 zur Ergänzung der Richtlinie 2011/61/EU des Europäischen Parlaments und des Rates im Hinblick auf Ausnahmen, die Bedingungen für die Ausübung der Tätigkeit, Verwahrstellen, Hebelfinanzierungen, Transparenz und Beaufsichtigung, ABl. EU Nr. L 83, 1 vom 22.3.2013 (im Folgenden: AIFM-DVO).

294 ESMA, Final Report (Fn. 280), S. 19 Box 1 Nr. 6 (b); Art. 4 Abs. 4 AIFM-DVO

295 ESMA, Final Report (Fn. 280), S. 19 Box 1 Nr. 6 (c).

296 ESMA, Final Report (Fn. 280), S. 19 Box 1 Nr. 7.

Der Hintergrund dieses Ausnahmetatbestandes ist darin zu sehen, dass es keines gesetzlich normierten Anlegerschutzes bedarf, wenn die Investitionsmittel nicht von Dritten eingesammelt, sondern vom Konzernverbund selbst aufgebracht werden.[297] Aus diesem Grund gibt es in Art. 3 Abs. 1 AIFM-RL auch eine Rückausnahme für den Fall, dass einer der konzerninternen Anleger selbst ein AIF ist. Gemäß der Legaldefinition in Art. 4 Abs. 1 lit. a) AIFM-RL ist für einen AIF gerade kennzeichnend, dass dieser von einer Vielzahl von (konzernfremden) Anlegern Kapital einsammelt, um es im Anschluss gewinnbringend zu investieren. In der Konstellation, dass ein konzerninterner Anleger wiederum selbst ein AIF ist, wären erneut die Interessen Dritter berührt, sodass es bei der Anwendbarkeit der AIFM-Richtlinie aus Gründen des Anlegerschutzes bleiben muss. Somit können grundsätzlich auch die sog. *Corporate Venture-Capital*-Gesellschaften (CVC-Gesellschaften) vom Ausnahmetatbestand des Art. 3 Abs. 1 AIFM-RL erfasst werden.[298] Bei CVC-Gesellschaften handelt es sich um Tochtergesellschaften von Großunternehmen, die, im Gegensatz zu *Venture-Capital*-Gesellschaften, durch ihre Investition in junge und aufstrebende Start-ups – welche zumeist dasselbe Kerngeschäft wie das eigene Mutterunternehmen aufweisen – nicht nur auf das Erreichen einer möglichst hohen Rendite abzielen, sondern vielmehr auch eine strategische Investition tätigen, da es ihnen auf diese Art und Weise ermöglicht wird, Einblicke in die neuesten Technologien und Verfahren *(Window on New Technology)* sowie Markttrends und Geschäftsmodelle *(Window on New Business Models)* zu erlangen.[299] CVC-Investitionen bieten Großunternehmen mit Weiterentwicklungsbedarf demnach die Möglichkeit, überholte sowie ineffiziente Arbeitsweisen und Denkstrukturen zugunsten innovativer Alternativen aufzugeben. Der durch die Investition entstandene finanzielle und strategische Mehrwert kann im Anschluss dazu verwendet werden, Synergien zu erzeugen oder neue Geschäftsbereiche aufzubauen und hierdurch die Produktivität und Wettbewerbsfähigkeit des Konzerns zu steigern. Handelt es sich bei der CVC-Gesellschaft strukturell um eine 100-prozentige Tochtergesellschaft des Mutterunternehmens und werden die Fondsmittel vom Mutterunternehmen vollständig selbst aufgebracht, so werden CVC-Gesellschaften vom Anwendungsbereich ausgeschlossen, da die Interessen konzernfremder Dritter nicht berührt werden. Sind jedoch noch andere Investoren an der CVC-Gesellschaft beteiligt und stehen diese in keiner Verbindung zum Konzern, finden die Regelungen der AIFM-Richtlinie grundsätzlich Anwendung. Dieselbe Wertung kann ebenfalls für Fonds mit öffentlichem Förderhintergrund herangezogen werden. Bei einem öffentlichen Fonds handelt es sich um eine Einheit, deren Eigner mehrheitlich – unmittelbar oder mittelbar – die Gebietskörperschaften (Bund, Länder, Gemeinden/ Gemeindeverbände) sind und die durch Neugründung oder durch Beteiligungserwerb in öffentlich-rechtlicher

297 *Wortberg*, Wege aus der Regulierung, S. 9, 9.

298 Siehe: *Weitnauer*, BKR 2011, 143, 144.

299 *Rudolph*, Unternehmensfinanzierung und Kapitalmarkt, S. 253; *Feldhaus*, in Feldhaus/ Veith (Fn. 210), Kapitel 1 Rn. 20.

oder privatrechtlicher Form organisiert ist.[300] Bei Fonds mit öffentlichem Förderhintergrund ist häufig eine Förderbank (Anstalt des öffentlichen Rechts) Alleingesellschafter[301], sodass sich das Anlegerinteresse hier genauso darstellt wie im zuvor geschilderten Fall der 100%igen Beteiligung an einer CVC-Gesellschaft.

V. Problemfelder

An dieser Stelle sollen im Folgenden zwei Punkte angesprochen werden, die sich im Verlauf der bisherigen Bearbeitung als kontrovers herausgestellt haben und aufgrund ihrer fundamentalen Bedeutung einer weiteren Erörterung unterzogen werden müssen. Dabei geht es zum einen darum zu klären, ob der AIFM als Adressat der Vorschriften der AIFM-Richtlinie den richtigen Regelungsansatz darstellt und zum anderen, ob die Einbeziehung von Private Equity in den Anwendungsbereich der AIFM-Richtlinie zu befürworten ist.

1. „AIFM" als richtiger Anknüpfungspunkt?

Obgleich der regulatorische Ansatzpunkt der AIFM-Richtlinie ein personalistischer ist, indem die *Verwalter* von alternativen Investmentfonds zum offiziellen Regelungsgegenstand der Richtlinie erklärt werden und nicht die AIF selbst, scheint dennoch der Begriff „AIF" für die Anwendbarkeit der AIFM-Richtlinie von zentraler Bedeutung zu sein. Unterstützt wird dieser Eindruck auch von der Systematik der Richtlinie. Wirft man einen näheren Blick in den Definitionskatalog von Art. 4 Abs. 1 AIFM-RL, so fällt auf, dass die Legaldefinition für „AIF" (lit. a) vor derjenigen für „AIFM" (lit. b) erscheint. Es hat sich im Laufe der bisherigen Bearbeitung zudem gezeigt, dass es größere Schwierigkeiten bereitet, den Begriff des „alternativen Investmentfonds" genauer zu bestimmen als den des AIFM. Entscheidend nämlich für die Frage, ob ein AIFM Zulassung gemäß den Bestimmungen der AIFM-Richtlinie beantragen muss oder nicht, ist immer, ob er einen AIF im Sinne von Art. 4 Abs. 1 lit. a) AIFM-RL verwaltet. Doch genau an diesen vermeintlichen Widerspruch schließt die Entscheidung des europäischen Gesetzgebers für den personalistischen und gegen den sächlichen Regelungsansatz an. Oberstes Ziel der AIFM-Richtlinie ist die Beseitigung systemischer Risiken und die Erhöhung von Transparenz zugunsten eines verbesserten Anlegerschutzes. Systemische Risiken gehen jedoch nicht von einem AIF per se aus, sondern basieren vielmehr auf den eingesetzten Anlagestrategien und Finanzinstrumenten, die der AIFM für seinen AIF gewählt hat. Seine Entscheidungsmacht ist mithin die Grundlage für die Schaffung im Rahmen einer freien Wirtschaftsordnung vertretbarer oder überhöhter Risiken und – für den Fall ihrer Realisierung – der hiermit einhergehenden Auswirkungen. Die „AIF" zum tatsächlichen Ansatzpunkt der Richtlinie zu erklären, wäre daher verfehlt, da dem zum einen die Schwierigkeiten der Bestimmbarkeit des Begriffes selbst und zum anderen

300 *Schmidt*, Ausgliederung aus den Kernhaushalten, S. 154 f.

301 *Weitnauer*, BKR 2011, 143, 144.

die Motive für den Erlass der AIFM-Richtlinie entgegenstehen. Der vermeintliche Vorrang von AIF in Art. 4 Abs. 1 AIFM-RL ist daher so aufzulösen, dass für die Beantwortung der Frage, *wer* einen AIF verwaltet, naturgemäß zunächst geklärt werden muss, *was* genau unter einem AIF zu verstehen ist. Eine vom Gesetzgeber gewollt gesetzte Rangfolge in Bezug auf die Wichtigkeit von AIF bzw. AIFM für die Richtlinie ist hierin jedoch nicht zu erblicken.

2. *Private Equity als „Fremdkörper"?*

Grundsätzlich geht die AIFM-Richtlinie von einem sehr weiten Anwendungsbereich aus und nimmt nur einzelne Institutionen bzw. Arten von AIF abschließend vom Geltungsbereich heraus. Dies hat zwar den Vorteil, dass hierdurch ein sehr breites Spektrum von alternativen Investmentfonds abgedeckt werden kann, gleichzeitig vermag man auf der anderen Seite jedoch auch geneigt sein zu fragen, ob der Gesetzgeber an dieser Stelle das eigentliche Ziel der Richtlinie nicht zeitweilig aus den Augen verloren hat. Das Europäische Parlament erkannte in seinem Entschließungsantrag vom 9. Juli 2008 an, „dass Hedge Fonds und private Beteiligungsgesellschaften unterschiedliche Anlageinstrumente sind, die sich hinsichtlich der Art der Investition und der Investitionsstrategie unterscheiden".[302] Den Ausführungen ist weiter zu entnehmen, dass es im Zusammenhang mit Hedge-Fonds um die Schaffung bzw. Erhöhung von Transparenz geht, bei Private Equity hingegen um Regulierungsvorschläge, die das *Asset Stripping* an erworbenen Unternehmen unterbinden.[303] Aus welchen Gründen es trotz dieser Unterschiedlichkeiten erforderlich und sinnvoll ist, beide Anlageformen unter ein Regelungsregime zu stellen, lässt sich in aller Klarheit weder der AIFM-Richtlinie selbst noch ihren offiziellen Hintergrunddokumenten entnehmen. Trotz dieser augenscheinlichen Divergenzen, die zwischen Hedge-Fonds und Private Equity bestehen, gibt es jedoch auch Elemente, die beide verbinden. So ist beiden gemeinsam, dass sie Kapital von Investoren einsammeln, um es in der Erwartung einer hohen Rendite anzulegen. Darüber hinaus beabsichtigen sie, mithilfe des oftmals großzügigen Einsatzes von Fremdkapital die Vorzüge des Leverage-Effektes zu erlangen, um so eine zusätzliche Steigerung der Eigenkapitalrendite erreichen zu können. Weiter ist der Anlagezeitraum beider zwar zeitlich begrenzt, jedoch beträgt dieser bei Private Equity immerhin noch mehrere Jahre, wohingegen der Anlagehorizont bei Hedge-Fonds sich in der Regel deutlich kürzer gestaltet.

Trotz dieser bestehenden Gemeinsamkeiten steht jedoch weiterhin ein gravierender Unterschied im Raum. Während Hedge-Fonds an der Börse tätig sind und typische Anlageinstrumente wie Leerverkäufe einsetzen, handelt es sich bei Private Equity, wie der Name schon zum Ausdruck bringt, um *privates* Beteiligungskapital. Die Reichweite der Risiken, die von beiden Anlageformen ausgehen, ist somit

302 Entschließungsantrag des Europäischen Parlaments (Fn. 13), S. 6 lit. B.
303 Entschließungsantrag des Europäischen Parlaments (Fn. 13), S. 11 f.

äußerst unterschiedlich. Das Ausmaß einer Hedge-Fonds-Krise kann, wie im Fall der LTCM-Krise[304], im Vorfeld nur schwer eingeschätzt werden und im schlimmsten Fall zu einer Ansteckungsgefahr führen, die auf viele andere Wirtschaftsbereiche übergreift. Läuft hingegen eine Private Equity-Investition an einem Unternehmen (z.B. einer GmbH) fehl, bleiben die Auswirkungen absehbar und können nur in Einzelfällen zu systemischen Risiken führen, die jedoch selbst dann in ihrer Intensität weit hinter der des Hedge-Fonds-Sektors zurückbleiben.

Daher kann an dieser Stelle die Grundsatzentscheidung des europäischen Gesetzgebers, Hedge-Fonds und Private Equity einheitlich in einer Richtlinie zu regulieren, nicht in vollem Umfang befürwortet werden. Zwar ist die Abkehr von der Akzeptanz des Schattendaseins und der Unreguliertheit von Hedge-Fonds und Private Equity lobenswert; aufgrund dessen, dass der Gesetzgeber das Bewusstsein für die Unterschiedlichkeit der Anlagen jedoch bereits im Vorfeld bekundet hat, wäre es zu begrüßen gewesen, dieses bei der Umsetzung stärker hervortreten zu lassen. So hätte z.B. eine weitere Richtlinie, die speziell auf die Bedürfnisse und Eigenheiten der Private Equity-Branche ausgerichtet gewesen wäre, für mehr Klarheit und Transparenz gesorgt. So hingegen erwecken die Regelungen zu Private Equity innerhalb der AIFM-Richtlinie den Eindruck eines nicht ins Konzept passenden „Fremdkörpers".

B. Zulassungspflicht des AIFM

Die AIFM-Richtlinie sieht in Art. 6 Abs. 1 vor, dass AIFM nur dann AIF verwalten dürfen, wenn sie gemäß der Richtlinie zugelassen wurden und die in der Richtlinie festgelegten Voraussetzungen für eine Zulassung jederzeit einhalten. Hierin ist ein grundsätzliches Tätigkeitsverbot mit Erlaubnisvorbehalt zu erblicken, das auch dadurch zum Ausdruck kommt, dass die Antragstellung vor Aufnahme der Tätigkeit zu erfolgen hat.[305] Der AIFM hat gemäß Art. 7 Abs. 1 AIFM-RL einen Antrag auf Zulassung zu stellen, der inhaltlich den Anforderungen des Art. 7 Abs. 2 AIFM-RL entsprechen muss. Die Zulassung des AIFM ist jedoch von der zuständigen Behörde des EU-Mitgliedstaates – in Deutschland ist das seit dem Inkrafttreten des AIFM-Umsetzungsgesetzes[306] am 22. Juli 2013 die Bundesanstalt für Finanzdienstleistungsaufsicht (BaFin) – zu versagen, wenn nicht alle in Art. 8 AIFM-RL genannten Anforderungen vom AIFM erfüllt werden. Die erteilten Zulassungen werden von der ESMA in einem öffentlichen Zentralregister geführt und in elektronischer Form zugänglich gemacht (Art. 7 Abs. 5 AIFM-RL).

---

304 Siehe hierzu bereits die Ausführungen in: Erster Teil.A.II.1.b).dd) dieser Arbeit.

305 *Volhard/ Jang*, in: Dornseifer/ Jesch et. al. (Fn. 164), Art. 6 Rn. 5 f.

306 Gesetz zur Umsetzung der Richtlinie 2011/61/EU über die Verwalter alternativer Investmentfonds (AIFM-Umsetzungsgesetz – AIFM-UmsG), BGBl. I Nr. 35, S. 1981 vom 10.7.2013.

Eine allgemeine Zulassungspflicht für Verwalter von Investmentvermögen stellt sich dabei jedoch nicht als wirkliche Neuerung dar, da in Deutschland bereits in § 7 des (nunmehr außer Kraft getretenen) Investmentgesetzes[307] eine „Erlaubnis zum Geschäftsbetrieb" für Kapitalanlagegesellschaften (KAG) konstituiert wurde und die Zulassungsanforderungen sowohl für AIFM wie auch KAG vergleichbar sind. Neu ist jedoch die Aufstellung einer derartigen Zulassungspflicht auf europäischer Ebene. Die von den AIFM zu erfüllenden Voraussetzungen zur Erlangung einer Zulassung im Sinne der Richtlinie ergeben sich zum einen aus Art. 8 AIFM-RL, zum anderen mittelbar aber auch aus den zur Zulassung nach Art. 7 Abs. 2 und Abs. 3 AIFM-RL vorzulegenden Unterlagen, die insbesondere Angaben zur Person des AIFM selbst sowie zu seiner Vergütungs- und Anlagepolitik und über Charakteristika des zu verwaltenden AIF – z. B. dessen Vorgehen im Zusammenhang mit dem Einsatz von Hebeleffekten – beinhalten müssen. Bereits an dieser Stelle sei angemerkt, dass eine einem AIFM gemäß den Anforderungen der AIFM-Richtlinie erteilte Zulassung die Verwaltung von AIF mit Sitz in dessen Herkunftsmitgliedstaat selbst wie auch in anderen Mitgliedstaaten umfasst und somit die Wirkung eines „EU-Passes" entfaltet. Eine Zulassungspflicht für jeden einzelnen EU-Staat, in dem eine Verwaltung von AIF beabsichtigt wird, entfällt somit und bringt in diesem Punkt eine enorme Erleichterung mit sich. Hier ist jedoch zu beachten, dass der Umfang der Tätigkeiten, die der AIFM nach Erlangung der Zulassung ausüben darf, davon abhängig ist, ob es sich bei diesem um einen *externen* oder *internen* AIFM handelt. Ein externer AIFM darf gemäß Art. 6 Abs. 2 AIFM-RL keine anderen Tätigkeiten ausüben als die in Anhang I der AIFM-RL genannten. Dazu gehören die Portfolioverwaltung und das Risikomanagement sowie optionale administrative Tätigkeiten – z. B. die Erbringung rechtlicher Dienstleistungen oder die Ausgabe und Rücknahme von Anteilen –, der Vertrieb oder Tätigkeiten im Zusammenhang mit den Vermögenswerten des AIF. Überdies gestattet Art. 6 Abs. 4 AIFM-RL den Mitgliedstaaten die Festsetzung weiterer zulassungsbedürftiger Dienstleistungen. Zudem darf ein externer AIFM auch die Verwaltung von OGAW übernehmen. Das mögliche Tätigkeitsspektrum eines internen AIFM gestaltet sich dabei wesentlich enger. So wird diesem gemäß Art. 6 Abs. 3 AIFM-RL lediglich die interne Verwaltung des AIF gemäß den Bestimmungen von Anhang I AIFM-RL gestattet. Die Ausübung der externen Verwaltung eines anderen AIF wird diesem mithin nicht eingeräumt (Erwägungsgrund (20) AIFM-RL).

Jedoch werden nicht alle AIFM ausnahmslos von den Regelungen der AIFM-Richtlinie erfasst. Neben den bereits erörterten Ausnahmebestimmungen in Art. 3 AIFM-RL gibt es noch die Übergangsbestimmungen des Art. 61 Abs. 3 und Abs. 4 AIFM-RL. Diese beinhalten einen Bestandsschutz für AIFM, die bereits vor dem 22. Juli 2013 AIF des geschlossenen Typs verwalten. Hiernach müssen diese keine Zulassung gemäß der Richtlinie beantragen, sofern sie nach dem 22. Juli 2013 keine

307 Gesetz vom 15.12.2003 BGBl. I, S. 2676; aufgehoben durch Art. 2a Gesetz vom 4.7.2013 BGBl. I, S. 1981.

zusätzlichen Anlagen tätigen oder die Zeichnungsfrist für Anleger vor Inkrafttreten der AIFM-Richtlinie ablief und für einen Zeitraum aufgelegt wurde, der spätestens am 22. Juli 2016, also drei Jahre nach dem 22. Juli 2013, abläuft.

Die Voraussetzungen, denen ein AIFM im Einzelnen begegnen muss, um eine Zulassung gemäß der AIFM-Richtlinie zu erhalten, sind Gegenstand der folgenden Ausführungen.

I. Erfüllbarkeit durch den AIFM

Die Zulassung ist einem AIFM von der zuständigen Behörde nur dann zu erteilen, wenn diese davon überzeugt ist, dass der AIFM zur Einhaltung der in der Richtlinie festgelegten Bedingungen in der Lage ist (Art. 8 Abs. 1 lit. a) AIFM-RL). Welcher Maßstab hier von der zuständigen Behörde anzulegen ist, bleibt jedoch offen. Dem Vorschlag der Kommission vom 30. April 2009 ist diesbezüglich lediglich zu entnehmen, dass „der AIFM die zuständige Behörde von der Solidität seiner internen Organisation [...] überzeugen [muss], worunter das Risikomanagement, insbesondere die Steuerung der mit Leerverkäufen verbundenen Liquiditäts- und zusätzlichen operationellen und Gegenparteiausfallrisiken, die Steuerung und Offenlegung von Interessenkonflikten, die Bewertung des Anlagevermögens zum Marktwert und die Sicherheit von Depot/Verwahrung fallen“[308]. Diese generalklauselartige Anforderung räumt der zur Beurteilung zuständigen Behörde einen sehr großen Entscheidungs- und Wertungsspielraum ein und soll scheinbar dazu dienen, eine umfassende Prüfung aller persönlichen, organisatorischen sowie technischen Vorkehrungen vornehmen zu können.[309] Dabei stellt sich jedoch die Frage, ob die Überzeugung, zu der die Behörde nach Art. 8 Abs. 1 lit. a) AIFM-RL gelangen muss, nicht eigentlich gerade durch die Erfüllung aller Zulassungsvoraussetzungen durch den AIFM indiziert werden müsste. Denn kann ein AIFM nachweisen, dass er allen Anforderungen gerecht wird, so müsste dies die Behörde davon überzeugen, dass dieser geeignet ist, die Tätigkeiten im Sinne der Richtlinie vorzunehmen. Es ist nicht ersichtlich, welche Möglichkeiten dem AIFM sonst noch verbleiben, Einfluss auf die Entscheidung der Behörde zu nehmen.

II. Anfangskapital und Eigenmittel

Eine weitere Voraussetzung für die Zulassung im Sinne der AIFM-Richtlinie ist gemäß Art. 8 Abs. 1 lit. b) AIFM-RL, dass der AIFM über ein bestimmtes Anfangskapital und ausreichende Eigenmittel gemäß Art. 9 AIFM-RL verfügt. Dabei unterscheiden sich die Regelungen der AIFM-Richtlinie zu der geforderten Anfangs- und Eigenkapitalausstattung des AIFM gegenüber denen in Art. 7 Abs. 1 OGAW-RL nur

308 Europäische Kommission, Vorschlag für eine Richtlinie über Verwalter alternativer Investmentfonds, S. 9.

309 So auch: *Volhard/ Jang*, in: Dornseifer/ Jesch et. al. (Fn. 164), Art. 8 Rn. 4.

durch die zusätzlichen Anforderungen für interne Verwalter, die in der OGAW-Richtlinie vollends fehlen.

Für intern verwaltete AIF wird in Art. 9 AIFM-RL ein Anfangskapital von mindestens 300.000 EUR (Abs. 1) vorgeschrieben, für externe Verwalter von AIF ein Mindestbetrag von 125.000 EUR (Abs. 2). „Anfangskapital" bezeichnet dabei gemäß Art. 4 Abs. 1 lit. s) AIFM-RL Mittel im Sinne von Art. 57 Abs. 1 lit. a), lit. b) der Richtlinie 2006/48/EG[310]. Dieser verweist seinerseits auf Art. 22 und Art. 23 der Richtlinie 86/635/EWG[311]. Demnach umfasst der Begriff „Anfangskapital" sowohl das gezeichnete Kapital wie auch die gebildeten Rücklagen. Übersteigt überdies der Wert der von dem AIFM verwalteten AIF-Portfolios 250 Mio. EUR, so ist der AIFM verpflichtet, zusätzliche Eigenmittel einzubringen (Art. 9 Abs. 3 AIFM-RL). Diese entsprechen dabei 0,02 % des Betrags, um den der Wert der Portfolios des AIFM 250 Mio. EUR übersteigt. Der Höchstbetrag an Anfangskapital und zusätzlichem Betrag darf dabei jedoch 10 Mio. EUR nicht übersteigen. Durch diese Anforderungen an liquiden bzw. kurzfristig zu mobilisierenden Vermögenswerten, die jedoch keine spekulativen Positionen enthalten dürfen (Art. 9 Abs. 8 AIFM-RL), soll die kontinuierliche Verwaltung durch den AIFM sichergestellt werden, auch wenn die Verluste in einer Periode nicht durch Gewinne gedeckt sind. Bis zu 50 % der nach Art. 9 Abs. 3 AIFM-RL geforderten zusätzlichen Eigenkapitalmittel können dem AIFM jedoch erlassen werden, wenn dieser über eine Garantie in derselben Höhe verfügt, die von einem Kreditinstitut oder einem Versicherungsunternehmen gestellt wird (Art. 9 Abs. 6 AIFM-RL).

Gemäß Erwägungsgrund (23) AIFM-RL sind diese Mindesteigenkapitalanforderungen erforderlich, um sicherzustellen, dass AIFM ihre Verwaltungsdienste für AIF kontinuierlich und regelmäßig erbringen und um die potenziellen Risiken von AIFM im Rahmen ihrer Berufshaftpflicht hinsichtlich aller ihrer Tätigkeiten abzudecken. Da es sich bei den „potenziellen Risiken" um einen auslegungsbedürftigen Begriff handelt, wurde die ESMA von der Kommission diesbezüglich um Konkretisierung gebeten. Gemäß den Ausführungen der ESMA in ihrem „Final Report" vom 16.11.2011[312] geht es bei den potenziellen Risiken um mögliche Haftungen, die aus der Verletzung beruflicher Sorgfaltspflichten *(professional negligence)* durch den AIFM entstehen können. Insbesondere werden davon Verlustrisiken erfasst, die auf die Verletzung einer gesetzlichen Verpflichtung gegenüber Investoren oder Geschäftspraktiken zurückzuführen sind, so z.B. der Verlust von Dokumenten, die das Vermögen des AIF betiteln, das Unterlassen gesetzlich vorgeschriebener Handlungen, Vertrauensbruch oder die Vornahme einer unsachgemäßen

310 Richtlinie 2006/48/EG des Europäischen Parlaments und des Rates vom 14. Juni 2006 über die Aufnahme und Ausübung der Tätigkeit der Kreditinstitute (Neufassung), ABl. EU Nr. L 177, S. 1 vom 30.6.2006.

311 Richtlinie 86/635/EWG des Rates vom 8. Dezember 1986 über den Jahresabschluß und den konsolidierten Abschluß von Banken und anderen Finanzinstituten, ABl. EU Nr. L 372, S. 1 vom 31.12.1986.

312 ESMA, Final Report (Fn. 280).

Vermögensbewertung oder Transaktion.[313] Aus diesem Grund ist der AIFM gehalten, ein effektives internes Risikomanagement zu implementieren, um mögliche Haftungsrisiken, denen er selbst ausgesetzt sein könnte, identifizieren, kontrollieren und eliminieren zu können.[314]

Diese gesteigerten Eigenkapitalforderungen stellen eine deutliche Kostenerhöhung für die betroffenen AIFM dar, insbesondere für diejenigen, die kleinere Fonds verwalten. Betrachtet man allein die fünfzig größten Hedge-Fonds in Europa, so stellt man fest, dass der Wert von 250 Mio. EUR von allen weit übertroffen wird. So verwaltet der Erstplatzierte innerhalb dieses Rankings, „Brevan Howard“, ein Vermögen von rund 40 Mrd. US-Dollar (ca. 30 Mrd. EUR), der Zweitplatzierte „Man“ 35,5 Mrd. US-Dollar (ca. 26,3 Mrd. EUR), der Drittplatzierte „BlueCrest Capital Management“ 34,22 Mrd. US-Dollar (ca. 31,2 Mrd. EUR), und die Letztplatzierten „Sloane Robinson“ und „Armajaro“ weisen immerhin noch ein verwaltetes Vermögen von 1,5 Mrd. US-Dollar (ca. 1,37 Mrd. EUR) vor.[315] Für einen externen AIFM, der einen AIF mit einem *asset under management* von 30 Mrd. EUR verwaltet, ergibt sich nach der in Art. 9 AIFM-RL zugrunde gelegten Berechnung folglich ein erforderlicher Gesamtbetrag aus Anfangs- und Eigenmitteln in Höhe von 6,075 Mio. EUR.[316] Um die maximal erforderliche Gesamtsumme von 10 Mio. EUR zu erreichen, müsste der AIFM folglich einen AIF mit Vermögenswerten in Höhe von ca. 49 Mrd. EUR verwalten. Wie aufgezeigt, erreichen selbst die größten Hedge-Fonds (in Europa)[317] diesen Wert bisher nicht. Zu beachten ist ferner, dass AIFM nach Art. 9 Abs. 5 AIFM-RL unbeschadet der in Art. 9 Abs. 3 AIFM-RL konstituierten Anforderungen stets mindestens über Eigenkapitalmittel in Höhe des in Art. 21 der Richtlinie 2006/49/EG[318] geforderten Betrages verfügen müssen, mithin also über mindestens ein Viertel der fixen Gemeinkosten aus dem Vorjahr.

III. Persönliche Anforderungen an den AIFM

1. Allgemeine Anforderungen

Artikel 8 Abs. 1 lit. c) AIFM-RL fordert von den Personen, die die Geschäfte des AIFM tatsächlich führen, ausreichende Zuverlässigkeit sowie ausreichende Erfahrung auch in Bezug auf die Anlagestrategien der vom AIFM verwalteten AIF. Diese Formulierung wirft jedoch mehr Fragen auf als sie beantwortet. So ist zum einen

---

313 ESMA, Final Report (Fn. 280), S. 30 Box 5.

314 ESMA, Final Report (Fn. 280), S. 31 Box 6 Nr. 1.

315 Siehe das Ranking für 2013: *The Hedgefund Journal*, The Europe 50 (2013).

316 Berechnung: 125.000 EUR + (30 Mrd. – 250 Mio. EUR) x 0,02 % = 6,075 Mio. EUR.

317 Weltweit werden z. T. auch Hedge-Fonds mit einem *asset under management* von bis zu knapp 90 Mrd. US-Dollar (ca. 81 Mrd. EUR) verwaltet, siehe: *Kaelble*, Das sind die fünf größten Hedgefonds.

318 Richtlinie 2006/49/EG des Europäischen Parlaments und des Rates vom 14.6.2006 über die angemessene Eigenkapitalausstattung von Wertpapierfirmen und Kreditinstituten (Neufassung), ABl. EU Nr. L 177, S. 201 vom 30.6.2006.

nicht ersichtlich, welcher Maßstab zur Bestimmung von „ausreichend“ anzulegen ist, zum anderen ist nicht erkennbar, worauf sich die ausreichende Erfahrung darüber hinaus beziehen muss, wenn der Richtlinientext davon spricht, dass die leitenden Personen diese „auch“ im Hinblick auf die eingesetzten Anlagestrategien besitzen müssen.

Laut ESMA ist der AIFM verpflichtet, geeignete Verfahren und Grundsätze anzuwenden, die einen Marktmissbrauch verhindern, der sich auf dessen Stabilität und Integrität auswirken könnte. Darüber hinaus sollen AIFM einer übermäßigen bzw. unbilligen Kostenentstehung für den AIF oder dessen Investoren entgegenwirken.[319] Der AIFM hat bei Ausübung seiner Tätigkeit ein hohes Maß an Sorgfalt bei der Auswahl und Überwachung des Vermögens anzulegen und muss stets zum besten Wohl des AIF, seiner Investoren und der Marktintegrität handeln.[320] Er muss darüber hinaus über Expertenwissen und -verständnis in Bezug auf die Assets verfügen, in die der AIF investiert.[321]

Naturgemäß kommt es für die nötige Fachkunde jedoch nicht allein auf die Zuverlässigkeit der juristischen Person als AIFM an, sondern, wie sich auch aus Art. 8 Abs. 1 lit. c) AIFM-RL selbst ergibt, gerade auf die persönlichen Eigenschaften der Organvertreter bzw. derer, die die Geschäfte tatsächlich leiten. Gemäß Art. 5 Abs. 1 lit. b) i. V. m. Erwägungsgrund (16) AIFM-RL kann ausdrücklich die interne Verwaltung des AIF vom Leitungsgremium oder einer anderen „internen Ressource“ wahrgenommen werden, sodass grundsätzlich auch Nicht-Geschäftsleiter als Fondsmanager in Betracht kommen können, solange sie die Anforderungen hinsichtlich der fachlichen Eignung erfüllen. Damit stehen grundsätzlich auch leitende Angestellte für die Fondsverwaltung zur Verfügung, sofern sie die nötigen persönlichen Eigenschaften, wie die Fähigkeit, mit hochkomplexen Finanzinstrumenten, extremer Belastung sowie Entscheidungsverantwortung umzugehen, vorweisen können.

Wie bereits in Art. 7 Abs. 1 lit. b) OGAW-RL sind auch in der AIFM-Richtlinie die Namen der Personen sowie jeder Wechsel der zuständigen Behörde unverzüglich mitzuteilen (Art. 8 Abs. 1 lit. c) AIFM-RL).

Eine echte Neuerung oder Weiterentwicklung dürfte für das deutsche Investmentgesetz durch die Anforderungen der AIFM-Richtlinie weitgehend ausbleiben. Denn das Investmentgesetz, das seit seiner Modernisierung[322] im Jahr 2004 in seinen §§ 112 bis 120 erstmals spezifische Regelungen für Hedge-Fonds enthielt, forderte schon in § 120 InvG von den Personen, die die Verwaltung von Hedge-Fonds übernehmen, dass diese neben der „allgemeinen fachlichen Eignung für die Durchführung von Investmentgeschäften ausreichendes Erfahrungswissen und

319 ESMA, Final Report (Fn. 280), S. 41 Box 10.

320 ESMA, Final Report (Fn. 280), S. 41 Box 11 Nr. 1.

321 ESMA, Final Report (Fn. 280), S. 41 Box 11 Nr. 2, S. 42 Nr. 9.

322 Gesetz zur Modernisierung des Investmentwesens und zu Besteuerung von Investmentvermögen (Investmentmodernisierungsgesetz) vom 15.12.2003, BGBl. Nr. 62, S. 2676 vom 19.12.2003.

praktische Kenntnisse in Bezug auf die Anlage in Sondervermögen mit zusätzlichen Risiken [...]" haben. Der Begriff der „Zuverlässigkeit" findet sich jedoch als unbestimmter Rechtsbegriff auch in weiteren nationalen Gesetzeswerken wieder, so beispielsweise in § 33 Abs. 1 Nr. 2 KWG.[323]

2. *Zuverlässigkeit des AIFM*

Der Begriff der „Zuverlässigkeit" ist dem Gesetz nicht fremd und findet sich in vielen Vorschriften wieder. Die Zuverlässigkeit als Anforderungskriterium wird im rechtlichen Sinne immer dann gefordert, wenn es um besonders verantwortungsvolle, aber auch risikobehaftete Tätigkeiten geht, die jemand auszuüben beabsichtigt. Dahinter steht die simple, aber auch zutreffende Hypothese, dass das Risiko negativer Effekte, die von dem Betrieb eines Gewerbes ausgehen können, geringer ist, wenn anstelle einer unzuverlässigen Person eine zuverlässige Person dieses Gewerbe betreibt.[324] Eine Legaldefinition sucht man dennoch vergebens.

a) „Zuverlässigkeit" im Sinne nationaler Gesetze

Obwohl das Verständnis nationaler Vorschriften nicht maßgeblich für die Auslegung europäischer Normen ist, könnte dieses jedoch bei einer differenzierteren Betrachtung nützliche Ansatzpunkte liefern, die sich bei der Interpretation des europäischen Normentextes als hilfreich erweisen könnten.

aa) KWG

Wie bereits erwähnt, findet der Begriff der „Zuverlässigkeit" in § 33 Abs. 1 Nr. 2 KWG Erwähnung. In einem ersten Gesetzentwurf zum KWG heißt es: „Der auf der Produktebene nicht regulierte Kapitalmarkt [...] und die Internationalität des Binnenmarktes lösen zunehmend eine Produktvielfalt aus, die für den Kunden intransparent ist. Verbraucherschutz ist deshalb nur durch zuverlässige und fachlich kompetente Vermittler zu verwirklichen."[325] Weiter heißt es: „Beratungsfehler [können] vor allem bei intensiven oder langfristigen Bindungen, z.B. [...] dem Erwerb von Anteilen an geschlossenen Immobilienfonds [...] irreparable Folge haben."[326]

---

323 Gesetz über das Kreditwesengesetz (Kreditwesengesetz – KWG) in der Fassung vom 9. September 1998 (BGBl. I, S. 2776), zuletzt geändert durch Artikel 1 des Gesetzes vom 3. April 2013 (BGBl. I, S. 610).

324 *Lang*, Die Zuverlässigkeit von Personen- und Kapitalgesellschaften im Umweltrecht, S. 26.

325 Gesetzentwurf des Bundesrates, Entwurf eines Gesetzes zur Ausübung der Tätigkeit als Finanzdienstleistungsvermittler und als Versicherungsvermittler sowie zur Einrichtung eines Beirats beim Bundesaufsichtsamt für das Kreditwesen, BT-Drucks. 13/971 vom 29.1.1998, S. 18.

326 Bundesrat, Fn. 325.

Hieraus lassen sich zwei Schutzrichtungen ableiten, die bei der Konkretisierung des Begriffs „Zuverlässigkeit“ von Bedeutung sind.

Zum einen geht es um Verbraucher- bzw. Anlegerschutz, der durch verstärkte Transparenz und höhere Qualitätsanforderungen erzielt werden soll. Zum anderen um den Schutz des Kapitalmarktes vor Systemrisiken, hervorgerufen durch die Entscheidungen und Handlungen in persönlicher Hinsicht ungeeigneter Personen. Sowohl der Schutz der Anleger wie auch des Kapitalmarktes sind erklärte Ziele der AIFM-Richtlinie.[327]

Nachdem der Zweck, der hinter dem Begriff „Zuverlässigkeit“ steckt, kurz erörtert worden ist, geht es nun darum, diesen unbestimmten Rechtsbegriff mit Inhalt zu füllen. Im Rahmen des KWG entspricht der Begriff dem im Gewerberecht verwendeten.[328] Gemäß § 35 Abs. 1 GewO[329] ist die Ausübung eines Gewerbes zu untersagen, wenn Tatsachen vorliegen, welche die Unzuverlässigkeit des Gewerbetreibenden in Bezug auf dieses Gewerbe dartun. Allgemein ausgedrückt bedeutet dies, dass als unzuverlässig gilt, „wer nach dem Gesamteindruck seines Verhaltens keine Gewähr dafür bietet, dass er das von ihm betriebene Gewerbe in Zukunft ordnungsgemäß betreiben wird.“[330] Im Umkehrschluss bedeutet dies, dass die Zuverlässigkeit solange vermutet wird, bis konkrete und nachprüfbare Umstände gegeben sind, die das Gegenteil belegen. Bloße Verdachtsmomente oder Vermutungen reichen für eine Untersagung demnach nicht aus.[331] Die Zuverlässigkeit kann und braucht demnach nicht positiv nachgewiesen zu werden, jedoch kann die Vorlage eines polizeilichen Führungszeugnisses, eines unterschriebenen Lebenslaufes sowie einer Straffreiheitserklärung erste Anhaltspunkte liefern, die für oder gegen diese sprechen.[332] Diese Unzuverlässigkeitsprognose beruht dabei auf der Annahme, dass basierend auf den für die Vergangenheit festgestellten Tatsachen künftig weitere Verstöße wahrscheinlich, d. h. zu befürchten, sind.[333] Zu beachten ist jedoch, dass die Unzuverlässigkeit gerade im Hinblick auf das ausgeübte Gewerbe bestehen muss und nicht absolut zu beurteilen ist.[334]

Für Versicherungs- und Finanzanlagenvermittler wird dies konkretisiert, da nach § 34d Abs. 2 Nr. 1 sowie § 34f Abs. 2 Nr. 1 GewO für Antragsteller, die in

327 Siehe z. B. Erwägungsgrund (2) AIFM-RL.

328 Siehe: Bundesrat, Fn. 325.

329 Gewerbeordnung (GewO) in der Fassung der Bekanntmachung vom 22. Februar 1999 (BGBl. I, S. 202), zuletzt geändert durch Artikel 1 des Gesetzes vom 4. März 2013 (BGBl. I, S. 362).

330 BVerwGE 65, 1, 1 f.; *Ennuschat*, in: Tettinger/ Wank/ Ennuschat, GewO, § 35 Rn. 27; *Fischer*, in: Boos/ Fischer/ Schulte-Mattler, KWG, § 33 Rn. 35.

331 *Mönnig*, Die aufsichtsbehördliche Überwachung der Inhaber bedeutender Beteiligungen an Versicherungsunternehmen, S. 112; *Ennuschat*, in: Tettinger/ Wank/ Ennuschat (Fn. 330), § 35 Rn. 31.

332 *Fischer*, in: Boos/ Fischer/ Schulte-Mattler (Fn. 330), § 33 Rn. 37.

333 *Ennuschat*, in: Tettinger/ Wank/ Ennuschat (Fn. 330), § 35 Rn. 28.

334 *Ennuschat*, in: Tettinger/ Wank/ Ennuschat (Fn. 333), § 35 Rn. 29.

den letzten fünf Jahren vor Stellung des Antrags wegen eines Verbrechens oder wegen Diebstahls, Unterschlagung, Erpressung, Betrugs, Untreue, Geldwäsche, Urkundenfälschung, Hehlerei, Wuchers oder einer Insolvenzstraftat rechtskräftig verurteilt worden sind, die Unzuverlässigkeit bereits von vornherein angenommen und die Gewerbeausübung mithin untersagt werden muss. Die Zuverlässigkeit von potenziellen Banken und Finanzdienstleistern prüft die BaFin ihrerseits über das Bundeszentral- und das Gewerbezentralregister, welches Eintragungen nach § 149 Abs. 2 GewO enthalten kann.[335] Andere „Vorprüfungen" werden vor Erteilung der Gewerbeerlaubnis jedoch nicht vorgenommen, da insoweit die Gewerbefreiheit nach § 1 Abs. 1 GewO greift, die ihrerseits auf der Berufsfreiheit nach Art. 12 GG beruht, und stets der Grundsatz der Verhältnismäßigkeit gewahrt werden muss.

bb) WpHG

Neben dem KWG wird der Ausdruck „Zuverlässigkeit" auch im Rahmen des WpHG[336] verwendet, so z. B. in § 34d Abs. 1 S. 1 WpHG. Dieser lautet: „Ein Wertpapierdienstleistungsunternehmen darf einen Mitarbeiter nur dann mit der Anlageberatung betrauen, wenn dieser sachkundig ist und über die für die Tätigkeit erforderliche Zuverlässigkeit verfügt." Fraglich ist, wie der Begriff der Zuverlässigkeit in diesem Zusammenhang zu deuten ist. Bei der hier gemeinten „Zuverlässigkeit" geht es um den Willen des Anlageberaters, sich am Kundeninteresse zu orientieren und das Vertrauen des Kunden zu verdienen.[337] Die fehlende Orientierung am Kundeninteresse wird nach § 6 WpHGMaAnzV[338] in der Regel für die Fälle vermutet, in denen der Berater in krimineller Weise unmittelbar nur ein Eigeninteresse verfolgt hat. Ein Wertpapierdienstleistungsunternehmen ist verpflichtet, die Zuverlässigkeit des Beraters nur dann zu überprüfen, wenn ihm Tatsachen bekannt sind, die eine Unzuverlässigkeit des Mitarbeiters begründen könnten.[339] Demnach wird grundsätzlich auch im Rahmen des WpHG, abgesehen von den Fällen des § 6 WpHGMaAnzV, die Zuverlässigkeit solange vermutet, bis das Gegenteil erwiesen ist.

---

335 BaFin, Zulassung von Banken und Finanzdienstleistern.

336 Gesetz über den Wertpapierhandel (Wertpapierhandelsgesetz – WpHG) in der Fassung der Bekanntmachung vom 9. September 1998 (BGBl. I, S. 2708 vom 17.9.1998), zuletzt geändert durch Artikel 10 Absatz 1 des Gesetzes vom 13. Februar 2013 (BGBl. I, S. 174 vom 15.2.2013).

337 *Koller*, in: Assmann/ Schneider, WpHG, § 34d Rn. 15.

338 Verordnung über den Einsatz von Mitarbeitern in der Anlageberatung, als Vertriebsbeauftragte oder als Compliance-Beauftragte und über die Anzeigepflichten nach § 34d des Wertpapierhandelsgesetzes vom 21. Dezember 2011, BGBl. I, S. 3116 vom 30.12.2011.

339 *Koller*, in Assmann/ Schneider (Fn. 337), § 34d Rn. 16.

cc) Die Figur des „Geschäftsführers"

Der Geschäftsführer nimmt im Gefüge einer Gesellschaft mit beschränkter Haftung eine besondere Stellung ein. Erst durch ihn wird die GmbH handlungsfähig und ist in der Lage, am Rechts- und Wirtschaftsverkehr teilzunehmen. Als Verwalter fremder Vermögensinteressen unterliegt auch er im Verhältnis zur Gesellschaft einer besonderen Treuepflicht, die dazu führt, dass der Geschäftsführer in allen Angelegenheiten, die das Interesse der Gesellschaft berühren, allein deren Wohl und nicht seinen eigenen Nutzen im Auge haben darf.[340] Dies gilt auch bei unternehmerischen Ermessensentscheidungen, insbesondere, wenn diese ein hohes Maß an Risikopotenzial aufweisen. Zwar ist unternehmerisches Handeln grundsätzlich risikoreich, wird die Bereitschaft des Geschäftsführers, Risiken einzugehen, jedoch in nicht mehr verantwortlicher Weise überspannt, setzt er die Gesellschaft einem nicht mehr von seinem Ermessensspielraum gedeckten Risiko aus und handelt somit nicht mehr zu ihren Gunsten.[341]

Diese Erwägungen gelten ebenfalls für die Mitglieder des Vorstands einer Aktiengesellschaft und sind in verallgemeinerter Form in § 93 Abs. 1 S. 2 AktG als sog. *Business Judgement Rule*[342] aufgenommen worden. Dort heißt es: „Eine Pflichtverletzung liegt nicht vor, wenn das Vorstandsmitglied bei einer unternehmerischen Entscheidung vernünftigerweise annehmen durfte, auf der Grundlage angemessener Information zum Wohle der Gesellschaft zu handeln." Dies ist immer dann zu bejahen, wenn sich das Vorstandsmitglied an die mit seiner Ernennung verknüpften Sorgfalts- und Treuepflichten hält und sich bei unternehmerischen Entscheidungen allein am Wohl der Gesellschaft orientiert und nicht zum eigenen Nutzen handelt.[343] Auch die Pflicht zur Gesetzestreue ist ein unentbehrliches Element, das der Geschäftsleiter bei Ausübung seines unternehmerischen Entscheidungsspielraumes stets zu wahren hat.[344]

b) Rückschlüsse für den AIFM

An dieser Stelle gilt es zu fragen, welche Rückschlüsse für den Begriff der Zuverlässigkeit im Sinne der AIFM-Richtlinie aus dem oben Gesagten gezogen werden können. Wie bereits eingangs erwähnt, ist nationales Recht zur Auslegung europäischer Normen nur eingeschränkt heranzuziehen, da es in der Rangfolge der Normenpyramide unter diesen anzusiedeln ist und mithin keine Bindungswirkung entfaltet. Aufgrund dessen, dass die AIFM-Richtlinie in Art. 8 Abs. 1 lit. c) für den AIFM konstituiert, dass dieser „zuverlässig" zu sein hat, jedoch weder die Richtlinie

340 *Kleindiek*, in: Lutter/ Hommelhoff, GmbHG, § 43 Rn. 19.

341 *Kleindiek*, in: Lutter/ Hommelhoff (Fn. 340), § 43 Rn. 28.

342 *Bürgers/ Israel*, in: *Bürgers/ Körber*, AktG, § 93 Rn. 2; zur *Business Judgment Rule* siehe auch: BGH, Urt. v. 21.4.1997 – Az. II ZR 175/95, in: BGHZ 135, 244, 253 ff. (ARAG/ Garmenbeck).

343 *Bürgers/ Israel*, in: *Bürgers/ Körber*, (Fn. 342), § 93 Rn. 6.

344 *Bürgers/ Israel*, in: *Bürgers/ Körber*, (Fn. 342), § 93 Rn. 7.

selbst noch sonstige auf europäischer Ebene erlassene Dokumente eine Legaldefinition bzw. Konkretisierung für diesen Begriff bereithalten, soll das nationale Verständnis ausnahmsweise herangezogen werden, um erste konkrete Erkenntnisse für die AIFM-Richtlinie gewinnen zu können.

Nach Betrachtung des KWG, WpHG und der Anforderungen, die das deutsche Gesetz für Geschäftsleiter einer GmbH bzw. AG vorsieht, lassen sich einige Elemente herausfiltern, die bei der Beurteilung der Zuverlässigkeit zu berücksichtigen sind.

Es ist erkennbar, dass das Gesetz die Zuverlässigkeit grundsätzlich indiziert und somit davon ausgeht, dass sich die Geschäftsleiter regelmäßig ihrer Position entsprechend verantwortungsvoll verhalten. Erst eine offensichtliche Unzuverlässigkeit setzt die Wirkung dieser Vermutung außer Kraft und macht weitere Nachforschungen erforderlich. Dies ist z. B. für den Fall gegeben, dass der Geschäftsleiter in der Vergangenheit strafrechtlich in Erscheinung getreten ist und auch rechtskräftig verurteilt wurde. Weisen die begangenen Delikte zudem auch einen Zusammenhang zu seinem Beruf auf, so ist davon auszugehen, dass der Geschäftsleiter sein Handeln nicht mehr am Unternehmensinteresse ausgerichtet hat, sondern vielmehr ein Eigeninteresse verfolgte und das stets vorrangige Wohl des Unternehmens hinter diesem zurückfallen ließ. Aufgrund der ähnlich gelagerten Interessenlage können diese Wertungen auch auf den AIFM übertragen werden. Jedoch ist in diesem Zusammenhang eine wichtige Frage zu stellen: Wenn die AIFM-Richtlinie und mit ihr der europäische Gesetzgeber grundsätzlich von der Zuverlässigkeit des AIFM ausgehen und diese mithin stets vermuten, solange nicht Tatsachen bekannt sind, die das Gegenteil belegen können, wozu ist eine derartige Richtlinie dann überhaupt erforderlich? Ist die AIFM-Richtlinie nicht gerade vor dem Hintergrund entstanden, dass viele Fondsmanager ihre „Macht" zum eigenen wirtschaftlichen Vorteil ausnutzten und somit ihre eigentliche Unzuverlässigkeit enthüllt haben? Eine Beantwortung dieser Frage kann jedoch nicht derart losgelöst, sondern lediglich im Gesamtzusammenhang erfolgen.

Das größte Defizit der Fondsbranche bestand bisher in ihrer Unreguliertheit. Sie existierte irgendwo im „regulatorischen und aufsichtsrechtlichen Niemandsland"[345] und war jeglicher Kontrolle entzogen. Aus diesem Grund wird die Fondsindustrie auch dem sog. Grauen Markt zugeordnet, auf dem regelmäßig Produkte gehandelt werden, die keine Wertpapiere im Sinne des WpHG sind und den geringsten Organisations- und Regulierungsgrad aufweisen.[346] Das Ziel des europäischen Gesetzgebers mit dem Erlass der AIFM-Richtlinie ist nun daher in erster Linie nicht gewesen, Standards für die Zuverlässigkeit des Fondsmanagers zu errichten, sondern vielmehr, dessen scheinbar unbegrenzter Entscheidungs- und Handlungsfreiheit einen Riegel vorzuschieben und damit ein Mindestmaß an Markt- und Anlegerschutz zu gewährleisten, da die Auswirkungen der *Subprime*-Krise deutlich vor Augen geführt

---

345 Siehe hierzu bereits Fn. 70.

346 Zu den verschiedenen Definitionsansätzen siehe *Hagemann*, Grauer Kapitalmarkt und Strafrecht, S. 140 ff.

haben, welche Systemrisiken im Krisenfall drohen können. Ob diese Entscheidung für eine Regulierung der Fondsbranche auch auf eine mögliche Unzuverlässigkeit der Manager in der Vergangenheit zurückzuführen ist, kann an dieser Stelle offenbleiben. Fest steht, dass es kaum einen anderen aufgrund seiner Größe und seines Investitionsvolumens derart systemrelevanten und einflussreichen Wirtschaftsbereich gab, der in den Genuss beinahe völliger „Narrenfreiheit" kam wie die Fondsindustrie vor der AIFM-Richtlinie. Allein die Forderung der AIFM-Richtlinie nach „ausreichender" Zuverlässigkeit des AIFM mag hier etwas verwirren, jedoch als Hinweis darauf gedeutet werden, dass ein Restrisiko nicht vollends ausgeschlossen werden kann.

IV. Die Anforderungen an qualifizierte Gesellschafter

Obwohl es in diesem Kapitel vornehmlich um die Anforderungen geht, die die AIFM-Richtlinie an den AIFM stellt, soll es an dieser Stelle nicht unterbleiben, auch auf die qualifizierten Gesellschafter einzugehen, für welche die Richtlinie ebenfalls Bestimmungen bereithält. So fordert Art. 8 Abs. 1 lit. d) AIFM-RL, dass die Anteilseigner oder Mitglieder des AIFM, die eine qualifizierte Beteiligung an ihm (dem AIF) halten, über die entsprechende Eignung verfügen und dabei der Notwendigkeit, eine umsichtige Verwaltung des AIFM zu gewährleisten, Rechnung zu tragen ist.

1. Qualifizierte Beteiligung

a) Begrifflichkeit

Zunächst gilt es zu klären, was unter einer „qualifizierten Beteiligung" im Sinne der AIFM-Richtlinie zu verstehen ist. Ausnahmsweise genügt hierbei für ein erstes Begriffsverständnis ein Blick in den Definitionskatalog des Art. 4 Abs. 1 AIFM-RL, der in lit. (ah) eine Legaldefinition an die Hand gibt. Demnach meint eine qualifizierte Beteiligung „das direkte oder indirekte Halten von mindestens 10 % des Kapitals oder der Stimmrechte eines AIFM nach Art. 9 und 10 der Richtlinie 2004/109/EG"[347]. Dieses Verständnis führt bei Umsetzung der AIFM-Richtlinie durch den nationalen Gesetzgeber zu keinerlei Veränderungen, da er dasselbe bereits in § 1 Abs. 15 KWG zugrunde legt und hier ebenso auf eine Mindestbeteiligung von 10 % abstellt. Aber auch im Bank- und Versicherungsaufsichtsrecht wird der gleiche Ansatz verfolgt. So verweist die Beteiligungs-Richtlinie 2007/44/EG[348] in Art. 1 Nr. 1 für die Bestimmung

347 Richtlinie 2004/109/EG des Europäischen Parlaments und des Rates vom 15.12.2004 zur Harmonisierung der Transparenzanforderungen in Bezug auf Informationen über Emittenten, deren Wertpapiere zum Handel auf einem geregelten Markt zugelassen sind, und zur Änderung der Richtlinie 2001/34/EG, ABl. EU Nr. L 390, S. 38 vom 31.12.2004.

348 Richtlinie 2007/44/EG des Europäischen Parlaments und des Rates vom 5. September 2007 zur Änderung der Richtlinie 92/49/EWG des Rates sowie der Richtlinien 2002/83/EG, 2004/39/EG, 2005/68/EG und 2006/48/EG in Bezug auf

der qualifizierten Beteiligung auf die Beteiligungsschwellen der Transparenzrichtlinie und bestimmt gleichzeitig in Art. 1 Nr. 3 hinsichtlich des Art. 15b Abs. 1 zur Änderung der Richtlinie 92/49/EWG, dass „die zuständigen Behörden im Interesse einer soliden und umsichtigen Führung des Versicherungsunternehmens, an dem der Erwerb beabsichtigt wird, unter Berücksichtigung des voraussichtlichen Einflusses des interessierten Erwerbers auf das Versicherungsunternehmen, die *Eignung*[349] des interessierten Erwerbers und die finanzielle Solidität des beabsichtigten Erwerbs im Hinblick auf sämtliche folgende Kriterien zu prüfen [...]". Ähnliches gilt im Geltungsbereich der Richtlinie 2006/48/EG[350], deren Art. 12 Abs. 1 ebenfalls auf die Schwellenwerte der Transparenzrichtlinie zur Bestimmung einer qualifizierten Beteiligung verweist und darüber hinaus in Art. 12 Abs. 2 festlegt, dass die zuständigen Behörden die Zulassung nicht erteilen, „wenn sie nicht davon überzeugt sind, dass die Aktionäre oder Gesellschafter den im Interesse der Gewährleistung einer soliden und umsichtigen Führung des Kreditinstituts zu stellenden Ansprüchen genügen". Man kann folglich erkennen, dass die Festsetzung eines Schwellenwerts von 10 % für das Halten einer qualifizierten Beteiligung und die Forderung nach einer entsprechenden Eignung der Gesellschafter in der AIFM-Richtlinie keine wirklichen Neuerungen darstellen, da sie anderen europäischen und nationalen Vorschriften bereits bekannt sind.

b) Exkurs: Direkte und indirekte Beteiligung

Zunächst gilt es zu klären, worin der Unterschied zwischen einem „direkten" und einem „indirekten" Halten einer Beteiligung zu sehen ist. Dies soll Gegenstand der folgenden Ausführungen sein.

Die GmbH & Co. KG stellt die zuweilen am häufigsten anzutreffende Rechtsform von geschlossenen Fonds dar. Deren vornehmlicher Zweck besteht darin, so viele Kapitalgeber wie möglich zu akquirieren und das eingesammelte Kapital entsprechend den ausgewählten Anlagestrategien zu investieren. Dabei ist jedoch entscheidend, dass eine Haftungsbegrenzung insoweit errichtet werden soll, dass bei einem möglichen Totalausfall der Investition der Verlust der Anleger auf deren Einlage begrenzt ist.[351]

Von einer „direkten Beteiligung" spricht man demnach in diesem Zusammenhang immer dann, wenn die Kapitalgeber als Kommanditisten, also Gesellschafter, dem Fonds, genauer gesagt der Kommanditgesellschaft, unmittelbar beitreten und

---

Verfahrensregeln und Bewertungskriterien für die aufsichtsrechtliche Beurteilung des Erwerbs und der Erhöhung von Beteiligungen im Finanzsektor, ABl. EU Nr. 247, S. 1 vom 21.9.2007.

349 *Anm.*: Hervorhebung durch die Verfasserin.

350 Richtlinie 2006/48/EG des Europäischen Parlaments und des Rates vom 14. Juni 2006 über die Aufnahme und Ausübung der Tätigkeit der Kreditinstitute (Neufassung), ABl. EU Nr. L 177, S. 1 vom 30.6.2006.

351 Vgl. § 171 HGB.

direkt Anteile erwerben und das Vertragsverhältnis ohne Dazwischentreten eines Dritten zwischen Kapitalgeber und Kapitalnehmer besteht.

Im Gegensatz hierzu steht die „indirekte Beteiligung". Der maßgebliche Unterschied besteht dabei darin, dass der Anleger nicht unmittelbar in den Fonds selbst investiert, sondern sein Kapital einem Treuhandkommanditisten überlässt, der wiederum entsprechend einem zugrunde liegenden Treuhandvertrag die Investition tätigt. Doch warum ziehen einige Investoren die indirekte Beteiligung einer direkten Beteiligung vor? Zum einen bietet eine indirekte Beteiligung aus Sicht mancher Anleger den Vorteil der Anonymität. Diese basiert darauf, dass die Kapitalgeber selbst nicht Gesellschafter der Kommanditgesellschaft werden und mithin ihre Eintragung in das Handelsregister nicht erforderlich ist. Lediglich der Treuhänder ist als Kommanditist einzutragen, sodass sich durch eine bloße Einsichtnahme nicht unmittelbar ergibt, wer eine Beteiligung an der Gesellschaft hält. Zudem erleichtert eine treuhänderische Konstruktion die Verwaltung des Fonds, da die Anleger „gebündelt" werden und der organisatorische Aufwand somit reduziert wird. Doch ist zu beachten, dass eine mittelbare Beteiligung auch negative Aspekte aufweisen kann. So wird der Kapitalgeber mit Leistung seiner Einlage zwar zum wirtschaftlichen Eigentümer seines Anteils, da offiziell jedoch nur der Treuhänder in Erscheinung tritt, ist der Anleger in besonderem Maße auf die Zuverlässigkeit und Seriosität dessen angewiesen, um seine vertraglichen Ansprüche diesem gegenüber in vollem Umfang durchsetzen zu können. Eine Missbrauchsgefahr kann mithin niemals ausgeschlossen werden.

2. Eignung der qualifizierten Gesellschafter

Nachdem erörtert wurde, was unter einer „qualifizierten Beteiligung" im Sinne der AIFM-Richtlinie zu verstehen ist, geht es im Folgenden darum zu klären, welches Verständnis dem Begriff der „Eignung" der qualifizierten Gesellschafter in diesem Zusammenhang beizumessen ist. Im Gegensatz zur „qualifizierten Beteiligung" gibt die AIFM-Richtlinie hier keine Legaldefinition an die Hand. Wie bereits zuvor erwähnt, fordert die Richtlinie 2007/44/EG in Art. 1 Nr. 3 hinsichtlich des Art. 15b Abs. 1 zur Änderung der Richtlinie 92/49/EWG von den zuständigen Behörden „[...] im Interesse einer soliden und umsichtigen Führung des Versicherungsunternehmens, an dem der Erwerb beabsichtigt wird, und unter Berücksichtigung des voraussichtlichen Einflusses des interessierten Erwerbers auf das Versicherungsunternehmen die *Eignung* des interessierten Erwerbers [...] zu prüfen [...]". Die Vorschrift nennt dabei einen abschließenden Katalog von Kriterien, anhand dessen die Eignungsprüfung des potenziellen Erwerbers zu erfolgen hat.

a) Zuverlässigkeit

Zunächst müssen die Behörden beurteilen, ob die *Zuverlässigkeit* des interessierten Erwerbers gegeben ist. Hier dürfte derselbe Maßstab anzulegen sein, der bereits für den AIFM herausgearbeitet worden ist.[352] Insoweit ist das dort Gesagte hier entsprechend anzuwenden.[353]

b) *Finanzielle Solidität*

Darüber hinaus ist auch die *finanzielle Solidität* des Erwerbers „insbesondere in Bezug auf die Art der tatsächlichen und geplanten Geschäfte“ für die Frage nach seiner Eignung zu klären. Eine finanzielle Stabilität ist erforderlich, da die interessierten Erwerber das Halten einer qualifizierten Beteiligung, also Anteile in Höhe von mindestens 10 %, anstreben und mit wachsender Beteiligung auch der Grad ihrer Einflussnahme ansteigt. Eine gewisse finanzielle Sicherheit soll dabei gewährleisten, dass der Erwerber sich lediglich an Unternehmungen beteiligt, denen er größenmäßig gewachsen ist und die ihn nicht überfordern, um so das Risiko sowohl für den Erwerber als auch für das Unternehmen in Grenzen zu halten. Fraglich ist, wie eine finanzielle Solidität zu bestimmen ist. In diesem Zusammenhang ist, wenn auch nur in Grundzügen, auf den sog. *dynamischen Verschuldungsgrad* näher einzugehen. Der Verschuldungsgrad ist immer dann von Bedeutung, wenn es darum geht, Transparenz hinsichtlich der wirtschaftlichen Verhältnisse einer Person zu gewinnen. Der dynamische Verschuldungsgrad gibt dabei an, in wie vielen Jahren ein Unternehmen seine Verbindlichkeiten durch den Cashflow zurückzahlen kann, wenn es während einer bestimmten Zeit weder Investitionen noch Gewinnausschüttungen tätigt.[354] Dabei gilt: Je niedriger der dynamische Verschuldungsgrad ist, desto mehr spricht dies für die finanzielle Solidität eines Unternehmens. Um ein Unternehmen als solide bezeichnen zu können, sollte der dynamische Verschuldungsgrad einen Wert von dreieinhalb Jahren nicht überschreiten.[355] Obwohl sich eine einheitliche Definition bisher noch nicht herausbilden konnte, wird unter dem Begriff „Cashflow“, allgemein ausgedrückt, der Überschuss der Ertragseinzahlungen über die Aufwandsauszahlungen eines Geschäftsjahres verstanden; folglich stellt er eine Kennzahl dar, die Auskunft über die Selbstfinanzierungskraft einer Unternehmung gibt.[356] Ein Sinken des Cashflows bei gleichzeitigem Anstieg der Unternehmensverbindlichkeiten wird dabei als erster Indikator für eine Unternehmenskrise erachtet.[357] Hieraus ergibt sich: Je höher der Cashflow, desto geringer ist die Kennzahl, die sich für den dynamischen Verschuldungsgrad ergibt, und desto höher ist die finanzielle Solidität eines Unternehmens einzustufen. Für die zuständigen Behörden, denen die Pflicht

352 Siehe hierzu: Zweiter Teil.B.III.2.

353 *Anders: Volhard/ Jang*, in: Dornseifer/ Jesch et. al. (Fn. 164), Art. 8 Rn. 11.

354 *Priermeier*, Fundmentale Analyse in der Praxis, S. 66; *Röhrenbacher*, Finanzierung und Investition, S. 327; insoweit steht der dynamische Verschuldungsgrad auch im Gegensatz zur statischen Verschuldung, bei der die Betrachtung zu einem bestimmten Zeitpunkt erfolgt, siehe *Mensch*, Finanz-Controlling, S. 194.

355 *Priermeier*, Fn. 354.

356 *Bieg/ Kußmaul*, Externes Rechnungswesen, S. 315.

357 *Priermeier*, Fn. 354.

obliegt, die finanzielle Solidität eines Erwerbers im Rahmen seiner Eignungsprüfung zu klären, stellt der Wert, der sich für den dynamischen Verschuldungsgrad ergibt, somit einen wesentlichen Anhaltspunkt dar.

c) Sonstige Anforderungen

Weiter wird für die Beurteilung der „Eignung" gefordert, dass die interessierten Erwerber das Unternehmen nicht an einem wirksamen Informationsaustausch mit den Behörden und an der Wahrnehmung seiner Aufsichtsanforderungen hindern werden. Die AIFM-Richtlinie drückt dies etwas anders aus und verlangt, dass „der Notwendigkeit, eine umsichtige Verwaltung des AIFM zu gewährleisten, Rechnung zu tragen ist" (Art. 8 Abs. 1 lit. d) AIFM-RL). Demnach muss nach Erwerb einer qualifizierten Beteiligung durch die interessierten Erwerber weiterhin eine ordnungsgemäße und in Einklang mit den Bestimmungen der AIFM-Richtlinie stehende Verwaltung des AIF durch den AIFM sichergestellt sein und keine unbillige Einflussnahme befürchtet werden. Darüber hinaus dürfen als letztes Erfordernis keine Tatsachen bekannt sein, die einen hinreichenden Verdacht dahin gehend erhärten, dass „im Zusammenhang mit dem beabsichtigten Erwerb Geldwäsche oder Terrorismusfinanzierung [...] stattfinden, stattgefunden haben oder ob diese Straftaten versucht wurden bzw. ob der beabsichtigte Erwerb das Risiko eines solchen Verhaltens erhöhen könnte".

3. Zwischenfazit

Aus den obigen Ausführungen zu den qualifizierten Gesellschaftern lässt sich folglich erkennen, dass die Anforderungen, welche die AIFM-Richtlinie an diese in Art. 8 Abs. 1 lit. d) stellt, nicht weniger streng sind als jene, die der AIFM zu erfüllen hat. Letztlich besteht ein Unterschied jedoch in dem Punkt, dass die qualifizierten Gesellschafter eher formelle Kriterien erfüllen müssen, wohingegen der AIFM überdies gerade auch die Fach- und Sachkunde sowie Erfahrung in Bezug auf die Assets und Anlagestrategien, die er zu verwalten bzw. zu verwenden beabsichtigt, nachweisen muss.

C. Grundsätze ordnungsgemäßer Verwaltung

Neben den Zulassungsvoraussetzungen, die die AIFM-Richtlinie in ihren Art. 6 ff. für die Aufnahme der Verwaltungstätigkeit durch den AIFM statuiert, sieht diese in den Art. 12 ff. allgemeine Anforderungen vor, die Bedingung für die Ausübung der Tätigkeit als AIFM sind. So hat der AIFM fortlaufend allgemeine Grundsätze zu wahren, die sicherstellen, dass er seiner Tätigkeit ehrlich, mit der gebotenen Sachkenntnis, Sorgfalt und Gewissenhaftigkeit und redlich nachgeht (Art. 12 Abs. 1 lit. a) AIFM-RL). Darüber hinaus muss der AIFM stets im besten Interesse der von ihm verwalteten AIF sowie seiner Anleger handeln und darf dabei die Integrität des Marktes nicht verletzen (Art. 12 Abs. 1 lit. b) AIFM-RL). Weiter muss er gewährleisten, stets über die zur Ausübung seiner Geschäftstätigkeit nötigen Mittel zu verfügen (Art. 12 Abs. 1 lit. c) AIFM-RL) und angemessene Maßnahmen zur Vermeidung von Interessenkonflikten zu treffen (Art. 12 Abs. 1 lit. d) AIFM-RL). Überdies ist es die Pflicht des AIFM, stets in Einklang mit der Rechtsordnung zu handeln (Art. 12 Abs. 1 lit. e) AIFM-RL) und alle Anleger fair zu behandeln (Art. 12. Abs. 1 lit. f) AIFM-RL). Neben diesen allgemeinen Grundsätzen sieht die AIFM-Richtlinie jedoch auch einige spezielle Grundsätze vor, die aufgrund ihrer besonderen Bedeutung im Folgenden näher ausgeführt werden. Dabei wird die Reihenfolge, die die AIFM-Richtlinie vorgibt, beibehalten.

I. Vergütungspolitik

Der Einzug von Regelungen betreffend die Vergütung des AIFM in Art. 13 der Richtlinie stellt ein hochsensibles Thema dar. Dies beruht auf der Tatsache, dass die Vergütungsstruktur der Verwalter von AIF bisher als rein interne Angelegenheit angesehen und behandelt wurde und in diesem Bereich keinerlei Transparenz bestand.[358] Dies wird nunmehr durch die Regelungen der AIFM-Richtlinie zur Vergütungspolitik von AIFM geändert. Eine echte inhaltliche Neugestaltung bleibt jedoch aus, da die AIFM-Richtlinie sich im Wesentlichen an der „Empfehlung der Kommission vom 30.4.2009 zur Regelung der Vergütung von Mitgliedern der Unternehmensleitung“[359] orientiert.

1. Hintergrund

Zunächst gilt es zu fragen, welche Motive und Ziele mit den Vorschriften zur Vergütungspolitik erreicht werden sollen. In ihrem Erwägungsgrund (24) geht die AIFM-Richtlinie von der Grundannahme aus, dass schlecht gestaltete Vergütungsstrukturen potenziell schädliche Auswirkungen auf ein solides Risikomanagement haben. Fraglich ist, worauf sich diese Annahme stützt. Zur Beantwortung dieser Frage ist es erforderlich, sich die Struktur von Managergehältern vor Augen zu führen.

a) Struktur von Managergehältern

Managergehälter bestehen in den meisten Fällen aus zwei Komponenten, dem festen Grundgehalt *(management fee)*, das dem Manager unabhängig von seiner Performance zusteht und eine Art Grundabsicherung darstellt, sowie dem variablen, erfolgsabhängigen Bestandteil *(performance fee)*, der im direkten Zusammenhang zur Performance des Managers steht und parallel zu dieser ansteigt. Die konkrete Ausgestaltung

---

358 *Weiser/ Jang*, BB 2011, 1219, 1222.

359 Empfehlung der Kommission vom 30.4.2009 zur Ergänzung der Empfehlungen 2004/913/EG und 2005/162/EG zur Regelung der Vergütung von Mitgliedern der Unternehmensleitung börsennotierter Gesellschaften, ABl. EU Nr. L 120, S. 28 vom 15.5.2009.

hinsichtlich Höhe und Forderungsberechtigung unterliegt dabei grundsätzlich der vollen Dispositionsfreiheit der betroffenen Parteien. Etabliert hat sich jedoch ein Modell, bei welchem dem Fondsmanager eine erfolgsabhängige Entlohnungskomponente von 20 % der realisierten Fondserträge als Bonus gewährt wird.[360] Die Zahlung dieser variablen Vergütung kann dabei vertraglich auch von einer sog. *Hurdle Rate* abhängig gemacht werden, welche einen Anspruch auf die variable Vergütung erst für den Fall konstituiert, dass der AIFM einen bestimmten Schwellenwert in Form einer prozentualen Rendite durch sein Management für den Fonds erzielen konnte.[361] In diesem Zusammenhang ist auch die sog. *High Watermark* zu sehen, die ebenfalls ein Mindestergebnis für den Auszahlungsanspruch des Fondsmanagers festsetzt, sich von der *Hurdle Rate* jedoch dadurch unterscheidet, dass es nicht bloß auf die Erzielung einer bestimmten Rendite ankommt, sondern vielmehr ein neuer historischer Höchststand des Nettoinventarwerts erreicht werden muss.[362] Dieser kleine, aber markante Unterschied ist für den AIFM insbesondere dann von besonderer Bedeutung, wenn der Fonds im Vorjahr mit einem Verlust abschließen musste. Dies sei zur Veranschaulichung an einem Beispiel mit drei möglichen Lösungsvarianten verdeutlicht:

Beispiel:
Der Hedge-Fonds FX ist im Jahr 2009 mit einer Anlagedauer von fünf Jahren aufgelegt worden. Im Jahr 2011 erreicht FX einen historischen Rekordwert am *Net Asset Value (NAV)*, im darauffolgenden Jahr 2012 erleidet er jedoch eine Einbuße am NAV in Höhe von 10 %.

- Ist der Auszahlungsanspruch hinsichtlich der variablen Vergütungskomponente des AIFM an eine ***Hurdle Rate*** von z. B. 7 % geknüpft, so hat dies zur Folge, dass der AIFM im Jahr 2013 eine Wertsteigerung des NAV von mindestens 7 % erzielen muss, um den Bonus zu erhalten. Im Verhältnis zum Vorjahreswert liegt zwar noch immer eine negative Differenz von 3 % vor, diese bleibt hier jedoch vollends unberücksichtigt.
- Ist der Auszahlungsanspruch hinsichtlich der variablen Vergütungskomponente des AIFM hingegen an eine ***High Watermark*** geknüpft, so hat dies zur Folge, dass der AIFM im Jahr 2013 den historischen Rekordwert des NAV aus dem Jahr 2011 übertreffen muss, um einen Bonus zu erhalten. In diesem Beispiel hätte der AIFM für das Jahr 2012 keine variable Vergütung erhalten.
- Ist der Auszahlungsanspruch hinsichtlich der variablen Vergütungskomponente das AIFM sowohl an eine ***High Watermark*** als auch an eine ***Hurdle Rate*** von 7 % geknüpft, so hat dies zur Folge, dass der AIFM im Jahr 2013 den historischen Rekordwert des NAV aus dem Jahr 2011 um mindestens 7 % übertreffen muss, um einen Bonus zu erhalten.

---

360 *Brass*, Hedgefonds als aktive Investoren, S. 116; *Feinendegen/ Schmidt/ Wahrenburg*, Die Vertragsbeziehung zwischen Investoren und Venture-Capital-Fonds, S. 21.
361 *Kaiser*, Der Lebenszyklus von Hedgefonds, S. 9.
362 *Kaiser*, Fn. 361.

Auch wenn die Abgrenzung zwischen *Hurdle Rate* und *High Watermark* auf den ersten Blick vielleicht gering und unscheinbar wirken mag, so lässt sich auf den zweiten Blick doch eine bedeutende Abweichung erkennen. Während der AIFM beim Vorliegen einer *High Watermark* nur dann Anspruch auf Zahlung der variablen Vergütung hat, wenn er eine absolute Wertsteigerung für den von ihm verwalteten AIF herbeiführen konnte, steht dem AIFM bei Vorliegen einer *Hurdle Rate* der Bonus auch dann zu, wenn er nur einen relativen Wertzuwachs erzielen konnte. Das bedeutet mit anderen Worten: Die *Hurdle Rate* belohnt den Fondsmanager auch dann, wenn er den Verlust des Vorjahres im darauffolgenden Jahr lediglich minimieren bzw. teilweise ausgleichen konnte, lässt dabei jedoch außer Acht, dass er selbst durch falsches Management den Verlust regelmäßig erst bewirkt hat. Hieraus ergibt sich folgender Widerspruch: Während sich die Anleger des Fonds noch immer im Verlustbereich befinden und keine positive Rendite erhalten, steht dem AIFM auf der anderen Seite ein Bonusanspruch zu, der rational nicht gerechtfertigt werden kann. Aus diesem Grund erscheint eine Konstellation, in der nur auf die Erzielung einer *Hurdle Rate* abgestellt wird und ein Verlustausgleich unberücksichtigt bleibt, weder aus Anlegersicht noch aus finanzwirtschaftlicher Perspektive statthaft.

Durchgesetzt und auch auf andere Wirtschaftszweige ausgeweitet hat sich diese Art der Vergütungsstruktur seit dem Aktienboom im Jahr 2000, welcher infolge der Ausbreitung des von den Dotcom-Firmen initiierten technologischen Fortschritts dazu führte, dass zur Akquirierung der besten Köpfe Anreize geschaffen werden mussten, um den Aufwärtstrend aufrechterhalten und gutes Personal langfristig an das eigene Unternehmen binden zu können. Die Leistung innerhalb eines bestimmten Bezugszeitraumes ist damit faktisch zur direkten Bezugsgröße für die variable Vergütungskomponente erklärt worden, um unternehmerisches Denken und die Motivation sowie die Produktivität der Mitarbeiter zu erhöhen.[363] Jedoch steht man hier dem Problem gegenüber, dass die Leistung zuvor in irgendeiner Form definiert bzw. gemessen werden muss, um als Bewertungsgrundlage dienen zu können. Die Bestimmung eines konkreten *Inputs* bzw. einer Leistung erweist sich jedoch als kein einfaches Unterfangen. Dieser Umstand beruht zu einem wichtigen Teil auf dem Bestehen von Informationsasymmetrien innerhalb vertraglicher Beziehungen, deren Behandlung Thema der sog. Prinzipal-Agent-Theorie ist und im Folgenden näher untersucht wird.

aa) Der Einfluss der „Prinzipal-Agent-Theorie"[364]

Die „Prinzipal-Agent-Theorie" befasst sich mit der wechselseitigen Beziehung von ökonomischen Akteuren, namentlich dem „Prinzipal" (Auftraggeber) und dem „Agenten" (Auftragnehmer). Der Auftraggeber überträgt dabei kraft eines zuvor zwischen ihm und dem Auftragnehmer geschlossenen Vertrages diesem zur

363 *Beblo/ Wolf/ Zwick*, Erfolgsabhängige Vergütung, S. 2.
364 Die „Prinzipal-Agent-Theorie" geht zurück auf: *Ross*, The Economic Theory of Agency: The Principal's Problem.

Realisierung seiner Interessen als Auftraggeber ein gewisses Maß an Aufgaben und Kompetenzen.[365] Charakteristisch für eine Prinzipal-Agent-Beziehung ist die Entstehung von sog. Informationsasymmetrien, die im Wesentlichen auf drei Ursachen zurückzuführen sind: die *hidden characteristics, hidden actions* sowie *hidden intentions.*[366]

Die *hidden characteristics* beschreiben dabei den Umstand, dass es dem Prinzipal vor Vertragsschluss nur unzureichend möglich ist, die Eigenschaften bzw. die Leistungsfähigkeit oder Qualität des Agenten zu beurteilen und demzufolge die Gefahr einer Fehlauswahl nicht ausgeschlossen werden kann.[367] Diese Informationsasymmetrie entsteht somit bereits *ex ante.*

Hidden actions hingegen bezeichnen das nach Vertragsschluss *(ex post)* auftretende Problem, dass es dem Prinzipal aufgrund diverser Gründe (z.B. zu hoher Kostenaufwand oder Fehlen von Fachwissen) nicht möglich ist, eine lückenlose Überwachung der Aktivitäten des Agenten zu gewährleisten und somit für den Auftraggeber nur schwer nachvollziehbar wird, ob die Entscheidungen und Handlungen des Agenten der vertraglichen Abrede und mithin dem Interesse des Prinzipals entsprechen.[368]

Eine weitere Ursache für Informationsasymmetrien zwischen dem Prinzipal und dem Agenten bilden die sog. *hidden intentions.* Diese bezeichnen die subjektive Unsicherheit des Prinzipals über die wahren Absichten und Motivationen seines Auftragnehmers.[369] Die eben beschriebenen Informationsasymmetrien lassen sich im Verhältnis zwischen dem AIFM (Agent) und den Anlegern (Prinzipal) des AIF gleichfalls feststellen. Aufgrund seiner Erfahrung und seines Fachwissens hat der AIFM gegenüber den Investoren einen immensen Wissensvorsprung, der es den meisten Anlegern unmöglich macht, die Entscheidungen des AIFM insbesondere im Hinblick auf die eingesetzten Anlagestrategien auf ihre Effizienz und Richtigkeit zu kontrollieren. Dies erklärt, weshalb es lediglich professionellen Anlegern vorbehalten ist, Anlagen in AIF zu tätigen. Die Wissenslücke eines privaten Anlegers gegenüber dem AIFM wäre schlichtweg zu groß, womit eine vernünftige und fundierte Basis zur Entscheidungsfindung fehlt und eine derart risiko- und kostenintensive Investition den Privatanleger komplett überfordern würde.

bb) Das Problem des *Moral Hazard*

In den Zusammenhang mit der Entstehung von Informationsasymmetrien in der Prinzipal-Agent-Beziehung ist auch das Problem des *Moral Hazard* einzuordnen. Der Ausdruck „Moral Hazard" entstammt ursprünglich dem Versicherungswesen und bezeichnet die Gefahr, dass eine Partei nach Vertragsschluss vom vereinbarten

---

365 *Dillerup/ Stoi,* Unternehmensführung, S. 20.
366 *Dillerup/ Stoi,* Fn. 365.
367 *Deckow,* Vertrauen durch Kompetenzmarketing, S. 26.
368 *Picot/ Reichwald/ Wigand,* Information, Organization and Management, S. 49.
369 *Ripperger,* Die Ökonomik des Vertrauens, S. 67.

Risikoverhalten abweicht, da die möglichen Folgen vom Vertrag aufgefangen werden, und die Gegenpartei aufgrund von bestehenden Informationsasymmetrien keine Möglichkeit hat, dieses Verhalten zu kontrollieren.[370] Bezogen auf AIFM bedeutet dies, dass diese nach Vertragsschluss mit den Investoren auf riskantere Anlagestrategien umsteigen könnten, da es den Anlegern kaum möglich ist, das Handeln des AIFM zu überwachen. Dies ist insbesondere dann gegeben, wenn *hidden actions* und/ oder *hidden intentions* aufseiten des AIFM anzunehmen sind, die dessen opportunistisches Vorgehen lenken. An diesem Punkt stellt sich jedoch die Frage, welche Anreize ein derartiges Verhalten des AIFM herbeiführen könnten. Wie bereits geschildert, basiert die Vergütung des AIFM teilweise auf einer variablen, erfolgsabhängigen Komponente. Das Ziel eines Hedge-Fonds-Managers ist es, durch die richtige Wahl der Assets und Anlagestrategien einen möglichst überdurchschnittlich hohen Gewinn für den Fonds zu erzielen. Mit diesem Gewinn steigt dann nicht nur die Rendite der Investoren, sondern gleichzeitig auch die variable Vergütungskomponente des AIFM. Für die Erwirtschaftung eines möglichst hohen Gewinns ist es jedoch nicht ausreichend, in lediglich risikoarme Anlagen zu investieren. Wäre dies der Fall, so würden die von Natur aus eher risikoaversen Investoren nur in diese Art von Anlagen investieren, da sie trotz der geringen Gefahr eines Totalverlustes hohe Renditen erzielen könnten. Riskante Anlagen würden so komplett vom Markt verdrängt werden. Auch wenn unterstellt werden kann, dass die Anleger eines AIF nicht derart risikoavers sind wie ein durchschnittlicher Privatanleger, so haben auch diese jedoch ein Interesse daran, dass das Risiko ihrer Anlage durch die zuvor festgelegten Strategien des AIFM vernünftig begrenzt wird und sich innerhalb ihrer eigenen Risikofähigkeit bewegt. Aufgrund dessen, dass die Vergütung des Fondsmanagers immer *relativ* bemessen wird, kommt es jedoch nicht selten vor, dass dieser, zum Zweck der Erzielung eines höheren Gewinns, von den eigentlich angesetzten Anlagestrategien abweicht und sich für risikoreichere Anlagemodelle entscheidet.[371] „Relativ" bedeutet in diesem Zusammenhang, dass der jährliche Gehaltsbonus des Fondsmanagers auf Grundlage der kalenderjahrbasierten Investmentperformance bzw. auf Grundlage des absoluten Wertzuwachses bemessen wird.[372] Abzugrenzen ist dies jedoch vom sog. Benchmarking, mithilfe dessen relative Erträge anhand eines Vergleichsindex festgestellt werden sollen.[373] Hedge-Fonds zielen stets auf die Erzielung absoluter Erträge ab und orientieren sich nicht an Marktgegebenheiten (*Absolute Return*-Ansatz).[374] Lediglich die Bemessung der Managervergütung erfolgt relativ, also ausgerichtet am Wertzuwachs innerhalb eines bestimmten Zeitraumes. Dem AIFM wird mit dieser Vergütungsstruktur

370 *Seiler*, Phasenmodelle und Investmentstilanalyse von Hedge- und Investmentfonds, S. 59.

371 *Delling*, Risikoverhalten von Aktienfondsmanagern, S. 78.

372 *Delling*, Fn. 371; *Brass* (Fn. 360), S. 116.

373 *Brass*, Fn. 372.

374 Dies ist auch der Grund, weshalb Hedge-Fonds selbst in Krisenzeiten noch Milliardengewinne für sich verbuchen konnten; *Ineichen* (Fn. 153), S. 19 ff.

folglich ein unmittelbarer Anreiz zur Steigerung des Fondsvermögens gesetzt, da seine *performance fee*, wie bereits erwähnt, regelmäßig 20 % der Differenz zum Vorjahresergebnis beträgt.

b) Fehlanreize und Behavioral Finance

Es zeigt sich folglich, dass die bisherige Vergütungsstruktur der Verwalter alternativer Investmentfonds geeignet war, Fehlanreize für den Fondsmanager zu etablieren, die zur Folge haben konnten, dass dieser, geleitet von dem Bestreben, eine möglichst hohe *performance fee* für sich zu schaffen, nicht mehr das Wohl der Anleger bzw. des Fonds als oberste Priorität anerkannte, sondern vielmehr die Realisierung eigener Interessen. Diese Gefahr der Ausweitung des *Moral Hazard* führte u. a. auch dazu, dass der Erfolg vieler Unternehmen nur noch daran gemessen wurde, ob die Gewinnerwartungen für das nächste Quartal übertroffen wurden, eine Ausrichtung an einer langfristigen Rentabilität der Anlagen erfolgte dabei kaum noch.[375] Erreicht werden konnten die überdimensionalen Renditen dabei nur mithilfe einer exzessiven Risikoübernahme, die zu einer kurzfristigen Ausweitung des Volumens durch den Abschluss risikoträchtiger Geschäfte führte, Anlegerinteressen dabei jedoch völlig vernachlässigte.[376] Eine derartige Vorgehensweise birgt jedoch nicht nur die erhöhte Gefahr eines Totalausfalls des Fonds und mithin seiner Anleger in sich, sondern auch die Gefahr gesteigerter systemischer Risiken für den gesamten Finanzmarkt. Darüber hinaus kam eine Studie der Ratingagentur *Scope*, welche 7.748 Investmentfonds über einen Zeitraum von drei bis fünf Jahren betrachtet hat, von denen knapp 40 % mit einer *performance fee* ausgestattet waren und der Rest von drei Vierteln auf fixen Vergütungsmodellen basierte, zu dem (überraschenden) Ergebnis, dass die Fonds ohne *performance fee* im Durchschnitt eine Rendite von 10,5 % erzielten, Fonds mit erfolgsabhängiger Vergütungskomponente hingegen nur eine Rendite von 8,9 %.[377] Dies belegt, dass die Entscheidung für eine riskantere Anlagestrategie in Erwartung einer hohen *performance fee* nicht immer auch diejenige ist, die den größten Erfolg herbeiführt. Daher schließt sich an dieser Stelle die Frage an, weshalb sich Fondsmanager für eine risikoreichere Vorgehensweise entscheiden, wenn diese nicht immer zum erwarteten Ergebnis führt. Um dies beantworten zu können, ist zunächst zu untersuchen, welche Faktoren den Prozess der Entscheidungsfindung eines AIFM beeinflussen. In diesem Zusammenhang ist auf die sog. *Behavioral Finance* einzugehen, welche anhand von Erklärungsmodellen die psychologischen und soziologischen Ursachen und Motivationen bestimmter Verhaltensweisen von Finanzakteuren insbesondere in Situationen, die von Unsicherheit und Risiko geprägt sind, darzulegen beabsichtigt. Diese steht damit im Kontrast zu der traditionellen Kapitalmarkttheorie, welche finanzwirtschaftliche Ereignisse lediglich auf Basis ökonomischer Faktoren erklärt und menschliches Handeln als

375 *De Larosière*-Bericht (Fn. 15), Nr. 24.
376 *De Larosière*-Bericht, Fn. 375.
377 *Scope*, Renditeverlust durch Performance Fee, S. 4.

rationale Auswahl aus Alternativen zur Erzielung einer Nutzenmaximierung versteht *(Homo oeconomicus)*.[378] Dabei wird unterstellt, dass der *Homo oeconomicus* nur auf sein eigenes Interesse bedacht ist und damit egoistische Grundzüge aufweist.[379] Damit lässt sich bereits an dieser Stelle festhalten, dass sich der Entscheidungsprozess eines Fondsmanagers auf zwei Ebenen abspielt, einer inneren und einer äußeren. Die äußere Ebene zeichnet den Fondsmanager dabei als rational und bewusst handelnden *Homo oeconomicus* aus, der alle in Betracht kommenden Alternativen mitsamt ihren Folgen vernünftig mit- und gegeneinander abwägt und dabei seine Erfahrungen und Kennt-nisse zur optimalen Gewinnmaximierung einfließen lässt. Die innere Ebene hingegen beeinflusst den Entscheidungsprozess in unbewusster Weise und entzieht sich damit der direkten Steuerung durch den Fondsmanager. Dies gilt es im Folgenden anhand konkreter Begrifflichkeiten weiter auszuführen.

aa) Overconfidence

Der Begriff „Overconfidence" bezeichnet die Eigenschaft vieler Anleger, ihre eigenen Fähigkeiten gerade in Bezug auf die Vorhersage von Erfolg bzw. Nichterfolg zu überschätzen.[380] Sie werden von einem übertriebenen Optimismus geleitet und setzen sich aufgrund dieser Fehleinschätzung unüberlegt hohen Risiken aus. Dies basiert u. a. darauf, dass sie dazu neigen, Erfolge, die sie in der Vergangenheit erreicht haben, ihren eigenen Fertigkeiten zuzuschreiben und mithin als eigene Leistungen anzusehen, für vergangene Misserfolge jedoch externen Faktoren oder einfach „Pech" die Schuld zu geben.[381] Dieser Umstand, der auch als *kognitive Dissonanz* bezeichnet wird, führt dazu, dass Misserfolge, denen in der Vergangenheit begegnet werden musste, nicht dazu genutzt werden, Rückschlüsse und Lehren aus ihnen zu ziehen, um diese in künftiges Handeln zu integrieren und so aus ihnen zu lernen.[382] Dies hat zur Folge, dass viele die Einflussnahme bzw. Kontrolle, die sie auf ihren eigenen Erfolg ausüben, schlichtweg überbewerten und negative Konsequenzen die Folge eines auf diesem Denken basierenden Handelns sein können. Ein Teufelskreis entsteht. In diesem Zusammenhang spielt auch die selektive Informationswahrnehmung von Menschen eine Rolle. Aufgrund der Tatsache, dass der Mensch nur über eine begrenzte Informationsverarbeitungskapazität verfügt, versucht er bereits auf der Vorstufe der Informationswahrnehmung, die für ihn wichtigsten Informationen anhand bestimmter Auswahlkriterien herauszufiltern.[383] So verbucht der Finanzakteur z. B. das Geld in bestimmten Abhängigkeiten wie z. B.

378 *Kirchgässner*, Homo Oeconomicus, S. 12, 15.
379 *Kirchgässner* (Fn. 378), S. 45.
380 *Ricciardi/ Simon*, What is Behavioral Finance?, S. 3.
381 *Daniel/ Hirshleifer/ Subrahmanyam*, A Theory of Overconfidence, S. 8.
382 *Ricciardi/ Simon* (Fn. 380), S. 4.
383 *Lamberti*, Moderne Kapitalmarkttheorie und Behavioral Finance Theorie, S. 9.

Herkunft auf *fiktiven Konten* und trifft seine Entscheidung danach, welches *Konto* von den möglichen Konsequenzen am meisten betroffen ist.[384]

bb) Prospect Theory

Die sog. *Prospect Theory* aus dem Jahr 1979 geht auf *Kahnemann* und *Tversky*[385] zurück und stellt ein Erklärungsmodell zur Verfügung, das den Entscheidungsprozess bei Bestehen von Risiken bzw. Unsicherheiten veranschaulicht und die bisher anerkannte *Expected Utility Theory* („Erwartungsnutzentheorie") in wichtigen Punkten widerlegt.[386] Diese knüpfte an das bereits erwähnte Bild des *Homo oeconomicus* an, wonach sich ein Finanzakteur bei seinen Entscheidungen nur vom Prinzip der Rationalität und der uneingeschränkten Maximierung des eigenen Nutzens leiten lässt und demzufolge innerhalb verschiedener Handlungsalternativen immer diejenige mit dem größten Nutzen wählt.[387] Ohne auf die einzelnen mathematischen Modelle der *Prospect Theory* einzugehen, sollen dennoch die wichtigsten Kernaussagen im Folgenden dargestellt werden.

Die erste wesentliche Differenzierung, die der *Prospect Theory* zugrunde liegt, ist jene von *gains* und *losses*, also Gewinnen und Verlusten. Dabei richtet sich die Beurteilung, ob ein Gewinn oder ein Verlust gegeben ist, nach einem sog. Referenzpunkt, der entweder den Status quo bzw. den Ist-Zustand oder einen Soll-Zustand in Bezug auf einen bestimmten Vermögensbestand darstellt. Die Kernaussage dieser Theorie besteht nun in der sog. *loss aversion*. Diese besagt, dass Menschen eine grundsätzliche Abneigung gegenüber Verlusten haben und das Gewinnen bevorzugen. Die bedeutende Frage in diesem Zusammenhang ist jedoch, in welchem Verhältnis diese beiden Grundeinstellungen zueinander stehen. *Kahnemann* und *Tversky* führten mehrere Befragungen durch, in denen die Teilnehmer mit einer Art von Lotteriesituation konfrontiert wurden, die Alternativen hinsichtlich der Gewinn- und Verlusterwartung prognostizierten. Hierzu folgendes Beispiel:

Für welche der folgenden Alternativen würden Sie sich entscheiden?

A: 50 % Wahrscheinlichkeit, 1.000 zu gewinnen, 50 % Wahrscheinlichkeit, nichts zu gewinnen;

B: 450 als sicherer Gewinn.

---

384 *Lamberti* (Fn. 383), S. 10.

385 *Kahnemann/ Tversky*, Prospect Theory: An analysis of decision under risk.

386 *Anm.: Daniel Kahnemann* erhielt im Jahr 2002 zusammen mit *Vernon L. Smith* den Wirtschaftsnobelpreis für die Einführung von Einsichten der psychologischen Forschung in die Wirtschaftswissenschaft, besonders bezüglich Beurteilungen und Entscheidungen bei Unsicherheit und Widerlegung des klassischen *Homo oeconomicus.*

387 *Winkler von Mohrenfels*, Behavioral Economics, S. 10.

Die Auswertungen der Antworten zeigten, dass sich die große Mehrheit der Befragten stets für den sicheren Gewinn von 450 entscheiden würde.[388] Dieses Ergebnis bestätigt die grundsätzlich bestehende Risiko- und Verlustaversion. Als weiteres Element kommt hinzu, dass Menschen Gewinnen und Verlusten eine unterschiedliche Gewichtung zukommen lassen. So hat die *Prospect Theory* bestätigt, dass der Unwert eines Verlustes von z.B. 1.100 auf 1.000 für die meisten Menschen doppelt so schwer wiegt wie ein Gewinn in gleicher Höhe, also z.B. von 1.000 auf 1.100. Ein Verlust von 100 wird also subjektiv als intensiver empfunden als ein Gewinn von 100. Dies wird als sog. Wertfunktion *(value function)* bezeichnet. Um Verluste deshalb so gut es geht zu vermeiden, zeigen Menschen, insbesondere solche, die auf den Finanzmärkten agieren, eine grundsätzliche Abneigung gegenüber Risiken, wenn es um Gewinne geht, jedoch eine Risikoneigung, wenn es um Verluste geht. Anders ausgedrückt: Ein Anleger, der sich im positiven Ertragsbereich befindet, wird im Zweifel weniger riskante Anlagen auswählen, um seinen Gewinn nicht zu verlieren; derjenige hingegen, der sich im negativen Ertragsbereich befindet, wird eher zu risikoreicheren Anlagen greifen, um seinen Verlust wieder auszugleichen. Es geht also letztlich immer um die Vermeidung bzw. um den Ausgleich von Verlusten. Die sog. Gewichtungsfunktion *(weighting function)* innerhalb der *Prospect Theory* hingegen beschreibt den Umstand, dass Menschen bei geringerer objektiver Erfolgswahrscheinlichkeit subjektiv eher von der Realisierung eines Gewinns ausgehen als dies bei objektiv hoher Erfolgswahrscheinlichkeit der Fall ist.[389] Dies wiederum wird mit einer vorherrschenden *optimistic overconfidence* begründet und schließt an das bereits im Vorfeld zur *Overconfidence* Gesagte an. Insbesondere wird auf die eingeschränkte individuelle Fähigkeit zur Informationsverarbeitung verwiesen, die Menschen dazu verleitet, extrem unwahrscheinliche Ereignisse zu simplifizieren oder vollends zu ignorieren.[390] Dies hat zur Folge, dass Finanzakteure auf der Suche nach der besten Möglichkeit, Verluste zur eigenen Nutzenmaximierung zu vermeiden, auf den Märkten unentwegt Handel betreiben und dabei letztlich entgegen ihrer eigentlichen Risikoaversion unnötig hohe Risiken und oftmals auch Verluste für sich schaffen.

cc) Herding (Herdenverhalten)

Spätestens seit der letzten großen Wirtschaftskrise ist der Begriff „Herding", „Herd Behavior" oder „Herdenverhalten" nicht mehr aus der finanzwirtschaftlichen Diskussion wegzudenken. Er hat Einzug in die Politik und in Regulierungsdebatten gefunden und erscheint allgegenwärtig. Daher kann es nicht unterbleiben, auf das Thema „Herding" näher einzugehen. Der Begriff „Herding" bezeichnet grundsätzlich die Orientierung einzelner Marktteilnehmer an den Entscheidungen bzw. dem Verhalten anderer Marktteilnehmer, ohne dabei die eigene, möglicherweise

388 *Kahnemann/ Tversky* (Fn. 385), S. 263, 265.
389 *Kahnemann/ Tversky* (Fn. 385), S. 263, 282.
390 Siehe Gliederungspunkt aa) dieses Abschnitts.

entgegenstehende, Meinung zu berücksichtigen.[391] Dabei handelt es sich jedoch nicht nur um ein gleichgerichtetes Verhalten mehrerer Marktteilnehmer, sondern vielmehr um ein aufeinander bezogenes Verhalten, das nicht nur den einzelnen Entscheidungsträger, sondern letztlich den gesamten Markt in Funktionsweise wie auch Ergebnis beeinflusst.[392] Dieses Herdenverhalten gilt es jedoch abzugrenzen vom sog. *unechten Herding*, bei welchem eine Gruppe von Individuen, die mit derselben Problemsituation konfrontiert wird und mit denselben Informationen ausgestattet ist, dieselben oder ähnlich gelagerte Entscheidungen trifft.[393] Zwar ist hier nach außen hin kein sichtbarer Unterschied zum *echten Herding* erkennbar, wesentlich ist jedoch, dass beim unechten *Herding* jeder Marktteilnehmer für sich auf Basis der ihm verfügbaren Informationen eine eigene, aufgrund externer Gegebenheiten *rationale* Entscheidung trifft und sich gerade nicht vom Verhalten eines anderen Marktteilnehmers beeinflussen lässt. Das Verhalten der Marktteilnehmer ist demnach zwar gleichgerichtet, da es dasselbe Ergebnis hervorruft, jedoch ohne jeglichen Bezug zueinander, da keine bewusste Imitierung erfolgt. Die Gründe, weshalb ein Marktakteur sich der Entscheidungen eines anderen annimmt, können mannigfach sein, lassen sich jedoch nach *Devenow* und *Welch* in die Kategorien „rational" und „nicht rational" einordnen.[394] Rationales Herdenverhalten eines Individuums lässt sich dabei auf eine Unsicherheit und das Bestehen von Informationskaskaden sowie den möglichen Verlust der eigenen Reputation (z.B. eines Agenten)[395] zurückführen.[396] Das Modell der Informationskaskaden steht dabei im Mittelpunkt der Betrachtung und ist zurückzuführen auf *Bikhchandani, Hirshleifer* und *Welch*.[397] Diese sagen hierzu:[398]

> An informational cascade occurs when it is optimal for an individual, having observed the actions of those ahead of him, to follow the behavior of the preceding individual without regard to his own information.

Folglich geht es um die Problematik, dass ein Entscheidungsträger seine eigenen privaten Informationen übergeht und nur auf Grundlage von Signalen handelt, die vorangegangene Entscheidungen anderer Individuen ausstrahlen, und hierdurch eine Spirale in Gang gesetzt wird, die dazu führt, dass auch nachfolgende Entscheidungsträger ihr eigenes Wissen außer Acht lassen und aufgrund der Signalwirkung dieselbe Handlung vornehmen, ohne jedoch über Sicherheit bezüglich

---

391 *Rudolph*, Unternehmensfinanzierung und Kapitalmarkt, S. 156; *Zhu*, Rationales Herdenverhalten und seine Auswirkungen auf Investitionsentscheidungen, S. 12.

392 *Rudolph*, Fn. 391.

393 *Bikhchandani/ Sharma*, Herd Behavior in Financial Markets, S. 4.

394 *Devenow/ Welch*, Rational herding in financial economics, S. 603, 604.

395 *Anm.*: Gemeint ist der Agent im Rahmen einer Prinzipal-Agent-Beziehung.

396 *Devenow/ Welch*, Fn. 394; *Zhu* (Fn. 390), S. 15.

397 *Bikhchandani/ Hirshleifer/ Welch*, A Theory of Fads, Fashion, Custom, and Cultural Change as Informational Cascades, S. 992, 996 ff.

398 *Bikhchandani/ Hirshleifer/ Welch* (Fn. 397), S. 992, 994.

des Ergebnisses zu verfügen. Die Signalwirkung des „Herdenverhaltens“ wird dabei umso stärker, je mehr Individuen Signale durch ihr Verhalten aussenden.[399] Die Information anderer Marktteilnehmer wird somit gegenüber der eigenen Information als informativer bzw. qualitativ hochwertiger eingestuft und im Rahmen des eigenen Entscheidungsprozesses höher gewichtet. Dieser Vorgang, bei dem eine größere Anzahl von Individuen die Handlung eines anderen Individuums imitiert, wird auch als *positive Informationskaskade* bezeichnet.[400] Als *negative Informationskaskade* wird hingegen der Umstand bezeichnet, dass kein Individuum dem Verhalten eines anderen folgt.[401]

Nicht rationales Herdenverhalten hingegen basiert auf psychologischen Ursachen und führt dazu, dass sich Menschen wie Lemminge verhalten, die blind einander folgen und auf eine rationale Analyse ihres Verhaltens z.B. aus Kosten- oder Zeitgründen verzichten.[402] Im Unterschied zum rationalen Herdenverhalten liegen somit keine eigenen Informationen vor, die den fremden Informationen gegenübergestellt werden könnten.

Insbesondere in Krisensituationen vermag ein derartiges Herdenverhalten eine Abwärtsspirale dadurch in Gang zu setzen, dass eine breite Masse an Investoren zur selben Zeit aus derselben Anlageklasse, wie z.B. Investmentfonds, Mittel abzieht und die betroffenen Fondsmanager so zu einer Umschichtung ihres Portfolios veranlasst werden.[403] Insbesondere das Vorliegen einer variablen Vergütungskomponente innerhalb des Vergütungssystems von Fondsmanagern wird dabei als entscheidendes Kriterium für ein Herdenverhalten angeführt. Dies basiert auf dem Umstand, dass die variable Vergütung der Verwalter von Investmentfonds, wie bereits dargelegt, vom relativen Erfolg des Fonds abhängig ist. *Relativer Erfolg* bedeutet in diesem Zusammenhang, dass die Performance eines Investmentfonds an einem Vergleichsindex, der sog. Benchmark (z.B. DAX), gemessen und so die Leistung des einzelnen Fondsmanagers bestimmt wird. Aufgrund der Tatsache, dass die Performance eines Fonds in direkter Korrelation zu den Fertigkeiten, Erfahrungen und Leistungen des ihn verwaltenden Managers steht, bedeutet ein Erfolg des Fonds gleichzeitig auch den Erfolg des Fondsmanagers. Ein Misserfolg des Fonds jedoch wird auf der anderen Seite ebenso den mangelhaften Fähigkeiten und Leistungen des Fondsmanagers zugeschrieben und bedeutet im Regelfall seinen beruflichen Untergang. Da kein Fondsmanager das Risiko eingehen möchte, seinen Ruf innerhalb der Anlegerschaft zu verlieren, bevorzugen es viele von ihnen trotz eigener, entgegenstehender Informationen, das Anlageverhalten anderer Fondsmanager nachzuahmen, um so

---

399 Eine gute Veranschaulichung der Signalwirkung findet sich bei: *Freiberg*, Rationales Herdenverhalten, S. 14 ff. sowie am Beispiel „Patriotismus“ bei: *Strulik*, Steht auf, wenn ihr Deutsche seid!, S. 4 f.

400 Siehe: *Bikhchandani/ Hirshleifer/ Welch*, Fn. 398.

401 Siehe: *Bikhchandani/ Hirshleifer/ Welch*, Fn. 398.

402 *Devenow/ Welch* (Fn. 394), S. 603, 604; *Friedrich*, Die Rolle von Analysten bei der Bewertung von Unternehmen am Kapitalmarkt, S. 118.

403 *Oehler/ Wendt*, Der Lockruf der Herde, S. 13.

im Zweifel immer noch an der Benchmark gemessen werden zu können und nicht negativ aus der Masse hervorzustechen.[404] Hinter diesem Verhalten verbirgt sich letztlich das menschliche Grundbedürfnis, Teil einer Gruppe zu sein, die Schutz sowie die Möglichkeit bietet, sich der eigenen Verantwortung entziehen zu können. Fraglich ist, ob ein derartiges Herdenverhalten auch für Manger von Hedge-Fonds anzunehmen ist. Grundsätzlich ist auch für Hedgefonds festzuhalten, dass deren Performance zum größten Teil von den Fertigkeiten und Kenntnissen ihrer Verwalter abhängt. Darüber hinaus ist, wie schon oben im Rahmen der Auseinandersetzung mit der Vergütungsstruktur von Hedge-Fonds-Managern ausgeführt, auch bei diesen eine variable Vergütungskomponente vorhanden, die in direktem Bezug zu der Fondsperformance steht. Von daher wäre anzunehmen, dass ein Herdenverhalten auch für die Verwalter von Hedge-Fonds nicht auszuschließen ist. Jedoch gilt es einen wesentlichen Unterschied zu beachten. Wie bereits mehrfach erwähnt, handelt es sich bei Hedge-Fonds um alternative Investmentfonds, die durch ihre besonders hohen Risiken und Fremdkapitalmittel von traditionellen Investmentfonds abweichen. In der Absicht, überdurchschnittlich hohe Renditen für den Fonds zu erzielen, kann es demnach nicht das Ziel eines Hedge-Fonds-Managers sein, sich an einer Benchmark bzw. einem durchschnittlichen Ertragswert zu orientieren.[405] Vielmehr kommt es diesem auf absolute Werte an, die losgelöst von einem Vergleichsindex erreicht werden sollen. Folglich geht es den Verwaltern von AIF nicht darum, mit der „Herde" zu laufen oder in dieser unterzugehen, sondern vielmehr darum, aus dieser hervorzustechen und ihren eigenen Weg zu finden. Aus diesem Grund entscheiden AIFM auf Basis ihrer eigenen Informationen und setzen lediglich diese als zu beachtenden Maßstab an.

2. *Die Vergütungspolitik der AIFM-Richtlinie*

Die Bestimmungen zur Vergütungspolitik des AIFM befinden sich in Art. 13 sowie im Anhang II der AIFM-Richtlinie. Artikel 13 Abs. 1 i.V.m. Erwägungsgrund (24) AIFM-RL legt dabei im Grundsatz fest, dass die Vergütungspolitik und -praxis derjenigen Mitarbeiter, deren berufliche Tätigkeit sich wesentlich auf die Risikoprofile der von ihnen verwalteten AIF auswirkt,[406] mit einem soliden und wirksamen Risikomanagement vereinbar und diesem förderlich sein müssen und nicht zur Übernahme von Risiken ermutigen dürfen, die nicht mit dem Risikoprofil, den Vertragsbedingungen oder der Satzung der von den AIFM verwalteten AIF vereinbar sind. Zu dieser Kategorie von Mitarbeitern zählen insbesondere die Geschäftsleitung, Risikoträger und Mitarbeiter mit Kontrollfunktion sowie alle Mitarbeiter, die eine Gesamtvergütung erhalten, aufgrund derer sie sich in derselben Einkommensstufe befinden wie die Geschäftsleitung und Risikoträger und demzufolge gleichzustellen

404 *Devenow/ Welch* (Fn. 394), S. 603, 607 f.
405 So i.E. auch: *Freiberg* (Fn. 399), S. 161 ff.
406 Sog. „identifizierte Mitarbeiter", siehe: *Boxberger*, in: Dornseifer/ Jesch et. al. (Fn. 164), Art. 13 Rn. 15.

sind (Erwägungsgrund (24) AIFM-RL). Es obliegt dem AIFM, herauszufinden, ob Mitarbeiter einen wesentlichen Einfluss auf das Risikoprofil haben könnten und daher als „identifizierte Mitarbeiter" einzustufen sind.[407] Zum einen soll hiermit dem Problem des oben beschriebenen *Moral Hazard* entgegengewirkt und gleichzeitig sichergestellt werden, dass die Anleger-interessen wieder in den Mittelpunkt gerückt werden, zum anderen zeigt sich, dass es im Rahmen der neuen Vergütungspolitik nicht nur auf die risikobehaftete Tätigkeit einzelner Mitarbeiter ankommt, sondern gerade auch auf die Höhe der Vergütung. Die Bedeutung eines „soliden und wirksamen Risikomanagements" hat der europäische Gesetzgeber jedoch schon zu einem früheren Zeitpunkt erkannt und verwendet diesen Ausdruck daher auch schon an anderer Stelle. Bereits der Erwägungsgrund (1) der RL 2010/76/EU[408] weist auf Folgendes hin: „Eine Vergütungspolitik, die Anreize zur Übernahme von Risiken gibt, die über das allgemein von dem Institut tolerierte Maß hinausgehen, kann ein solides und wirksames Risikomanagement untergraben und ein übermäßiges Risikoverhalten noch verstärken."[409] Weiter sagt Erwägungsgrund (4) der RL 2010/76/EU, dass es wichtig sei, dass „die neuen Vorschriften für Vergütungspolitik und -praxis einheitlich angewandt werden". Demzufolge ist zu erwarten, dass sich auch die Vorschriften der AIFM-Richtlinie betreffend die Vergütungspolitik und -praxis des AIFM im Sinne der Einheitlichkeit der Rechtsordnung inhaltlich kaum von denen der RL 2010/76/EU unterscheiden werden. So sollte die Vergütungspolitik darauf abzielen, die persönlichen Ziele der Mitarbeiter an den langfristigen Interessen des Unternehmens auszurichten und bei Bemessung der Vergütungskomponente auf einen längerfristigen Erfolg abzustellen (Erwägungsgrund (7) RL 2010/76/EU). Dies legt auch Erwägungsgrund (14) der Empfehlung 2009/384/EG[410] fest, deren Inhalt gemäß Erwägungsgrund (26) AIFM-RL auch im Rahmen der AIFM-Richtlinie entsprechend gilt.

Der *De Larosière*-Bericht konkretisiert den Begriff der „Längerfristigkeit", indem darauf verwiesen wird, dass bei der Bemessung von Bonuszahlungen nicht nur auf den Erfolg des AIFM innerhalb des letzten Kalenderjahres abgestellt werden sollte, sondern vielmehr ein mehrjähriger Rahmen von z.B. fünf Jahren zugrunde zu legen ist, um so etwaige Verluste in diesem Zeitraum mit der variablen Vergütung

---

407 *Boxberger*, in: Dornseifer/ Jesch et. al. (Fn. 164), Art. 13 Rn. 16.

408 Richtlinie 2010/76/EU des Europäischen Parlaments und des Rates vom 24.11.2010 zur Änderung der Richtlinien 2006/48/EG und 2006/49/EG im Hinblick auf die Eigenkapitalanforderungen für Handelsbuch und Wiederverbriefungen und im Hinblick auf die aufsichtliche Überprüfung der Vergütungspolitik, ABl. EU Nr. L 329, S. 3 ff. vom 14.12.2010.

409 Auf nationaler Ebene finden sich vergleichbare Inhalte in Art. 3 der Verordnung über die aufsichtsrechtlichen Anforderungen an Vergütungssysteme von Instituten (Instituts-Vergütungsverordnung – InstitutsVergV), BGBl. I Nr. 50, S. 1374 ff. vom 12.10.2010.

410 Empfehlung der Kommission vom 30. April 2009 zur Vergütungspolitik im Finanzdienstleistungssektor (2009/384/EG), ABl. EU Nr. L 120, S. 20 ff. vom 15.5.2009.

verrechnen zu können.[411] Folglich geht es hier um die Beteiligung des AIFM an den Verlusten der von ihm verwalteten AIF, mithin um die Annäherung an ein symmetrisches Vergütungssystem, bei welchem der AIFM sowohl an den Gewinnen wie auch den Verlusten des Fonds beteiligt wird und die tatsächliche Auszahlung der Boni auf mehrere Jahre gestreckt wird. Hierdurch fügt sich eine Art „Bestrafungskomponente" ein, welche die Leistung des AIFM realistischer erscheinen lässt und weniger Anreize für kurzfristiges Erfolgsdenken setzt.[412] Letztlich bleibt jedoch festzuhalten, dass der AIFM keinen echten Verlust dadurch erleidet, dass seine fixe Vergütung unabhängig von einem etwaigen Wertzuwachs und damit auch für den Fall gleichbleibender Ergebnisse vollends ausgezahlt wird. Etwas irritierend und inkonsequent wirkt in diesem Zusammenhang zudem auch, dass die ESMA in ihrem „Final Report" zur Vergütungspolitik unter der AIFM-Richtlinie ausführt, dass die *accrual period*, folglich der maßgebliche Beurteilungszeitraum, mindestens ein Jahr betragen müsse, jedoch auch über diesen Zeitraum hinausgehen könne.[413] Die grundsätzlichen Anforderungen des Art. 13 AIFM-RL werden durch die Vorschriften im Anhang II der AIFM-Richtlinie zur Vergütungspolitik konkretisiert. So weist lit. e) nochmals darauf hin, dass bei der Festlegung der Vergütung immer auf den tatsächlichen Erfolg abzustellen ist und nicht auf die bloße Leistung des AIFM. Aus diesem Grund sollen auch garantierte variable Vergütungen nur in Ausnahmefällen und beschränkt auf das erste Jahr gezahlt werden (Anhang II lit. i) AIFM-RL). Für die Gesamtvergütung ist darüber hinaus darauf zu achten, dass feste und variable Bestandteile in einem angemessenen Verhältnis stehen und der Anteil der festen Vergütungskomponente genügend hoch ist, um eine flexible Vergütungspolitik zu gewährleisten, die auch gänzlich auf die Zahlung einer variablen Komponente verzichten könnte (Anhang II lit. j) AIFM-RL). Die variable Vergütungskomponente muss in jedem Fall jedoch zu mindestens 50 % aus Anteilen des betreffenden AIF bestehen (Anhang II lit. m) AIFM-RL).[414] Mithilfe dieser starken Bindung der Boniszahlung an den Fonds selbst soll sichergestellt werden, dass der AIFM, geleitet von der Absicht, eine möglichst hohe variable Vergütung für sich zu erzielen, seine Entscheidungen und Anlagestrategien wieder verstärkt an den Interessen des AIF und seiner Anleger ausrichtet. Um der Forderung nach einem mehrjährigen Beurteilungszeitraum für die Auszahlung der Boni Nachdruck zu verleihen, bestimmt Anhang II lit. n) AIFM-RL, dass mindestens 40 % der variablen Vergütungskomponente für die Dauer eines Zeitraumes (sog. *deferral period*)[415], der grundsätzlich anhand des Lebenszyklus und der Rücknahmegrundsätze des AIF zu bestimmen ist, jedoch mindestens drei bis fünf Jahre betragen muss, zurückzustellen sind. Macht

411 *De Larosière*-Bericht (Fn. 15), S. 36 Nr. 119.

412 *De Larosière*-Bericht, Fn. 411.

413 ESMA, Final Report, Guidelines on sound remuneration policies under the AIFMD, S. 64 Nr. 96.

414 Dieses Prinzip wird auch als „eating your own cooking" bezeichnet: *Kouwenberg/Ziemba*, Incentives and Risk Taking in Hedge Funds, S. 2.

415 ESMA, Guidelines on sound remuneration (Fn. 413), S. 64 f. Nr. 98.

die variable Komponente jedoch einen besonders hohen Anteil an der Gesamtvergütung aus, erhöht sich die Höhe der Zurückstellungspflicht auf 60 %. Nach Ablauf der *deferral period* wird die zurückgestellte Vergütung als Belohnung für die Erzielung einer gewissen Nachhaltigkeit gewährt, womit eine Abkehr von der Ausrichtung an schnellen und kurzfristigen Ergebnissen erfolgen soll. Darüber hinaus ist für die Auszahlung des Bonus erforderlich, dass dieser gemessen an der finanziellen Lage des AIFM und der Leistung der betreffenden Personen als insgesamt tragbar und gerechtfertigt erscheint (Anhang II lit. o) AIFM-RL). Eine schwache oder gar negative Leistung des AIFM muss sich demnach auch wertmindernd auf seine variable Vergütung auswirken. Die AIFM-Richtlinie führt folglich das symmetrische Vergütungssystem ein, das den Fondsmanager nicht nur für gute Leistung belohnen, sondern auch für schlechte Leistung „bestrafen" soll. Überdies wird festgesetzt, dass mindestens einmal jährlich im Rahmen einer zentralen und unabhängigen internen Überprüfung festgestellt werden muss, ob die vom Vergütungsausschuss beschlossene Vergütungspolitik auch tatsächlich Anwendung findet und ordnungsgemäß umgesetzt wird (Anhang II lit. d) AIFM-RL). Die Gesamtsumme der im abgelaufenen Geschäftsjahr gezahlten Vergütungen, gegliedert in feste und variable, vom AIFM an seine Mitarbeiter gezahlte Vergütungen, hat der AIFM nach Art. 22 Abs. 2 lit. e) und f) AIFM-RL in den Jahresbericht aufzunehmen.

3. Zusammenfassung und Auswertung

Die Struktur des Vergütungssystems von Verwaltern alternativer Investmentfonds ist in den vorangegangen Ausführungen ausführlich behandelt worden. Der Grund hierfür liegt darin, dass nach hier vertretener Ansicht insbesondere der variablen Vergütungskomponente von Fondsmanagern im Rahmen eines ausgewogenen Risikomanagementsystems ein besonderes Gewicht bei der Beseitigung von Systemrisiken beigemessen werden muss. Dies belegt auch der Umstand, dass die AIFM-Richtlinie insbesondere in ihrem Anhang II spezielle Regelungen zum Bonussystem bereitstellt. Um die Motive, die den europäischen Gesetzgeber beim Verfassen des Richtlinientextes gelenkt haben, nachvollziehen zu können, erschien es daher unerlässlich, den ökonomischen Hintergrund näher zu erläutern. Als letzter Schritt ist es jedoch noch erforderlich, die gewonnenen Erkenntnisse auf die Vorschriften der AIFM-Richtlinie zur Vergütungspolitik zu übertragen, um so die Theorie mit der Praxis zu verbinden. Dies soll im Folgenden anhand von Thesen erfolgen, die es im Anschluss zu belegen gilt.

a) Der AIFM ist nicht bloß ein Abbild des Homo oeconomicus

Wie bereits erläutert, stellt die Erwartungsnutzentheorie auf das Leitbild des *Homo oeconomicus* ab und unterstellt, dass jeder Finanzakteur bei einer Entscheidung unter Unsicherheit sich lediglich am Prinzip der Rationalität orientiert und mithin stets den Lösungsweg für sich wählt, der den größten Nutzen erwarten lässt. Diese Vorstellung herrschte lange Zeit vor und wurde bis zum Aufkommen der

Prospect Theory durch *Kahnemann* und *Tversky*[416] als erwiesen angesehen. Erst diese konnten mithilfe diverser Experimente nachweisen, dass ein Finanzakteur bei seinen Entscheidungen nicht nur rein rational handelt, sondern auch bestimmte psychologische Faktoren wie die Selbstüberschätzung und Verlustaversion den Entscheidungsprozess enorm beeinflussen. Da den AIFM bei seinen Entscheidungen folglich sowohl rationale wie auch emotionale Elemente lenken, ist es unabdingbar, Regelungen bereitzustellen, welche geeignet sind, die Gefahr einer unvernünftigen Risikoeingehung zu unterbinden. Dies kann im Grundsatz als entscheidender Ansatzpunkt für den Erlass der AIFM-Richtlinie betrachtet werden.

b) Kurzfristiges Erfolgsdenken fördert die Eingehung von Risiken

Wie aufgezeigt werden konnte, waren die Entscheidungen von AIF-Verwaltern vor dem Erlass der AIFM-Richtlinie an der Erzielung kurzfristiger Erfolge orientiert. Dies hatte vor allem mit der Vergütungsstruktur von AIFM zu tun, welche ein opportunistisches Handeln förderte. Die Vergütung von AIFM erfolgt grundsätzlich auf Basis einer fixen und variablen Vergütung, wobei der variablen Vergütung (i. d. R. 20 % des Vermögenszuwachses) ein größeres Gewicht beigemessen werden muss, da ihre Höhe direkt vom AIFM beeinflusst werden kann. Dieser Umstand ist darauf zurückzuführen, dass mit steigendem Vermögenswachstum auch die Höhe der variablen Vergütung des AIFM zunimmt. Da die rationale Ebene des AIFM egozentrisch veranlagt ist und mithin auf die Erzielung eines größtmöglichen Gewinns abzielt, wählt dieser entgegen vertraglicher Absprachen häufig risikoreichere Anlagestrategien aus, um höhere Renditen zu erwirtschaften, was aufgrund von Informationsasymmetrien von den Anlegern weder erkannt noch unterbunden werden kann. Um diesem Verhalten entgegenzuwirken, legt die AIFM-Richtlinie in Anhang II lit. h) fest, dass die Auszahlung der variablen Vergütung auf Basis eines mehrjährigen Zeitraumes und nicht bloß bezogen auf das letzte Kalenderjahr erfolgen soll. Die Verwaltungstätigkeit des AIFM soll demnach eine Nachhaltigkeit erzeugen, die sowohl dem Fonds und seinen Anlegern als auch letztlich dem AIFM selbst zugutekommt. Unterstützend kommt hinzu, dass mindestens 40 % der variablen Vergütung für einen Zeitraum von drei bis fünf Jahren zurückgestellt werden müssen, um so etwaige Verluste, die in diesem Zeitraum eingetreten sind, verrechnen zu können.

c) Die neue Vergütungspolitik beseitigt das Problem der „fiktiven Konten"

Im Rahmen der *Prospect Theory* wurde dargestellt, dass Finanzakteure dazu neigen, das Geld, das sie investieren, in „fiktive Konten" einzuordnen. Hierbei wird die Relevanz der anzulegenden Mittel daran gemessen und bewertet, wessen „Konto" durch etwaige Folgen der Investition berührt wird. Dabei konnte erwiesen werden, dass z. B. ein Fondsmanager das Geld seiner Anleger als weniger bedeutend für sich einstuft als sein eigenes. Dies basiert auf der grundsätzlichen Differenzierung

416 Siehe: Fn. 385.

zwischen *gains* und *losses* sowie der bereits erwähnten Verlustaversion, die dazu führt, dass (eigenen) Verlusten mehr Bedeutung beigemessen wird als Gewinnen. Da es jedoch gerade die Aufgabe eines AIFM ist, fremde Gelder zu verwalten und gewinnbringend anzulegen, ist das Vorhandensein „fiktiver Konten" als äußerst problematisch einzustufen, da hieraus wiederum eine höhere Risikoneigung resultieren kann. Um dieses Konfliktes Herr zu werden, sieht die AIFM-Richtlinie in Anhang II Nr. 1 lit. m) vor, dass ein erheblicher Anteil der variablen Vergütung des AIFM von mindestens 50 % aus Anteilen der betreffenden AIF bestehen muss. Hierdurch wird bewirkt, dass der AIFM ein größeres Interesse an der Nachhaltigkeit des Fonds entwickelt, da dessen Gewinne und Verluste auch sein eigenes „Konto" in nicht unerheblicher Höhe unmittelbar beeinflussen. Damit wird zwar die Problematik der „fiktiven Konten" nicht beseitigt, was wohl auch kaum möglich sein dürfte, jedoch wird dem AIFM ein positiver Anreiz zur Steigerung der Fondsperformance sowie zu einem verantwortungsvolleren Umgang mit den Fondsgeldern gesetzt, von dem nicht nur der Fonds und seine Anleger, sondern letztlich der gesamte Finanzmarkt profitieren.

II. Interessenkonflikte

Interessenkonflikte können in der Finanzwelt schnell und teilweise unbemerkt entstehen. Sowohl das weite Spektrum der Branche wie auch die zahlreichen Institutionen und Menschen, mit denen Finanzakteure im Laufe der Zeit in Kontakt geraten, bieten ausreichend Potenzial für Interessenkonflikte. Erschwerend kommt hinzu, dass es aufgrund von immer komplexer werdenden Unternehmensstrukturen und internationalen Aktivitäten nicht immer einfach ist, diese auch aufzudecken. Ausgangspunkt der Diskussion um die Behandlung von Interessenkonflikten war der Erlass der MiFID-Richtlinie[417] im Jahr 2004, welche Vorschriften für die Erbringung von Anlageberatung durch Wertpapierdienstleistungsunternehmen vorsieht und in ihrem Art. 18 den Umgang mit Interessenkonflikten regelt. Im Folgenden werden mögliche Ursachen und Quellen für Interessenkonflikte näher dargestellt und im Anschluss das System der Behandlung von Interessenkonflikten im Rahmen der AIFM-Richtlinie unter besonderer Berücksichtigung der MiFID-Richtlinie erläutert.

1. Was ist ein „Interessenkonflikt"?

Um von einem einheitlichen Begriffsverständnis ausgehen zu können, gilt es zunächst klarzustellen, was unter einem „Interessenkonflikt" zu verstehen ist. Auch

417 Richtlinie 2004/39/EG des Europäischen Parlaments und des Rates vom 21.4.2004 über Märkte für Finanzinstrumente, zur Änderung der Richtlinien 85/611/EWG und 93/6/EWG des Rates und der Richtlinie 2000/12/EG des Europäischen Parlaments und des Rates und zur Aufhebung der Richtlinie 93/22/EWG des Rates, ABl. EU Nr. L 145, S. 1 vom 30.4.2004.

wenn der Ausdruck selbsterklärend erscheinen mag, soll es an dieser Stelle trotzdem nicht unterbleiben, näher auf ihn einzugehen.

„Interessenkonflikte entstehen immer dann, wenn mehrere Personen an der ordnungsgemäßen Realisierung bestimmter Geschäftschancen interessiert sind oder die Geschäftschance einer Person davon abhängt, dass eine andere Person eine bestimmte Entscheidung trifft."[418] Die AIFM-Richtlinie selbst schweigt hierzu. Im Rahmen von Erwägungsgrund (24) MiFID-DRL[419] führt der europäische Gesetzgeber jedoch aus:

> Als potenzielle Interessenkonflikte behandelt werden sollten Fälle, in denen ein Konflikt zwischen den Interessen der Wertpapierfirma [...] einerseits und ihrer Verpflichtung gegenüber einem Kunden andererseits besteht [...]. Dabei reicht es nicht aus, dass der Firma ein Vorteil entstehen kann; vielmehr muss gleichzeitig für den Kunden ein potenzieller Nachteil entstehen [...].

Hieraus lässt sich bereits ableiten, dass es für das Vorliegen eines Interessenkonflikts auf zwei wesentliche Elemente ankommt: Der finanzielle Vorteil einer Person auf der einen Seite muss auf der anderen Seite zwingend einhergehen mit einem finanziellen Nachteil einer anderen Person. Demnach stehen sich einander widersprechende Interessen gegenüber. Im Umkehrschluss bedeutet dies aber auch, dass es dem Agenten im Rahmen von Prinzipal-Agent-Beziehungen nicht grundsätzlich untersagt ist, einen eigenen Vorteil durchzusetzen, sondern nur für den Fall, dass hieraus dem Prinzipal ein Nachteil resultiert. In diesem Zusammenhang ist weiter danach zu fragen, ob der Nachteil aufseiten des Prinzipals tatsächlich eintreten, sich also realisieren, muss oder ob bereits die Möglichkeit einer Nachteilsrealisierung für das Vorliegen eines Interessenkonflikts ausreicht. Artikel 21 MiFID-DRL trägt die Überschrift „Für einen Kunden potenziell nachteilige Interessenkonflikte". Bereits hieraus kann geschlossen werden, dass ein Nachteil für den Kunden bloß drohen und nicht auch tatsächlich eintreten muss. Dies ist auch schlüssig, denn Sinn und Zweck der Vorschriften zu den Interessenkonflikten ist gerade die Vermeidung der Entstehung gegensätzlicher Interessen, um sicherzustellen, dass die Entscheidungen und Handlungen des Agenten am Interesse des Prinzipals ausgerichtet sind, sodass es nicht auf die Frage ankommt, ob der Nachteil bloß droht oder tatsächlich eintritt. Im Sinne der Einheitlichkeit der Rechtsordnung sind diese Wertungen auch im Rahmen der AIFM-Richtlinie zugrunde zu legen.

---

418 *Koller* (Fn. 337), § 33 Rn. 38.

419 Richtlinie 2006/73/EG der Kommission vom 10.8.2006 zur Durchführung der Richtlinie 2004/39/EG des Europäischen Parlaments und des Rates in Bezug auf die organisatorischen Anforderungen an Wertpapierfirmen und die Bedingungen für die Ausübung ihrer Tätigkeit sowie in Bezug auf die Definition bestimmter Begriffe für die Zwecke der genannten Richtlinie, ABl. EU Nr. L 241, S. 26 vom 2.9.2006.

2. *Arten von Interessenkonflikten*

Im Folgenden gilt es darzulegen, welche Arten von Interessenkonflikten grundsätzlich im Rahmen der AIFM-Richtlinie entstehen können. Dabei werden insbesondere die Beteiligten und die möglichen Ursachen derartiger Konflikte näher erläutert. Ausgangspunkt dieser Betrachtung ist Art. 14 AIFM-RL, der eine Konkretisierung durch den „Final Report“[420] der ESMA gefunden hat.

a) Grundsatz

Im Rahmen von Art. 14 AIFM-RL sind lediglich solche Interessenkonflikte von Relevanz, „die im Zusammenhang mit der Verwaltung von AIF“ stehen (Art. 14. Abs. 1 AIFM-RL). Das Ziel ist es hierbei zu verhindern, dass sich Interessenkonflikte nachteilig auf die Interessen der AIF und ihrer Anleger auswirken und gleichzeitig sicherzustellen, dass den von dem AIFM verwalteten AIF eine faire Behandlung zukommt (Art. 12 Abs. 1 lit. d AIFM-RL).

b) Fallgruppen

Nachfolgend werden die in Art. 14 Abs. 1 lit. a) bis lit. e) AIFM-RL erwähnten Arten von Interessenkonflikten dargestellt und mit Beispielen aus dem „Final Report“[421] der ESMA belegt.

aa) Art. 14 Abs. 1 lit. a) AIFM-RL

Interessenkonflikte können gemäß Art. 14 Abs. 1 lit. a) AIFM-RL zunächst entstehen zwischen dem AIFM sowie seinen Führungskräften, Mitarbeitern oder jeder anderen Person, die über ein Kontrollverhältnis direkt oder indirekt mit dem AIFM verbunden ist, und dem von ihm verwalteten AIF oder den Anlegern dieses AIF. Verschiedene Konstellationen in der Praxis sind hier denkbar, grundsätzlich geht es jedoch um die Problematik, dass der AIFM bzw. eine ihm gleichgestellte Person wahrscheinlich einen finanziellen Gewinn zulasten des AIF oder seiner Investoren erzielen wird.

So ist es z. B. in der Private Equity-Branche üblich, während des Fundraising-Prozesses das maximale Endvolumen des Fonds (sog. *hard cap*) im Voraus zusammen mit den Investoren festzulegen. Für den Fall, dass kein *hard cap* zwischen dem Fonds und seinen Anlegern vereinbart wurde, droht ein Interessenkonflikt dann, wenn eine variable Vergütung des AIFM vorgesehen ist, die sich nach der Gesamtsumme des von ihm verwalteten Vermögens richtet, und nachträglich eine Erhöhung des Fondsvolumens vorgenommen wird, die jedoch für die Anleger keinen zusätzlichen Vorteil erwarten lässt.[422] Weiter können Interessenkonflikte dadurch entstehen,

420 Siehe Fn. 280.
421 Siehe Fn. 173.
422 ESMA, Final Report (Fn. 280, S. 53 Nr. 7 Punkt 1.

dass der AIFM allein deshalb in bestimmte Assets investiert, da deren Eigentümer über ein Kontrollverhältnis[423] (z. B. Mutter-Tochter-Unternehmen) mit dem AIFM verbunden ist, gleichwohl sich die Investition für den AIF und seine Investoren z. B. aufgrund hoher Transaktionskosten nachteilig auswirken könnte.[424] Aber auch für den Fall, dass der AIFM die satzungsmäßig festgesetzte Lebensdauer des AIF in der Absicht verlängert, weiterhin Gebühren einfordern zu können, ist ein Interessenkonflikt nicht auszuschließen.[425] Derartige Konflikte kommen in der Praxis durchaus häufig vor, und eine Konfliktlösung stellt sich in diesen Konstellationen als besonders heikel dar, da der AIFM zur Beilegung des Konflikts seine eigenen Interessen gegenüber denen des AIF unterzuordnen hat.[426]

bb) Art. 14 Abs. 1 lit. b) AIFM-RL

Gemäß der zweiten Fallgruppe nach Art. 14 Abs. 1 lit. b) AIFM-RL können Interessenkonflikte auch zwischen dem AIF oder den Anlegern dieses AIF und einem anderen AIF oder den Anlegern jenes AIF entstehen. Die Problematik ist darin zu sehen, dass der AIFM oder eine ihm gleichgestellte Person am Ergebnis einer für den AIF oder seiner Anleger erbrachten Dienstleistung oder eines im Namen des AIF oder seiner Anleger getätigten Geschäfts ein Interesse hat, das nicht mit dem Interesse des AIF an diesem Ergebnis übereinstimmt.

So ist es z. B. möglich, dass Assets, in die der AIF investiert hat, nur erworben wurden, weil der Verkäufer eine Person ist, die direkt oder indirekt mit dem AIFM verbunden ist, obwohl der Kauf nicht mit dem Interesse des AIF als Käufer übereinstimmt (z. B. aufgrund eines überhöhten Kaufpreises).[427] Darüber hinaus kann ein Interessenkonflikt daraus resultieren, dass der AIFM eines Private Equity-Fonds in eine Zielgesellschaft investiert, die von einer Person, die (in)direkt mit dem AIFM verbunden ist, mit einem Kredit ausgestattet wurde und der AIFM in diesem Fall geneigt sein könnte, sich von dem Interesse des Kreditgebers, finanzielle Nöte bei der Zielgesellschaft zu vermeiden, beeinflussen zu lassen.[428] Auch wenn der AIFM die Dienste eines Brokers in Anspruch nimmt, die von einer in Art. 14 Abs. 1 lit. a) AIFM-RL bezeichneten Person oder von einem Familienmitglied einer solchen Person angeboten werden, sind Interessenkonflikte nicht auszuschließen.[429]

---

423 Zur Begriffsbestimmung siehe Art. 4 Abs. 1 lit. e ii) AIFM-RL.
424 ESMA, Final Report (Fn. 280), S. 53 f. Nr. 7 Punkte 2 und 3.
425 ESMA, Final Report (Fn. 280) , S. 54 Nr. 7 Punkt 4.
426 *Zentis*, in: Dornseifer/ Jesch et. al. (Fn. 164), Art. 14 Rn. 15.
427 ESMA, Final Report (Fn. 280), S. 54 Nr. 8 Punkt 1.
428 ESMA, Final Report (Fn. 280), S. 54 Nr. 8 Punkt 3.
429 ESMA, Final Report (Fn. 280)), S. 54 Nr. 8 Punkt 5.

cc) Art. 14 Abs. 1 lit. c) AIFM-RL

Die dritte Fallgruppe wird in Art. 14 Abs. 1 lit. c) AIFM-RL genannt und umfasst Interessenkonflikte zwischen dem AIF oder den Anlegern dieses AIF und einem anderen Kunden des AIFM. Hier geht es darum, dass der AIFM und eine der genannten Personen einen (finanziellen) Anreiz haben, die Interessen eines AIF über die Interessen eines anderen AIF zu stellen bzw. die Interessen eines Investors gegenüber den Interessen eines anderen Investors desselben AIF zu bevorzugen.

Dies ist z.B. gegeben, wenn der AIFM die Personalausstattung eines AIF mit schlechter Performance zugunsten eines AIF mit besserer Performance reduziert.[430] Ebenso ist ein Interessenkonflikt möglich, wenn der AIFM sog. *side letters* mit einzelnen Investoren vereinbart, durch welche er diesen Rücknahmerechte einräumt, die gegenüber den Rücknahmevereinbarungen mit den sonstigen Investoren als bevorzugt zu bewerten sind.[431]

dd) Art. 14 Abs. 1 lit. d) AIFM-RL

Die vorletzte Fallgruppe, die aufgeführt wird, findet sich in Art. 14 Abs. 1 lit. d) AIFM-RL und beschreibt den Interessenkonflikt zwischen dem AIF oder den Anlegern dieses AIF und einem von dem AIFM verwalteten OGAW oder den Anlegern dieses OGAW.

Dies gilt z.B. für den Fall, dass der AIFM gleichzeitig einen AIF und einen OGAW verwaltet, während der AIF eine *Long*-Position (Spekulation: Kursanstieg) und der OGAW eine *Short*-Position (Spekulation: Kursfall) an ein und demselben Asset hält und so zwangsläufig ein Nachteil für die eine oder andere Anlegergruppe entstehen muss.[432] Gleichfalls ist die Gefahr von Interessenkonflikten gegeben, wenn der AIFM einen neuen AIF auflegt, der eine ähnliche Anlagestrategie wie ein bereits aufgelegter, jedoch noch nicht vollständig investierter AIF verfolgt und diesem Investitionsmöglichkeiten bereitstellt, die dem „alten" AIF verwehrt bleiben.[433]

ee) Art. 14 Abs. 1 lit. e) AIFM-RL

Als letzte Fallgruppe werden in Art. 14 Abs. 1 lit. e) AIFM-RL Interessenkonflikte genannt, die zwischen zwei Kunden des AIFM entstehen können. Hierunter fallen Konstellationen, in denen der AIFM von einer Person, die weder der AIF noch einer

---

430 ESMA, Final Report (Fn. 280), S. 54 Nr. 9 Punkt 1.

431 ESMA, Final Report (Fn. 280), S. 55 Nr. 9 Punkt 6.

432 ESMA, Final Report (Fn. 280), S. 55 Nr. 9 Punkt 5 (*Anm.*: Dieses Beispiel wird von der ESMA zwar für Art. 14 Abs. 1 lit. c) AIFM-RL angeführt, ist nach hier vertretener Auffassung jedoch der vierten Fallgruppe unter Art. 14 Abs. 1 lit. d) AIFM-RL zuzuordnen.); ESMA, Final Report (Fn. 280), S. 55 Nr. 10.

433 ESMA, Final Report (Fn. 280), S. 55 Nr. 10 Punkt 1.

seiner Investoren ist, einen vermögenswerten Anreiz in Bezug auf die kollektive Portfolioverwaltung erhält.

Dies kann für Fälle gegeben sein, in denen der AIFM in eine Portfoliogesellschaft investiert und auf fortlaufender Basis von dieser Gebühren für z.B. Beratungs- oder Kontrolltätigkeiten erhält.[434] Aber auch im Fall von sog. *soft commission agreements*[435] mit Brokern, die im Gegenzug für eine Order bestimmte Güter (z.B. Daten) oder Dienstleistungen (z.B. Finanzrecherche) gewähren, sind Interessenkonflikte nicht auszuschließen.[436]

3. *Conflicts of Interest Policy und Compliance*

Wie die vorangegangenen Ausführungen zeigen, können Interessenkonflikte im Zusammenhang mit der Verwaltung von AIF aus verschiedenen Gründen und zwischen verschiedenen Beteiligten entstehen. Gemeinsam ist jedoch allen Konstellationen, dass der AIFM ein Interesse zu verwirklichen versucht, das nicht mit den Interessen des AIF bzw. seiner Anleger in Einklang zu bringen ist. Aufgrund dessen, dass der AIFM jedoch bereits nach Art. 12 Abs. 1 AIFM-RL verpflichtet wird, seiner Tätigkeit ehrlich, gewissenhaft und im besten Interesse des AIF bzw. seiner Anleger nachzugehen und alle angemessenen Maßnahmen zur Vermeidung von Interessenkonflikten zu treffen, errichtet Art. 14 AIFM-RL ein Stufensystem, das dem AIFM bei der Errichtung seiner *Conflicts of Interest Policy* helfen soll. Im Grundsatz gilt, dass AIFM wirksame organisatorische und administrative Vorkehrungen zur Ergreifung aller angemessenen Maßnahmen zur Ermittlung, Vorbeugung, Beilegung und Beobachtung von Interessenkonflikten treffen und beibehalten müssen, um zu verhindern, dass diese den Interessen der AIF und ihrer Anleger schaden. Die zur Prävention und Steuerung von Interessenkonflikten festgelegten Verfahren und Maßnahmen sollen zudem dafür sorgen, dass relevante Personen, die verschiedene Geschäftstätigkeiten ausführen, die das Risiko eines Interessenkonflikts nach sich ziehen, diese Tätigkeiten mit einem Grad an Unabhängigkeit ausführen, der der Größe und dem Betätigungsfeld des AIFM und der Gruppe, der er angehört, sowie der Erheblichkeit des Risikos, dass die Interessen des AIF oder seiner Anleger geschädigt werden, angemessen ist (Art. 33 Abs. 1 AIFM-DVO).[437] Das Stufensystem zum Umgang mit Interessenkonflikten wird Gegenstand der nachfolgenden Abschnitte der Untersuchung sein.

---

434 ESMA, Final Report (Fn. 280), S. 55 Nr. 11 Punkt 1.

435 Hierbei handelt es sich um eine Vergütungs-Übereinkunft, bei welcher die Vergütung nicht in „hartem“ Geld, sondern in sonstigen „weichen“ *(„soft“)* Vermögenswerten gezahlt wird.

436 ESMA, Final Report (Fn. 280), S. 55 Nr. 11 Punkt 2.

437 Sog. Verhältnismäßigkeits- oder Proportionalitätsprinzip: *Zentis*, in: Dornseifer/Jesch et. al. (Fn. 164), Art. 14 Rn. 20.

a) *Stufe 1: Identifikation von Interessenkonflikten*

Auf der ersten Stufe ist es erforderlich, die Umstände, die zu Interessenkonflikten und mithin zu einer Benachteiligung des AIF bzw. seiner Anleger führen könnten, zu identifizieren. Dabei sind vom AIFM nicht nur seine eigenen Aktivitäten einer eingehenden Betrachtung zu unterziehen, sondern gerade auch die Tätigkeiten von ihm beauftragter Personen.[438] Bei der Ermittlung der Interessenkonflikte sind insbesondere die unter Art. 14 Abs. 1 lit. a) bis e) AIFM-RL erwähnten Fallgruppen zu berücksichtigen und dahin gehend zu prüfen, ob eine dort beschriebene Situation gegeben ist. Konkret geht es um folgende Fragen:[439]

- Wird zulasten des AIF bzw. seiner Anleger ein finanzieller Vorteil erzielt?
- Wird ein Interesse verfolgt, das nicht mit dem Interesse des AIF bzw. seiner Anleger übereinstimmt?
- Werden die Interessen eines AIF gegenüber den Interessen eines anderen AIF bevorzugt?
- Ist die zeitgleiche Verwaltung eines AIF und eines OGAW ohne Nachteile für eine Anlegergruppe möglich?
- Sind die Interessen verschiedener „Kunden“ miteinander zu vereinbaren?

Es ist zu beachten, dass die Identifikation von Interessenkonflikten keinen einmaligen Vorgang darstellt, sondern aufgrund des dynamischen Umfelds von AIF vielmehr ein kontinuierlicher und regelmäßig vom AIFM zu wiederholender Prozess mit dem Ziel ist, neu aufkeimende Interessenkonflikte so früh wie möglich zu erfassen und im Anschluss zu beheben.[440]

b) *Stufe 2: Vorkehrungen/ Beilegung*

Die zweite Stufe der *Conflicts of Interest Policy*, die der AIFM im Rahmen von Art. 14 AIFM-RL zu errichten hat, beschreibt die Vorkehrungen bzw. Maßnahmen, die zu treffen sind, nachdem (potenziell) schädliche Faktoren in der bisherigen Verwaltungspraxis im Rahmen der Untersuchung auf Stufe 1 ermittelt werden konnten. Insbesondere verweist Art. 14 Abs. 1 AIFM-RL darauf, dass innerhalb der eigenen Betriebsabläufe Aufgaben und Verantwortungsbereiche, die als miteinander unvereinbar angesehen werden könnten oder potenziell systematische Interessenkonflikte hervorrufen könnten, voneinander zu trennen sind. Der „Final Report“ der ESMA sowie Art. 33 Abs. 2 AIFM-DVO nennen weitere Methoden, die im Rahmen der Stufe 2 ergriffen werden könnten.[441]

---

438 ESMA, Final Report (Fn. 280), S. 56 Nr. 13.

439 Vgl. Art. 30 AIFM-DVO.

440 *Zentis*, in: Dornseifer/ Jesch et. al. (Fn. 164), Art. 14 Rn. 18.

441 Diese Maßnahmen orientieren sich im Wesentlichen an Art. 22 Abs. 3 MiFID-DRL und wurden für AIF angepasst.

aa) Errichtung von *Chinese Walls*

Zunächst ist es möglich, wirksame Verfahren zu etablieren, die den Austausch von Informationen zwischen relevanten Personen, die im Zusammenhang mit der Vermögensverwaltung stehen, zu verhindern oder zu kontrollieren, wenn dieser Informationsaustausch den Interessen eines oder mehrerer AIF bzw. der Anleger abträglich sein könnte.[442] Es geht folglich um die Schaffung von Vertraulichkeitsbereichen innerhalb ein und derselben Unternehmung mittels sog. *Chinese Walls*, um so die durch vorschnelle und leichtsinnige Weitergabe sensibler Informationen bestehende Gefahr des Missbrauchs zu reduzieren. Dies geschieht in der Regel durch die organisatorische und räumliche Trennung bestimmter Abteilungen, durch die Schaffung von Zutrittsbeschränkungen oder die Regelung von Zugriffsberechtigungen auf Daten.[443] Die Thematik der *Chinese Walls* ist dabei im Gefüge der sog. Compliance zu sehen, welche im rechtlichen Kontext die Gesamtheit aller zumutbaren Maßnahmen beschreibt, die das regelkonforme Verhalten eines Unternehmens, seiner Organisationsmitglieder und seiner Mitarbeiter im Hinblick auf alle gesetzlichen Ge- und Verbote begründen.[444] Im Rahmen der Errichtung von *Chinese Walls* hat jeder Bereich sodann in eigener Verantwortung alle Vorkehrungen zu treffen, um die Vertraulichkeit der Compliance-relevanten Informationen sicherzustellen.[445] Nur soweit dies zur Erfüllung der Aufgaben notwendig ist, kann ein sog. *Wall Crossing*, d.h. ein Informationsfluss über die Grenzen der geschaffenen *Chinese Walls* hinaus, unter Wahrung des erforderlichen Maßes zweckmäßig und zulässig sein (sog. *Need-to-know*-Prinzip).[446] Die Anzahl und Reichweite der Vertraulichkeitsbereiche kann dabei nicht allgemein festgesetzt werden, sondern ist stets an der Größe, Organisationsstruktur sowie Komplexität der Unternehmung auszurichten.[447] *Chinese Walls* sind damit unter Berücksichtigung des Proportionalitätsprinzips stets unternehmensindividuell.[448] Es ist jedoch zu berücksichtigen, dass *Chinese Walls* nicht dazu führen dürfen, dass wertvolle unternehmerische Synergieeffekte vollends zerstört werden.[449] Das bedeutet, dass ein Ausgleich zwischen den Interessen des AIFM einerseits und dem Interesse des AIF bzw. seiner Anleger andererseits geschaffen werden muss. Erfolgreich kann das Konzept der *Chinese Walls* darüber hinaus nur dann umgesetzt werden, wenn jedem Mitarbeiter bekannt und bewusst

---

442 ESMA, Final Report (Fn. 280), S. 56 Box 22 Nr. 2 (a).

443 BaFin, Rundschreiben 4/2010 (WA) – Mindestanforderungen an die Compliance-Funktion und die weiteren Verhaltens-, Organisations- und Transparenzpflichten nach §§ 31 ff. WpHG für Wertpapierdienstleistungsunternehmen (MaComp), AT 6.2.3a.

444 *Rau*, Compliance und Unternehmensverantwortlichkeit, S. 21; vgl. auch DCGK vom 13.5.2013, Punkt 4.1.3.

445 Siehe: BaFin, Fn. 443.

446 BaFin, MaComp (Fn. 443), AT 6.2.3b.

447 ESMA, Final Report (Fn. 280), S. 57 Nr. 14.

448 *Zentis*, in: Dornseifer/ Jesch et. al. (Fn. 164), Art. 14 Rn. 24.

449 Für Banken: *Koller* (Fn. 337), § 33 Rn. 54.

ist, in welchem Vertraulichkeitsbereich er sich befindet und wie er im Zweifel mit vertraulichen Informationen umzugehen hat.[450] Dies kann mithilfe schriftlicher Anleitungen erreicht werden, die den Mitarbeitern ausgehändigt werden.[451] Überdies sind sog. Beobachtungslisten von einer sowohl organisatorisch wie auch fachlich unabhängigen Compliance-Stelle zu führen, die Auskunft darüber geben, welche Aktivitäten ein nicht unerhebliches Risiko für Interessenkonflikte aufweisen und wo und aus welchem Grund *Wall Crossing* stattgefunden hat.[452] Die Compliance-Stelle ist eine selbstständig agierende Abteilung innerhalb des internen Kontrollsystems, deren Aufgabe darin besteht, die Interessen der Anleger und die Integrität des Kapitalsmarktes zu wahren und deren Leitung sowie Verantwortung dem sog. Compliance-Beauftragten obliegt.[453] An diesen werden hohe Anforderungen in Bezug auf die für seine Tätigkeit erforderliche Zuverlässigkeit und Erfahrung sowie Fachkenntnis gestellt.[454]

bb) Gesonderte Überwachung

Eine weitere Möglichkeit, den Anforderungen auf der Stufe 2 gerecht zu werden, besteht in einer gesonderten Überwachung von Personen, deren Hauptaufgabe darin besteht, kollektive Portfolioverwaltung im Interesse von Kunden auszuführen oder Dienstleistungen für Kunden oder Investoren zu erbringen und bei denen die Gefahr besteht, dass sie Interessen vertreten, die mit denen der Anleger oder mit denen des AIFM kollidieren könnten.[455] Die gesonderte Überwachung von für den AIF und seine Anleger besonders relevanten Personen kann so dazu beitragen, das notwendige Maß an Unabhängigkeit im Hinblick auf die Abläufe innerhalb des AIF sicherzustellen. Auch diese Aufgabe ist wiederum von der bereits erwähnten Compliance-Stelle wahrzunehmen. Die gesonderte Überwachung aller relevanten Personen stellt jedoch einen nicht unerheblichen Aufwand dar, der auch im Hinblick auf die Kosten, die er verursacht, nicht zu unterschätzen ist. Dies gilt für große und komplexe AIF umso mehr. Wegen des mit ihr einhergehenden Arbeits- und Zeitaufwandes wurde die Compliance-Funktion in der Vergangenheit und wird teilweise auch heute noch häufig als unnötiger und lediglich belastender Kostenfaktor aufgefasst, der keinen Mehrwert produziere.[456] Überwiegend besteht jedoch Einigkeit darüber, dass eine effektive Compliance langfristig sogar einen Wettbewerbsvorteil für das eigene Unternehmen bedeuten kann, da durch eine dauernde Überwachung Defizite schneller aufgedeckt und behoben und so ein Reputationsverlust aufgrund

450 *Koller* (Fn. 337), § 33 Rn. 64.
451 *Koller*, Fn. 450.
452 *Klebeck/ Zollinger* BB 2013, 459, 461; *Koller* (Fn. 337), § 33 Rn. 65.
453 *Koller* (Fn. 337), § 33 Rn. 20, 27.
454 Zu dem in Deutschland geltenden Maßstab siehe: BaFin, MaComp (Fn. 443), BT 1.3.1.3, 1.3.1.4.
455 ESMA, Final Report (Fn. 280), S. 56 Box 22 Nr. 2 (b).
456 Siehe: *PWC*, Compliance und Unternehmenskultur, S. 17 Abb. 4.

medialer Berichterstattungen vermieden werden kann.[457] Die Compliance-Regelungen, die die ESMA für AIFM an dieser Stelle konstituiert, sind bereits in Art. 22 Abs. 2 Nr. 3 lit. b) MiFID-DRL sowie auf nationaler Ebene in §§ 33 WpHG i. V. m. 13 Abs. 3 Nr. 5 WpDVerOV vorzufinden. Für alternative Investmentfonds bzw. deren Verwalter stellen diese jedoch eine echte Neuerung dar, da jene bisher keinen strikten Vorgaben unterlagen und nunmehr ein erheblicher Mehraufwand auf sie zukommen wird.

cc) Unabhängige Vergütung

Neben der Errichtung von *Chinese Walls* sowie einer gesonderten Überwachung muss jeder direkte Zusammenhang zwischen den Vergütungen von Personen beseitigt werden, deren Tätigkeiten einen Interessenkonflikt auslösen könnten.[458] Hieraus geht hervor, dass keinesfalls eine vollständige Unabhängigkeit von Vergütungen gefordert wird, sondern lediglich für den Fall, dass die Tätigkeiten, die in Bezug zueinander gesetzt werden, widerstreitende Interessen verfolgen und es so zwangsläufig immer zu einer Benachteiligung bestimmter Individuen kommen muss. Werden jedoch dieselben Interessen verfolgt, kann die Abhängigkeit einer Tätigkeit von einer anderen Tätigkeit als Anreiz für eine gute und effiziente Zusammenarbeit dienen und dem Unternehmen mithin sogar von Nutzen sein.

dd) Keine ungebührliche Einflussnahme

Weiterhin wird von der ESMA verlangt, dass alle Maßnahmen ergriffen werden müssen, die jeden ungebührlichen Einfluss auf die Art und Weise, in der eine relevante Person Vermögensverwaltung erbringt, verhindern oder einschränken.[459] Hierbei handelt es sich um eine sehr weite Forderung, wobei der Begriff der „ungebührlichen Einflussnahme" nicht weiter erläutert wird und somit in der praktischen Anwendung Schwierigkeiten bereiten dürfte. Im allgemeinen Sprachgebrauch wird hierunter etwas gefasst, das „über ein nicht zu rechtfertigendes bzw. angemessenes Maß hinausgeht".[460] Dabei ist jedoch fraglich, ob eine Einflussnahme, ob diese nun „ungebührlich" sein mag oder nicht, überhaupt zu befürworten ist oder ob es nicht vorzuziehen wäre, dass die mit der Vermögensverwaltung betrauten Personen vollkommen eigenständig und unvoreingenommen agieren. Doch gilt hier das, was zuvor im Rahmen der „unabhängigen Vergütung" erwähnt wurde entsprechend, sodass sich eine positive Einflussnahme durchaus leistungssteigernd auswirken kann.

---

457 *Klebeck/ Zollinger*, BB 2013, 459, 459; Compliance als Marketinginstrument: *Frisch*, in: Derleder/ Knops/ Bamberger, Handbuch zum deutschen und europäischen Bankrecht, § 7 Rn. 54.

458 ESMA, Final Report (Fn. 280), S. 56 Box 22 Nr. 2 (c).

459 ESMA, Final Report (Fn. 280), S. 56 Box 22 Nr. 2 (d).

460 Siehe: *Duden*, Stichwort: „Ungebührlich".

ee) Keine gleichzeitige Einbeziehung

Als Letztes ordnet die ESMA in ihrem Katalog an, dass alle Maßnahmen durchzuführen sind, die die zeitgleiche oder unmittelbar nachfolgende Einbeziehung einer relevanten Person in verschiedene Portfoliomanagement-Aktivitäten bzw. Tätigkeiten nach Art. 6 Abs. 2, Abs. 4 AIFM-RL verhindern oder kontrollieren, wenn diese Einbeziehung ein ordnungsgemäßes Konfliktmanagement beeinträchtigen könnte. Der Grund ist darin zu sehen, dass durch die gleichzeitige Verwaltung mehrerer AIF-Portfolios die jeweiligen Anlegerinteressen durch gegenläufige Anlagestrategien gefährdet werden könnten.

c) Stufe 3: Offenlegung

Wenn der AIFM innerhalb seines Verantwortungsbereiches Interessenkonflikte aufgrund der von ihm auf der Stufe 2 seiner *Conflicts of Interest Policy* getroffenen Maßnahmen weder verhindern noch beseitigen konnte, um zu gewährleisten, dass nach vernünftigem Ermessen das Risiko einer Beeinträchtigung von Anlegerinteressen vermieden wird, so errichtet Art. 14 Abs. 2 AIFM-RL für den AIFM die Pflicht, die Anleger, bevor er in ihrem Auftrag Geschäfte tätigt, unmissverständlich über die allgemeine Art bzw. die Quellen der Interessenkonflikte in Kenntnis zu setzen und angemessene Strategien und Verfahren zu entwickeln. Hierdurch soll sichergestellt werden, dass der Anleger seine Entscheidung, ob der AIFM für ihn trotz des Vorliegens von Interessenkonflikten tätig werden soll, auf Basis vollständiger Informationen treffen kann. Auch hier folgt die AIFM-Richtlinie dem Ansatz aus Art. 18 Abs. 2 der MiFID-Richtlinie. Die Mitteilung an die Investoren hat dabei mithilfe eines dauerhaften Mediums oder über die Website zu erfolgen und muss die Interessenkonflikte gemäß Art. 14 Abs. 1 und Abs. 2 AIFM-RL bzw. für den Fall, dass eine Delegation (z. B. des Risikomanagements) stattgefunden hat, die Interessenkonflikte zwischen dem Delegierten und dem AIFM oder den Anlegern des betroffenen AIF konkret benennen.[461] Stellt der AIFM diese Informationen über eine Website zur Verfügung und sind diese nicht persönlich an den Investor gerichtet, so muss der AIFM folgende Kriterien beachten:

- Der Investor muss über die Adresse der Website und den konkreten Ort auf der Website, an dem die relevanten Informationen zugänglich sind, in Kenntnis gesetzt werden und den Modalitäten dieser Informationsbeschaffung zustimmen.
- Die Informationen müssen stets auf dem neuesten Stand gehalten werden.
- Die Informationen müssen so lange auf der Website verfügbar sein, wie der Investor sie vernünftigerweise zu prüfen berechtigt ist.[462]

Der Erwägungsgrund (27) MiFID-DRL weist in diesem Zusammenhang zudem darauf hin, dass „eine übermäßige Offenlegung ohne angemessene Überlegungen

461 ESMA, Final Report (Fn. 280), S. 57 Box 23 Nr. 2.
462 ESMA, Final Report (Fn. 280), S. 57 f. Box 23 Nr. 3.

darüber, wie Interessenkonflikte geregelt werden können, unzulässig [ist]". Hieraus lässt sich ableiten, dass nicht zu bewältigende Interessenkonflikte zwar grundsätzlich offenzulegen sind, dass dies jedoch nicht dazu führen darf, dass die Maßnahmen zur Vorbeugung und Behebung von Interessenkonflikten (Stufe 2) umgangen bzw. durch eine vorschnelle Offenlegung ersetzt werden. Folglich ist die Offenlegung als *Ultima Ratio* innerhalb des Stufensystems der *Conflicts of Interest Policy* zu bewerten, die nur dann eingreift, wenn die anderen Maßnahmen keinen Erfolg erzielen konnten. Dies ist auch zu befürworten, da nur so eine langfristige Minimierung des Risikopotenzials für Interessenkonflikte und ein Umdenken beim AIFM bewirkt werden können.

4. *Spezialfall: Primebroker*

Besondere Erwähnung im Rahmen der Vorschriften betreffend den Umgang mit Interessenkonflikten findet der sog. Primebroker in Art. 14 Abs. 3 AIFM-RL. Gemäß der Legaldefinition in Art. 4 Abs. 1 lit. af) AIFM-RL handelt es sich bei diesem um „ein Kreditinstitut, eine regulierte Wertpapierfirma oder andere Einheit, die einer Regulierungsaufsicht und ständigen Überwachung unterliegt und professionellen Anlegern Dienstleistungen erbringt, in erster Linie, um als Gegenpartei Geschäfte mit Finanzinstrumenten zu finanzieren oder durchzuführen, und die möglicherweise auch andere Dienstleistungen wie Clearing und Abwicklung von Geschäften, Verwahrungsdienstleistungen, Wertpapierleihe und individuell angepasste Technologien und Einrichtungen zur betrieblichen Unterstützung anbietet". Trotz des Umstandes, dass es sich hierbei um eine ungewohnt ausführliche Definition handelt, soll es nicht unterbleiben, auf einige Aspekte im Folgenden näher einzugehen.

a) Tätigkeit von Primebrokern

Das *Prime Brokerage* hat seinen Ursprung im Amerika der 1980er-Jahre und entwickelte sich von einer zunächst nur administrativen Erleichterung für den Wertpapierhandel zu einer zentralen Anlaufstelle für Hedge-Fonds bei der Umsetzung und Abwicklung ihrer Anlagestrategien.[463] Bei Primebrokern handelt es sich, wie bereits aus der Legaldefinition der AIFM-Richtlinie erkennbar, um externe Dienstleister, die vom AIFM regelmäßig in Anspruch genommen werden. Ihr Einsatzfeld ist sehr vielfältig und beschränkt sich mithin nicht bloß auf eine bestimmte Tätigkeit. Grundsätzlich tragen die Effektivität und technische Kapazität von Primebrokern aber in großem Umfang dazu bei, die Geschäfte der Hedge-Fonds sicher und nachvollziehbar zu machen.[464]

Eine der häufigsten Aufgaben, mit denen Primebroker betraut werden, ist die *Custody*, also die Übernahme der Vermögensverwahrung und -verwaltung, welche in Deutschland gemäß §§ 20 bis 29 InvG klassischerweise von den Depotbanken

463 *Rosowski* (Fn. 73), S. 171 f.
464 *Hornberg*, Hedgefonds, S. 37.

als Verwahrstelle wahrgenommen wurde. Weiter wirken Primebroker unterstützend bei der Vornahme von Leerverkäufen mit, indem sie den Hedge-Fonds gegen Sicherheiten das benötigte Fremdkapital bereitstellen *(margin finance)* und Wertpapiere verleihen *(securities lending)*; sie übernehmen jedoch auch sonstige Abwicklungs- und Abrechnungsaufgaben im Zusammenhang mit Wertpapiergeschäften *(clearing)*.[465] Die AIFM-Richtlinie schreibt in Art. 14 Abs. 3 für den Fall, dass AIFM für einen AIF die Dienste eines Primebrokers in Anspruch nehmen, vor, dass die Bedingungen in einem schriftlichen Vertrag vereinbart werden müssen, welcher gemeinhin auch als „Primebroker-Agreement" bezeichnet wird. Hierbei handelt es sich um einen Rahmenvertrag, der als Grundlage für die Geschäftsbeziehung zwischen Hedge-Fonds und Primebroker dient und durch die Festlegung standardisierter Klauseln Einzelverträge überflüssig macht.[466] Seit dem Jahr 1999 existiert das von deutschen und französischen Banken initiierte und von der *Banking Federation of the European Union* entwickelte „European Master Agreement" (EMA)[467], welches nunmehr als europäischer Mantelvertrag für jede Art von Finanzgeschäften einheitliche Vertragsregelungen (z.B. bezüglich Kündigungsrechten, Zahlungs- und Lieferbedingungen sowie steuerrechtlicher Fragen) beinhaltet und den innereuropäischen Handel stark vereinfacht.[468] Weiterhin müssen AIFM gemäß Art. 14 Abs. 3 AIFM-RL a.E. bei der Auswahl und Benennung von Primebrokern, mit denen ein Vertrag geschlossen wird, mit der gebotenen Sachkenntnis, Sorgfalt und Gewissenhaftigkeit vorgehen und die Gründe ihrer Entscheidung glaubhaft darlegen können.[469] Hedge-Fonds entscheiden sich zumeist bereits in ihrer Entstehungsphase für einen bestimmten Primebroker. Kriterien, die das Auswahlverfahren maßgeblich beeinflussen, sind dabei insbesondere die Anlagestrategien, das Fondsvolumen sowie die Anlagegegenstände des Hedge-Fonds; auf Primebroker-Seite dessen Dienstleistungsangebot, insbesondere inwieweit er Unterstützung bei der Umsetzung der Anlagestrategien bieten kann, sowie dessen Erfahrung.[470] Der Primebroker muss folglich den speziellen Bedürfnissen des eigenen Fonds gerecht werden können, da nur so eine effiziente Zusammenarbeit zu gewährleisten ist. Die ESMA legt zudem fest, dass von AIFM eine Liste zu führen ist, die alle vom Senior Management gebilligten Primebroker aufzählt und dass nur in Ausnahmefällen ein Primebroker bestellt werden darf, der nicht auf dieser Liste geführt wird.[471]

---

465 *Höring*, Investmentrecht, S. 162.
466 *Rosowski* (Fn. 73), S. 221.
467 Abrufbar unter: Bankenvereinigung der Europäischen Union, http://www.ebf-fbe.eu/index.php?page=ema (zuletzt abgerufen: 31.5.2015).
468 *Klingner-Schmidt*, in: Derleder/ Knops/ Bamberger, Handbuch zum deutschen und europäischen Bankrecht, § 55 Rn. 39 f.
469 ESMA, Final Report (Fn. 280), S. 44 f., Box 13 Nr. 2.
470 *Rosowski* (Fn. 73), S. 219.
471 ESMA, Final Report, Fn. 469.

b) *Interessenkonflikte zwischen Primebrokern und AIF*

Es ist an dieser Stelle danach zu fragen, warum Primebroker im Rahmen von Art. 14 AIFM-RL besonders hervorgehoben werden. Da es in Art. 14 AIFM-RL um Interessenkonflikte im Zusammenhang mit der Verwaltung von AIF geht, muss die Tätigkeit von Primebrokern folglich geeignet sein, Interessenkonflikte zu erzeugen. Erwägungsgrund (43) AIFM-RL weist grundsätzlich darauf hin, dass AIF die Dienste von Primebrokern auch im Geltungsbereich der AIFM-Richtlinie weiterhin in Anspruch nehmen können. Um jedoch das Potenzial für Interessenkonflikte zu verringern, darf ein Primebroker, der als Geschäftspartner eines AIF auftritt, nur dann als Verwahrstelle bestellt werden, wenn eine funktionale und hierarchische Trennung der Ausführung seiner Verwahrungsfunktion von seinen Aufgaben als Primebroker vorliegt und die potenziellen Interessenkonflikte ordnungsgemäß ermittelt, gesteuert, beobachtet und den Anlegern des AIF offengelegt werden (Art. 21 Abs. 4 lit. b) AIFM-RL). Grund für diese Regelung ist der Umstand, dass Primebroker aufgrund ihres Tätigkeitsspektrums als Gegenparteien von AIF auftreten und sie daher nicht gleichzeitig in demselben Umfang die Interessen des AIF wahrnehmen können wie z.B. eine vollkommen unabhängige Verwahrstelle (Erwägungsgrund (43) AIFM-RL).[472] Die Hauptaufgaben von Verwahrstellen bestehen, wie ihr Name schon sagt, in der reinen Vermögensverwahrung. Darüber hinausgehende Dienstleistungen werden grundsätzlich nicht angeboten, sodass Interessenkonflikte nicht zu erwarten sind.[473] Anders verhält es sich mit Primebrokern: Diese sind wiederum nicht in der Lage, losgelöst von eigenen Interessen lediglich zum Wohle des AIF zu handeln, was die explizite Regelung ihres Einsatzes in Art. 14 AIFM-RL erklärt.

5. *Zwischenergebnis*

Im Anschluss an die Ausführungen zu den Interessenkonflikten kann festgehalten werden, dass sich Situationen, in denen sich gegensätzliche Interessen begegnen, bei Hedge-Fonds aufgrund von deren Komplexität, Größe und Wesen sowie ihres dynamischen Umfelds nie vollkommen ausschließen und vermeiden lassen. Die AIFM-Richtlinie ist sich dieser Tatsache bewusst, versucht jedoch, mithilfe eines Dreistufensystems – bestehend aus Ermittlung, Behebung und Offenlegung des Interessenkonflikts – eine bestmögliche und vor allem transparente Handhabung des Konflikts zu gewährleisten.

III. Risikomanagement

Bereits im *De Larosière*-Bericht wurde darauf hingewiesen, dass ein mangelhaftes Risikomanagement beim Entstehen der letzten Finanzmarktkrise eine wichtige Rolle

---

472 Zur Unabhängigkeit der Verwahrstelle vgl. § 22 Abs. 1 InvG.
473 *Schmies*, Die Regulierung von Hedgefonds, S. 61.

gespielt hat.[474] Aus diesem Grund behandeln die Regelungen zum Risikomanagement im Rahmen der AIFM-Richtlinie einen der zentralen Regelungsbereiche und stellen gleichzeitig eine echte Neuerung für geschlossene Investmentfonds dar. Der wichtigste Grundsatz ist in Art. 15 Abs. 1 AIFM-RL zu finden, der besagt, dass das Risiko- sowie das Portfoliomanagement funktional und hierarchisch voneinander getrennt sein müssen.

1. „Risiko" und „Risikomanagement"

a) Risiko

aa) Begrifflichkeit

Zunächst ist zu klären, was unter dem Begriff „Risikomanagement" zu verstehen ist. Hierfür muss an der Bedeutung des Wortes „Risiko" angesetzt werden. Eine allgemeine Definition existiert nicht. Vielmehr wird der Begriff je nach Anwendungsgebiet und Zielsetzung unterschiedlich gebraucht. Im betriebswirtschaftlichen Sinn kann „Risiko" allgemein verstanden werden als „die Wahrscheinlichkeit eines künftigen Ereignisses, das negativ bewertete Auswirkungen nach sich zieht".[475] Die BaFin macht in ihrer MaRisk (VA)[476] folgende Angaben: „Als Risiko wird die Möglichkeit des Nichterreichens eines explizit formulierten oder sich implizit ergebenden Zieles verstanden." Aus der Formulierung „Möglichkeit des *Nichterreichens*" folgt, dass grundsätzlich jede und nicht nur eine auf negative Folgen beschränkte Abweichung von einem konkret formulierten Ziel unter dem Risikobegriff gefasst werden kann. Damit stellt auch das Übertreffen der eigenen Realisierungserwartung Teil eines Risikos dar. Dieses Verständnis von „Risiko" knüpft an den sog. erweiterten bzw. wirkungsbezogenen Risikobegriff an, der sowohl positive wie auch negative Abweichungen einbezieht und das Risiko eines Verlusts dabei untrennbar mit der Aussicht auf einen (unerwartet hohen) Gewinn verknüpft.[477] Das positive wie auch das negative Abweichen vom Erwartungswert werden unter dem Begriff „spekulatives Risiko" zusammengefasst, wobei das negative Abweichen als „reines Risiko" und das positive Abweichen als „Chance" bezeichnet wird.[478] *Nguyen* weist darauf hin, dass als Gründe für das spekulative Risiko zum einen Fehlentscheidungen des Entscheidungsträgers und zum anderen Entscheidungen auf Basis von unsicheren Informationen in Betracht kommen.[479] Mit hier vertretener Auffassung

---

474 *De Larosière*-Bericht (Fn. 15), Nr. 236.

475 *Gleißner*, Grundlagen des Risikomanagements im Unternehmen, S. 10; *Hauswirth*, Risk Management, S. 24.

476 BaFin, Rundschreiben 3/2009 (VA) – Aufsichtsrechtliche Mindestanforderungen an das Risikomanagement (MaRisk (VA)) vom 22.1.2009, Punkt 5.1.

477 *Hasenmüller*, Unternehmensrisiko Klimawandel, S. 9.

478 *Nguyen*, Handbuch der wert- und risikoorientierten Steuerung von Versicherungsunternehmen, S. 6.

479 *Nguyen* (Fn. 478), S. 7.

sind Fehlentscheidungen und das Vorhandensein unsicherer Informationen jedoch nicht als alternative Gründe für die Entstehung eines spekulativen Risikos anzusehen. Vielmehr besteht zwischen ihnen eine Wechselwirkung in der Art, dass eine Entscheidung unter Sicherheit nur dann vom Entscheidungsträger getroffen werden kann, wenn diesem sichere und vollständige Informationen zur Verfügung stehen, die als Basis seiner Entscheidungsfindung dienen. Da diese Sicherheit, die durch eine vollständige und korrekte Informationsversorgung hervorgerufen wird, in der Realität kaum besteht, ist den meisten unternehmerischen Entscheidungen ein bestimmtes Maß an Risiko immanent.[480] Der ungewisse Ausgang einer derartigen Risikosituation wird dabei in Kauf genommen, obwohl das Risiko an sich wegen der vorhandenen Verlustaversion als negativ bewertet wird. [481] Ein Widerspruch, der mit dem unternehmerischen Streben nach Gewinn und der Erhöhung der eigenen Wettbewerbschancen erklärt werden kann. Einschränkend weist die BaFin für die Zwecke des Risikobegriffs im Rahmen der MaRisk (VA) noch auf Folgendes hin: „Alle von der Geschäftsleitung identifizierten Risiken, die sich nachhaltig negativ auf die Wirtschafts-, Finanz- oder Ertragslage des Unternehmens auswirken können, werden als wesentlich erachtet." Und außerdem: „Dieses Rundschreiben fokussiert auf die negativen Zielabweichungen." Demnach sind allein Risiken, bei denen ein negatives Ergebnis zu erwarten ist, für das Risikomanagement von Relevanz, da diese sich zumeist in Verlusten des Unternehmens widerspiegeln.[482] Sie sind so geeignet, dessen finanzielle Situation zu gefährden und mittelbare Auswirkungen für andere Marktteilnehmer zu erzeugen.

Diese Wertung für die AIFM-Richtlinie übernehmend, kann mithin davon ausgegangen werden, dass der europäische Gesetzgeber, ohne ausdrücklich darauf hinzuweisen, ebenfalls die Regulierung des „reinen Risikos" im Blickfeld hatte und Art. 15 AIFM-RL vor diesem Hintergrund zu lesen ist. Dieser Rückschluss wird auch vom Wortlaut der Vorschrift getragen, der in Abs. 2 ebenfalls das Wesentlichkeitsmerkmal aufgreift („Damit alle Risiken, die für einzelnen AIF-Anlagestrategien wesentlich sind [...]").

bb) Arten von Risiken

Hinsichtlich der Arten von Risiken unterscheidet Art. 44 Abs. 2 AIFM-DVO insbesondere zwischen dem Markt-, Kredit-, Liquiditäts- sowie Gegenparteirisiko und dem operationellem Risiko.

Das „Marktrisiko" definiert die ESMA in ihrem „Final Report"[483] als das Verlustrisiko für den AIF, das aus Schwankungen des Marktwertes der Anlagepositionen

480 *Meierbeck*, Strategisches Risikomanagement der Beschaffung, S. 15.
481 Siehe hierzu bereits die Ausführungen zur *Prospect Theory* in Kapitel Zweiter Teil.C.I.1.b.).bb).
482 BaFin, MaRisk (VA), Fn. 476.
483 Fn. 312, S. 69 Nr. 30.

resultiert.[484] Das Marktrisiko wird insbesondere durch die Volatilität angegeben, die das mögliche Verlustrisiko eines bestimmten Finanzprodukts zum Ausdruck bringt.[485]

Das „Kreditrisiko“ im weiteren Sinne bezeichnet „das Risiko einer Bonitätsverschlechterung (einhergehend etwa mit einer Ratingabstufung) und damit einer Erhöhung der Ausfallwahrscheinlichkeit“.[486] Das „Kreditrisiko“ im engeren Sinne hingegen beschreibt das Risiko, dass der Schuldner eines Kreditvertrages nicht in der Lage ist, seinen Zahlungsverpflichtungen vertragsgemäß nachzukommen.[487]

Unter dem „Liquiditätsrisiko“ hingegen wird das Risiko verstanden, dass der AIFM den Zahlungsverpflichtungen des AIF nicht bzw. nicht fristgerecht nachkommen kann, ohne dabei erhebliche Verluste zu erleiden.[488] Insbesondere die bei offenen Fonds bestehende Möglichkeit der Rücknahme von Anlegeranteilen kann in diesem Zusammenhang zu einer Einschränkung der Liquidität führen, wenn diese vom AIFM nicht von vornherein entsprechend berücksichtigt wird.[489]

Als „Gegenparteirisiko“ bzw. Kontrahentenrisiko wird die Gefahr bezeichnet, dass die Gegenpartei eines Vertrages die ihr obliegende vertragliche Verbindlichkeit nicht erfüllt und der anderen Partei, die ggf. schon vorgeleistet hat, ein Schaden entsteht, der sich z. B. in Form von entgangenen Gewinnen oder der Pflicht zur Vornahme eines Deckungskaufes ausdrücken kann. Zur Schaffung eines einheitlichen Standards und zur Erhöhung der Transparenz bei gleichzeitiger Minderung von System- und Gegenparteirisiken ist für sog. *Over-the-Counter*-Geschäfte (OTC-Geschäfte) im Juli 2012 die „European Market Infrastructure Regulation“ (EMIR)[490] erlassen worden, die mithilfe der Statuierung einer sog. *Clearingpflicht* die Abwicklung von durch Art. 4 EMIR konkretisierter Derivategeschäfte über „zentrale Gegenparteien“ (*central counterparties* bzw. *CCP*) vorschreibt.

Das „operationelle Risiko“ beschreibt die „Gefahr von Verlusten, die infolge einer Unzulänglichkeit oder des Versagens von internen Verfahren, Menschen und Systemen oder infolge externer Ereignisse eintreten“.[491] So können z. B. fehlerhafte Bewertungen oder Abrechnungen, aber auch Fehler des AIFM, Betrugsfälle oder Umweltkatastrophen unter das operationelle Risiko fallen.[492]

---

484 Siehe auch: *Josek*, in: Dornseifer/ Jesch et. al. (Fn. 164), Art. 15 Rn. 67.
485 *Josek*, in: Dornseifer/ Jesch et. al., Fn. 484.
486 *Albrecht*, GRIR 2005, 21, 26.
487 *Albrecht*, Fn. 486.
488 *Josek*, in: Dornseifer/ Jesch et. al. (Fn. 164), Art. 15 Rn. 75.
489 *Josek*, in: Dornseifer/ Jesch et. al. (Fn. 164), Art. 15 Rn. 76.
490 Verordnung (EU) Nr. 648/2012 des Europäischen Parlaments und des Rates vom 4. Juli 2012 über OTC-Derivate, zentrale Gegenparteien und Transaktionsregister, ABl. EU Nr. L 201, 1 vom 27.7.2012.
491 *Frisch*, in: Derleder/ Knops/ Bamberger, Handbuch zum deutschen und europäischen Bankrecht, § 7 Rn. 23.
492 *Josek*, in: Dornseifer/ Jesch et. al. (Fn. 164), Art. 15 Rn. 61.

b) Die Bedeutung von „Risikomanagement“

aa) Begriffliche Bedeutung

Unternehmerisches Handeln ist, wie soeben dargestellt, geprägt von zahlreichen Entscheidungssituationen. Dabei gilt es zwischen Entscheidungen unter „Sicherheit“ und solchen unter „Unsicherheit“ zu differenzieren.[493] Wird eine Entscheidung unter Sicherheit getroffen, so steht das Ergebnis der Entscheidung bereits im Vorfeld fest, da es nur eine Entscheidungsfolge gibt.[494] Stehen mehrere sichere Entscheidungen zur Auswahl, so wird sich der Entscheidungsträger als rational denkender und handelnder *Homo oeconomicus* für denjenigen Lösungsweg entscheiden, der die größte Nutzenmaximierung verspricht.[495] Eine Entscheidung unter Unsicherheit hingegen ist dadurch gekennzeichnet, dass mehrere mögliche Entscheidungsfolgen existieren und zum Zeitpunkt der Entscheidung noch nicht feststeht, welche Folge sich als Ergebnis der Entscheidung tatsächlich realisieren wird.[496] Um diese Unsicherheiten oder auch Risiken kontrollieren zu können und dem eigenen Unternehmen keinen unnötigen Schaden zuzufügen, ist es jedoch erforderlich, Systeme zu entwickeln, die den Umgang mit Risiken erleichtern. An dieser Stelle setzt der Begriff „Risikomanagement“ an. *Guserl* und *Pernsteiner* beschreiben Risikomanagement als „einen kontinuierlichen Prozess, der bestehende und neue Risiken analysiert, Bewältigungsstrategie optimiert und Kontrollmechanismen bereitstellt“.[497] *Gleißner* hingegen versteht Risikomanagement als „das systematische Denken und Handeln im Umgang mit Risiken“.[498] *Wiederkehr* und *Züger* fassen Risikomanagement allgemein als „alle erforderlichen Aufgaben und Maßnahmen zur Risikobekämpfung“ auf.[499] Der Gesetzgeber verhilft an dieser Stelle zumindest für die Zwecke der AIFM-Richtlinie zu Klarheit, indem er in Art. 38 AIFM-DVO Risikomanagement-Systeme definiert als „Systeme, die aus relevanten Elementen der Organisationsstruktur des AIFM bestehen und in deren Rahmen einer ständigen Risikomanagement-Funktion eine zentrale Rolle zukommt, und die die im Zusammenhang mit der Steuerung der Anlagestrategie sämtlicher AIF relevanten Strategien und Verfahren, Vorkehrungen, Prozesse sowie mit der Risikomessung und dem Risikomanagement verbundenen Verfahren umfassen, die der AIFM bei allen von ihm verwalteten AIF verwendet“.

bb) Unternehmerische Bedeutung

Risikomanagementsysteme variieren von Unternehmen zu Unternehmen. Dies ist darauf zurückzuführen, dass das Risikomanagement eines Unternehmens im Wesentlichen beeinflusst wird von der unternehmenseigenen Risikokultur bzw.

---

493 *Oehler/ Unser*, Finanzwirtschaftliches Risikomanagement, S. 10.

494 *Oehler/ Unser*, Fn. 493.

495 Zum *Homo oeconomicus* siehe bereits: S. 96 f.

496 *Oehler/ Unser*, Fn. 493.

497 *Hofmann/ Bühler*, in: Guserl/ Pernsteiner, Risikomanagement im Unternehmen, S. 159, 165; *ähnlich: Diederichs*, Risikomanagement und Risikocontrolling, S. 13.

498 *Gleißner*, Grundlagen des Risikomanagements im Unternehmen, S. 11.

499 *Wiederkehr/ Züger*, Risikomanagement im Unternehmen, S. 9.

Risikostrategie. Die Risikokultur beschreibt die grundsätzliche Einstellung und Bereitschaft der Geschäftsleitung sowie aller Entscheidungsträger, Risiken bewusst wahrzunehmen und einzugehen und ist so individuell wie das Unternehmen selbst.[500] Bevor die Errichtung eines Risikomanagementsystems erfolgen kann, ist es daher in einem ersten Schritt zunächst erforderlich, die Risikostrategie anhand der Unternehmensgrundsätze festzulegen.[501] Die Risikostrategie ist dabei aus der Geschäftsstrategie konsistent zu entwickeln.[502] Diese enge Verzahnung geht auch bereits aus Art. 15 Abs. 2 AIFM-RL selbst hervor, wo es heißt: „Damit alle Risiken, die für die einzelnen AIF-Anlagestrategien wesentlich sind [...]". Hier ist erkennbar, dass eine Risikoidentifikation anhand der konkreten Anlagestrategien oder, mit anderen Worten, der Geschäftsstrategien erfolgen muss. Aber auch auf nationaler Ebene finden sich z. B. in § 64a VAG für das Versicherungsrecht oder in § 25a KWG für das Kreditwesenrecht Vorschriften, die eine Ausrichtung der Risikostrategie an der Geschäftsstrategie des jeweiligen Unternehmens fordern.[503] Mit *Schaaf*[504] ist eine derartige Verknüpfung von Geschäfts- und Risikostrategie auch zu befürworten, da die Risikostrategie als eine Art Spiegelbild der Geschäftsstrategie zu betrachten ist, welche den Umgang mit den mit der gewählten Geschäftsstrategie einhergehenden Risiken verbindlich für alle Mitarbeiter formuliert. Dieser Zusammenhang ist gleichfalls bedeutend für die Bestimmung der Risikotragfähigkeit eines Unternehmens. Diese gibt an, bis zu welchem Ausmaß das Unternehmen in der Lage ist, Risiken, die aufgrund der Geschäftsstrategie eintreten können, aufzufangen, ohne in einen finanziellen Engpass zu geraten.[505] Übersteigen die potenziellen Risiken die Risikotragfähigkeit des Unternehmens, so ist entweder die Risikotragfähigkeit durch die Zuführung zusätzlichen Eigenkapitals zu erhöhen oder die Geschäftsstrategie an die begrenzte Risikotragfähigkeit anzupassen.[506] Hier zeigt sich bereits, dass die Einrichtung eines Risikomanagementsystems auch für das Unternehmen selbst wertvolle interne Effekte erzeugen kann, die über die bloße Erfüllung gesetzlicher Pflichten hinausgehen. Die Etablierung eines auf das Unternehmen zugeschnittenen

500 *Van der Brink*, Management von operationellen Risiken in Finanzinstituten, S. 177, 179.

501 *Schmitz/ Wehrheim*, Risikomanagement, S. 30.

502 *Christians*, Performance Management und Risiko, S. 209.

503 § 64a Abs. 1 Nr. 1 VAG lautet: „[...] Dieser erfordert die Entwicklung einer auf die Steuerung des Unternehmens abgestimmten Risikostrategie, die Art, Umfang und Zeithorizont des betriebenen Geschäfts und der mit ihm verbundenen Risiken berücksichtigt"; § 25a Abs. 1 KWG lautet: „[...] Die Ausgestaltung des Risikomanagements hängt von Art, Umfang, Komplexität und Risikogehalt der Geschäftstätigkeit ab [...]".

504 *Schaaf*, Risikomanagement und Compliance in Versicherungsunternehmen, S. 60.

505 *Schaaf* (Fn. 504), S. 63.

506 *Schaaf*, Fn. 505.

Risikomanagementsystems zwingt insbesondere die Geschäftsleitung dazu, sich intensiv mit den Zielen und Grundsätzen des Unternehmens auseinanderzusetzen und so bereits bei der Erarbeitung des Risikomanagementsystems Unstimmigkeiten zu erkennen und zu beheben. Das bedeutet, dass das Unternehmen sich seiner strategischen Ausrichtung bewusst werden muss und diese auch als allseits zu beachtenden Grundsatz leben muss. Die Festlegung einer unternehmenseigenen Geschäftsstrategie ist jedoch nur eingeschränkt von Nutzen, wenn diese nicht allen Mitarbeitern zugänglich gemacht wird. Die Kommunizierung der Risikostrategie in den einzelnen Geschäftsbereichen und auf den unterschiedlichen Unternehmensebenen nämlich stellt erst eine einheitliche und bereichsspezifische Anwendung der entwickelten Leitlinien sicher, sodass Risiken bereits im Vorfeld sinnvoll eingegrenzt werden können. Es geht folglich auch darum, das Risikobewusstsein aller im Unternehmen Tätigen zu schärfen. Daher sagt *Mikus* zum Nutzen von Risikomanagement Folgendes: „Risikomanagement soll durch die explizite Einbeziehung von Chancen und Risiken verhindern, dass das Unternehmen in eine Krisensituation gerät, und damit zur Sicherung sowie zur erfolgreichen Weiterentwicklung des Unternehmens beitragen".[507] Denn nur, wenn Risiken frühzeitig erkannt werden, besteht noch die Möglichkeit, diese mithilfe geeigneter Maßnahmen abzuwenden oder zumindest deren Auswirkungen zu begrenzen. Langfristig ist ein an den Unternehmensgrundsätzen ausgerichtetes Risikomanagementsystem daher geeignet, Verluste zu verhindern und wertvolle Wettbewerbsvorteile hervorzubringen.

2. *Aufbau eines Risikomanagementsystems*

Gemäß Art. 15 Abs. 1 AIFM-RL i. V. m. Art. 42 AIFM-DVO muss das Risikomanagement funktional und hierarchisch von den operativen Abteilungen sowie dem Portfoliomanagement getrennt sein. Das bedeutet, dass ein Mitarbeiter nicht zugleich für das Risiko- wie auch das Portfoliomanagement eingesetzt werden und auch die Vergütung eines für das Risikomanagement tätigen Mitarbeiters nicht in Abhängigkeit zur Vergütung eines Mitarbeiters des Portfoliomanagements stehen darf.[508] Die Folge einer solchen Verknüpfung könnte die Entstehung von Interessenkonflikten sein, die ein unabhängiges und zuverlässiges Risikomanagement gefährden könnten. Dies ist darauf zurückzuführen, dass es letztlich auf eine Selbstkontrolle hinauslaufen würde und der sowohl mit dem Portfolio- wie auch mit dem Risikomanagement betraute Mitarbeiter die Anforderungen des Risikomanagements selbst manipulieren könnte. Sollte aufgrund der Struktur eine Trennung dieser Einheiten nicht verhältnismäßig sein, so ist der AIFM gehalten, in seiner *Risk Management Policy* mögliche Interessenkonflikte sowie Mittel zum Umgang mit diesen zu benennen.[509] Diese werden durch Art. 43 AIFM-DVO konkretisiert und

---

507 *Mikus*, in: Götze et. al., Risiken und Risikomanagement, S. 1, 11.

508 *Anm.*: Dasselbe gilt umgekehrt auch für die Tätigkeit und Vergütung eines Mitarbeiters des Portfoliomanagements.

509 Art. 15 Abs. 1 AIFM-RL; ESMA, Final Report (Fn. 280), S. 64 Box 26 Nr. 3 (e).

müssen u. a. gewährleisten, dass Entscheidungen der Risikomanagement-Funktion auf zuverlässigen Daten basieren, die einem angemessenen Maß an Überwachung durch die Risikomanagement-Funktion unterliegen, und dass die Risikomanagement-Funktion einer angemessenen unabhängigen Überprüfung unterzogen wird, um zu gewährleisten, dass die Entscheidungsfindung unabhängig verläuft.

Die Anforderungen der ESMA an die Struktur des Risikomanagementsystems lauten, ähnlich denen in Art. 15 Abs. 2 AIFM-RL, wie folgt:

> The AIFM shall establish and maintain a permanent risk management function that shall: implement effective risk management policies and procedures in order to identify, measure, manage and monitor on an on-going basis all risks relevant to each AIF's investment strategy, to which each AIF is or may be exposed.[510]

Zunächst ist folglich die Einrichtung einer *Permanent Risk Function* erforderlich, welche die Aufgabe hat, eine *Risk Management Policy* zu errichten, um in Bezug auf die Risiken folgende Prozesse durchzuführen: Risikoidentifizierung (Stufe 1), Risikobewertung (Stufe 2), Risikosteuerung (Stufe 3) sowie die Risikoüberwachung (Stufe 4). Diese Struktur des Risikomanagementsystems wird nachfolgend näher erläutert. Es sei vorab erwähnt, dass die Betrachtung der *Permanent Risk Function*, die von der ESMA gleich zu Beginn genannt wird, aus verweisungstechnischen Gründen erst im Anschluss an die Darstellung der Vorgehensweise des Risikomanagements erfolgt.

a) *Risk Management Policy*

Das Risikomanagement im Rahmen der AIFM-Richtlinie wird im Wesentlichen bestimmt durch die *Risk Management Policy*, die vom AIFM festzusetzen ist. Die Vorgaben der ESMA orientieren sich hier im Wesentlichen an Art. 38 OGAW-DRL.[511] Die Risikomanagement-Grundsätze müssen dem Wesen und der Komplexität des jeweiligen AIF entsprechen und alle wesentlichen Risiken identifizieren und separat dokumentieren, denen ein AIF ausgesetzt sein könnte.[512] Die *Risk Management Policy* muss bestimmte Mindestinhalte vorweisen können, die im Folgenden näher ausgeführt werden. Zunächst wird gefordert, dass die *Risk Management Policy* Techniken, Werkzeuge und sonstige Regelungen beinhalten muss, um Risiken angemessen bewerten und steuern zu können, und dies nicht nur unter Berücksichtigung normaler, sondern gerade auch außergewöhnlicher Liquiditätsbedingungen.[513] Insbesondere

---

510 ESMA, Final Report (Fn. 280), S. 62 Box 25 Nr. 1 (a).

511 Richtlinie 2010/43/EU der Kommission vom 1. Juli 2010 zur Durchführung der Richtlinie 2009/65/EG des Europäischen Parlaments und des Rates im Hinblick auf organisatorische Anforderungen, Interessenkonflikte, Wohlverhalten, Risikomanagement und den Inhalt der Vereinbarung zwischen Verwahrstelle und Verwaltungsgesellschaft, ABl. EU Nr. L 176, S. 42 vom 10.7.2010.

512 ESMA, Final Report (Fn. 280), S. 64 Box 26 Nr. 1.

513 ESMA, Final Report (Fn. 280), S. 64 Box 26 Nr. 3 (a), (b); Art. 40 Abs. 3 lit. b) AIFM-DVO.

müssen auch die Verantwortlichkeiten im Rahmen des Risikomanagements festgeschrieben werden. Darüber hinaus muss eine Festsetzung von sog. *risk limits*[514] (Art. 44 AIFM-DVO) erfolgen und eine Begründung dafür abgegeben werden, wie diese mit den Risikoprofilen des betroffenen AIF zu vereinbaren sind.[515] Die Risikomanagement-Grundsätze sind vom AIFM zu kontrollieren und müssen materielle Veränderungen innerhalb der *Risk Management Policy* der zuständigen Behörde ihres Mitgliedstaates mitteilen.[516] Die Kontrolle im Hinblick auf die Angemessenheit und Wirksamkeit der Risikomanagement-Grundsätze hat gemäß Art. 15 Abs. 2 AIFM-RL i.V.m. Art. 41 AIFM-DVO mindestens einmal jährlich zu erfolgen und bleibt damit hinter den Anforderungen der deutschen Verwaltungspraxis zurück, da in der InvMaRisk eine vierteljährliche Überprüfung von der BaFin gefordert wird.[517] Da die AIFM-Richtlinie jedoch durch die Formulierung „mindestens" den Mitgliedstaaten Gestaltungsspielraum gewährt, steht einer Anpassung an die nationalen Anforderungen nichts entgegen. Artikel 41 Abs. 1 letzter Unterabs. AIFM-DVO weist zudem darauf hin, dass über die Häufigkeit der Überprüfung die Geschäftsleitung im Einklang mit den Verhältnismäßigkeitsprinzipien unter Berücksichtigung der Art, des Umfangs und der Komplexität der Geschäfte des AIFM und des von ihm verwalteten AIF entscheidet.

Artikel 15 Abs. 4 AIFM-RL statuiert darüber hinaus, dass der AIFM unter Beachtung der in Art. 15 Abs. 4 lit. a) bis lit. h) AIFM-RL vorgegebenen Aspekte ein Höchstmaß an Hebelfinanzierung für jeden von ihm verwalteten AIF festzulegen hat. Dabei wird dem AIFM wiederum ein nicht unerheblicher Ermessensspielraum zugestanden, da es vonseiten des europäischen Gesetzgebers keinerlei Restriktionen, z.B. in Gestalt von Grenzwerten, diesbezüglich gibt. Das festgelegte Höchstmaß an Leverage muss lediglich mit dem jeweiligen AIF und seinen Anlagestrategien, folglich mit seinem Risikoprofil, in Einklang stehen und angemessen sein (Erwägungsgrund (50) AIFM-RL). Insoweit gilt auch hier der Grundsatz der Verhältnismäßigkeit.

b) Vorgehensweise des Risikomanagements

Die Vorgehensweise des Risikomanagements untergliedert sich in mehrere Stufen, die auch in dieser vorgegebenen Reihenfolge einzuhalten sind, um einen ordnungsgemäßen und kontrollierten Umgang mit den Risiken gewährleisten zu können. Sie werden im Folgenden erläutert.

---

514 Vgl. hierzu die Ausführungen zur Risikobegrenzung, Kapitel Zweiter Teil.C.III.2.b).cc).

515 ESMA, Final Report (Fn. 280), S. 64 Box 26 Nr. 3 (d).

516 ESMA, Final Report (Fn. 280), S. 66 Box 27 Nr. 2.

517 BaFin, Rundschreiben 5/2010 (WA) vom 30.6.2010 zu den Mindestanforderungen an das Risikomanagement für Investmentgesellschaften – InvMaRisk, Nr. 4.3.6.

aa) Risikoidentifikation

Die Risikoidentifikation bildet die erste Stufe innerhalb des Risikomanagementsystems. Laut Art. 15 Abs. 2 AIFM-RL und den Ausführungen der ESMA soll es das Ziel sein, alle wesentlichen Risiken zu erfassen, die sich auf die Anlagestrategien eines jeden AIF nachteilig auswirken könnten. Dabei unterlässt es die ESMA jedoch bewusst, die *wesentlichen* Risiken für AIF festzulegen mit dem Hinweis auf die Vielfalt der möglichen Anlagestrategien von AIF sowie den Umstand, dass im Zweifel alle Risiken relevant sind.[518] Die ESMA nennt dabei Kategorien von Risiken, die einer besonderen Beobachtung unterzogen werden sollten. Dazu gehören die bereits erwähnten Marktrisiken, Kreditrisiken, Liquiditätsrisiken, Ausfallrisiken und operative Risiken, für welche der AIFM *risk limits*[519] festlegen muss. Diese sollen dazu dienen, die Risiken für die einzelnen Bereiche zu begrenzen und somit kontrollierbar zu machen, darüber hinaus tragen diese aber auch zu einer Erhöhung der Transparenz bei.

bb) Risikobewertung

Nachdem die Risiken identifiziert wurden, muss in einem zweiten Schritt eine Risikobewertung vorgenommen werden. Die Risikobewertung stellt die Beurteilung der identifizierten Risiken sicher, indem sie deren negative Auswirkungen quantitativ und/ oder qualitativ bemisst.[520] Die ESMA weist darauf hin, dass im Anwendungsbereich der AIFM-Richtlinie zur Risikobewertung sowohl quantitative wie auch qualitative Methoden herangezogen werden sollten.[521] Fraglich ist, was hierunter zu verstehen ist.

Bei der Risikobewertung geht es grundsätzlich darum, einen Zusammenhang zwischen dem Erfolgseintritt eines Risikos und dem zu erwartenden Schadensausmaß, also dem Risikopotenzial, herzustellen.[522] Bei *quantitativen* Bewertungsverfahren wird das zu erwartende Schadensausmaß anhand einer *absoluten* Bewertung der Auswirkungen vorgenommen, bei *qualitativen* Bewertungsverfahren hingegen wird das zu erwartende Schadensausmaß anhand einer *relativen* Ein- oder Zuordnung beschrieben.[523] Quantitative Bewertungsmethoden sind immer dann anwendbar, wenn exakte monetäre Daten zu Investitionsauswirkungen vorliegen, auf Basis derer eine Beurteilung der Wirtschaftlichkeit vorgenommen werden kann.[524] Stehen mehrere Alternativen für ein Lösungskonzept zur Auswahl, wird die Entscheidung letztlich über den Kostenaspekt getroffen. Im Gegensatz dazu stehen die qualitativen Bewertungsmethoden. Diese werden immer

---

518 ESMA, Final Report (Fn. 280), S. 63 Nr. 10.
519 ESMA, Final Report (Fn. 280), S. 68 Box 29 Nr. 2.
520 *Wiederkehr/ Züger* (Fn. 499), S. 32.
521 ESMA, Final Report (Fn. 280), S. 67 Nr. 21.
522 *Romeike*, in: Kaiser, Wettbewerbsvorteil Risikomanagement, S. 161, 163.
523 *Wiederkehr/ Züger*, Fn. 520.
524 *Koch*, Einführung in das Management von Geschäftsprozessen, S. 96.

dann herangezogen, wenn gerade keine monetären Aspekte in die Bewertung einbezogen werden sollen (z. B. aufgrund von fehlender Datensicherheit)[525], also keine rein wirtschaftliche Betrachtung erfolgt.[526] Der Ausspruch der ESMA, dass im Rahmen der AIFM-Richtlinie sowohl quantitative wie auch qualitative Bewertungsmaßstäbe angewendet werden sollen, macht die Bewertung innerhalb des Risikomanagements zwar komplex, zeigt jedoch auch gleichzeitig, dass AIFM vielschichtig vorgehen und eine Gesamtschau aller infrage kommenden Aspekte vornehmen sollen.

cc) Risikosteuerung

Im Anschluss an die Risikobewertung hat die Risikosteuerung zu erfolgen. Diese beschäftigt sich mit der Fragestellung, welche Maßnahmen im Rahmen der Unternehmenssteuerung durchzuführen sind, um die ermittelten und bewerteten Risiken zu bewältigen.[527] Hierfür stehen folgende Instrumente zur Verfügung:

(1) Risikovorsorge

Zunächst bietet sich die Risikovorsorge an, welche zukünftige Risiken mit Blick auf die momentane und zukünftig notwendige Risikotragfähigkeit plant.[528] Die Risikotragfähigkeit eines Unternehmens bemisst sich grundsätzlich an der Höhe des zur Verfügung stehenden Eigenkapitals. Je höher das Eigenkapital wiederum ist, desto größer ist der Puffer, der den Schaden bei tatsächlicher Realisierung eines Risikos auffangen kann.[529] Plant ein Unternehmen folglich in der Zukunft Investitionen, die mit dem jetzigen Risikopuffer nicht zu vereinbaren wären, so muss eine Eigenkapitalerhöhung in entsprechender Höhe vorgenommen werden, um die eigene Risikotragfähigkeit zu erhöhen. So weist auch bereits die BaFin in der MaRisk (VA) darauf hin, dass die Risikotragfähigkeit laufend abgedeckt und ein interner Prozess zur Sicherstellung der Risikotragfähigkeit einzurichten sei.[530]

(2) Risikovermeidung

Ein weiteres Mittel zur Risikosteuerung ist die Risikovermeidung. Wie sich aus dem Begriff selbst bereits erschließen lässt, geht es darum, Risiken zu vermeiden, indem sie erst gar nicht eingegangen werden und die Eintrittswahrscheinlichkeit des Schadens so auf null reduziert bzw. gänzlich ausgeschaltet wird. Aufgrund des Umstandes, dass das Wesen von AIF und insbesondere von Hedge-Fonds jedoch

525 *Knöss/ Kreßmann*, Die Jahres- und Vorhabenplanung, S. 67, 78.
526 *Koch* (Fn. 524), S. 97.
527 *Wolke*, Risikomanagement, S. 79.
528 *Wolke* (Fn. 527), S. 80.
529 *Wolke* (Fn. 527), S. 81.
530 BaFin, Rundschreiben 10/2012 (BA) – Mindestanforderungen an das Risikomanagement (MaRisk) vom 14.12.2012, Punkt 4.1.1 und 4.1.2.

darin besteht, absolute Renditen durch die Eingehung risikoreicher Investitionen zu erzielen, schließt sich die Frage an, inwieweit die Risikovermeidung als Instrument der Risikosteuerung überhaupt für sie in Betracht gezogen werden kann. Wie auch bei Banken dürfte die Risikovermeidung nur auf Einzelrisikoebene realisierbar sein (z. B. bei der Auswahl eines geeigneten Primebrokers).[531]

(3) Risikobegrenzung

Sollte eine Risikovermeidung nicht umsetzbar sein, so kommt nur eine Risikobegrenzung infrage. Die Risikobegrenzung unterscheidet sich von der Risikovermeidung lediglich dadurch, dass die Eintrittswahrscheinlichkeit des negativen Effektes nicht vollständig ausgeschaltet, sondern auf ein tragbares Maß begrenzt wird. Es wurde bereits eingangs erwähnt, dass die ESMA von jedem AIFM die Festlegung von *risk limits* fordert, die vom Leitungsgremium genehmigt wurden.[532] Ein mögliches Mittel, das für eine Limitsetzung verwendet werden kann, soll kurz dargestellt werden. Es handelt sich um sog. *Stop-Loss-Limits*. Diese geben eine Unter- bzw. Obergrenze für den Marktpreis eines Finanzinstruments an und ordnen bei Über- bzw. Unterschreiten dieser Grenzen den sofortigen Verkauf desselben an.[533] Sie legen folglich einen maximalen Prozentsatz bzw. Betrag für einen hinnehmbaren Verlust fest. Diese Art der Risikobegrenzung bietet jedoch nur ein Mindestmaß an Schutz vor Verlusten. Dies liegt daran, dass zum einen die Obergrenze für den Verlust beliebig, also willkürlich, festgelegt werden kann. Zum anderen sagt das Erreichen dieser Verlustgrenze nichts darüber aus, wie sich das Finanzinstrument in der Zukunft entwickeln wird. Die Aktienmärkte unterliegen ständigen Schwankungen, sodass einem Kursverlust auch gleich wieder ein Aufschwung folgen kann und so durch einen vorzeitigen Verkauf ein möglicher Gewinn entgehen kann. Ähnlich ist dies bei sog. *Szenario-Limits*, welche eine Verlustobergrenze für ein in der Zukunft mögliches, bestimmtes Szenario (z. B. globale Wirtschaftskrise) festlegen.[534]

(4) Risikodiversifikation

Eine weitere mögliche Methode zur Risikosteuerung innerhalb eines Risikomanagementsystems ist die sog. Risikodiversifikation, welche insbesondere von Hedge-Fonds genutzt wird. Ziel der Risikodiversifikation, die auch als Risikostreuung bezeichnet wird, ist es, das Gesamtrisiko eines Portfolios durch Streuung und systematische Kombination von nicht korrelierenden Einzelrisiken zu reduzieren.[535] Die Verteilung der Risiken auf verschiedene Investitionsprojekte birgt den Vorteil in sich, dass eine Risikominderung erzeugt werden kann, ohne dabei Einbußen in

531 Für Banken: *Mauch*, Risikomanagement in Banken, S. 327, 343.
532 Siehe ESMA, Fn. 519; Art. 44 AIFM-DVO.
533 *Wolke*, Fn. 529.
534 *Wolke* (Fn. 527), S. 82.
535 *Schmitz/ Wehrheim* (Fn. 501), S. 101.

den Ertragschancen hinnehmen zu müssen.[536] Eine derartige Vorgehensweise wird auch als *Hedging* bezeichnet, welches dadurch charakterisiert wird, dass Geschäfte mit gegenläufigen Risiken abgeschlossen und so drohende Verluste von Gewinnen auf der anderen Seite kompensiert werden.[537] In diesem Zusammenhang ist die von *Markowitz* entwickelte „Portfoliotheorie" zu erwähnen, die als Grundlage für die optimale Zusammenstellung eines Portfolios unter Berücksichtigung von Risiko und finanziellen Ressourcen herangezogen werden kann.[538] Ausgangspunkt einer jeden Portfoliozusammenstellung ist nach *Markowitz* vor allem die Erwartung in Bezug auf die Performance einer Anlage in der Zukunft.[539] Dabei geht er von der Grundannahme aus, dass Investoren die Erzielung der erwarteten Renditen für erstrebenswert, eine Abweichung vom Erwartungswert für nicht erstrebenswert befinden.[540] Im Rahmen der Portfoliotheorie wird jedoch auch darauf hingewiesen, dass selbst ein Portfolio, das von höchster Diversifikation geprägt ist, nicht das Eintreten von Abweichungen in Bezug auf die erwarteten Ergebnisse garantieren kann.[541] Dies wiederum basiert auf der grundsätzlich bestehenden Ungewissheit auf den Märkten, die eine sichere Berechnung von Entwicklungen und künftigen Ereignissen unmöglich macht.

(5) Risikoüberwälzung

Als letztes Mittel der Risikosteuerung steht die Risikoüberwälzung zur Verfügung. Mithilfe der Risikoüberwälzung werden die Risikopositionen in ihrer ursprünglichen, unbegrenzten Form auf andere Marktteilnehmer (z.B. Versicherungen) kraft Vertrag und gegen entsprechende Gegenleistung (z.B. Zahlung einer Versicherungsprämie) übertragen, deren Risikotragfähigkeit größer ist als die eigene.[542] Wird das Risiko auf sog. Selbstversicherungen übertragen, spricht man im Rahmen der Risikosteuerung auch von „Risikoübernahme", da kein externes, sondern ein internes Versicherungsunternehmen eingeschaltet ist, das im Versicherungswesen auch als *Captive* bezeichnet wird.[543]

dd) Risikoüberwachung

Wie bereits mehrfach erwähnt, bringt der Markt Unsicherheiten dadurch hervor, dass er stetigen Veränderungsprozessen unterliegt und sich Kurse innerhalb kürzester Zeit in verschiedene Richtungen bewegen können. Diese Kursschwankungen

---

536 *Fähnrich/ Manns*, Konzeptionsentwicklung im Treasury-Management für Banken, S. 60.
537 *Mauch* (Fn. 531), S. 343.
538 *Markowitz*, Portfolio Selection, The Journal of Finance, Vol. 7, S. 77–91.
539 *Markowitz* (Fn. 538), S. 77.
540 *Markowitz*, Fn. 539.
541 *Markowitz* (Fn. 538), S. 77, 79.
542 *Wolke* (Fn. 527), S. 85.
543 *Meyer-Kahlen*, in: Farny et. al., Handwörterbuch der Versicherung HdV, S. 95.

haben direkte Auswirkungen auf die Investitionen der Anleger, indem sie auf das ihnen anhaftende Risikopotenzial Einfluss nehmen. Da sich aus diesem Grund das Risiko ständig verändern kann, ist eine fortlaufende Überwachung erforderlich, um immer über den aktuellen Stand informiert zu sein und die nötigen Korrekturen vornehmen zu können. Mittels Abweichungsanalysen ist im Rahmen der Risikoüberwachung sicherzustellen, dass die Ist-Risikosituation dem vorgegebenen Soll-Zustand jederzeit entspricht.[544] Darüber hinaus liegt der Sinn der Risikoüberwachung nicht nur in der Überwachung der Risiken selbst, sondern auch in der Überwachung des Risikomanagements im Allgemeinen, um so Schwachstellen im System aufdecken und beheben zu können.[545]

3. Permanent Risk Function

Wie bereits erwähnt, hat der AIFM eine *Permanent Risk Function* bzw. ständige Risikomanagement-Funktion, wie es bereits in Art. 12 OGAW-DRL heißt,[546] einzurichten und aufrechtzuerhalten. Gemäß Art. 15 Abs. 1 AIFM-RL i. V. m. Art. 42 AIFM-DVO muss das Risikomanagement funktional und hierarchisch von den operativen Abteilungen sowie dem Portfoliomanagement getrennt sein. Das bedeutet, dass ein Mitarbeiter nicht zugleich für das Risiko- wie auch Portfoliomanagement eingesetzt werden darf. Die Folge einer solchen Verknüpfung könnte die Entstehung von Interessenkonflikten sein, die ein unabhängiges und zuverlässiges Risikomanagement gefährden könnten. Dies ist darauf zurückzuführen, dass es letztlich auf eine Selbstkontrolle hinauslaufen würde und der sowohl mit dem Portfolio- wie auch mit dem Risikomanagement betraute Mitarbeiter die Anforderungen des Risikomanagements selbst manipulieren könnte. Sollte aufgrund der Struktur eine Trennung dieser Einheiten nicht möglich sein, so muss der AIFM in seiner *Risk Management Policy* mögliche Interessenkonflikte sowie Mittel zum Umgang mit diesen benennen.[547] Die Aufgabe der ständigen Risikomanagement-Funktion liegt darin, das Risikomanagement sowohl organisatorisch wie auch inhaltlich zu steuern und zu überwachen und muss insbesondere Prozesse und Verfahren entwickeln, um die Risiken, denen AIF ausgesetzt sein könnten, fortlaufend identifizieren, bewerten, steuern und überwachen zu können. Die Risikocontrolling-Funktion hat darüber hinaus sicherzustellen, dass die Risikoprofile der einzelnen AIF in Einklang mit den *risik limits* stehen, die im Vorfeld für sie festgelegt worden sind.[548]

---

544 *Schierenbeck/ Lister*, Value Controlling, S. 370.

545 *Schierenbeck/ Lister*, Fn. 544.

546 Richtlinie 2010/43/EU der Kommission vom 1. Juli 2010 zur Durchführung der Richtlinie 2009/65/EG des Europäischen Parlaments und des Rates im Hinblick auf organisatorische Anforderungen, Interessenkonflikte, Wohlverhalten, Risikomanagement und den Inhalt der Vereinbarung zwischen Verwahrstelle und Verwaltungsgesellschaft, ABl. EU Nr. L 176, S. 42 vom 10.7.2010.

547 Art. 15 Abs. 1 AIFM-RL; ESMA, Final Report (Fn. 280), S. 64 Box 26 Nr. 3 (e).

548 ESMA, Final Report (Fn. 280), S. 62 Box 25 Nr. 1 (b).

Zudem muss die Adäquanz und Effizienz der Risikomanagementprozesse sowie der Handlungen, die im Fall eines festgestellten Defizits unternommen werden müssen, in regelmäßigen Abständen überprüft und aktualisiert werden.[549] Etwaige Unstimmigkeiten, vor allem in Bezug auf die Einhaltung der *risk limits*, sind von der *Permanent Risk Function* unverzüglich an die Entscheidungsträger des AIF weiterzuleiten. Zudem ist das Senior Management regelmäßig über das aktuelle Risikolevel jedes einzelnen AIF sowie über drohende Verletzungen von *risk limits* in Kenntnis zu setzen.[550] Insoweit stimmen die Anforderungen der AIFM-Richtlinie an die Ständige Risikomanagement-Funktion mit denen in Art. 12 Abs. 3 OGAW-DRL im Grundsatz überein. Demnach kann festgehalten werden, dass die Ständige Risikomanagement-Funktion das Risikomanagement als Prozess und nicht als bloß einmalige Handlung zu betrachten hat und dabei stets vorausschauend vorgehen muss, um der Realisierung oder Erhöhung eines Risikos noch rechtzeitig mithilfe geeigneter Abwehrmaßnahmen begegnen zu können.

4. Besonderheiten

Die Anforderungen an das vom AIFM zu errichtende Risikomanagementsystem wurden auf den vorigen Seiten näher erläutert und zeigen auf, dass die Grundstruktur zwar vorgegeben ist, jedoch in ihren Einzelheiten sehr umfangreich und komplex werden kann. Dies macht jedoch auch deutlich, dass das Risikomanagement in direkter Korrelation mit den AIF zu sehen ist, die es zum Gegenstand hat, und keine Anforderungen über die Verhältnismäßigkeit hinaus errichten soll. Einem komplexen und großen AIF kann kein einfaches Risikomanagement zugrunde gelegt werden, da dies ein Anzeichen dafür wäre, dass die Struktur des AIF nicht hinreichend in die Gestaltung des Risikomanagements einbezogen worden ist. Bisher unberücksichtigt geblieben sind jedoch die Anforderungen, die Art. 15 Abs. 3 AIFM-RL konstituiert. Dieser verweist in lit. a) und lit. b) darauf, dass sowohl die Durchführung einer *Due Diligence* erfolgen, aber auch „Stresstests“ durchgeführt werden müssen. Aufgrund des Umstandes, dass es sich bei diesen Begrifflichkeiten um Themen handelt, denen man in der jüngsten Vergangenheit häufig begegnen musste, sollen sie einer separaten Betrachtung unterzogen werden.

a) Due Diligence-Process

Gemäß Art. 15 Abs. 3 lit. a) AIFM-RL müssen AIFM eine der Anlagestrategie, den Zielen und dem Risikoprofil des AIF angemessene, dokumentierte und regelmäßig aktualisierte Sorgfaltsprüfung *(Due Diligence-Process)* durchführen, wenn sie für Rechnung des AIF Anlagen tätigen.[551] Der Begriff „Due Diligence“ ist ursprünglich

549 ESMA, Final Report (Fn. 280), S. 62 Box 25 Nr. 1 (d).
550 ESMA, Final Report (Fn. 280), S. 62 Box 25 Nr. 1 (e).
551 Gleich gelagerte Sorgfaltspflichten werden auch schon in Art. 23 OGAW-DRL für Verwaltungsgesellschaften von OGAW konstituiert.

eher im Zusammenhang mit M&A-Prozessen wie Unternehmenskäufen bekannt und bezeichnet dort die systematische Untersuchung eines Zielunternehmens in der Absicht, nach Abschluss des Prozesses auf Basis der gewonnenen Informationen eine Unternehmensbewertung und somit Kaufpreisermittlung vornehmen zu können.[552] Im Rahmen der AIFM-Richtlinie ist der Begriff jedoch etwas anders auszulegen. *Due Diligence* bezeichnet hier eine Art selbstverpflichtenden Sorgfaltsmaßstab, den der AIFM festzusetzen und ständig zu überwachen hat, um zu gewährleisten, dass die Interessen des AIF und von dessen Anlegern stets gewahrt werden. Dazu gehört u. a., dass der AIFM über angemessenes Verständnis und hinreichende Kenntnisse hinsichtlich der Assets verfügt, in die er investiert, da nur so sichergestellt werden kann, dass er im besten Interesse des AIF und seiner Investoren handeln kann.[553] Darüber hinaus muss der AIFM Grundsätze und Verfahren schriftlich niederlegen und regelmäßig aktualisieren, die gewährleisten, dass Investmententscheidungen auf Rechnung des AIF mit den Zielen, Investmentstrategien und *risk limits* übereinstimmen.[554] Es muss zudem sichergestellt sein, dass die Sorgfaltsprüfung im Verhältnis zu dem jeweiligen Asset steht und der Natur sowie Komplexität des gesamten AIF entspricht.[555]

b) Stresstests

Neben der Errichtung eines schriftlich fixierten Sorgfaltsmaßstabs wird gemäß Art. 15 Abs. 3 lit. b) AIFM-RL die Vornahme von sog. Stresstests angeordnet. Diese sollen gewährleisten, dass die mit den einzelnen Anlagepositionen des AIF verbundenen Risiken mitsamt ihrer Auswirkungen auf das Gesamtportfolio des AIF laufend ordnungsgemäß bewertet, eingeschätzt, gesteuert und überwacht werden können. Stresstests werden regelmäßig auf der zweiten Stufe des Risikomanagementsystems angewendet und dienen somit der Risikobewertung. Sie sollen Szenarien identifizieren, die zu einer Verletzung von *risk limits* führen könnten.[556] Auch die MaRisk (VA) ordnet bereits die Durchführung regelmäßiger, mindestens jedoch einmal jährlich stattfindender sowie anlassbezogener, angemessener Stresstests für die wesentlichen Risiken an, die Art, Umfang, Komplexität und den Risikogehalt der Geschäftsaktivitäten widerspiegeln.[557] Die Ergebnisse der Stresstests sind im Anschluss kritisch zu reflektieren und ein etwaiger Handlungsbedarf ist zu ergründen.[558]

Die Haupttypen von Stresstests sind die sog. Szenarioanalysen und Sensitivitätsanalysen: Während Sensitivitätsanalysen die Auswirkung der Veränderung nur eines einzelnen Risikofaktors auf einen AIF untersuchen, haben Szenarioanalysen – bei

552 *Kapoor*, Due Diligence, S. 5 ff.
553 ESMA, Final Report (Fn. 280), S. 41 Box. 11 Nr. 1, 2.
554 ESMA, Final Report (Fn. 280), S. 41 Box. 11 Nr. 3.
555 ESMA, Final Report (Fn. 280), S. 42 Nr. 13.
556 ESMA, Final Report (Fn. 280), S. 64 Nr. 10.
557 BaFin, MaRisk (VA) (Fn. 476), Nr. 4.3.3.1, 4.3.3.4.
558 BaFin, MaRisk (VA) (Fn. 476), Nr. 4.3.3.5.

Zugrundelegung historischer oder hypothetischer Umweltbedingungen – die Auswirkung und Wechselwirkung der gleichzeitigen Veränderung mehrerer Risikofaktoren auf den AIF zum Gegenstand.[559]

5. *Die Rolle der Ratingagenturen*

Zum Abschluss der Ausführungen zum Risikomanagement soll an dieser Stelle eine besondere Problematik angesprochen werden. Wie kaum ein anderes Wort in den letzten Jahren hat der Begriff „Ratingagentur" im Zusammenhang mit der Wirtschaftskrise an enormer Publizität gewonnen. Immer wieder wurde den Ratingagenturen vorgeworfen, am Entstehen der Krise nicht gänzlich unschuldig zu sein. Und führt man sich den Fall der Bank *Lehman Brothers* vor Augen, die einige Tage vor ihrem Zusammenbruch noch von der Ratingagentur *Standard & Poor's* ein „A+"-Rating erhalten hatte, so mag man durchaus geneigt sein, die Zuverlässigkeit und Arbeitsweise der Ratingagenturen zumindest infrage zu stellen. Darüber hinaus wird bereits im *De Larosière*-Bericht darauf hingewiesen, dass Ratingagenturen an den heutigen Finanzmärkten beinahe eine regulatorische Rolle einnehmen, da sich zu viele Finanzakteure auf ihr Urteil verlassen und es gänzlich unterlassen würden, sich ein eigenes Werturteil zu bilden.[560] Aus diesem Grund soll und kann es nicht unterbleiben, die Funktionsweise und möglichen Interessenkonflikte, die aus der Tätigkeit von Ratingagenturen resultieren können, für diese Zwecke in Grundzügen zu skizzieren.

a) Die Funktion von Ratings

Zunächst gilt es zu fragen, worin die Funktion von Ratings, dem Bewertungsergebnis der Ratingagenturen, zu sehen ist. Die Hauptfunktion von Ratings besteht in der *Informationsfunktion*. Dies ist darauf zurückzuführen, dass mithilfe von Ratings eine Information über das vom Investor zu tragende Bonitätsrisiko anhand einer Beurteilung des Aspekts „erwartete Eintrittswahrscheinlichkeit einer Zahlungsstörung" abgegeben wird.[561] Die Ratingskala reicht dabei von „AAA" (höchste Bonität) bis „C" bzw. „DDD" (zahlungsunfähig).[562] Diese Beurteilung erfolgt dabei nicht nur zu Beginn einer Investition, sondern gerade auch während ihrer gesamten Dauer, um den Anleger so stets mit aktuellen Daten zu seinen Anlageprodukten versorgen zu können *(dynamische Informationsfunktion)*.[563] Ratings können Unternehmen bzw. Investoren folglich dabei unterstützen, Prognosen für eigene Gewinne und Verluste zu erstellen, indem sie Informationen bereitstellen, auf Basis derer die

559 *Josek*, in: Dornseifer/ Jesch et. al. (Fn. 164), Art. 15 Rn. 277–281.
560 *De Larosière*-Bericht (Fn. 15), Nr. 56, 66.
561 *Morgenroth*, Ökonomische Analyse der Funktionen von Rating durch Ratingagenturen im Rahmen einer Gläubiger-Schuldner-Beziehung, S. 26.
562 Die Ratingskala kann je nach Ratingagentur variieren.
563 *Morgenroth* (Fn. 561), S. 27.

Geschäftsabläufe angepasst werden können. Darüber hinaus können Ratings bestehende Informationsasymmetrien im Rahmen von Prinzipal-Agent-Beziehungen beheben bzw. verkleinern, indem sie Informationsvorsprünge des Agenten ausgleichen.

b) Kritik an Ratingagenturen

Wie bereits eingangs erwähnt, ist insbesondere vor dem Hintergrund des *Lehman Brothers*-Crashs in der jüngsten Vergangenheit immer häufiger Kritik an der Zuverlässigkeit und den Bewertungsmethoden von Ratingagenturen geübt worden. Ihnen wird vor allem vorgeworfen, mit ihren wenig treffsicheren Ratings dazu beigetragen zu haben, dass das Kreditrisiko geringer eingeschätzt und das Ausfallrisiko somit unterbewertet wurde.[564] Gleichzeitig wird im *De Larosière*-Bericht jedoch auch darauf verwiesen, dass Ratingagenturen bei entsprechender Kompetenz und Integrität zweifellos eine wertvolle Dienstleistung erbringen und daher auch wichtiger Bestandteil der Finanzmärkte sein sollten.[565] Voraussetzung dafür ist jedoch, dass ihre Ratings unabhängig, objektiv und von höchstmöglicher Qualität sind.[566] Interessenkonflikte, die aus der Tätigkeit der Ratingagenturen herrühren, stellen diese geforderte Neutralität zum jetzigen Zeitpunkt jedoch noch infrage. Die Ursachen für diese Interessenkonflikte sind unmittelbar in der Arbeitsweise der Ratingagenturen selbst zu suchen.

aa) Struktur eines Ratingverfahrens[567]

Nachdem sich das Unternehmen (z.B. ein Kreditinstitut), das entweder für sich selbst oder für eines seiner Produkte eine Bewertung anstrebt, eine passende Ratingagentur ausgewählt hat, wird die *Vorphase* eines externen Ratingverfahrens durch die erste Kontaktaufnahme zwischen der Ratingagentur und dem Unternehmen initiiert und endet im besten Fall mit dem Abschluss eines sog. Ratingvertrages, der neben den sonstigen Rechten und Pflichten insbesondere eine Abrede über die vom beauftragenden Unternehmen zu zahlende Ratinggebühr beinhaltet.[568] Nachdem im Rahmen der *Vorbereitungsphase* alle Informationen und Unterlagen, die zur Durchführung des Ratings erforderlich sind, der Ratingagentur vom Unternehmen zur Verfügung gestellt und im Anschluss die wichtigsten Daten und Eckpunkte besprochen wurden *(Analysephase)*, beginnt die eigentliche *Bewertungsphase*, die mit einem ersten Ratingurteil abschließt.[569] In der sich hieran anschließenden *Kommunikationsphase* wird dem Unternehmen sodann das Ratingergebnis unter Ergänzung der wesentlichsten Gründe mitgeteilt und die Möglichkeit geboten, eine

564 *De Larosière*-Bericht (Fn. 15), Nr. 19, 20.
565 *De Larosière*-Bericht (Fn. 15), Nr. 56.
566 *De Larosière*-Bericht (Fn. 15), Nr. 66.
567 *Anm.*: Für diese Zwecke erfolgt lediglich die Betrachtung des sog. Auftragsratings.
568 *Reichling/ Bietke/ Henne*, Praxishandbuch Risikomanagement und Rating, S. 59 f.
569 *Reichling/ Bietke/ Henne* (Fn. 568), S. 60.

Stellungnahme abzugeben und ggf. Informationen bzw. Daten nachzuliefern, die geeignet sind, das Ratingurteil nach oben zu korrigieren.[570]

bb) Interessenkonflikte

(1) Problemstellung

Wie aus der kurzen Schilderung der Struktur eines externen Ratingverfahrens hervorgeht, ist der gesamte Prozess von einer engen Zusammenarbeit zwischen dem zu bewertenden Unternehmen und der Ratingagentur geprägt. Das Unternehmen ist zudem durch eigene Selektion der Informationen in der Lage, maßgeblichen Einfluss auf das Ratingergebnis auszuüben. Darüber hinaus ist dem Umstand, dass die Ratingagenturen von dem zu bewertenden Unternehmen ihre Vergütung erhalten (sog. Modell des zahlenden Kunden)[571], in diesem Zusammenhang besondere Bedeutung beizumessen. Da die Beziehung der Ratingagentur zum Unternehmen folglich von einer Art Abhängigkeit geprägt ist, sind Interessenkonflikte aufseiten der Ratingagentur vorprogrammiert und die Objektivität und damit Aussagekraft ihrer Ratingergebnisse fragwürdig. Zudem kommt hinzu, dass bestimmte institutionelle Anleger aufgrund aufsichtsrechtlicher Vorschriften nur in Produkte mit AAA-Rating investieren dürfen, sodass sich auch aus diesem Grund die Nachfrage nach besonders gut bewerteten Finanzprodukten erhöht und die Ratingagenturen dazu veranlasst hat, zugunsten ihrer Kunden die Ratingbewertungen besser ausfallen zu lassen.[572]

(2) „Rating-Verordnungen"

Da der Gesetzgeber die Problematik der Interessenkonflikte im Zusammenhang mit den Ratingagenturen erkannt hatte, erließ er am 16. September 2009 die Verordnung (EG) Nr. 1060/2009 über Ratingagenturen.[573] Da Ratingagenturen auf den globalen Wertpapier- und Bankenmärkten eine wichtige Rolle spielen und Anleger, Kreditnehmer, Emittenten und Regierungen die Ratings dieser Agenturen nutzen, um fundierte Anlage- und Finanzentscheidungen zu treffen, will die Rating-VO-I sicherstellen, dass Ratingaktivitäten im Einklang mit den Grundsätzen der Integrität, Transparenz, Rechenschaftspflicht und guten Unternehmensführung durchgeführt werden, damit die in der EU verwendeten Ratings unabhängig, objektiv und von angemessener Qualität sind (Erwägungsgrund (1) Rating-VO-I). Es wird die Auffassung vertreten, dass Ratingagenturen die verschlechterte Marktlage vor und während der *Subprime*-Krise einerseits nicht früh

570 Siehe: *Reichling/ Bietke/ Henne*, Fn. 569.
571 *De Larosière*-Bericht (Fn. 15), Nr. 21.
572 *De Larosière*-Bericht (Fn. 15), Nr. 22.
573 Verordnung (EG) Nr. 1060/2009 des Europäischen Parlaments und des Rates vom 16. September 2009 über Ratingagenturen, ABl. EU Nr. L 302, S. 1 vom 17.11.2009 (im Folgenden als „Rating-VO-I" bzw. „Rating-Verordnung-I" bezeichnet).

genug zum Ausdruck gebracht haben und es ihnen andererseits nicht gelungen ist, ihre Ratings rechtzeitig anzupassen (Erwägungsgrund (10) Rating-VO-I). Aus diesem Grund errichtet die Verordnung gemeinsame Qualitätsanforderungen zur Verbesserung von Ratings (Erwägungsgrund (11) Rating-VO-I). In Art. 6 Rating-VO-I wird der Grundsatz der Unabhängigkeit und der Vermeidung von Interessenkonflikten errichtet. Zu diesem Zweck hat die Ratingagentur den in Anhang I Abschnitt A und Abschnitt B genannten, organisatorischen und operationellen Anforderungen nachzukommen. Unter anderem ist jede Ratingagentur verpflichtet, die Namen der bewerteten Unternehmen zu veröffentlichen, von denen sie mehr als 5 % ihrer Jahreseinnahmen erhält (Anhang I Abschnitt B Nr. 2). Überdies wird in Anhang I Abschnitt B Nr. 3 und Nr. 4 ein Bewertungs- und Beratungsverbot für den Fall errichtet, dass die Ratingagentur mit dem zu bewertenden Unternehmen z. B. über Eigentumsanteile verbunden ist. Um als externe Ratingagentur anerkannt zu sein, muss die Ratingagentur der gemäß Art. 14 i. V. m. Art. 2 Abs. 3 Rating-VO-I auferlegten Registrierungspflicht durch Antragstellung bei der ESMA nach Art. 15 Rating-VO-I nachkommen, welche, ähnlich dem EU-Pass für AIFM im Rahmen der AIFM-Richtlinie, im gesamten Gebiet der Europäischen Union Gültigkeit entfaltet (Art. 14 Abs. 2 Rating-VO-I).

Diese durch die Rating-VO-I im Jahr 2009 errichteten Anforderungen wurden zuletzt durch die Verordnung (EU) Nr. 462/2013 vom 21. Mai 2013 ergänzt.[574] Die Rating-Verordnung-II geht zurück auf die Entschließung des Europäischen Parlaments vom 8. Juni 2011, welche sich für eine noch striktere Regulierung von Ratingagenturen ausspricht und insbesondere die übermäßige Abhängigkeit des Finanzregulierungssystems von externen Kreditratings so weit wie möglich zu verringern beabsichtigt.[575] Die Forderung nach erhöhter Unabhängigkeit wird deutlich durch die Ersetzung des Wortes „Verlässlichkeit“ in Art. 1 Rating-VO-I durch das Wort „Unabhängigkeit“ in Art. 1 Nr. 1 Rating-VO-II. Weiter wird Art. 4 Rating-VO-I durch Art. 1 Nr. 4 Rating-VO-II i. V. m. Art. 64 und Erwägungsgrund (95) AIFM-RL derart ergänzt, dass dieser nunmehr auch Verwalter alternativer Investmentfonds, also AIFM, mit der Folge einbezieht, dass diese nach dem neuen Art. 5a Rating-VO-I, der durch Art. 1 Nr. 6 Rating-VO-II hinzugefügt wird, eigene Kreditrisikobewertungen vornehmen müssen und sich bei der Bewertung der Bonität eines Unternehmens oder eines Finanzinstruments nicht ausschließlich auf Ratings stützen dürfen. Schließlich sei darauf hingewiesen, dass die Rating-VO-II in Art. 1 Nr. 22 einen neuen Titel IIIA in die Rating-VO-I einfügt, der überschrieben ist mit „Zivilrechtliche Haftung der Ratingagenturen“ und einen

---

574 Verordnung (EU) Nr. 462/2013 des Europäischen Parlaments und des Rates vom 21. Mai 2013 zur Änderung der Verordnung (EG) Nr. 1060/2009 über Ratingagenturen, ABl. EU Nr. L 146, S. 1 vom 31.5.2013 (im Folgenden als „Rating-VO-II“ bzw. „Rating-Verordnung-II“ bezeichnet).

575 Entschließung des Europäischen Parlaments vom 8. Juni 2011, ABl. EU Nr. C 380 E, S. 24–31 [26] vom 11.12.2012.

Schadensersatzanspruch für den Anleger oder Emittenten für den Fall begründet, dass die Ratingagentur vorsätzlich oder fahrlässig eine der in Anhang III genannten Zuwiderhandlungen begangen hat. Dabei wird die Beweis- und Darlegungspflicht in Bezug auf den Verstoß gegen die Rating-VO-I i. V. m. der Rating-VO-II und die Auswirkungen auf das abgegebene Rating dem Anspruchsteller (Anleger oder Emittent) auferlegt.

(3) Auswirkungen auf die AIFM-Richtlinie

Am 31. Mai 2013 ist die Richtlinie 2013/14/EU[576] im Amtsblatt der EU veröffentlicht worden. Diese beabsichtigt, die Qualität der von u. a. AIF getätigten Anlagen dadurch zu verbessern, dass von AIFM verlangt wird, sich bei der Bewertung der Risiken, die mit den Anlagen des AIF verbunden sind, nicht ausschließlich und automatisch auf Ratings zu stützen oder sie als einzigen Parameter zu verwenden (Erwägungsgrund (2) RL 2013/14/EU). Darüber hinaus werden AIFM aufgefordert, den Grundsatz gegen einen übermäßigen Rückgriff auf Ratings in ihre Risikomanagementprozesse und -systeme zu integrieren. Dieser Grundsatz wird mit Art. 3 der RL 2013/14/EU in Art. 15 Abs. 2 AIFM-RL aufgenommen, sodass Art. 15 Abs. 2 Unterabs. 1 AIFM-RL nunmehr lautet:

> (2) Damit alle Risiken, die für die einzelnen AIF-Anlagestrategien wesentlich sind und denen jeder AIF unterliegt oder unterliegen kann, hinreichend festgestellt, bewertet, gesteuert und überwacht werden, setzen die AIFM angemessene Risikomanagement-Systeme ein. Insbesondere stützen AIFM sich bei der Bewertung der Bonität der Vermögenswerte des AIF nicht ausschließlich und automatisch auf Ratings, die von Ratingagenturen im Sinne von Artikel 3 Absatz 1 Buchstabe b der Verordnung (EG) Nr. 1060/2009 des Europäischen Parlaments und des Rates vom 16. September 2009 über Ratingagenturen abgegeben worden sind.

Weiter wird ein neuer Absatz 3a in die AIFM-Richtlinie eingefügt. Dieser lautet wie folgt:

> Unter Berücksichtigung der Art, des Umfangs und der Komplexität der Tätigkeit der AIF überwachen die zuständigen Behörden die Angemessenheit der Verfahren der AIFM für die Bonitätsbewertung, bewerten die Verwendung von Bezugnahmen auf die in Absatz 2 Unterabs. 1 genannten Ratings in die Anlagepolitik der AIF und regen, falls angezeigt, die Milderung der Auswirkungen solcher Bezugnahmen an, um dem ausschließlichen und automatischen Rückgriff auf derartige Ratings entgegenzuwirken.

576 Richtlinie 2013/14/EU des Europäischen Parlaments und des Rates zur Änderung der Richtlinie 2003/41/EG über die Tätigkeiten und die Beaufsichtigung von Einrichtungen der betrieblichen Altersvorsorge, der Richtlinie 2009/65EG zur Koordinierung der Rechts- und Verwaltungsvorschriften betreffend bestimmte Organismen für gemeinsame Anlagen in Wertpapiere (OGAW) und der Richtlinie 2011/61/EU über die Verwalter alternativer Investmentfonds im Hinblick auf übermäßigen Rückgriff auf Ratings, ABl. EU Nr. L 145, S. 1 vom 31.4.2013.

Darüber erhält Art. 15 Abs. 5 AIFM-RL folgenden zusätzlichen Unterabs.:

> Die in Unterabsatz 1 Buchstabe a genannten Maßnahmen zur Spezifizierung der Risikomanagementsysteme gewährleisten, dass die AIFM daran gehindert werden, sich bei der Bewertung der Bonität der Vermögenswerte des AIF ausschließlich oder automatisch auf die in Absatz 2 Unterabsatz 1 genannten Ratings zu stützen.

Damit findet insbesondere das in der Rating-VO-II bereits erwähnte „Verbot" des übermäßigen Rückgriffs auf externe Ratings Einzug in die AIFM-Richtlinie, das geeignet ist, sowohl das Risikobewusstsein wie auch die Risikosensibilisierung von AIFM zu verbessern.

c) Zusammenfassung

An dieser Stelle gilt es, das bisher zu den Ratings Gesagte im Hinblick auf die Auswirkungen, die sich für das Risikomanagement des AIFM ergeben, zusammenzufassen.

Wie bereits dargestellt, untergliedert sich ein Risikomanagementsystem in vier Stufen (Stufe 1: Risikoidentifikation, Stufe 2: Risikobewertung, Stufe 3: Risikosteuerung, Stufe 4: Risikoüberwachung). Im Rahmen der Risikobewertung geht es darum, die zuvor auf Stufe 1 identifizierten Risiken anhand der Eintrittswahrscheinlichkeit eines Risikos und der Höhe des zu erwartenden Schadens zu bewerten und in Risikoklassen („unrealistisch", „Problemfälle", „Routinefälle", „unkritische Fälle") einzuordnen.[577] Aufgrund des Umstandes, dass, wie bereits im *De Larosière*-Bericht angemerkt wurde,[578] den drei größten Ratingagenturen – *Standard & Poor's*, *Moody* und *Fitch* – beinahe eine regulatorische Rolle zukommt und Anleger ihre Entscheidung allein auf Basis von Ratings treffen würden, ist auch für das Risikomanagement von AIF festzuhalten, dass eine Risikounterbewertung durch Heranziehung externer Produkt- bzw. Unternehmensbeurteilungen nicht ausgeschlossen werden konnte. Die externen Ratings flossen häufig unmittelbar und ohne eine eigene kritische Würdigung in die Konzeption des Risikomanagements ein und beeinflussten in der Folge sowohl den Fonds selbst wie auch seine Investoren. Dies ändert der Erlass der Rating-VO-II und der Richtlinie 2013/14/EU, die nunmehr eine eigene Risikobewertung von AIFM sowie eine erhöhte Unabhängigkeit von externen Ratings fordern. Dies bedeutet einen gesteigerten organisatorischen sowie finanziellen Aufwand, der die Tätigkeiten von AIFM zusätzlich belastet. Insbesondere kleine AIF dürften die Folgen dieser gesteigerten Anforderungen zu spüren bekommen. AIFM sind demnach, so wie Banken bereits nach dem Basel II-Regelwerk, gehalten, interne Ratings durchzuführen, die den Zweck haben, das Risiko, das der AIF eingeht, im Hinblick auf seine Tragfähigkeit zu bewerten.[579] Die Angemessenheit

---

577 *Heinrich/ Lehner*, Informationsmanagement, S. 261 Abb. SICHM-1.

578 Vgl. *De Larosiére*-Bericht, Fn. 560.

579 Zum internen Rating für Banken: Baseler Ausschuss für Bankenaufsicht, Basel II, S. 58 ff. sowie Basel Committee on Banking Supervision, The Internal Ratings-Based Approach.

der internen Risikobewertungsverfahren, auf deren Grundlage die Informationen gewonnen werden, werden gemäß dem neuen Art. 3a AIFM-RL und Art. 1 Nr. 6 *(Art. 5a Abs. 2)* Rating-VO-II von den Behörden, denen die Beaufsichtigung des AIFM obliegt, unter Berücksichtigung der Art, des Umfangs und der Komplexität ihrer Tätigkeiten überwacht.

IV. Liquiditätsmanagement

Neben dem Risikomanagement wird auch das Liquiditätsmanagement für AIF durch die AIFM-Richtlinie bestimmten Anforderungen unterworfen. Der Ausdruck „Liquidität" bezeichnet gemeinhin die Fähigkeit eines Marktteilnehmers, seine vertraglichen Zahlungsverpflichtungen fristgerecht erfüllen zu können. Somit stellt das Vorhandensein liquider Mittel grundsätzlich einen positiv zu bewertenden Umstand dar, da er Investitionen und somit Gewinne ermöglicht, die zum einen auf mikroökonomischer Ebene unmittelbar dem einzelnen Marktakteur wie auch auf makroökonomischer Ebene dem gesamten Wirtschaftssystem zugutekommen. Im Rahmen der *Subprime*-Krise hat sich jedoch gezeigt, dass ein Überschuss an Liquidität die positiven Effekte außer Kraft setzen und zu einem Anstieg systemischer Risiken führen kann. Reichlich Liquidität und die hierauf zurückzuführenden niedrigen Zinsen werden als Hauptursachen für den Ausbruch der Krise angesehen, da diese die Nachfrage der Anleger nach höheren Renditen und Ertragsmöglichkeiten nährten, welche unter Ausnutzungen einer höheren Hebelwirkung oder über die Anlagen in riskantere Finanzprodukte erzielt werden sollten.[580] Es kam in der Folge zu einer exzessiven Risikoübernahme, die Unternehmen wie Banken allzu anfällig gegenüber Kursschwankungen werden ließ und, wie der Fall „Lehman Brothers" zeigte, im Fall ihrer Insolvenz globale Auswirkungen unüberschaubaren Maßes erzeugen kann. Vor diesem Hintergrund konstituiert Art. 16 Abs. 1 AIFM-RL die Pflicht für AIFM, ein angemessenes Liquiditätsmanagement für jeden geschlossenen und hebelfinanzierten AIF einzuführen, um so die Liquiditätsrisiken des AIF überwachen und gewährleisten zu können, dass sich das Liquiditätsprofil der Anlagen des AIF mit seinen zugrunde liegenden Verbindlichkeiten deckt. Von diesen Verbindlichkeiten wird insbesondere die Pflicht erfasst, gegenüber den Investoren vertraglich zugesicherte Rücknahmerechte erfüllen zu können (Art. 16 Abs. 2 AIFM-RL).

1. Verfahren und Grundsätze

Der AIFM muss gegenüber den zuständigen Behörden seines Herkunftsmitgliedstaates nachweisen können, dass er über ein „angemessenes Liquiditätsmanagement" und „wirksame Verfahren" verfügt, die der Anlagestrategie, dem Liquiditätsprofil sowie den Rücknahmegrundsätzen eines jeden AIF Rechnung tragen (Art. 46 Abs. 1 AIFM-DVO). Zum Aufbau und Inhalt des Liquiditätsmanagements enthält die AIFM-Richtlinie selbst jedoch keine konkreten Vorgaben. Die ESMA hat in

580 *De Larosière*-Bericht (Fn. 15), Nr. 6, 10, 11.

ihrem „Final Report“ den Versuch einer Konkretisierung unternommen, weist jedoch gleichzeitig darauf hin, dass aufgrund der Verschiedenartigkeit von AIF nur rudimentäre Grundanforderungen errichtet werden können, die ohne Rücksicht auf die unterschiedliche Größe und Struktur von AIFM und den von ihnen verwalteten AIF Anwendung finden können.[581]

Die Hauptfunktion des vom AIFM zu errichtenden Liquiditätsmanagements besteht nach Auffassung der ESMA darin, das Risiko, dass das Liquiditätsprofil nicht an den Verpflichtungen gegenüber Dritten ausgerichtet ist, zu minimieren.[582] Demnach sind AIFM gehalten, für jeden von ihnen verwalteten AIF ein Level an Liquidität bereitzustellen, das den Verpflichtungen des jeweiligen AIF entspricht und dabei die Dauer berücksichtigt, die für eine Liquidierung benötigt wird, den Preis, zu dem ein Asset innerhalb eines bestimmten Zeitfensters verkauft werden kann sowie die Sensibilität des Assets gegenüber Marktrisiken.[583] Je schneller ein Asset demnach in bares Geld umgewandelt werden kann, desto liquider ist es und desto größer ist auch seine Marktliquidität.[584]

Weiter müssen AIFM die Liquiditätsprofile fortlaufend überwachen und dabei insbesondere diejenigen Assets berücksichtigen, die einen materiellen Einfluss auf die Liquidität des AIF und mithin auch auf die Erfüllung der vertraglichen Verpflichtungen gegenüber Investoren, Kreditgebern und sonstigen Gegenparteien ausüben könnten.[585] Darüber hinaus muss gewährleistet sein, dass AIFM ein angemessenes Verständnis in Bezug auf die Liquidität der Assets besitzen, in welche die von ihnen verwalteten AIF investieren.[586]

Im Rahmen des Liquiditätsmanagements sind zudem auch außergewöhnliche bzw. unerwartete Umstände oder Ereignisse zu berücksichtigen und entsprechende Vorkehrungen zu treffen, um diesen für den Fall ihres Eintreffens angemessen begegnen zu können.[587] Die Grundsätze und Verfahren des Liquiditätsmanagements sind schriftlich niederzulegen und müssen mindestens einmal jährlich überprüft und bei Bestehen von Änderungsbedarf angepasst werden.[588] Denn weder die Liquidität eines bestimmten Assets noch dessen Marktliquidität sind unveränderbar und stets gleichbleibend, sondern unterliegen vielmehr den Schwankungen der freien Marktwirtschaft.[589] Die Grundsätze und Verfahren sind den Investoren des betreffenden AIF mitzuteilen.[590]

---

581 ESMA, Final Report (Fn. 280), S. 76 Nr. 8.
582 ESMA, Final Report (Fn. 280), S. 76 Nr. 9.
583 ESMA, Final Report (Fn. 280), S. 75 Box 32 Nr. 3 (a); Art. 47 Abs. 1 lit. a) AIFM-DVO.
584 *Josek*, in: Dornseifer/ Jesch et. al. (Fn. 164), Art. 16 Rn. 52.
585 ESMA, Final Report (Fn. 280), S. 75 Box 32 Nr. 3 (b); Art. 47 Abs. 1 lit. b) AIFM-DVO.
586 ESMA, Final Report (Fn. 280), S. 75 Box 32 Nr. 3 (d).
587 ESMA, Final Report (Fn. 280), S. 75 Box 32 Nr. 3 (f).
588 ESMA, Final Report (Fn. 280), S. 75 Box 32 Nr. 3 (h); Art. 47 Abs. 2 AIFM-DVO.
589 *Josek*, in: Dornseifer/ Jesch et. al. (Fn. 164), Art. 16 Rn. 63.
590 ESMA, Final Report (Fn. 280), S. 78 Nr. 23.

2. *Limits und Stresstests*

Auf die Bedeutung von sog. *risk limits* und Stresstests ist bereits im Rahmen des Risikomanagements eingegangen worden. Diese Begrifflichkeiten sind im Zusammenhang mit dem Liquiditätsmanagement erneut aufzugreifen. Demnach sind AIFM gehalten, ausgerichtet an der Natur und Komplexität jedes von ihnen verwalteten AIF, quantitative sowie qualitative *limits* in Bezug auf dessen Liquidität bzw. Illiquidität zu setzen und aufrechtzuerhalten, die insbesondere in Einklang mit den vertraglich festgelegten Rücknahmegrundsätzen stehen müssen.[591] Darüber hinaus sind in regelmäßigen Abständen, jedoch mindestens einmal jährlich, Stresstests durchzuführen, die dazu dienen sollen, die Liquiditätsrisiken unter gewöhnlichen sowie außergewöhnlichen Liquiditätsbedingungen bewerten zu können. Unter außergewöhnlichen Liquiditätsbedingungen sind z. B. ein in hohem Maße bestehender Liquiditätsengpass sowie eine atypische Nachfrage an der Geltendmachung von Rücknahmerechten zu fassen.[592] AIFM sollten hierbei insbesondere einbeziehen, wie viel Zeit die Abwicklung von Rücknahmeanfragen in einem Stress-Szenario in Anspruch nehmen würde. Auch in der MaRisk (VA) der BaFin wird die Durchführung von Stresstests zur Erkennung von Liquiditätsrisiken festgesetzt und bestimmt, dass sowohl institutseigene wie auch marktweite Ursachen für Liquiditätsrisiken in die Betrachtung einzubeziehen und auf unterschiedlich lange Zeithorizonte abzustellen sind.[593] Der AIFM ist gehalten, im Hinblick auf das Ergebnis des Stresstests im besten Interesse der Anleger zu handeln, was bedeutet, dass er die erforderlichen Konsequenzen zu ziehen und sodann umzusetzen hat (Art. 48 Abs. 3 AIFM-DVO).

3. *Das Bewertungsverfahren und seine Delegation*

Die Grundlage der Liquidität bilden die zur Verfügung stehenden Vermögenswerte. Will man Aussagen über etwaige Liquiditätsrisiken treffen, so ist es zunächst erforderlich, den tatsächlichen Wert der Vermögensgegenstände zu ermitteln. Aus diesem Grund statuiert Art. 19 Abs. 1 AIFM-RL i. V. m. Art. 67 AIFM-DVO, dass AIFM für jeden von ihnen verwalteten AIF geeignete und kohärente Verfahren festlegen, sodass eine ordnungsgemäße und unabhängige Bewertung der Vermögenswerte des AIF vorgenommen werden kann. Die Art und Weise der Bewertung hat dabei anhand der geltenden Vorschriften in dem Land, in dem der AIF seinen Sitz hat, zu erfolgen (Art. 19 Ab. 2 AIFM-RL). Der Begriff „unabhängig" ist gemäß Art. 19 Abs. 4 AIFM-RL so auszulegen, dass die Bewertung entweder von einem externen Bewerter, der eine natürliche oder juristische Person unabhängig vom AIF, dem AIFM und anderen Personen mit engen Verbindungen zum AIF oder zum AIFM ist, oder vom AIFM selbst vorgenommen werden kann, vorausgesetzt, dass die Bewertungsaufgabe von der Portfolioverwaltung und der Vergütungspolitik

591 ESMA, Final Report (Fn. 280), S. 79 Box 33 Nr. 1; Art. 48 AIFM-DVO.
592 ESMA, Final Report (Fn. 280), S. 79 Box 33 Nr. 2 (b).
593 BaFin, MaRisk (VA) (Fn. 476), Nr. 3.1.8.

funktional unabhängig ist. Zieht der AIFM für die Zwecke der Bewertung einen externen Bewerter hinzu, so hat der AIFM gemäß Art. 19 Abs. 5 AIFM-RL nachzuweisen, dass der externe Bewerter einer gesetzlich anerkannten, obligatorischen berufsmäßigen Registrierung unterliegt, er über ausreichend berufliche Garantien verfügt, um wirksam die entsprechende Bewertungsfunktion ausüben zu können und darüber hinaus die Bestellung des externen Bewerters den Anforderungen des Art. 20 Abs. 1 und Abs. 2 AIFM-RL entspricht. Artikel 20 AIFM-RL hat die Übertragung, also Delegation, von Aufgaben des AIFM auf Dritte zum Gegenstand und legt als oberste Regel fest, dass jede Delegation der zuständigen Behörde des Herkunftsmitgliedstaates zu melden ist, bevor die Vereinbarung zur Übertragung in Kraft tritt (Art. 20 Abs. 1 AIFM-RL). Darüber hinaus müssen für eine wirksame Delegation die in den lit. a) bis lit. f) genannten Kriterien erfüllt werden.[594] So muss der AIFM in der Lage sein, die Übertragung der Aufgaben objektiv zu rechtfertigen. Objektive Gründe für eine Übertragung ergeben sich aus Art. 76 Abs. 1 AIFM-DVO und können sein (a) Optimierung von Geschäftsfunktionen und -verfahren, (b) Kosteneinsparungen, (c) Fachkenntnisse des Beauftragten und – für den Fall der Übertragung der Bewertungsfunktion weniger einschlägig – (d) Zugang des Beauftragten zu globalen Handelsmöglichkeiten. Der Beauftragte hingegen muss über ausreichende Ressourcen für die Ausführung der jeweiligen Aufgaben verfügen und die Personen, die die Geschäfte des Dritten tatsächlich führen, müssen gut beleumundet sein und über ausreichend Erfahrung verfügen. Insoweit gilt derselbe Qualitätsstandard wie für den AIFM selbst, was zeigt, dass eine Aufgabenübertragung nicht zu einer Umgehung der Anforderungen, die die AIFM-Richtlinie im Rahmen von Art. 8 AIFM-RL an den AIFM selbst stellt, und mithin ebenfalls nicht zu einer Benachteiligung der Interessen des AIF und seiner Investoren führen darf. Die Übertragung der Aufgabe darf zudem nicht die Wirksamkeit der Beaufsichtigung des AIFM beeinträchtigen und diesen insbesondere nicht daran hindern, im Interesse seiner Anleger zu handeln. Der AIFM muss weiter nachweisen können, dass der Beauftragte über die erforderliche Qualifikation verfügt und in der Lage ist, die betreffenden Funktionen wahrzunehmen, dass der Beauftragte sorgfältig ausgewählt wurde und der AIFM in der Lage ist, jederzeit die übertragenen Aufgaben wirksam zu überwachen und weitere Anweisungen an den Beauftragten erteilen und die Übertragung mit sofortiger Wirkung zurücknehmen zu dürfen, wenn dies im Interesse der Anleger erforderlich sein sollte. Aus diesen Anforderungen geht hervor, dass die Delegation keineswegs dazu führt, dass sich der AIFM seiner Verantwortung, die ihm durch die AIFM-Richtlinie auferlegt wurde, entledigen kann. Dies macht auch Art. 20 Abs. 3 AIFM-RL deutlich, der die Haftung des AIFM gegenüber dem AIF und seinen Anlegern trotz Übertragung von

594 Die Buchstaben c) und d) von Art. 20 Abs. 1 AIFM-RL bleiben für diese Zwecke unerwähnt, da sie die Delegation des Portfolio- bzw. Risikomanagements zum Gegenstand haben und daher im Rahmen des Liquiditätsmanagements nicht einschlägig sind.

Aufgaben an Dritte klar formuliert. Für die Zwecke der Bewertung hat der AIFM schriftliche Grundsätze aufzustellen, die einen transparenten, angemessenen und fairen Bewertungsprozess gewährleisten.[595] Für den Fall, dass der AIFM einen externen Bewerter hinzuzieht, müssen diese Grundsätze auch Inhalte darüber enthalten, wie der Informationsaustausch zwischen dem AIFM und dem externen Bewerter erfolgt, um sicherzustellen, dass alle zur Durchführung einer Bewertung erforderlichen Informationen zur Verfügung gestellt werden.[596] Führt der AIFM die Bewertung hingegen selbst aus, so müssen die Bewertungsgrundsätze eine Beschreibung der Vorkehrungen beinhalten, die getroffen wurden, um eine funktional unabhängige Bewertung unter Ausschluss jeglicher unbilliger Beeinflussung vonseiten Dritter gewährleisten zu können.[597] Diese Unabhängigkeit hat jedoch nicht nur in Form einer rechtlichen Unabhängigkeit zu bestehen, sondern schließt vielmehr eine wirtschaftliche Unabhängigkeit mit ein, die dann besteht, wenn der externe Bewerter „den überwiegenden Teil seiner jährlichen Gesamteinnahmen für Dritte erzielt".[598] Die Grundsätze der Bewertungspolitik sind mindestens einmal jährlich und jedes Mal, wenn eine Investition in ein neues Asset erfolgen soll, zu überprüfen. Der *Risk Management*-Funktion wird die Aufgabe zugewiesen, Unterstützung in Bezug auf Bewertungspolitik und -verfahren zu leisten.

V. Verwahrung

Die Verwahrung des Fondsvermögens von AIF wird von Art. 21 AIFM-RL geregelt. Der Umstand, dass diese Vorschrift siebzehn Absätze umfasst, zeigt, dass der europäische Gesetzgeber hier besonderen Regelungsbedarf gesehen hat und demgemäß bewusst einen Schwerpunkt innerhalb der AIFM-Richtlinie setzen wollte. In Deutschland waren bisher nach § 20 InvG sog. Depotbanken mit der Verwahrung von offenen Investmentfonds betraut. Der Begriff der Depotbank wird in der AIFM-Richtlinie nicht verwendet, vielmehr ist hier von „Verwahrstelle" die Rede. Artikel 21 Abs. 1 AIFM-RL schreibt sodann vor, dass der AIFM für jeden verwalteten AIF, gleich ob offen oder geschlossen, nur eine einzige Verwahrstelle bestellen darf. Diese muss im Rahmen ihrer jeweiligen Aufgaben ehrlich, redlich, professionell, unabhängig und im Interesse des AIF und seiner Anleger handeln.

1. Mögliche Verwahrstellen

Zunächst gilt es zu klären, welche Einrichtungen als Verwahrstelle im Rahmen der AIFM-Richtlinie in Betracht kommen. Gemäß Art. 21 Abs. 3 lit. a) AIFM-RL

---

595 ESMA, Final Report (Fn. 280), S. 112 Box 55 Nr. 1.
596 ESMA, Final Report (Fn. 280), S. 112 Box 55 Nr. 4.
597 ESMA, Final Report (Fn. 280), S. 112 Box 55 Nr. 5.
598 *Tollmann*, in: Dornseifer/ Jesch et. al. (Fn. 164), Art. 19 Rn. 75 f.

können zum einen Kreditinstitute, die nach der „Bankenrichtlinie“[599] zugelassen sind, zur Verwahrstelle ernannt werden, sodass das Konzept der Depotbank, wie es das Investmentgesetz kennt, auch in der Zukunft im Rahmen der AIFM-Richtlinie weiterhin zulässig ist. Neben den Depotbanken können auch Wertpapierfirmen mit satzungsmäßigem Sitz innerhalb der Europäischen Union mit der Verwaltung betraut werden (Art. 21 Abs. 3 lit. b) AIFM-RL). Voraussetzung hierfür ist jedoch, dass die Wertpapierfirma stets über ein Mindesteigenkapital in Höhe von 730.000 EUR verfügt und die Verwahrung von Finanzinstrumenten für Rechnung von Kunden zu ihrem Tätigkeitsbereich gehört. Darüber hinaus sind gemäß Art. 21 Abs. 3 lit. c) AIFM-RL auch andere Kategorien von Einrichtungen zuzulassen, sofern diese einer Beaufsichtigung und ständigen Überwachung unterliegen. Für AIF, bei denen innerhalb der ersten fünf Jahre nach Aufnahme ihrer Anlagetätigkeit keine Rücknahmerechte ausgeübt werden können (= geschlossene AIF) und die gemäß ihrer Hauptanlagestrategie regelmäßig nicht in Vermögenswerte investieren, die nach Art. 21 Abs. 8 lit. a) AIFM-RL verwahrt werden müssen, kann zudem vorgesehen werden, dass die Verwahrung von einer Stelle vorgenommen wird, die Aufgaben einer Verwahrstelle im Rahmen ihrer beruflichen oder geschäftlichen Tätigkeit wahrnimmt, für die sie einer gesetzlich anerkannten, obligatorischen berufsmäßigen Registrierung unterliegt und welche ausreichend finanzielle und berufliche Garantien bieten kann, um die Funktion einer Verwahrstelle auch wirksam ausführen zu können. Unter diese Beschreibung sind z.B. Rechtsanwalts- sowie Steuerberatungsgesellschaften zu fassen. Als Verwahrstelle kommen zwecks Vermeidung von Interessenkonflikten hingegen nicht in Betracht der AIFM selbst sowie grundsätzlich ein Primebroker, der bereits als Geschäftspartner des AIF tätig ist (Art. 21 Abs. 4 AIFM-RL). Insoweit wird der bereits aus der OGAW-Richtlinie bekannte Grundsatz der Trennung von Vermögensverwahrung und Vermögensverwaltung fortgeführt.

2. Bestellung der Verwahrstelle

a) Verwahrstelle mit Sitz in der EU

Für AIF mit Sitz in einem EU-Mitgliedstaat schreibt Art. 21 Abs. 5 lit. a) AIFM-RL vor, dass die Verwahrstelle ihren Sitz im Herkunftsmitgliedstaat des AIF haben muss. Weiter gilt es zu fragen, wie die Bestellung der Verwahrstelle im Rahmen der AIFM-Richtlinie zu erfolgen hat. Gemäß Art. 21 Abs. 2 AIFM-RL i. V. m. Art. 83 AIFM-DVO muss diese in einem schriftlichen Vertrag vereinbart werden, der insbesondere die Art und Weise des Informationsaustausches zwischen AIFM und Verwahrstelle zum Gegenstand haben muss, um sicherzustellen, dass die Verwahrstelle ihren Aufgaben für den AIF, für den sie als Verwahrstelle bestellt

599 Richtlinie 2006/48/EG des Europäischen Parlaments und des Rates vom 14. Juni 2006 über die Aufnahme und Ausübung der Tätigkeit der Kreditinstitute, ABl. EU Nr. L 177, S. 1 vom 30.6.2006.

wurde, ordnungsgemäß nachkommen kann („Verwahrstellenvertrag"). Darüber hinaus müssen auch eine Beschreibung der konkreten Dienstleistungen der Verwahrstelle sowie eine detaillierte Auflistung der Anlageinstrumente, für die die Verwahrung übernommen werden soll, enthalten sein.[600] Der Vertrag muss zudem eine Verpflichtung der Verwahrstelle aufweisen, den AIFM darüber zu unterrichten, falls eine Trennung der Vermögenswerte nicht oder nicht in ausreichendem Maß insbesondere im Hinblick auf eine Insolvenz eines Dritten gewährleistet ist (Art. 83 Abs. 1 lit. p) AIFM-DVO). Der Vertrag zwischen dem AIFM bzw. dem AIF einerseits und der Verwahrstelle andererseits kann auch in Form eines Rahmenvertrages geschlossen werden, der die einzelnen AIF auflistet, für welche die Verwahrung zu besorgen ist.[601] Der Vertrag muss zudem Angaben über die Laufzeit und die Bedingungen für die Kündigung enthalten sowie sämtliche Informationen über alle Geldkonten, die im Namen des AIFM oder des AIF eröffnet werden. Der Verwahrstellenvertrag ist vom AIF selbst oder vom AIFM, der im Namen des AIF handelt, zu unterzeichnen, in einigen Fällen kann auch die Unterschrift beider sinnvoll sein.[602] Eine Art „Muster-Vertrag", wie ihn die Kommission gefordert hatte, stellt die ESMA jedoch nicht zur Verfügung. Sie verweist darauf, dass dies zum einen die Vertragsfreiheit der Parteien zu sehr einschränken würde und ein derartiger Vertragsentwurf der Vielfalt und Verschiedenartigkeit von AIF und den mit ihnen verbundenen Fragestellungen und Schwierigkeiten nicht gerecht werden könnte.[603] Ganz allgemein könne zum anderen auch keine Notwendigkeit für einen solchen Muster-Vertrag festgestellt werden, sodass den Parteien bis auf die im „Final Report" genannten *essentialia negotii*, die zwingend Bestandteile des Vertrages sein müssen, im Rahmen des gesetzlich Zulässigen Vertragsfreiheit zugestanden wird.

b) Verwahrstelle mit Sitz in einem Drittland

Weiter gilt es im Zusammenhang mit den Verwahrstellen im Rahmen der AIFM-Richtlinie, die Regelungen hinsichtlich solcher Verwahrstellen darzulegen, deren Sitz in einem Land außerhalb der Europäischen Union, in einem sog. Drittland, liegt, was gemäß Art. 21 Abs. 5 lit. b) AIFM-RL für Nicht-EU-AIF auch als zulässig angesehen wird. Grundsätzlich gelten für Verwahrstellen mit Sitz in einem Drittland ebenfalls die Anforderungen des Art. 21 Abs. 3 AIFM-RL, sodass hier auf die vorigen Ausführungen verwiesen werden kann. Darüber hinaus enthält Art. 21 Abs. 6 AIFM-RL jedoch weitere Anforderungen, die für die Bestellung einer Verwahrstelle mit Sitz in einem Drittland stets zu beachten sind.[604] So muss zum einen

600 ESMA, Final Report (Fn. 280), S. 140 Box 75 Nr. 1, 2.
601 ESMA, Final Report (Fn. 280), S. 141 Box 75; Art. 83 Abs. 5 AIFM-DVO.
602 ESMA, Final Report (Fn. 280), S. 142 Nr. 7.
603 ESMA, Final Report (Fn. 280), S. 143 Nr. 12–14.
604 Durch die Zulassung lokaler Verwahrstellen für Nicht-EU-AIF unter gleichzeitiger Errichtung gesetzlicher Mindestanforderungen in Art. 21. Abs. 6 AIFM-RL hat der

die Zusammenarbeit und der Informationsaustausch zwischen den zuständigen Behörden des Vertriebsstaates und der Verwahrstelle durch schriftliche Vereinbarung gesichert sein (lit. a). Die Verwahrstelle des Drittlandes muss weiter einer wirksamen Regulierung und Aufsicht unterliegen, die den Vorschriften innerhalb der EU entspricht (lit. b), und das Drittland darf nicht auf der Liste der nicht kooperativen Länder und Gebiete stehen (lit. c). Darüber hinaus muss eine Vereinbarung zur Vermeidung der Doppelbesteuerung zwischen dem Drittland und den EU-Vertriebsstaaten bestehen (lit. d) sowie eine Anerkennung der Vorschriften zur Delegation und Haftung der Verwahrstelle gemäß Art. 21 Abs. 11–13 AIFM-RL vorhanden sein (lit. e).

3. Aufgaben der Verwahrstelle

Wie bereits der Name selbst erkennen lässt, ist es die Aufgabe der Verwahrstelle, die Verwahrung von Vermögensgegenständen zu übernehmen. Doch welche Tätigkeiten genau von der Verwahrungspflicht erfasst werden, erschließt sich nicht unmittelbar. Aus diesem Grund ist das Aufgabenspektrum der Verwahrstelle näher darzustellen.

a) Originärer Aufgabenbereich

Gemäß Art. 21 Abs. 7 AIFM-RL i.V.m. Art. 86 AIFM-DVO hat die Verwahrstelle allgemein sicherzustellen, dass die Cashflows der AIF ordnungsgemäß überwacht werden und zu gewährleisten, dass sämtliche Zahlungen von Anlegern oder im Namen von Anlegern bei der Zeichnung von Anteilen eines AIF geleistet wurden. Darüber hinaus muss sie dafür sorgen, dass die gesamten Geldmittel des AIF auf einem Geldkonto verbucht wurden, das für Rechnung des AIF, im Namen des AIFM, der für Rechnung des AIF tätig ist, bei einer Zentralbank, einem Kreditinstitut, das nach der RL 2000/12/EG[605] zugelassen ist, bei einer in einem Drittland zugelassenen Bank oder einer anderen, einer Aufsicht unterliegenden Stelle eröffnet wurde. Die eigentliche Hauptaufgabe, die Verwahrung, umfasst die Verbuchung der Finanzinstrumente auf einem Konto sowie die Entgegennahme sämtlicher Finanzinstrumente, die der Verwahrstelle physisch übergeben werden können (Art. 21 Abs. 8 lit. a) AIFM-RL). Für sonstige Vermögenswerte besteht die primäre Funktion der Verwahrstelle darin, die Eigentumsrechte des AIF auf Basis aller ihr, auch vonseiten Dritter (z.B. Primebroker), zur Verfügung stehenden Informationen zu verifizieren (Art. 21

EU-Gesetzgeber einen Ausgleich zwischen dem Bestreben, die nationalen Verwahrvorschriften von Drittstaaten zu respektieren, und seinem eigenen Interesse, gerichtet auf erhöhte Transparenz und erhöhten Anlegerschutz, geschaffen, siehe: *Tollmann/ Specht*, in: Dornseifer/ Jesch et. al. (Fn. 164), Art. 21 Rn. 98 f.

605 Richtlinie 2000/12/EG des Europäischen Parlaments und des Rates vom 20. März 2000 über die Aufnahme und Ausübung der Tätigkeit der Kreditinstitute, ABl. EU Nr. L 126, S. 1 vom 26.5.2000.

Abs. 8 lit. b) AIFM-RL i.V.m. Art. 90 AIFM-DVO) und im Anschluss schriftlich in einem aktuellen und umfassenden Verzeichnis festzuhalten.[606] Aus diesem Grund ist auch ein etwaig beauftragter Primebroker gehalten, der Verwahrstelle auf einem dauerhaften Datenträger alle Informationen und Daten, insbesondere zu aktuellen Werten der Vermögensgegenstände, Krediten und Sicherheiten, zur Verfügung zu stellen.[607] Der Aufgaben- und Pflichtenbereich der Verwahrstelle wird durch Art. 21 Abs. 9 AIFM-RL weiter konkretisiert. Gemäß lit. a) muss diese sicherstellen, dass der Verkauf, die Ausgabe, die Rücknahme, die Auszahlung und die Aufhebung von Anteilen des AIF gemäß den geltenden nationalen Rechtsvorschriften und den Vertragsbedingungen oder der Satzung des AIF erfolgen. Zu diesem Zweck sind mithilfe geeigneter und regelmäßig zu überprüfender Verfahren die Konten von der Verwahrstelle insbesondere darauf abzugleichen, ob die Zeichnungs- bzw. Rücknahmebestellungen mit den Einnahmen bzw. Auszahlungen des AIF übereinstimmen.[608] Im Gegensatz zu Art. 22 Abs. 3 lit. a) und Art. 32 Abs. 3 lit. a) OGAW-RL fällt jedoch auf, dass Art. 21 Abs. 9 lit. a) AIFM-RL die einschränkende Formulierung „[...] die für Rechnung des Investmentfonds vorgenommen werden [...]" in seinem Wortlaut nicht enthält, was grundsätzlich dazu führt, dass der Pflichtenkreis der Verwahrstelle bei der AIFM-Richtlinie weiter führen würde als bei der OGAW-Richtlinie. Nach Aussage der ESMA ist die Aufgabe der Verwahrstelle im Rahmen von Art. 21 Abs. 9 lit. a) AIFM-RL jedoch ebenfalls auf Verkäufe zu beschränken, die im Interesse des AIF erfolgen, da es verfehlt wäre und einen Widerspruch darstellen würde, wenn die rechtlichen Rahmenbedingungen der AIFM-Richtlinie höhere Anforderungen für institutionelle Investoren konstituieren würden als es die OGAW-Richtlinie für Privatanleger tut.[609] Dies kann nicht die Absicht des Gesetzgebers gewesen sein, sodass an dieser Stelle eine teleologische Korrektur bzw. Ergänzung vorzunehmen ist. Weiter legt Art. 21 Abs. 9 lit. b) AIFM-RL fest, dass die Verwahrstelle sicherzustellen hat, dass die Berechnung der Anteilswerte nach den geltenden Vorschriften erfolgt. Hier geht es nicht darum, dass die Verwahrstelle eine eigenständige Berechnung des NAV vorzunehmen hat, sondern eher darum, dass diese ein Verständnis für die verwendeten Bewertungsmethoden entwickelt, um auf dessen Basis regelmäßige Kontrollen durchführen zu können.[610] Gemäß Art. 21 Abs. 9 lit. c) AIFM-RL hat die Verwahrstelle dafür Sorge zu tragen, dass die Weisungen des AIFM im Einklang mit den geltenden Vorschriften ausgeführt werden. Entsprechend der Aussage der ESMA ist hier auf eine *Ex-post*-Überprüfung abzustellen und eine *Ex-ante*-Kontrolle nur dann vorzunehmen, wenn ein Verstoß gegen geltendes Recht offensichtlich erscheint.[611] Artikel 21 Abs. 9 lit. d) und lit. e) AIFM-RL schreiben weiter vor, dass

---

606 ESMA, Final Report (Fn. 280), S. 160 Box 81 Nr. 1, S. 162 Nr. 32.
607 ESMA, Final Report (Fn. 280), S. 163 Box 82.
608 ESMA, Final Report (Fn. 280), S. 165 f. Box 84.
609 ESMA, Final Report (Fn. 280), S. 167 Nr. 48.
610 ESMA, Final Report (Fn. 280), S. 168 Nr. 51.
611 ESMA, Final Report (Fn. 280), S. 168 Nr. 55, 56.

die Verwahrstelle bei Transaktionen mit Vermögenswerten des AIF die fristgemäße Überweisung des Gegenwerts an den AIF sowie die ordnungsgemäße Verwendung der Erträge des AIF sicherstellen muss. Es zeigt sich folglich, dass der Aufgabenbereich der Verwahrstelle nicht nur die Verwahrung der Vermögensgegenstände an sich umfasst, sondern vielmehr auch eine intensive Aufsichtsfunktion in Bezug auf die Rechts- und Satzungskonformität der Tätigkeiten und Mittelverwendung des AIF beinhaltet. Sie trägt damit zur Erhöhung des Anlegerschutzes bei und schützt die Anleger gleichzeitig vor Risiken im Zusammenhang mit einer möglichen Insolvenz des AIFM, da die Verwahrstelle als Treuhänder dafür sorgt, dass die Vermögenswerte des AIF von denen des AIFM unterscheidbar bleiben und mithin nicht der Insolvenzmasse unterfallen.[612]

b) Fakultativer Aufgabenbereich

Neben den im letzten Abschnitt bezeichneten originären Aufgaben darf die Verwahrstelle keine Aufgaben in Bezug auf den AIF oder den für Rechnung des AIF tätigen AIFM wahrnehmen, die Interessenkonflikte zwischen dem AIF, den Anlegern des AIF, dem AIFM und ihr selbst schaffen könnten (Art. 21 Abs. 10 AIFM-RL). Eine Ausnahme von diesem Grundsatz besteht nur für den Fall, dass eine funktionale und hierarchische Trennung ihrer Aufgaben als Verwahrstelle von ihren potenziell dazu kollidierenden Aufgaben gesichert ist und die möglichen Interessenkonflikte ordnungsgemäß ermittelt, gesteuert, beobachtet und den Anlegern des AIF offengelegt werden. Dem Grundsatz der Trennung von Vermögensverwahrung und Vermögensverwaltung ist hier folglich gleichfalls Rechnung zu tragen.

c) Möglichkeit der Delegation

Grundsätzlich stellt Art. 21 Abs. 11 AIFM-RL ein Delegationsverbot für Aufgaben der Verwahrstelle an Dritte auf. Eine Ausnahme wird jedoch für die Vermögensverwahrung im Rahmen von Art. 21 Abs. 8 AIFM-RL errichtet, sodass die Einschaltung eines Primebrokers zu diesem Zweck weiterhin möglich und zulässig bleibt. Voraussetzung ist jedoch, dass die in Art. 21 Abs. 11 AIFM-RL genannten Bedingungen erfüllt werden. Diese lauten:

- Keine Umgehungsabsicht,
- objektiver Grund für Delegation[613],
- sorgfältige und gewissenhafte Auswahl des Dritten, der wiederum
  - über eine Organisationsstruktur und Fachkenntnisse verfügt,
  - einer wirksamen aufsichtlichen Regulierung unterliegt,
  - eigene Vermögenswerte von Vermögenswerten der Kunden trennt.

---

612 *Tollmann*, in: Dornseifer/ Jesch et. al. (Fn. 164), Art. 21 Rn. 24.
613 Siehe hierzu bereits: Zweiter Teil.C.IV.3. dieser Arbeit.

Ein objektiver Grund für die Delegation von Aufgaben der Verwahrstelle an einen Dritten liegt immer dann vor, wenn die Verwahrstelle nachweisen kann, dass sie die Delegation z.B. aufgrund gesetzlicher Vorgaben vornehmen muss oder der AIFM zu der Überzeugung gelangt, dass die Delegation im besten Interesse des AIF und seiner Anleger erfolgt.[614]

Die delegierende Verwahrstelle ist zudem gehalten, einen *Due Diligence*-Prozess einzuführen, welcher einen gewissen Sicherheitsstandard in Bezug auf die anvertrauten Finanzinstrumente und eine fortlaufende Überwachung des Delegierten im Hinblick auf die Einhaltung der Verwahrungsstandards gewährleisten soll.[615] Zu diesem Zweck hat sie den regulatorischen und rechtlichen Rahmen unter Berücksichtigung von Länderrisiko, Verwahrrisiko und Durchsetzbarkeit der Verträge des Dritten zu prüfen und die potenziellen Auswirkungen einer Insolvenz des Dritten auf die Vermögenswerte und Rechte des AIF zu bestimmen (Art. 98 Abs. 2 lit. a) AIFM-DVO). Hierbei hat die Verwahrstelle auch zu bewerten, ob die Verfahren und internen Kontrollen des Dritten geeignet sind, für die Finanzinstrumente des AIF einen hohen Sorgfalts- und Schutzstandard zu gewährleisten (Art. 98 Abs. 2 lit. b) AIFM-DVO). Zudem müssen die Finanzstärke und der Leumund sowie die operationellen und technischen Fähigkeiten des Dritten den übertragenen Aufgaben angemessen sein (Art. 98 Abs. 2 lit. c), lit. d) AIFM-DVO). Die Überprüfung des Dritten hat durch die Verwahrstelle regelmäßig und mit der gebotenen Sachkenntnis, Sorgfalt und Gewissenhaftigkeit zu erfolgen (Art. 98 Abs. 3 AIFM-DVO). Darüber hinaus muss die Verwahrstelle sog. *Contingency*-Pläne entwickeln, die eine Art „Notfallplan" darstellen und u.a. einen Alternativ-Dienstleister für den Fall benennen, dass der zuerst ernannte aus unvorhersehbaren Gründen ausfällt.[616] Im besten Interesse der AIF und seiner Anleger ist es Aufgabe der Verwahrstelle, den Vertrag mit dem Dritten zu kündigen, falls dieser den Anforderungen nicht mehr gerecht wird (Art. 98 Abs. 7 AIFM-DVO).

4. Haftung und Exkulpationsmöglichkeiten der Verwahrstelle

Das Haftungsregime der Verwahrstelle ist ein zentrales und zugleich auch ein im Vorfeld sehr kontrovers diskutiertes Thema der AIFM-Richtlinie. Die besondere Herausforderung bestand darin, die richtige Balance herbeizuführen zwischen einerseits der Intention der AIFM-Richtlinie, einen strikten Regulierungsrahmen zur Erzielung eines hohen Anlegerschutzes zu schaffen, und andererseits dabei gleichzeitig nicht die gesamte Verantwortung auf die Verwahrstellen zu übertragen, da dies kontraproduktive Effekte erzeugen und zu einem Anstieg systemischer Risiken führen könnte.[617] Das Ergebnis dieses Abwägungsprozesses, welches Einzug in die AIFM-Richtlinie gefunden hat, ist Gegenstand der folgenden Ausführungen.

---

614 ESMA, Final Report (Fn. 312), S. 186 Box 93.
615 ESMA, Final Report (Fn. 312), S. 172 Box 89 Nr. 1a).
616 ESMA, Final Report (Fn. 312), S. 172 Box 89 Nr. 4; Art. 98 Abs. 6 AIFM-DVO.
617 ESMA, Final Report (Fn. 312), S. 178 Nr. 1.

a) *Relevante Rechtsverhältnisse*

Bevor die einzelnen Voraussetzungen der Haftung der Verwahrstelle im Geltungsbereich der AIFM-Richtlinie dargestellt werden, sind zunächst die Rechtsverhältnisse aufzuzeigen, die innerhalb des Haftungsregimes von Relevanz sind. Die Beteiligten dieser Rechtsverhältnisse sind (1.) der AIFM, (2.) die AIF-Anleger und (3.) die Verwahrstelle. Folglich existieren drei Rechtssubjekte, weshalb diese „Drei-Personen-Beziehung" gemeinhin auch als sog. Investment-Dreieck bezeichnet wird. Dies stellt sich graphisch wie folgt dar:

Abbildung 2: Investment-Dreieck.

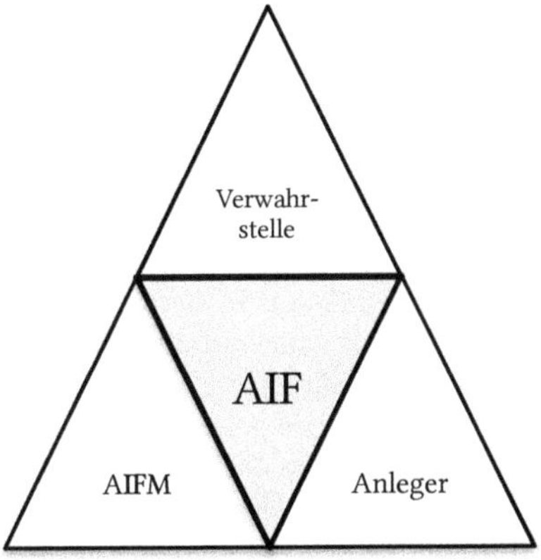

Für die Zwecke der Darstellung der Haftung einer Verwahrstelle im Rahmen der AIFM-Richtlinie wird es als ausreichend erachtet, die jeweilige Ausgestaltung des Rechtsverhältnisses zwischen dem AIF und der Verwahrstelle bzw. zwischen den AIF-Anlegern und der Verwahrstelle aufzuzeigen.

aa) Rechtsverhältnis zwischen der Verwahrstelle und dem AIF

Zunächst kommt eine Haftung der Verwahrstelle gegenüber dem AIF in Betracht. Fraglich ist, wie sich die rechtliche Beziehung zwischen diesen gestaltet. Wie bereits erwähnt, wird die Verwahrstelle kraft schriftlichen Vertrages bestellt. Dieser wird regelmäßig zwischen der Verwahrstelle und dem AIFM geschlossen (Art. 21 Abs. 2 AIFM-RL i. V. m. Art. 83 Abs. 1 AIFM-DVO). Bei der Art des Rechtsverhältnisses handelt es sich nach h. M. um einen Vertrag *sui generis*, der sowohl Elemente eines Verwahrungsvertrages (§§ 688 ff. BGB) hinsichtlich der anvertrauten

Vermögensgegenstände wie auch, in Bezug auf die Kontrollfunktion der Verwahrstelle, Elemente eines Geschäftsbesorgungsvertrages (§§ 675 ff. BGB) aufweist.[618]

bb) Rechtsverhältnis zwischen der Verwahrstelle und den Anlegern des AIF

Von besonderer Bedeutung im Rahmen des Investment-Dreiecks ist die rechtliche Beziehung der AIF-Anleger zu der von dem AIFM beauftragten Verwahrstelle. Wie soeben erwähnt, wird der Vertrag zur Bestellung einer Verwahrstelle zwischen dem AIFM und einer vom ihm ausgewählten Verwahrstelle und somit unter Ausschluss jeglicher Beteiligung der Anleger geschlossen. Dies hat zur Folge, dass die Anleger keinerlei Einfluss auf die „Person“ der Verwahrstelle haben und somit lediglich auf die Entscheidung des AIFM vertrauen müssen. Auch wenn dies auf den ersten Blick vielleicht nicht sachgerecht erscheinen mag, da die Verwahrstelle letztlich im Interesse der Anleger tätig wird und damit einen wichtigen Beitrag zum Anlegerschutz leistet, ist diese Konstruktion dennoch zu befürworten. Der Grund hierfür ist darin zu sehen, dass der AIFM letztlich die einzige Person ist, die über genügend Sach- und Fachkenntnis in Bezug auf die von ihm verwalteten AIF verfügt und damit nur er allein eine sachgerechte Entscheidung darüber treffen kann, wer als geeignete Verwahrstelle für die betreffenden Assets in Betracht kommt. Daraus ergibt sich, dass ein direkter Kontakt in Gestalt einer unmittelbaren vertraglichen Beziehung zwischen der Verwahrstelle und den Anlegern nicht besteht.[619] Fraglich ist, wie sich sodann eine Haftung der Verwahrstelle gegenüber den Anlegern ergeben kann. Zunächst kann festgehalten werden, dass die Haftung aufgrund der Verwirklichung eines Straftatbestandes wie z. B. der Untreue oder des Betrugs sich bereits aus den jeweiligen nationalen Strafgesetzen ergibt und mithin unproblematisch ist. Dasselbe gilt für eine deliktische Haftung der Verwahrstelle aus z. B. § 823 BGB, da die meisten Straftatbestände auch als Schutzgesetz im Sinne des § 823 Abs. 2 BGB zu werten sind. Zu beachten ist jedoch, dass das deutsche Deliktsrecht Möglichkeiten der Exkulpation bietet und mithin nicht immer eine interessengerechte und vollständige Schadenskompensation bewirkt.[620] Als wesentlich komplizierter stellt sich hingegen die Frage dar, welche sonstigen Anspruchsgrundlagen für eine direkt gegenüber den Anlegern eintretende Haftung der Verwahrstelle in Erwägung gezogen werden können, obwohl gerade kein unmittelbares Vertragsverhältnis zu den Anlegern des AIF besteht. In Betracht kommen im Wesentlichen drei Möglichkeiten, über die eine Haftung der Verwahrstelle begründet werden könnte: Entweder (1.) über

618 *Einsele*, Bank- und Kapitalmarktrecht, S. 466 f. Rn. 33; *Seegebarth*, Stellung und Haftung der Depotbank im Investment-Dreieck, S. 25; *Geßler*, WM 1957 Sonderbeilage Nr. 4, 10, 20; *anders: Ohl*, Die Rechtsbeziehungen innerhalb des Investment-Dreiecks, S. 67 ff., der die Rechtsquelle für die Verwahrungsbefugnisse außerhalb eines Vertrages mit der Verwaltungsgesellschaft in einer Art gesetzlichem Schuldverhältnis sucht.

619 *Seegebarth* (Fn. 618), S. 29.

620 So z. B. in § 823 Abs. 1 S. 2 BGB oder § 831 BGB.

den echten Vertrag zugunsten Dritter, (2.) über den Vertrag mit Schutzwirkung zugunsten Dritter und (3.) über ein gesetzliches Schuldverhältnis.

(1) Echter Vertrag zugunsten Dritter

Zunächst könnte es sich bei dem zwischen der Verwahrstelle und dem AIFM geschlossenen Vertrag um einen „echten Vertrag zugunsten Dritter" handeln. Dieser ist im nationalen Recht in § 328 BGB geregelt und beinhaltet ein eigenes Forderungsrecht eines an einem Rechtsverhältnis nicht unmittelbar beteiligten Dritten. Diese Lösung wäre durchaus geeignet, den Anlegern einen eigenen originären Anspruch gegenüber der Verwahrstelle zu verschaffen. Jedoch begegnet man durchaus Schwierigkeiten. In § 334 BGB heißt es: „Einwendungen aus dem Vertrag stehen dem Versprechenden auch gegenüber dem Dritten zu." Dies bedeutet, bezogen auf die hier betrachtete Konstellation, nichts anderes, als dass die Verwahrstelle aus dem Vertrag nicht gegenüber dem Dritten leisten müsste, wenn eine Leistungspflicht auch nicht im Verhältnis zum AIFM bestünde. Dies wiederum setzt jedoch voraus, dass die Ausgestaltung des Vertrages der Disposition der Parteien unterliegt und die Forderungsrechte in einem Gegenseitigkeitsverhältnis zueinander stehen. Dies ist jedoch nicht der Fall.[621] Denn wie z.T. bereits aufgezeigt wurde, unterliegt die Ausgestaltung des Vertrages, ja sogar die Pflicht zum Abschluss eines Vertrages, nicht der Vertragsfreiheit der Parteien, sondern wird bereits durch die Bestimmungen in Art. 21 AIFM-RL sowie ergänzend durch Kapitel IV AIFM-DVO festgelegt. Darüber hinaus würde die Möglichkeit der Geltendmachung von Einwendungen durch die Verwahrstelle gegenüber den Anlegern dazu führen, dass die Rechte der Anleger verkürzt werden könnten, was der beabsichtigten Stärkung des Anlegerschutzes zuwiderlaufen würde.[622] Doch auch für den Fall, dass man § 334 BGB als abbedungen ansehen und damit der Wirksamkeit eines Vertrages zugunsten Dritter diesen Einwand nicht entgegenhalten könnte, müsste ein konkreter Einbeziehungswillen der Parteien zugunsten der Anleger feststellbar sein.[623] Dies wäre jedoch in Konstellationen dieser Art untypisch, denn die Verwaltungsgesellschaft bestellt die Verwahrstelle, um so gerade eine eigene Zulassungsvoraussetzung zu erfüllen und damit selbst ihre Tätigkeit als Verwalter aufnehmen zu können.[624] Ein Interesse an der Einbeziehung der Anleger in den Vertrag ist hieraus nicht ersichtlich. Dies kann gleichermaßen auf die AIFM-Richtlinie übertragen werden, die in Art. 7 Abs. 3 lit. d) vorschreibt, dass der AIFM seinem Antrag auf Zulassung Angaben zur Bestellung einer Verwahrstelle vorzulegen hat. All dies lässt die Annahme eines Vertrags zugunsten Dritter als nicht angemessen und wenig praxisnah erscheinen.

---

621 So auch: *Einsele* (Fn. 618), S. 467 Rn. 35.

622 *Seegebarth* (Fn. 618), S. 35.

623 Für § 20 Abs. 1 S. 1 InvG: *Sachtleber*, Zivilrechtliche Strukturen von open-end-Investmentfonds in Deutschland und England, S. 34.

624 *Seegebarth*, Fn. 622.

(2) Vertrag mit Schutzwirkung zugunsten Dritter

Mit der Ablehnung eines echten Vertrags zugunsten Dritter könnte jedoch noch ein „Vertrag mit Schutzwirkung zugunsten Dritter" in Betracht gezogen werden. Dieser ist gesetzlich nicht geregelt, seit der Grundsatzentscheidung des Reichsgerichts[625] im Jahr 1917 jedoch anerkannt und von der Rechtsprechung stetig weiterentwickelt worden. In Abgrenzung zum echten Vertrag zugunsten Dritter räumt der Vertrag mit Schutzwirkung dem Dritten kein eigenes Forderungsrecht in Bezug auf die Hauptleistung ein, sondern bezieht diesen lediglich in den Schutzbereich eines Vertrages mit ein. Nach Ansicht der Rechtsprechung sind die Voraussetzungen des Vertrages mit Schutzwirkung zugunsten Dritter durch eine ergänzende Vertragsauslegung nach §§ 133, 157 BGB zu gewinnen.[626]

Für den Vertrag mit Schutzwirkung ist zunächst eine *Leistungsnähe* derart erforderlich, dass der einzubeziehende Dritte mit einer drittbezogenen Hauptleistung eines Vertrages in Berührung kommt.[627] Gegenstand des Verwahrstellenvertrages zwischen AIFM und Verwahrstelle ist die Verwahrung der Vermögensgegenstände der Anleger des vom AIFM verwalteten AIF. Die Leistungsnähe des AIF-Anlegers liegt somit vor.

Weiter müsste die Einbeziehung des Dritten für den Schuldner subjektiv *erkennbar* sein. Diese Drittwirkung wird für Fälle bejaht, in denen für den Schuldner erkennbar ist, dass Dritte von der Vertragsleistung betroffen sind.[628] Dies wird gefordert, um das Haftungsrisiko für den Schuldner transparent zu machen und gleichzeitig auf ein vernünftiges Maß zu beschränken. Die Verwahrstelle verwahrt die Vermögenswerte der Anleger. Aus diesem Umstand ist für die Verwahrstelle erkennbar, dass Dritte von der Leistungsbeziehung zwischen ihr und dem AIFM betroffen sind, sodass der Drittschutz jeden Anleger des AIF umfasst. Die einzelnen Namen der Dritten müssen der Verwahrstelle dabei nicht bekannt sein.[629] Handelt es sich bei dem AIF jedoch um einen geschlossenen Fonds, der Rücknahmerechte der Anleger ausschließt, hat die Verwahrstelle gleichfalls Sicherheit über die Identität der Dritten.

Fraglich ist jedoch, ob *Gläubigernähe* gegeben ist. Dies bedeutet, dass der Gläubiger nicht nur ein eigenes, sondern auch ein berechtigtes Interesse zugunsten des Dritten hat.[630] Wurde von der Rechtsprechung früher noch verlangt, dass der Gläubiger für das „Wohl und Wehe" des Dritten verantwortlich sein muss,[631] reicht es heute aus, wenn im Einzelfall Anhaltspunkte für eine Einbeziehung dritter Interessen

---

625 RG, Urt. v. 5.10.1917 – Az. Rep. III 145/17, in: RGZ 91, 21, 24.
626 BGH, Urt. v. 15.6.1971 – Az. VI ZR 262/69, in: BGHZ 56, 269, 273 = BGH NJW 1971, 1931; BGH NJW 1984, 355, 356.
627 BGH, Urt. v. 2.7.1996 – Az. X ZR 104/94, in: BGHZ 133, 168, 173.
628 *Gottwald*, in: MüKo zum BGB, § 328 Rn.184.
629 *Seegebarth* (Fn. 618), S. 39.
630 BGHZ 133, 168, 171.
631 BGHZ 56, 269, 273.

bestehen.[632] Da bereits im Rahmen der Ausführungen zum Vertrag zugunsten Dritter das Einbeziehungsinteresse verneint wurde, muss an dieser Stelle dasselbe gelten. Doch auch bei Bejahung eines solchen würde die Konstruktion über einen Vertrag mit Schutzwirkung zugunsten Dritter überdies nicht eingreifen, da es zudem an der erforderlichen *Schutzbedürftigkeit* des Dritten mangelt. Dies ist insbesondere der Fall, wenn der Dritte seinen Anspruch auf Grundlage eines eigenen Anspruchs geltend machen kann und es der Einbeziehung in den Schutzbereich eines anderen Vertrages somit nicht bedarf.

(3) Gesetzliches Schuldverhältnis

Anknüpfend an die Ablehnung der Schutzbedürftigkeit des Dritten im Rahmen des Vertrages mit Schutzwirkung zugunsten Dritter ist an dieser Stelle zu prüfen, ob dem Dritten, mithin dem Anleger, ein eigener Anspruch gegenüber der Verwahrstelle aus „gesetzlichem Schuldverhältnis“ zustehen könnte. Nach neuerer Ansicht ist das Rechtsverhältnis zwischen der Verwahrstelle und dem einzelnen Anleger als gesetzliches Schuldverhältnis einzustufen, da die Vielzahl an Verpflichtungen, die die Verwahrstelle im Interesse der Anleger wahrnehmen muss, mehr als nur bloße Einzelpflichten darstellen.[633] Ihr Verhältnis gehe über das des Deliktsrechts hinaus, das Anspruchsinhaber und Anspruchsgegner nur als „unverbundene Rechtsgenossen“ erfasse.[634] Zwar handelt es sich bei einem Anspruch aus § 823 BGB, der gegenüber einem Dritten besteht, ebenfalls um ein gesetzliches Schuldverhältnis. Jedoch wird im Rahmen der Verwahrung die Verwahrstelle tatsächlich bereits im Interesse des Anlegers tätig, und dies aufgrund gesetzlicher Verpflichtung. Es handelt sich somit um ein echtes gesetzliches Schuldverhältnis, das aufgrund gesetzlicher Vorgaben mit Rechten und Pflichten ausgestattet ist. Für die AIFM-Richtlinie geht dies aus Art. 21 Abs. 12 AIFM-RL hervor, der dem Anleger des AIF gegenüber der Verwahrstelle für das Abhandenkommen eines ihr zur Verwahrung überlassenen Vermögensgegenstandes, also mithin für eine dem Anleger gegenüber kraft Gesetzes bestehende Pflicht, einen Schadensersatzanspruch gewährt. Nach alldem ist ein gesetzliches Schuldverhältnis zwischen Verwahrstelle und Anleger anzunehmen, das die Grundlage für einen eigenen, originären Schadensersatzanspruch des AIF-Anlegers gegenüber der Verwahrstelle bildet.

b) Haftung für Abhandenkommen

Nachdem die Rechtsverhältnisse, denen die Verwahrstelle im Investment-Dreieck ausgesetzt ist, näher dargestellt wurden, ist an dieser Stelle das Haftungsregime der AIFM-Richtlinie für die Verwahrstelle zu erörtern. Gemäß Art. 21 Abs. 12 AIFM-RL

---

632 BGH, Urt. v. 28.2.1977 – Az. II ZR 52/75, in: BGHZ 69, 82, 86.

633 *Sachtleber* (Fn. 623), S. 41; *so auch bereits*: Deutscher Bundestag, Entwurf eines Gesetzes zur Modernisierung des Investmentwesens und zur Besteuerung von Investmentvermögen, BT-Drcks. 15/1553, S. 85 vom 19.9.2003.

634 *Seegebarth* (Fn. 618), S. 42.

kommt eine Haftung sowohl gegenüber dem AIF als auch gegenüber den Anlegern des AIF für das Abhandenkommen von Finanzinstrumenten in Betracht, und dies unabhängig davon, ob die Verwahrstelle selbst oder ein von ihr delegierter Dritter mit der Verwahrung betraut war. Folglich haftet die Verwahrstelle für den Dritten ähnlich einem „Erfüllungsgehilfen“, sodass sie bereits unter Zugrundelegung der eigenen Interessenlage bei der Auswahl des Dritten besondere Sorgfalt anwenden sollte, um das Haftungsrisiko für sich selbst so gering wie möglich zu halten.

Unter einem „Abhandenkommen“ ist dabei (1.) das Nichtbestehen von bereits verkündeten Eigentumsrechten des AIF, (2.) der dauerhafte Entzug der Eigentumsrechte aufseiten des AIF oder (3.) das Vorliegen dauerhafter Verfügungshindernisse zu verstehen.[635] Dabei ist für das Abhandenkommen im Rahmen von (2.) und (3.) zwingend erforderlich, dass die Hinderungsgründe dauerhaft bestehen und nicht nur vorübergehender Natur sind.[636] Das Abhandenkommen eines Finanzinstruments ist gemäß Art. 100 Abs. 2 AIFM-DVO in einem dokumentierten Verfahren festzustellen, das den zuständigen Behörden ohne Weiteres zugänglich ist. Darüber hinaus muss nach der Feststellung eines Abhandenkommens dieser Umstand den Anlegern auf einem dauerhaften Datenträger umgehend zur Kenntnis gebracht werden. Nichtbestehen im Sinne von (1.) ist z.B. dann gegeben, wenn der AIF Eigentumsrechte auf Basis von gefälschten Dokumenten ausgewiesen hat. Zur Beantwortung der Frage, weshalb die Verwahrstelle für das Nichtbestehen oder nachträgliche Erlöschen von Eigentumsrechten des AIF haftbar gemacht wird, kann auf den originären Aufgabenbereich der Verwahrstelle verwiesen werden, der, wie bereits erläutert, insbesondere auch die Verifizierung der Eigentumsrechte beinhaltet (Art. 90 AIFM-DVO). Die Übertragung der Vermögenswerte auf Dritte zum Zwecke der Verwahrung (z.B. Primebroker) begründet kein Abhandenkommen. Tritt aufseiten des Dritten ein Insolvenzfall ein, so ist auch für diesen Fall ein Abhandenkommen regelmäßig nicht zu bejahen,[637] da der Dritte gemäß Art. 21 Abs. 11 AIFM-RL i.V.m. Art. 99 AIFM-DVO bereits gehalten ist, die Vermögenswerte der Kunden von seinen eigenen zu trennen. Treten Verluste ein, so sind diese vom AIFM unmittelbar nach deren Feststellung in seinen Büchern festzuhalten.[638] Ist ein verwahrtes Finanzinstrument endgültig abhandengekommen, so hat die Verwahrstelle dem AIF oder dem für Rechnung des AIF handelnden AIFM unverzüglich ein Finanzinstrument gleicher Art zurückzugeben oder einen entsprechenden Betrag zu erstatten. Hier führt die AIFM-Richtlinie eine echte Neuerung ein, da ein derart gestaltetes Haftungs- und Substitutionsregime bisher noch nicht existierte und auch den Haftungsumfang nach Art. 24 OGAW-RL übertrifft, der lediglich auf eine Entschädigung ausgerichtet ist. Zu beachten ist ferner, dass es sich bei der Haftung nach Art. 21 Abs. 12 AIFM-RL um eine verschuldensunabhängige Haftung handelt, was

635 ESMA, Final Report (Fn. 312), S. 179 f. Box 91; Art. 100 Abs. 1 AIFM-DVO.
636 ESMA, Final Report (Fn. 173), S. 180 Nr. 13.
637 Vgl. Art. 100 Abs. 4 AIFM-DVO, der neben dem Insolvenzfall des Dritten zusätzlich das Vorliegen einer der Voraussetzungen aus Art. 100 Abs. 1 AIFM-DVO fordert.
638 ESMA, Final Report (Fn. 280), S. 180 Nr. 17.

zur Folge hat, dass jedes Abhandenkommen eines verwahrten Finanzinstruments eine Haftung der Verwahrstelle begründet. Es wäre den Anlegern eines AIF schlichtweg nicht zuzumuten, im Falle eines Abhandenkommens nachzuweisen, dass die Verwahrstelle oder ein von ihr beauftragter Dritter die Pflichtverletzung zu vertreten hat.[639]

c) Sonstige Haftung

Die Haftung der Verwahrstelle gegenüber dem AIF oder seinen Anlegern wird durch den dritten Unterabschnitt des Art. 21 Abs. 12 AIFM-RL erweitert und umfasst auch die Haftung für sämtliche sonstigen Verluste, die der AIF oder seine Anleger infolge einer fahrlässig oder vorsätzlich verursachten Nichterfüllung ihrer Verpflichtungen als Verwahrstelle gemäß der AIFM-Richtlinie erleiden. Diese Regelung erweitert den Haftungsumfang der Verwahrstelle und umfasst – unter der Voraussetzung, dass ein Verschulden nachgewiesen werden kann – folglich auch Schadensersatzersatzansprüche des AIF und seiner Anleger.

d) Exkulpation bei Vorliegen höherer Gewalt

Eine Exkulpation aufseiten der Verwahrstelle ist für den Fall möglich, dass diese nachweisen kann, dass das Abhandenkommen auf höhere Gewalt zurückzuführen ist, deren Konsequenzen trotz aller angemessenen Gegenmaßnahmen unabwendbar waren. Die Prüfung, ob eine Haftung ausscheiden muss, hat folglich anhand eines Drei-Schritte-Systems zu erfolgen, das die folgende Grafik veranschaulichen soll:

Abbildung 3: Exkulpations-Modell.

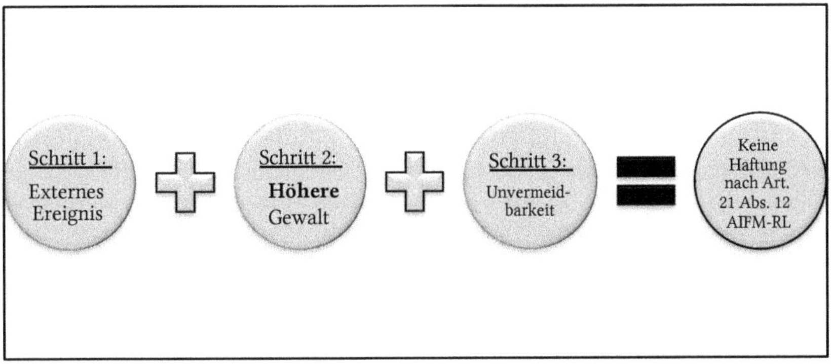

Ein externes Ereignis (Schritt 1) liegt immer bei *Acts of State* oder *Acts of God* vor.[640] Hierunter sind z. B. Kriegshandlungen oder Naturkatastrophen zu fassen.[641] Weiter

639 *Specht*, in: Dornseifer/ Jesch et. al. (Fn. 164), Art. 21 Rn. 380.
640 ESMA, Final Report (Fn. 280), S. 183 Nr. 23.
641 Art. 101 Abs. 2 AIFM-DVO.

fallen auch Ereignisse im Zusammenhang mit der Insolvenz des Delegierten in diese Kategorie, ebenso sonstige Umstände wie z. B. Betrugsfälle oder Nichteinhaltung des Trennungsprinzips.[642] Weiter muss der Eintritt des externen Ereignisses auf höherer Gewalt beruhen, also außerhalb des Kontroll- und Verfügungsbereichs der Verwahrstelle liegen (Schritt 2).[643] Zuletzt muss die Verwahrstelle nachweisen können, dass das Abhandenkommen trotz aller angemessenen und vernünftigen Gegenmaßnahmen nicht hätte verhindert werden können (Schritt 3). Dies soll sicherstellen, dass die Verwahrstelle ihre eigenen Überwachungsprozesse fortlaufend anpasst und optimiert, um nicht selbst einem Verschuldensvorwurf ausgesetzt werden zu können. Diese Bedingung gilt dann als erfüllt, wenn die Verwahrstelle nachweisen kann, dass sie (1.) ein der Komplexität des AIF angemessenes Früherkennungssystem in Bezug auf ein mögliches Abhandenkommen anwendet, (2.) die unter (1.) gewonnenen Erkenntnisse fortlaufend im Hinblick auf ihr Risiko bewertet und (3.) den AIFM über erkannte signifikante Risiken und Maßnahmen zur Abwendung des Abhandenkommens unterrichtet (Art. 101 Abs. 1 lit. c) i)-iii) AIFM-DVO).

e) Exkulpation in Bezug auf den eingeschalteten Dritten

Grundsätzlich macht Art. 21 Abs. 13 AIFM-RL deutlich, dass die Delegation von Aufgaben der Verwahrstellen an einen Dritten die Haftung der Verwahrstelle unberührt lässt. Dieser Umstand lässt sich darauf zurückführen, dass der Verwahrstelle im Rahmen der AIFM-Richtlinie eine besondere Bedeutung zukommt und ihr so nicht die Möglichkeit gegeben werden soll, durch die Zwischenschaltung eines Dritten die eigene Haftung und damit auch das gesetzgeberische Konzept umgehen zu können. Zur Wahrung des Verhältnismäßigkeitsgrundsatzes ist es jedoch erforderlich, Regelungen vorzusehen, die bei Vorliegen von gewissen Bedingungen eine Haftungserleichterung bzw. eine Haftungsbefreiung vorsehen. Aus diesem Grund sieht der zweite Unterabschnitt von Art. 21 Abs. 13 AIFM-RL eine Exkulpationsmöglichkeit für die Verwahrstelle für den Fall vor, dass bei dem mit der Verwahrung unterbeauftragten Dritten ein Vermögensgegenstand abhandengekommen ist und die Verwahrstelle nachweisen kann, dass (1.) alle Voraussetzungen für die Delegation nach Art. 21 Abs. 11 AIFM-RL eingehalten wurden,[644] (2.) ein schriftlicher Vertrag zwischen der Verwahrstelle und dem Dritten die Haftung ausdrücklich auf diesen überträgt und der AIF bzw. dessen AIFM berechtigt ist, Ansprüche unmittelbar dem Dritten gegenüber geltend zu machen und (3.) ein schriftlicher Vertrag zwischen der Verwahrstelle und dem AIF bzw. dessen AIFM unter Nennung eines objektiven Grundes ausdrücklich die Befreiung der Verwahrstelle von der Haftung zulässt. Nach Art. 102 AIFM-DVO müssen die in diesem Vertrag angegebenen objektiven Gründe sich auf die genauen und konkreten Umstände einer bestimmten Tätigkeit beschränken (lit. a) sowie mit den Grundsätzen und Entscheidungen der

642 Art. 101 Abs. 3 AIFM-DVO.
643 ESMA, Final Report (Fn. 280), S. 184 f. Nr. 29, 30.
644 Siehe hierzu bereits c) Möglichkeiten der Delegation.

Verwahrstelle vereinbar sein (lit. b). Die Beweislast für das Eingreifen des Haftungsausschlusses liegt dem gesetzgeberischen Konzept nach bei der Verwahrstelle selbst, sodass die haftungsbefreienden Aspekte nur dann Berücksichtigung finden, wenn sich die Verwahrstelle auf diese beruft und den Beweis tatsächlich erbringen kann. Hierdurch ist sichergestellt, dass die Behauptung einer Haftungsbefreiung aufseiten der Verwahrstellen nur in denjenigen Fällen vorgebracht wird, in denen die Sach- und Beweislage eindeutig und klar ist und nicht zulasten des AIF oder seiner Anleger gereicht.

VI. Transparenzanforderungen

Jeder AIFM, der im Rahmen der AIFM-Richtlinie eine Zulassung beantragt und erhalten hat, unterliegt einem strengen Regime an Informationspflichten, das durch die Art. 22 bis 24 AIFM-RL errichtet wird und sowohl den Anlegern wie auch den zuständigen Behörden gegenüber besteht. Hierdurch sollen die Transparenz und das Informationsniveau aufseiten der Anleger sowie Behörden erhöht und das Risiko eines Missbrauchs bzw. eines Handelns entgegen der Interessen des AIF und seiner Anleger reduziert werden. Gleichfalls erzeugen die Publizitätsvorschriften den Effekt einer Selbstkontrolle, die es dem AIFM ermöglicht, selbst zu überprüfen, ob seine Tätigkeiten in Einklang mit den Anforderungen der AIFM-Richtlinie stehen oder ob Anpassungsbedarf besteht. Die genannten Vorschriften werden im Folgenden erläutert, wobei darauf hingewiesen wird, dass die Darstellung nicht die von der AIFM-Richtlinie vorgegebene Reihenfolge beibehält.

1. Jahresbericht

Artikel 22 Abs. 1 AIFM-RL schreibt vor, dass ein AIFM für jeden von ihm verwalteten EU-AIF und für jeden von ihm in der EU vertriebenen AIF für jedes Geschäftsjahr spätestens sechs Monate nach dessen Ende einen Jahresbericht vorzulegen hat, der den Anlegern lediglich auf Anfrage vorzulegen und den zuständigen Behörden zwingend zur Verfügung zu stellen ist. Dieser muss gemäß Art. 22 Abs. 2 AIFM-RL mindestens enthalten eine Bilanz, eine Aufstellung der Erträge und Aufwendungen des Geschäftsjahres,[645] einen Tätigkeitsbericht,[646] jede wesentliche Änderung[647] der in Art. 23 AIFM-RL aufgeführten Informationen sowie die Gesamtsumme der im abgelaufenen Geschäftsjahr gezahlten Vergütungen[648], gegliedert in feste und variable, vom AIFM an seine Mitarbeiter gezahlte Vergütungen sowie aufgegliedert nach Führungskräften und Mitarbeitern des AIFM, deren Tätigkeit sich wesentlich auf das Risikoprofil des AIF auswirken. Darüber hinaus sind die im Jahresbericht

645 Zu Inhalt und Form der Bilanz sowie der Aufstellung der Erträge und Aufwendungen vgl. Art. 104 AIFM-DVO.

646 Vgl. Art. 105 AIFM-DVO.

647 Vgl. Art. 106 AIFM-DVO.

648 Vgl. Art. 107 AIFM-DVO.

enthaltenen Zahlenangaben von mindestens einer Person, die gesetzlich zur Abschlussprüfung zugelassen ist, geprüft worden (Art. 22 Abs. 3 AIFM-RL). Artikel 103 AIFM-DVO errichtet überdies den allgemeinen Grundsatz, dass alle im Jahresbericht enthaltenen Informationen in einer Form dargestellt werden müssen, die relevante, zuverlässige, vergleichbare und klare Informationen bietet und alle in Bezug auf besondere AIF-Strukturen benötigten Informationen beinhaltet.

2. *Informationspflichten gegenüber den zuständigen Behörden*

Die zuständigen Behörden haben einen Anspruch auf Versorgung mit Informationen, die die Verwaltung von AIF durch einen im Anwendungsbereich der AIFM-Richtlinie tätigen AIFM betreffen. Auch an dieser Stelle ist es das Ziel der AIFM-Richtlinie, die Transparenz von AIF zu erhöhen und die gesamte Hedge-Fonds-Branche aus ihrem bisherigen Schattendasein herauszuführen. So sieht Art. 24 Abs. 1 AIFM-RL i. V. m. Art. 110 Abs. 1 AIFM-DVO vor, dass der AIFM die zuständigen Behörden seines Herkunftsmitgliedstaates regelmäßig über die wichtigsten Märkte und Instrumente, auf bzw. mit denen er für Rechnung des von ihm verwalteten AIF handelt, unterrichten muss. Der Ausdruck „zuständige Behörden" ist in Art. 4 Abs. 1 lit. f) AIFM-RL legaldefiniert und bezeichnet hiernach „die nationalen Behörden der Mitgliedstaaten, die aufgrund von Rechts- oder Verwaltungsvorschriften zur Beaufsichtigung von AIFM befugt sind". In Deutschland wird diese Funktion gemäß § 5 des AIFM-Umsetzungsgesetzes[649] seit dessen Inkrafttreten am 22. Juli 2013 von der BaFin wahrgenommen. Insbesondere hat der AIFM der zuständigen Behörde Informationen zu den wichtigsten Instrumenten, mit denen er handelt, sowie zu den größten Risiken und Konzentrationen jedes von ihm verwalteten AIF vorzulegen. Überdies muss der AIFM den zuständigen Behörden Angaben zu den wichtigsten Kategorien von Vermögenswerten machen, in die der AIF investiert, sowie die Ergebnisse der gemäß Art. 15 Abs. 3 lit. b) sowie Art. 16 Abs. 1 AIFM-RL durchzuführenden Stresstests mitteilen (Art. 24 Abs. 2 AIFM-RL). Auch muss er den prozentualen Anteil der schwer zu liquidierenden Vermögenswerte benennen und Angaben zur Liquidität, den Risikomanagement-Systemen sowie Risikoprofilen tätigen (Art. 110 Abs. 2 AIFM-DVO). Auf Verlangen der zuständigen Behörde hat der AIFM gleichfalls einen Jahresbericht für jeden von ihm verwalteten EU-AIF und für jeden von ihm in der EU vertriebenen AIF und zum Ende jedes Quartals eine detaillierte Aufstellung sämtlicher von ihm verwalteter AIF vorzulegen (Art. 24 Abs. 3 AIFM-RL).

Setzt der verwaltete AIF in beträchtlichem Umfang Hebelfinanzierungen ein, so hat der AIFM den Behörden eine Aufschlüsselung nach Hebelfinanzierungen, die durch Kreditaufnahme oder Wertpapierleihe begründet wurde, und solchen, die in Derivate eingebettet sind, zur Verfügung zu stellen (Art. 24 Abs. 4 AIFM-RL),

---

649 Gesetz zur Umsetzung der Richtlinie 2011/61/EU über die Verwalter alternativer Investmentfonds (AIFM-Umsetzungsgesetz – AIFM-UmsG) vom 4. Juli 2013, BGBl. I Nr. 35, S. 1981 vom 10. Juli 2013.

die auch die Nennung der fünf größten Kreditgeber bzw. Verleiher enthalten muss (Art. 24 Abs. 4 AIFM-RL). Bei der Beurteilung, ob Leverage in „beträchtlichem Umfang" eingesetzt wird, sind laut ESMA u. a. die Natur und Komplexität des AIF, dessen Investmentstrategien, die für den AIF relevanten Marktgegebenheiten sowie die Frage, ob die Höhe und Techniken des Leverage-Einsatzes zu Markt- oder Liquiditätsrisiken führen könnten, zu berücksichtigen.[650] Art. 111 AIFM-DVO sagt hierzu, dass Hebelfinanzierungen in beträchtlichem Umfang eingesetzt werden, „wenn das nach der Commitment-Methode gemäß Art. 8 dieser Verordnung berechnete Engagement eines AIF seinen Nettoinventarwert dreifach übersteigt". Es geht hier folglich um ein starres Verhältnis von NAV und Risiko, welches je nach gewählter Anlagestrategie deutlich variieren kann.[651] Die Berechnung der eingesetzten Hebelkraft, also das Verhältnis zwischen dem Risiko des AIF und seinem Nettoinventarwert, hat dabei gemäß Art. 4 Abs. 3 AIFM-RL i. V. m. Art. 7 und Art. 8 AIFM-DVO zu erfolgen und kann sowohl die sog. Bruttomethode wie auch die sog. *Commitment*-Methode berücksichtigen.[652] Im Wesentlichen unterscheiden sich diese beiden Berechnungsmethoden dadurch, das mithilfe der „Bruttomethode" das Gesamtrisiko des AIF errechnet werden kann, wohingegen die *Commitment*-Methode Einblick in die vom AIFM eingesetzten einzelnen Hedging-Techniken gibt (Erwägungsgrund (12) AIFM-DVO). Daher ist es grundsätzlich sinnvoll, diese zwei Ansätze in Verbindung zueinander zu betrachten, um so einen realistischen und umfassenden Eindruck vermittelt zu bekommen. Der vom Gesetzgeber gewählte Ansatz, die Hebelfinanzierung lediglich nach der *Commitment*-Methode zu errechnen, scheint aus Gründen der Einfachheit und besseren Handhabung gewählt worden zu sein, auch wenn diese Methode allein das tatsächliche Risiko nicht realitätsgetreu darzustellen vermag. Dies liegt darin begründet, dass ein gesteigerter Grad an Leverage nicht zwangsläufig auch ein gesteigertes Risiko bedeutet.[653]

Die zuständigen Behörden sind zudem berechtigt, spontan zusätzliche Informationen vom AIFM anzufordern, müssen diesen zusätzlichen Informationsbedarf der ESMA jedoch mitteilen, welche ihrerseits zum Zwecke der Wahrung der Stabilität und Integrität des Finanzsystems die zuständigen Behörden ersuchen kann, dem AIFM zusätzliche Berichtspflichten aufzuerlegen (Art. 24 Abs. 5 AIFM-RL). Dies soll dabei helfen, die Behörden mit allen Informationen auszustatten, die sie zur frühzeitigen Identifizierung systemischer Risiken benötigen.[654] Aus diesem Grund sind die zuständigen Behörden auch gemäß Art. 25 AIFM-RL verpflichtet, die so erlangten

650 ESMA, Final Report (Fn. 280), Box 111 S. 238 f.

651 *Dornseifer*, in: Dornseifer/ Jesch et. al. (Fn. 164), Art. 24 Rn. 31, siehe auch die Übersicht unter Rn. 32.

652 Zur konkreten Berechnung der Hebelkraft auf Basis der „Bruttomethode" und „Commitment-Methode" siehe: *Deloitte*, Aktuelle Entwicklungen in der Fondsindustrie, S. 5; im Übrigen siehe auch: *PWC*, The AIFM and its delegates: Getting organised, S. 10–12.

653 *Dornseifer*, in: Dornseifer/ Jesch et. al. (Fn. 164), Art. 24 Rn. 33 f.

654 ESMA, Final Report (Fn. 280), S. 238 Nr. 10.

Informationen tatsächlich zu nutzen und eine Bewertung der Auswirkungen der eingesetzten Hebelfinanzierung in Bezug auf Marktstörungen und Risiken für ein langes Wirtschaftswachstum vorzunehmen. Die von den zuständigen Behörden gesammelten Angaben sollen mit anderen Behörden in der EU, insbesondere mit der ESMA und dem „Europäischen Ausschuss für Systemrisiken" (ESRB)[655], ausgetauscht werden, um die Auswirkungen der Hebelfinanzierungen bei den von AIFM verwalteten AIF auf das Finanzsystem leichter analysieren und entsprechend Maßnahmen treffen zu können (Erwägungsgrund (49) AIFM-RL). Etwas versteckt findet sich in Art. 25 Abs. 3 AIFM-RL eine Regelung, deren Wirkung die AIFM nicht unterschätzen sollten. Gelangen die zuständigen Behörden zu dem Ergebnis, dass die Risiken, die aus der Nutzung der Hebelfinanzierung durch einen AIFM erwachsen könnten, die Stabilität und Integrität des Finanzsystems gefährden könnten, so sind die zuständigen Behörden des Herkunftsmitgliedstaates des AIFM mit der Kompetenz ausgestattet, nach Unterrichtung der ESMA und des ESRB spätestens zehn Tage vor Wirksamwerden der Maßnahme den Umfang der Hebelfinanzierung, die ein AIFM verwenden darf, zu beschränken.

Die Häufigkeit der Informationspflichten gegenüber den zuständigen Behörden wird anhand der verwalteten Vermögensgegenstände bestimmt und gestaltet sich wie folgt:[656]

Abbildung 4: Häufigkeit der Informationspflichten.

Verwaltetes Vermögen in EUR:	**Häufigkeit:**
< 100 Mio. bzw. < 500 Mio.: (Art. 3 Abs. 2 lit. a) und lit. b) AIFM-RL)	Einmal jährlich für jeden AIF
> 100 Mio. bzw. > 500 Mio., aber ≤ 1 Mrd.:	Halbjährlich für jeden EU-AIF
> 500 Mio.:	Zusätzlich: Vierteljährlich in Bezug auf die Informationen in Art. 24 Abs. 1 und Abs. 3 AIFM-RL
> 1 Mrd.:	Vierteljährlich für jeden EU-AIF

Darüber hinaus gilt für einen AIFM, der einen nicht hebelfinanzierten Private Equity-AIF verwaltet, eine jährliche Berichtspflicht gegenüber den zuständigen Behörden (Art. 110 Abs. 3 lit. d) AIFM-DVO).

655 Gegründet durch: Verordnung (EU) Nr. 1092/2010 des Europäischen Parlaments vom 24. November 2013 über die Finanzaufsicht der Europäischen Union auf Makroebene und zur Einrichtung eines Europäischen Ausschusses für Systemrisiken, ABl. EU Nr. L 331, S. 1 vom 15.12.2010 auf Initiative des De Larosiére-Bericht (Fn. 15), Nr. 177.

656 ESMA, Final Report (Fn. 280), S. 236 f. Box 110 Nr. 4; Art. 110 Abs. 3 AIFM-DVO.

3. *Informationspflichten gegenüber den Anlegern*

Nicht nur gegenüber den zuständigen Behörden bestehen umfangreiche Informationspflichten, sondern auch gegenüber den Anlegern des vom AIFM verwalteten AIF. Diese Informationen lassen sich in zwei Kategorien gliedern: Zum einen gibt es solche, die den Anlegern bereits vor Zeichnung ihrer Anteile zugänglich zu machen sind, zum anderen Informationen, mit denen die Anleger nach Anteilszeichnung und während der gesamten Anlagedauer zu versorgen sind. Die AIFM-Richtlinie sieht folglich umfassende Publizitätspflichten vor, die es den Anlegern ermöglichen sollen, ihre Anlageentscheidung auf Basis eines Kenntnisstandes zu treffen, der eine objektive Beurteilung der Investition zulässt.

a) Vor Anteilszeichnung

Die Informationspflichten, denen der AIFM gegenüber den (potenziellen) Anlegern des von ihm verwalteten AIF bereits vor Anteilszeichnung ausgesetzt ist, finden sich in Art. 23 Abs. 1 lit. a) bis lit. p) AIFM-RL. Bei diesen *ex ante* bestehenden Informationspflichten geht es vor allem darum, den Anleger über die Anlagestrategien und Ziele des AIF sowie über die Identität der wichtigsten mit der Verwaltung des AIF betrauten Institutionen (z. B. AIFM, Verwahrstelle, Primebroker) aufzuklären. Zudem müssen etwaige Risiken dargestellt und in diesem Zusammenhang insbesondere der Umfang der Hebelfinanzierung sowie die Herkunft der Leverage-Mittel offengelegt werden. Diesbezüglich ist derselbe Maßstab wie bei den Informationspflichten gegenüber den Behörden anzuwenden. Darüber hinaus ist der Anleger im Vorfeld auch über sämtliche Entgelte und Gebühren, die im Zusammenhang mit seiner Investition entstehen, vollends aufzuklären. Zu den weiteren vorvertraglichen Informationspflichten gehören darüber hinaus eine Beschreibung des Bewertungs- und Liquiditätsrisikomanagements und eine Mitteilung, ob im Rahmen von Verwahrungsverträgen die Haftung auf einen Dritten übertragen wurde. Kommt der AIFM diesen Verpflichtungen nicht nach, so liegt ein Verschulden bei Vertragsschluss, also ein klassischer Fall der *culpa in contrahendo*, vor, die dem Anleger die Möglichkeit einer Anfechtung und damit einer Abstoßung seiner Investition eröffnet.

b) Nach Anteilszeichnung

Die Verpflichtung des AIFM, die Anleger mit bestimmten Informationen auszustatten, endet jedoch nicht mit der Anteilszeichnung. Vielmehr ist auch auf fortlaufender Basis („regelmäßig") vom AIFM sicherzustellen, dass die Anleger über die wichtigsten Fakten, die den AIF betreffen, an dem sie eine Investition halten, aufgeklärt werden. Hierunter fallen nach Art. 23 Abs. 4 AIFM-RL der prozentuale Anteil der schwer liquidierbaren Vermögenswerte des AIF, jegliche Neuregelung betreffend das Liquiditätsmanagement sowie Informationen bezüglich des aktuellen Risikoprofils des AIF. Im Rahmen der Unterrichtung über das Risikoprofil ist nach Art. 108 Abs. 4 AIFM-DVO insbesondere darzulegen, ob die vom AIFM festgelegten Risikolimits überschritten wurden und welche Maßnahmen im Fall der

Überschreitung unternommen wurden, um Abhilfe zu schaffen. Artikel 23 Abs. 5 AIFM-RL enthält überdies weitere Anforderungen für AIFM, die hebelfinanzierte EU-AIF verwalten oder in der EU vertreiben. Diese sind verpflichtet, regelmäßig alle Änderungen zur maximalen Hebelfinanzierung sowie die aktuelle Gesamthöhe der Hebelfinanzierung des betreffenden AIF mitzuteilen. Dies ist auf Anlegerseite von besonderem Interesse, da mit der Hebelfinanzierung auch die mit ihr verbundenen Kosten und Risiken ansteigen. Die ESMA weist zudem darauf hin, dass die Präsentation der Informationen in einer klaren und verständlichen Art und Weise erfolgen muss.[657] Der Ausdruck „regelmäßig" ist dabei an der generellen Berichtsobligation gegenüber den Anlegern auszurichten, die Mitteilung muss jedoch mindestens einmal jährlich erfolgen.[658]

D. Sondervorschriften zu Private Equity

An diesem Punkt in der Untersuchung angelangt, ist es erforderlich, gedanklich mit dem vorher Gesagten abzuschließen, um an den nun folgenden, neuen Themenkomplex anschließen zu können. Wie bereits zu Beginn dieser Arbeit erwähnt, hat es sich die AIFM-Richtlinie zum Ziel gesetzt, alternative Investmentfonds auf europäischer Ebene allumfassend zu regulieren und sich dabei nicht nur, auch wenn diese merklich den Schwerpunkt bilden, auf Hedge-Fonds zu konzentrieren, sondern ebenfalls Vorschriften für die Private Equity-Branche zu errichten. Das Europäische Parlament selbst weist bereits in seinem Entschließungsantrag vom 9. Juli 2008 darauf hin, „dass Hedge Fonds und private Beteiligungsgesellschaften unterschiedliche Anlageinstrumente sind, die sich hinsichtlich der Art der Investition und der Investitionsstrategie unterscheiden".[659] Wie bereits an anderer Stelle erwähnt, existieren zwar auch Elemente, die sowohl Hedge-Fonds wie Private Equity-Fonds gemeinsam sind,[660] dennoch sind die grundsätzliche Intention, Struktur sowie Tätigkeit beider Akteure so wesensungleich, dass die Vorschriften zu Private Equity innerhalb der AIFM-Richtlinie als Fremdkörper erscheinen, der beinahe losgelöst von den sonstigen Abschnitten der Richtlinie betrachtet werden muss. Ungeachtet dieser hier vertretenen Beurteilung können die Regelungen betreffend Private Equity jedoch nicht unberücksichtigt bleiben, sodass sich der folgende Abschnitt mit den Sondervorschriften zu Private Equity befasst, die die AIFM-Richtlinie für diese spezielle Art von AIF konstituiert. Dabei liegt der Hauptfokus auf dem sog. *Asset Stripping*, das nach Art. 30 AIFM-RL untersagt wird.

---

657 ESMA, Final Report (Fn. 280), Box 109 S. 233 Nr. 2; so jetzt auch: Art. 109 Abs. 1 AIFM-DVO.

658 ESMA, Final Report (Fn. 280), S. 233 Nr. 18.

659 Entschließungsantrag des Europäischen Parlaments (Fn. 13), S. 6 B.

660 Vgl. Private Equity als „Fremdkörper"?, Kapitel Zweiter Teil.A.III.2. dieser Arbeit.

I. Transparenzpflichten

Wie auch für Hedge-Fonds fordert die AIFM-Richtlinie ebenso für den Private Equity-Sektor die Einhaltung bestimmter Transparenzpflichten. Die Vorschriften gelten gemäß Art. 26 Abs. 1 AIFM-RL „für AIFM, die einen oder mehrere AIF verwalten, die entweder allein oder gemeinsam aufgrund einer Vereinbarung, die die Erlangung von Kontrolle zum Ziel hat, gemäß Absatz 5 die Kontrolle über ein nicht börsennotiertes Unternehmen erlangen" und „für AIFM, die mit einem oder mehreren anderen AIFM aufgrund einer Vereinbarung zusammenarbeiten, gemäß der die von diesen AIFM gemeinsam verwalteten AIF gemäß Absatz 5 die Kontrolle über ein nicht börsennotiertes Unternehmen erlangen". „Nicht börsennotierte Unternehmen" werden in Art. 4 lit. ac) AIFM-RL definiert als Unternehmen, die ihren satzungsmäßigen Sitz in der Europäischen Union haben und deren Anteile nicht zum Handel auf einem regulierten Markt zugelassen sind. Das Begriffsverständnis der AIFM-Richtlinie beschränkt den Anwendungsbereich der Private Equity-Vorschriften damit ledglich auf EU-Unternehmen und erfasst demnach keine Drittstaaten-Unternehmen. Der Begriff „Kontrolle" bezeichnet für die Zwecke dieses Abschnitts im Falle nicht börsennotierter Unternehmen die Erlangung von über 50 % der Stimmrechte an diesen Unternehmen (Art. 26 Abs. 5 AIFM-RL). Ausgenommen vom Anwendungsbereich der Vorschriften zu Private Equity sind kleine und mittlere nicht börsennotierte Unternehmen, die weniger als 250 Personen beschäftigen und die entweder einen Jahresumsatz von höchstens 50 Mio. EUR erzielen oder deren Jahresbilanzsumme sich auf höchstens 43 Mio. EUR beläuft[661], sowie Zweckgesellschaften für den Erwerb, Besitz oder die Verwaltung von Immobilien (Art. 26 Abs. 2 AIFM-RL).

Ein AIFM, der einen AIF verwaltet, der Anteile an einem nicht börsennotierten Unternehmen erwirbt, verkauft oder hält, hat entsprechend der Bestimmung in Art. 27 Abs. 1 AIFM-RL das nicht börsennotierte Unternehmen, die Anteilseigner sowie die zuständigen Behörden seines Herkunftsmitgliedstaates darüber in Kenntnis zu setzen, wenn dieser Anteil die Schwellenwerte von 10 %, 20 %, 30 %, 50 % und 75 % erreicht, überschreitet oder wieder unterschreitet. Diese Regelung orientiert sich damit an den für börsennotierte Unternehmen etablierten Meldepflichten des Art. 9 der Transparenz-Richtlinie.[662]

Neben der Anzeige des Über- oder Unterschreitens der vorbezeichneten Schwellenwerte bestehen auch im Fall der Kontrollerlangung nach Art. 26 Abs. 1 i.V.m.

661 Siehe hierzu Art. 2 Abs. 1 im Anhang der Empfehlung 2003/361/EG der Kommission vom 6.5.2003 betreffend die Definition der Kleinstunternehmen sowie der kleinen und mittleren Unternehmen, ABl. EU Nr. L 123, S. 36 vom 20.5.2003.

662 Richtlinie 2004/209/EG des Europäischen Parlaments und des Rates vom 15.12.2004 zur Harmonisierung der Transparenzanforderungen in Bezug auf Informationen über Emittenten, deren Wertpapiere zum Handel auf einem geregelten Markt zugelassen sind, und zur Änderung der Richtlinie 2001/34/EG, ABl. EU Nr. L 390, S. 38 vom 31.12.2004.

Abs. 5 AIFM-RL besondere Informationspflichten. So hat der AIFM auch hier dem nicht börsennotierten Unternehmen, den Anteilseignern sowie der zuständigen Behörde seines Herkunftsmitgliedstaates die Kontrollerlangung mitzuteilen (Art. 27 Abs. 2, Art. 28 Abs. 1 AIFM-RL). Diese Mitteilung muss nach Art. 27 Abs. 3 AIFM-RL auch Angaben zu der sich hinsichtlich der Stimmrechte ergebenden Situation sowie zu den Bedingungen und dem Datum der Kontrollerlangung enthalten. Darüber hinaus müssen die Namen der AIFM, die die Kontrolle erlangt haben, die Grundsätze zur Vermeidung und Steuerung von Interessenkonflikten sowie die externe und interne Kommunikationspolitik insbesondere gegenüber den Arbeitnehmern aufgezeigt werden (Art. 28 Abs. 2 AIFM-RL). Die Mitteilung hat so schnell wie möglich, aber auf jeden Fall innerhalb von zehn Arbeitstagen, zu erfolgen (Art. 27 Abs. 5 AIFM-RL). In seiner Mitteilung an das nicht börsennotierte Unternehmen muss der AIFM den Vorstand des Unternehmens, die Arbeitnehmervertreter oder, falls es keine solchen Vertreter gibt, die Arbeitnehmer selbst ohne unnötige Verzögerung von der Kontrollerlangung durch den von dem AIFM verwalteten AIF und von der sich hinsichtlich der Stimmrechte ergebenden Situation sowie von den Bedingungen und dem Datum der Kontrollerlangung in Kenntnis setzen (Art. 27 Abs. 4, Art. 28 Abs. 3 AIFM-RL). Dabei hat der AIFM nach besten Kräften sicherzustellen, dass die Arbeitnehmervertreter oder, falls es keine solchen Vertreter gibt, die Arbeitnehmer selbst ordnungsgemäß vom Vorstand informiert werden. Die AIFM-Richtlinie kann an dieser Stelle dem Anteilseigner, also dem AIF, bzw. seinem Verwalter, dem AIFM, keine unmittelbare Informationspflicht auferlegen, da aufgrund der allgemeinen Grundsätze des Unternehmensrechts keine direkte Beziehung zwischen den Anteilseignern und Arbeitnehmern besteht (Erwägungsgrund (54) AIFM-RL).[663] Erlangt ein AIF allein oder gemeinsam die Kontrolle über ein nicht börsennotiertes Unternehmen, so sieht Art. 28 Abs. 4 AIFM-RL weiter vor, dass der AIFM, der den betreffenden AIF verwaltet, die Absichten des AIF hinsichtlich der zukünftigen Geschäftsentwicklung des nicht börsennotierten Unternehmens und die voraussichtlichen Auswirkungen auf die Beschäftigung, einschließlich wesentlicher Änderungen der Arbeitsbedingungen, gegenüber dem nicht börsennotierten Unternehmen selbst und dessen Anteilseignern offenlegen muss. Zudem sind den zuständigen Behörden des Herkunftsmitgliedstaates des AIFM und den Anlegern des AIF Angaben zur Finanzierung des Erwerbs vorzulegen, sobald ein AIF die Kontrolle über ein nicht börsennotiertes Unternehmen erlangt (Art. 28 Abs. 5 AIFM-RL). Für den Jahresbericht des AIF, der Kontrolle über ein nicht börsennotiertes Unternehmen erlangt, gelten die Anforderungen des Art. 29 AIFM-RL, der die Aufnahme zusätzlicher Informationen fordert, die als Mindestvoraussetzung einen Bericht über die Lage am Ende des durch den Jahresbericht abgedeckten Zeitraumes enthalten müssen,

663 *Anm.*: Ferner kommt auch der Arbeitsvertrag, der eine direkte Rechtsbeziehung zwischen den Arbeitnehmern und dem Unternehmen begründet, nicht mit den Anteilseignern, sondern mit dem Geschäftsführer der Gesellschaft zustande.

in dem u. a. der Geschäftsverlauf der Gesellschaft sowie die voraussichtliche Entwicklung des Unternehmens realitätskonform dargestellt werden.

Erlangen mehrere vom AIFM verwaltete AIF gemeinsam die Kontrolle über ein nicht börsennotiertes Unternehmen, so muss dem eine Vereinbarung, folglich ein rechtsverbindlicher Vertrag, zugrunde liegen, der gerade die Erlangung von Kontrolle zum Ziel hat.[664]

II. Zerschlagen von Unternehmen (*Asset Stripping*)

Die zentrale Regelung innerhalb des Abschnitts zu Private Equity im Rahmen der AIFM-Richtlinie bildet die Einfügung des Art. 30 AIFM-RL. Er ist eine echte Neuheit und verbietet das Zerschlagen eines nicht börsennotierten Unternehmens, auch *Asset Stripping* genannt, über einen Zeitraum von zwei Jahren für den Fall, dass ein AIF allein oder gemeinsam die Kontrolle erlangt. Die folgenden Ausführungen sollen die Motive und Vorgehensweisen, die sich hinter dem *Asset Stripping* verbergen, aber auch die Inhalte der Neuregelungen näher aufzeigen.

1. Asset Stripping *oder der „Heuschrecken-Faktor"*

Die Betitelung der Private Equity-Gesellschaften als „Heuschreckenschwärme, die Substanz absaugen und Unternehmen kaputtgehen lassen, wenn sie sie abgefressen haben"[665] durch den ehemaligen SPD-Vorsitzenden *Franz Müntefering* hat zu der allseits bekannten „Heuschreckendebatte" geführt, die im Kern das aufgreift, was durch das Verbot des *Asset Stripping* in Art. 30 AIFM-RL künftig nicht mehr möglich ist. Auch das Mitglied des Europäischen Parlaments *Poul Rasmussen* weist in seinem „Rasmussen-Bericht" vom 26. Februar 2009 darauf hin, dass Private Equity-Firmen dazu tendieren, private Unternehmen so wie Goldbarren oder Briefmarkensammlungen als eine besondere Anlageklasse zu betrachten und diese sich aufgrund des Umstandes, dass sie Unternehmen kaufen, um sie erneut verkaufen zu können, kaum für Nachhaltigkeit innerhalb der Unternehmensstrukturen interessieren.[666] Doch wie genau hat man sich das „Zerschlagen" eines Unternehmens in diesem Zusammenhang vorzustellen? Beim *Asset Stripping* werden ertragsschwache, aber substanzstarke Unternehmen aufgekauft, um sie ihrer entbehrlichen Assets (z. B. Maschinen oder Grundstücke)

---

664 *Bärenz/ Steinmüller*, in: Dornseifer/ Jesch et. al. (Fn. 164), Art. 26 Rn. 37–39.

665 Siehe bereits Fn. 25.

666 Der genaue Wortlaut lautet:"First, private equity firms [...] tend to see privately held companies as a „class of assets" – just as gold buillon, stamp collections or mansions on the Riviera. Second, private equity funds are a very specific type of shareholder. Private equity funds hold companies with a view to resell them. They have a strong control on management, but they have in real[i]ty a low commitment to the company's prospects and long term survival.": *Rasmussen*, Rasmussen-Bericht vom 26.2.2009, S. 5.

entkleiden und Unternehmensteile veräußern zu können.[667] Dies kommt insbesondere für Unternehmen in Betracht, deren Gesamtwert z.B. aufgrund eines schlechten Leumundes geringer ist als die einzelnen, zum Unternehmen gehörenden Vermögenswerte.[668] Darüber hinaus werden jedoch auch betriebsnotwendige Unternehmensteile insbesondere an Leasinggesellschaften abgestoßen, um diese sogleich wieder zurückleasen zu können (sog. *Sale-and-Lease-Back*).[669] Hierdurch kann eine Entlastung der eigenen Liquidität erzeugt und ein steuerrechtlicher Vorteil durch die Geltendmachung der Leasingraten als steuerrechtlich relevanter Aufwand ausgeschöpft werden. Generell kann jedoch festgehalten werden, dass das Risiko für die Vornahme eines *Asset Stripping* in direktem Zusammenhang mit der Verschuldung des kontrollierten Unternehmens steht und daher umso höher ist, je höher die Verschuldung selbst ist.[670] Es zeigt sich folglich, dass es dem Erwerber des Unternehmens weniger um das Unternehmen als solches geht, sondern vielmehr darum, einen größtmöglichen Profit aus diesem ziehen zu können. Aus diesem Grund betrachtet vor allem die Öffentlichkeit die Vorgehensweise von Private Equity-Fonds im Rahmen von *Asset Stripping* gerade im Hinblick auf den mit der Abstoßung von Unternehmensteilen verbundenen Verlust zahlreicher Arbeitsplätze als besonders kritisch. Es wird ein „zerschlagenes Unternehmensskelett" zurückgelassen – die Anlagedauer von Private Equity-Fonds ist, wie bereits erläutert[671], zeitlich begrenzt – dessen Perspektiven für die Zukunft wenig Erfolg versprechend sind, da sowohl wichtige Unternehmensteile als auch Arbeitnehmer fehlen, und dessen Insolvenzrisiko sich aufgrund dessen zudem stark erhöht hat. *Asset Stripping* ermöglicht den Private Equity-Anlegern folglich einen Missbrauch ihrer finanziellen Macht, der dem erworbenen Unternehmen langfristig schadet und keine positiven Auswirkungen auf die Zukunft des Unternehmens und die Interessen seiner Mitarbeiter, Gläubiger und Geschäftspartner hat.[672]

2. *Das Verbot von* Asset Stripping *in der AIFM-Richtlinie*

Bereits aus dem Entschließungsantrag des Europäischen Parlaments vom 9. Juli 2008 geht hervor, dass es sich bei *Asset Stripping* um eine Vorgehensweise handelt, die lediglich auf kurzfristiges Profitstreben vonseiten der Anleger ausgerichtet ist und die auf die Interessen und Perspektiven des Unternehmens und der Personen, die mit diesem verbunden sind, keine Rücksicht nimmt.[673] Da ein derartiges Handeln langfristig die Existenz vieler Unternehmen vernichten und mithin den Verlust von Wirtschaftsleistung und Arbeitsplätzen verursachen kann, sah sich

667 *Macharzina/Wolf*, Unternehmensführung, S. 717.
668 *Hawkes*, Act Companion to Treasury Management, S. 8.
669 *Tcherveniachki* (Fn. 31), S. 73.
670 Rasmussen-Bericht (Fn. 124), S. 6.
671 Vgl. den Abschnitt zu Private Equity unter Kapitel Zweiter Teil.D. dieser Arbeit.
672 Entschließungsantrag des Europäischen Parlaments (Fn. 13), S. 12.
673 Vgl. Fn. 672.

der europäische Gesetzgeber in der Pflicht, etwas zu unternehmen. Aus diesem Grund fügte er den Art. 30 in die AIFM-Richtlinie ein, dessen Absatz 1 vorsieht, dass, wenn ein AIF die Kontrolle über ein nicht börsennotiertes Unternehmen erlangt, der AIFM, der den betreffenden AIF verwaltet, innerhalb von 24 Monaten nach dem Erlangen der Kontrolle über das Unternehmen durch den AIF den Vertrieb, Kapitalherabsetzungen, Rücknahme von Anteilen und/ oder Ankauf eigener Anteile durch das Unternehmen weder gestatten, ermöglichen, unterstützen oder anordnen, noch für solche Maßnahmen in den Versammlungen der Leitungsgremien des Unternehmens stimmen darf und zudem sich nach besten Kräften bemühen muss, Vertrieb, Kapitalherabsetzungen, Rücknahme von Anteilen und/ oder Ankauf eigener Anteile durch das Unternehmen zu verhindern. Artikel 30 Abs. 2 AIFM-RL versucht darüber hinaus, das Nettoaktivvermögen des kontrollierten Unternehmens zu schützen, indem dem Kapitalschutz zuwiderlaufende Ausschüttungen oder Verzinsungen von Anteilen untersagt werden. Diese Ausschüttungen an die Anteilseigner bzw. Aktionäre, die sich für die Zwecke des Absatzes 2 insbesondere auf die Zahlung von Dividenden und Zinsen im Zusammenhang mit Anteilen beziehen (Art. 30 Abs. 3 lit. a) AIFM-RL), dürfen demnach nicht zu einer Unterschreitung des im Jahresabschluss ausgewiesenen Nettoaktivvermögens führen.[674]

3. Financial Assistance *im Rahmen von LBOs*

Eine Frage, die sich an die Ausführungen zu Art. 30 AIFM-RL anschließt, ist, welche Auswirkungen das Verbot des *Asset Stripping* auf Leveraged-Buyouts (LBO) hat. Hierbei handelt es sich, wie bereits an anderer Stelle erläutert[675], um fremdfinanzierte Übernahmen von Unternehmen, bei denen das Vermögen der Zielgesellschaft zur Tilgung oder Besicherung des Kaufpreises verwendet wird. Diese Thematik wird gemeinhin auch unter dem Begriff „Financial Assistance" diskutiert. Die AIFM-Richtlinie ist aufgrund ihres speziellen Anwendungsbereiches im Rahmen von *Asset Stripping* nur auf nicht börsennotierte Unternehmen, in Deutschland folglich auf GmbHs und AGs, sofern sie nicht an der Börse gehandelt werden, anzuwenden. In diesem Zusammenhang wird die RL 2006/68/EG[676] relevant, die grundsätzlich eine *Financial Assistance* untersagt, ausnahmsweise jedoch in ihrem Art. 1 Nr. 6 RL 2006/68/EG i. V. m. Art. 23 RL 77/91/EWG für den Fall zulässt, dass die Geschäfte unter der Verantwortung des Verwaltungs- oder Leitungsgremiums vorgenommen und zu „fairen und marktüblichen Konditionen" abgewickelt werden, was insbesondere in Bezug auf die von der Gesellschaft

674 So bereits: *Spindler/ Tancredi*, WM 2011,1441, 1445.

675 Siehe hierzu: Zweiter Teil.A.III.2.b).bb).(3.).(3.1) dieser Arbeit.

676 Richtlinie 2006/68/EG des Europäischen Parlaments und des Rates vom 6. September 2006 zur Änderung der Richtlinie 77/91/EWG des Rates in Bezug auf die Gründung von Aktiengesellschaften und die Erhaltung und Änderung ihres Kapitals, ABl. EU Nr. L 264, S. 32 vom 25.9.2006.

gezahlten Zinsen und Sicherheiten zu beachten ist. Sinn und Zweck dieser Ausnahmebestimmung ist es, Änderungen in den Besitzverhältnissen von Aktiengesellschaften flexibler gestalten zu können (Erwägungsgrund (5) RL 2006/68/EG). Unter „marktüblich" ist in diesem Rahmen zu verstehen, dass ein Dritter, der anstelle der Zielgesellschaft an der Übernahme beteiligt wäre, denselben Konditionen ausgesetzt wäre. Folglich ist in diesem Zusammenhang das sog. *arm's-length*-Prinzip, also der Fremdvergleichsgrundsatz, zu wahren. Eine finanzielle Unterstützung vonseiten der Zielgesellschaft ist dabei jedoch nur bis in Höhe ihrer ausschüttungsfähigen Rücklagen zulässig, da eine Verringerung des Nettoaktivvermögens zu keiner Zeit eintreten darf. Aus diesem Grund wird die Gesellschaft veranlasst, auf der Passivseite ihrer Bilanz eine nicht ausschüttbare Rücklage in Höhe des Betrags der insgesamt gewährten finanziellen Unterstützung einzustellen (Art. 1 Nr. 6 RL 2006/68/EG i. V. m. Art. 23 RL 77/91/EWG). Fraglich ist, ob eine solche *Financial Assistance* vonseiten der Zielgesellschaft durch die Statuierung des *Asset Stripping*-Verbots in Art. 30 AIFM-RL weiterhin möglich ist. Grundsätzlich bedeutet das Zurverfügungstellen von Sicherheiten für ein Darlehen, dass bei Nichterfüllung der Verpflichtungen aus dem Darlehensvertrag die gestellten Sicherheiten erfüllungshalber von dem Kreditinstitut eingezogen und im Anschluss verwertet werden können. In diesem Fall würde die Zielgesellschaft folglich den Wert in Höhe ihrer gestellten Sicherheiten aus dem Unternehmen verlieren. Dies wäre im Rahmen der AIFM-Richtlinie grundsätzlich solange unproblematisch wie das Nettoaktivvermögen der Zielgesellschaft in vollem Umfang erhalten bleibt. Einschränkend ist gemäß Art. 30 Abs. 3 lit. b) AIFM-RL jedoch zu beachten, dass Gelder, die in eine nicht ausschüttbare Rücklage eingezahlt werden, nicht von dem Kapitalherabsetzungsverbot erfasst werden, sofern die Höhe einer solchen Rücklage nach dieser Maßnahme 10 % des herabgesetzten gezeichneten Kapitals nicht überschreitet. Ausgehend von dieser Prämisse ist demnach anzunehmen, dass die *Financial Assistance* weiterhin zulässig bleibt, solange sie die von der AIFM-Richtlinie geforderten Grenzwerte berücksichtigt.

III. Auswirkungen auf die Private Equity-Branche

Die Einführung des Art. 30 in die AIFM-Richtlinie und das damit errichtete Verbot des *Asset Stripping* stellen eine echte Einschränkung für Private Equity-Gesellschaften dar und wurden aus diesem Grund von den Betroffenen nicht besonders wohlwollend aufgenommen. Das Verbot untergräbt jegliche Möglichkeit, innerhalb der ersten zwei Jahre der Investitionsdauer grundlegende Veränderungen in der Zielgesellschaft vorzunehmen und macht die Private Equity-Gesellschaften mithin in diesem Zeitraum weitgehend handlungsunfähig. Aus diesem Grund geht die Hälfte aller im Rahmen einer von *Ernst & Young* in den Jahren 2011 und 2012 durchgeführten Studie befragten Private Equity-Manager davon aus, dass es künftig schwieriger für Private Equity-Fonds werden wird, ein attraktives Investmentangebot für Anleger bereitzustellen, da sowohl die Investmentstruktur und *Exit*-Strategien wie auch der gesamte Restrukturierungsprozess vom *Asset Stripping*-Verbot betroffen sind und somit zulasten einer gesteigerten Komplexität des gesamten Investitionsprozesses angepasst werden müssen.[677] Zudem gehen 70 % der befragten Private Equity-Manager davon aus, dass die neuen Vorschriften der AIFM-Richtlinie betreffend Private Equity zusätzliche Kosten für den Fonds erzeugen werden.[678] Es ist weiter davon auszugehen, dass diese Kosten als Verwaltungsgebühr auf den Anleger abgewälzt werden, was wiederum dazu führt, dass der Private Equity-Markt für potenzielle Anleger unattraktiver wird und somit zum einen privates Kapital, aber zum anderen auch das von den Private Equity-Gesellschaften eingebrachte, insbesondere technologische, Know-how für Neugründungen fehlen wird.[679] Über kurz oder lang ist demnach zu erwarten, dass die Neuregelungen der AIFM-Richtlinie auf diesem Gebiet negative Effekte hervorbringen und eine Beeinträchtigung des Wirtschaftswachstums und der Innovationsfähigkeit zur Folge haben werden.[680]

E. EU-Pass und Regelungen mit Drittstaatenbezug

Ein weiterer Schwerpunkt der AIFM-Richtlinie liegt in den Regelungen betreffend den sog. EU-Pass und den Vorschriften mit Drittstaatenbezug. Der EU-Pass berechtigt den in seinem Herkunftsmitgliedstaat zugelassenen AIFM, Anteile der von ihm verwalteten AIF in allen Mitgliedstaaten der EU zu vertreiben, ohne weitere Zulassungen in den Vertriebsstaaten beantragen zu müssen. Hier kommt wieder einmal der von der EU bei Regelungen des Binnenmarktes generell verfolgte Ansatz des Herkunftslandprinzips zum Ausdruck, welches seinen Ursprung in der berühmten „Cassis-de-Dijon-Entscheidung" des Europäischen Gerichtshofes aus dem Jahr 1979 hat.[681] Das Konzept eines EU-Passes stellt dabei jedoch keine echte Neuerung dar. Bereits die OGAW-Richtlinie enthält in Art. 5 eine Regelung, die es einem OGAW mit Zulassung in seinem Herkunftsmitgliedstaat ermöglicht, seine Geschäftstätigkeit in sämtlichen Mitgliedstaaten der EU auszuüben. Aufgrund der Tatsache, das AIF nicht in den Anwendungsbereich der OGAW-Richtlinie fallen, kamen diese bisher jedoch nicht in den „Genuss" einer derartigen Entlastung und waren somit verpflichtet, für jeden Mitgliedstaat, in dem ein Vertrieb beabsichtigt war, eine eigenständige Zulassung bei den zuständigen Behörden zu beantragen. Die Einführung des EU-Passes in die AIFM-Richtlinie stellt somit einen weiteren Schritt in Richtung Harmonisierung des Handels- und Wirtschaftsraumes der EU dar, da die gegenseitige Anerkennung der Zulassung und der Aufsichtssysteme fortan auch in Bezug auf AIF sichergestellt ist.[682] Die Gestaltung der Regelungen selbst betreffend den EU-Pass und die Drittstaaten innerhalb der AIFM-Richtlinie

---

677 *Ernst & Young*, Game-changing regulation? The perceived impact of the AIFM Directive on private equity in Europe, S. 34.

678 *Ernst & Young*, Fn. 677.

679 *Achleitner*, DB 2010, 85, 86.

680 So auch bereits: *Achleitner*, Fn. 679.

681 EuGH, Urt. v. 20.2.1979 – C-120/78 („Cassis-de-Dijon").

682 Vgl. Erwägungsgrund (8) OGAW-RL.

ist jedoch leider wenig anwenderfreundlich. So sind die einzelnen Vorschriften äußerst umfangreich,[683] komplex und ermangeln hinreichender Übersichtlichkeit. Die Verantwortung hierfür kann jedoch nicht dem Gesetzgeber allein zugewiesen werden, sondern ist letztlich der Materie selbst und ihren zahlreichen möglichen Konstellationen geschuldet.

I. EU-Pass für AIFM

Im Folgenden soll aufgezeigt werden, welche Auswirkungen die Einführung des EU-Passes in die AIFM-Richtlinie auf die Verwaltung und den Vertrieb von AIF durch AIFM innerhalb der Europäischen Union mit sich bringt.

1. Vertrieb von EU-AIF

a) im Herkunftsmitgliedstaat des AIFM

Der Vertrieb von Anteilen eines EU-AIF im Herkunftsmitgliedstaat des AIFM ist in Art. 31 AIFM-RL normiert. „Herkunftsmitgliedstaat des AIFM" bezeichnet nach der Legaldefinition des Art. 4 Abs. 1 lit. q) AIFM-RL den Mitgliedstaat, in dem der AIFM seinen satzungsmäßigen Sitz hat, im Fall von Nicht-EU-AIFM ist bei allen Bezugnahmen auf den „Herkunftsmitgliedstaat des AIFM" hingegen immer auf den Referenzmitgliedstaat abzustellen. Unter „Vertrieb" versteht die Richtlinie nach Art. 4 Abs. 1 lit. x) AIFM-RL „das direkte oder indirekte, auf Initiative des AIFM oder in dessen Auftrag erfolgende Anbieten oder Platzieren von Anteilen an einem vom AIFM verwalteten AIF an Anleger oder bei Anlegern mit Wohnsitz oder Sitz in der Union". Hat ein EU-AIFM die Zulassung gemäß der AIFM-Richtlinie in seinem Herkunftsmitgliedstaat erhalten, so gewährt Art. 31 Abs. 1 AIFM-RL diesem den Anspruch, Anteile von allen EU-AIF, die er verwaltet, an professionelle Anleger[684] in seinem Herkunftsmitgliedstaat vertreiben zu können. Zu diesem Zweck hat der AIFM den zuständigen Behörden seines Herkunftsmitgliedstaates für jeden AIF, dessen Vertrieb er beabsichtigt, ein sog. Anzeigeschreiben vorzulegen,[685] das die Anforderungen im Anhang III zur AIFM-Richtlinie erfüllen muss (Art. 31 Abs. 2 AIFM-RL). Die zuständigen Behörden des Herkunftsmitgliedstaates sind sodann verpflichtet, innerhalb von 20 Tagen nach Eingang des vollständigen Anzeigeschreibens mitzuteilen, ob der AIFM mit dem Vertrieb des in den Anzeigeunterlagen genannten AIF beginnen kann (Art. 31 Abs. 3 S. 1 AIFM-RL). Die Aufnahme der Vertriebstätigkeit hängt dabei jedoch nicht von einer Ermessensentscheidung der zuständigen Behörden ab, sondern ist grundsätzlich zu gewähren, sofern kein Verstoß gegen die Bestimmungen der

683 Dies gilt insbesondere für Art. 35 AIFM-RL, der 17 Absätze und Art. 37 AIFM-RL, der 23 Absätze umfasst.

684 So ausdrücklich: Art. 31 Abs. 6 AIFM-RL.

685 Vgl. hierzu auch: Art. 31 Abs. 5 AIFM-RL.

AIFM-Richtlinie festgestellt werden kann (Art. 31 Abs. 3 S. 2 AIFM-RL). Wesentliche Änderungen der nach Art. 31 Abs. 2 AIFM-RL übermittelten Informationen hat der AIFM den zuständigen Behörden mindestens einen Monat vor ihrer Durchführung schriftlich mitzuteilen (Art. 31 Abs. 4 AIFM-RL).

b) in anderen Mitgliedstaaten als dem Herkunftsmitgliedstaat des AIFM

Beabsichtigt ein nach der AIFM-Richtlinie zugelassener EU-AIFM den Vertrieb von Anteilen eines EU-AIF in anderen Mitgliedstaaten als seinem Herkunftsmitgliedstaat, so hat er die Voraussetzungen des Art. 32 AIFM-RL zu wahren. So gilt auch hier die Pflicht zur Vorlage eines Anzeigeschreibens gegenüber den zuständigen Behörden seines Herkunftsmitgliedstaates. Im Unterschied zu Art. 31 AIFM-RL müssen die zuständigen Behörden des Herkunftsmitgliedstaates die vollständigen Anzeigeunterlagen unter Beifügung einer Bescheinigung über die Zulassung des betreffenden AIFM zur Verwaltung von AIF innerhalb von 20 Tagen an die zuständigen Behörden der Mitgliedstaaten übermitteln, in denen der AIF vertrieben werden soll (Art. 32 Abs. 3 AIFM-RL). Der AIFM ist über den Versand der Anzeigeunterlagen unverzüglich von den zuständigen Behörden seines Herkunftsmitgliedstaates in Kenntnis zu setzen und kann ab dem Datum dieser Meldung mit dem Vertrieb in dem Mitgliedstaat, der nicht sein Herkunftsmitgliedstaat ist (sog. Aufnahmemitgliedstaat[686]), beginnen (Art. 32 Abs. 4 AIFM-RL). Plant der AIFM „wesentliche Änderungen“ der gemäß Art. 32 Abs. 2 AIFM-RL übersandten und im Anhang III zur AIFM-Richtlinie aufgeführten Informationen (z.B. Wechsel der Verwahrstelle), so hat er der zuständigen Behörde seines Herkunftsmitgliedstaates auch hier mindestens einen Monat vor Durchführung die Änderung schriftlich mitzuteilen (Art. 32 Abs. 7 Unterabs.1 AIFM-RL). Handelt es sich hierbei um zulässige Änderungen, da sie keine Auswirkungen auf die Rechtmäßigkeit der Verwaltung gemäß der AIFM-Richtlinie haben, so setzen die zuständigen Behörden des Herkunftsmitgliedstaates des AIFM die zuständigen Behörden des Aufnahmemitgliedstaates über diese Änderungen unverzüglich in Kenntnis (Art. 32 Abs. 7 Unterabs. 4 AIFM-RL).

2. Verwaltung von EU-AIF mit Sitz in anderen Mitgliedstaaten

Neben der Frage, wie der Vertrieb im eigenen Herkunftsmitgliedstaat des AIFM sowie in anderen Mitgliedstaaten der EU zu erfolgen hat, regelt die AIFM-Richtlinie auch die Verwaltung von EU-AIF, die ihren Sitz in einem anderen Mitgliedstaat als dem Herkunftsmitgliedstaat des AIFM haben. Beabsichtigt ein AIFM erstmals, einen AIF mit Sitz außerhalb seines Herkunftsmitgliedstaates zu verwalten, so hat er gemäß Art. 33 Abs. 2 AIFM den zuständigen Behörden seines Herkunftsmitgliedstaates zum einen den Mitgliedstaat, in dem er AIF zu verwalten beabsichtigt, sowie zum anderen einen Geschäftsplan, der die beabsichtigten Dienstleistungen und die zu verwaltenden AIF nennt, mitzuteilen. Hat der AIFM die Intention, zu

686 Siehe zum Begriff „Aufnahmemitgliedstaat“ auch Art. 4 Abs. 1 lit. r) AIFM-RL.

diesem Zweck eine Zweigniederlassung zu errichten, so muss er zusätzlich zu den vorgenannten Angaben den organisatorischen Aufbau und die Anschrift sowie die Namen und Kontaktangaben der Geschäftsführer der Zweigniederlassung vorlegen (Art. 33 Abs. 3 AIFM-RL). Die zuständigen Behörden des Herkunftsmitgliedstaates sind im Anschluss gehalten, die Unterlagen nach Art. 33 Abs. 2 AIFM-RL binnen eines Monats, die Angaben nach Art. 33 Abs. 3 AIFM-RL binnen zwei Monaten nach dem Eingang der vollständigen Unterlagen an die zuständigen Behörden des Aufnahmemitgliedstaates weiterzuleiten (Art. 33 Abs. 4 Unterabs. 1 AIFM-RL). Auch hier ist eine Bescheinigung über die Zulassung des AIFM beizufügen und der AIFM über den Versand der Unterlagen unverzüglich in Kenntnis zu setzen, was diesen zur Aufnahme seiner Verwaltungstätigkeit befugt (Art. 33 Abs. 4 Unterabsätze 2 bis 4 AIFM-RL). Änderungen hinsichtlich der nach Art. 33 Abs. 2 und Abs. 3 AIFM-RL übermittelten Daten müssen ebenfalls bei den zuständigen Behörden des Herkunftsmitgliedstaates mindestens einen Monat vor ihrer Durchführung angezeigt werden (Art. 33 Abs. 6 AIFM-RL).

II. Regelungen mit Drittstaatenbezug

Der Geltungsbereich der AIFM-Richtlinie beschränkt sich jedoch nicht nur auf die Verwaltung und den Vertrieb von EU-AIF durch EU-AIFM. Vielmehr enthält die Richtlinie in den Artikeln 34 bis 42 spezifische Vorschriften in Bezug auf Drittländer. Unter „Drittland" ist ein Staat zu verstehen, der sich außerhalb der Europäischen Union befindet und demzufolge nicht als Mitgliedstaat bezeichnet werden kann. Der Drittstaatenbezug kann dabei auf zweierlei Weise entstehen: Zum einen kann in sachlicher Hinsicht die Verwaltung sich auf einen AIF mit Sitz außerhalb der EU beziehen (Nicht-EU-AIF), zum anderen kann in persönlicher Hinsicht die Verwaltung durch einen AIFM erfolgen, dessen Herkunftsland nicht der EU angehört (Nicht-EU-AIFM). Die AIFM-Richtlinie sieht an dieser Stelle verschiedene Konstellationen vor, die im Folgenden dargestellt werden sollen. In diesem Zusammenhang wird auch das Konzept des sog. Referenzmitgliedstaates näher erläutert, auch wenn hierfür aufgrund von dessen besonderer Bedeutung einige Artikel der AIFM-Richtlinie zunächst „übersprungen" werden müssen.

1. Der Referenzmitgliedstaat des Nicht-EU-AIFM

a) Der Referenzmitgliedstaat als Ersatz für den Herkunftsmitgliedstaat

Wie sich aus den vorangegangenen Ausführungen erkennen lässt, kommt dem Herkunftsmitgliedstaat des AIFM im Rahmen der AIFM-Richtlinie eine besondere Bedeutung zu. Die Tätigkeiten von AIF bzw. AIFM spielen sich jedoch längst nicht mehr nur innerhalb der eigenen Landesgrenzen ab, sondern sind vielmehr international ausgerichtet und stark mit anderen Wirtschafts- und Rechtsordnungen verwoben. Dies hat zur Folge, dass die Struktur von AIF immer komplexer und auch unüberschaubarer wird. Aus diesem Grund ist es erforderlich, einen ständigen Ansprechpartner zu manifestieren, der dem AIFM als konkrete Anlaufstelle dient.

Diese gewährleistet Rechtssicherheit sowohl aufseiten des AIFM wie auch aufseiten der zuständigen Behörden, indem die Kommunikationswege klar formuliert sind. Dies gilt jedoch nur für den Fall, dass der AIFM aus der EU stammt und die Bestimmung des Herkunftsmitgliedstaates somit auch möglich ist. Es stellt sich jedoch die Frage, wie vorzugehen ist, wenn die Verwaltung bzw. der Vertrieb, was die AIFM-Richtlinie ja gestattet, von einem Nicht-EU-AIFM vorgenommen wird. An diesem Punkt kann auf die bereits erwähnte Legaldefinition des Art. 4 Abs. 1 lit. q) AIFM-RL zurückgegriffen werden, die anordnet, dass „[...] im Falle von Nicht-EU-AIFM bei allen Bezugnahmen in dieser Richtlinie auf den Herkunftsmitgliedstaat des AIFM immer der Referenzmitgliedstaat gemeint ist [...]". Der Referenzmitgliedstaat ersetzt folglich den Herkunftsmitgliedstaat bei einem Nicht-EU-AIFM. Fraglich ist jedoch, was unter einem Referenzmitgliedstaat zu verstehen und wie dieser sodann zu bestimmen ist.

Der Begriff „Referenzmitgliedstaat" wird in Art. 4 Abs. 1 lit. z) AIFM-RL definiert als „der gemäß Art. 37 Abs. 4 festgelegte Mitgliedstaat". Ein Blick in Art. 37 AIFM-RL offenbart, dass der Bestimmung des Referenzmitgliedstaates besondere Bedeutung beizumessen ist, da dieser Artikel insgesamt 23 Absätze umfasst. Der gemäß Art. 4 Abs. 1 lit. z) AIFM-RL einschlägige Absatz 4 sieht seinerseits acht verschiedene Möglichkeiten zur Bestimmung des Referenzmitgliedstaates vor, deren Anwendbarkeit wiederum vom Vorliegen verschiedener Voraussetzungen abhängig gemacht wird. Die genaue Bestimmung eines Referenzmitgliedstaates für den Nicht-EU-AIFM ist deshalb von herausragender Bedeutung, da dieser nicht nur für die Determination eines gesetzlichen Vertreters[687] entscheidend ist, der gemäß Art. 37 Abs. 3 AIFM-RL als Kontaktstelle für den AIFM und die Anleger dient, sondern gemäß Art. 37 Abs. 12 AIFM-RL auch die Aufsicht über den AIFM ausübt. Darüber hinaus unterliegen alle Streitigkeiten zwischen den zuständigen Behörden des Referenzmitgliedstaates des AIFM und dem AIFM selbst dem Recht und der Gerichtsbarkeit des Referenzmitgliedstaates (Art. 37 Abs. 13 AIFM-RL). Aus diesem Grund besteht auch für den AIFM, bei Vorliegen einer Auswahlmöglichkeit, ein besonderes Interesse an der Festlegung des „richtigen" bzw. für ihn günstigeren Referenzmitgliedstaates.

b) Die Bestimmung des Referenzmitgliedstaates

Wie bereits erwähnt, richtet sich die Bestimmung des konkreten Referenzmitgliedstaates nach Art. 37 Abs. 4 AIFM-RL. Dieser sieht verschiedene Möglichkeiten zur Festlegung des Referenzmitgliedstaates vor, deren Einschlägigkeit u. a. davon abhängt, ob lediglich die Verwaltung oder auch der Vertrieb eines AIF beabsichtigt wird, oder ob die Verwaltung oder der Vertrieb mehrerer AIF mit Sitz in demselben oder unterschiedlichen Mitgliedstaaten erfolgen soll. Die Varianten des Art. 37 Abs. 4 AIFM-RL werden im Folgenden näher aufgezeigt.

---

687 Für die Legaldefinition zum Begriff „gesetzlicher Vertreter" siehe Art. 4 Abs. 1 lit. u) AIFM-RL.

aa) Verwaltung durch Nicht-EU-AIFM von EU-AIF

Für Nicht-EU-AIFM, die lediglich die Verwaltung, aber nicht den Vertrieb von EU-AIF vorsehen, gelten Art. 37 Abs. 4 lit. a) und lit. b) AIFM-RL.

(1) mit Sitz in einem Mitgliedstaat

Beabsichtigt der Nicht-EU-AIFM lediglich, einen EU-AIF bzw. mehrere EU-AIF mit Sitz in demselben Mitgliedstaat zu verwalten, so ist die Bestimmung des Referenzmitgliedstaates nach Art. 37 Abs. 4 lit. a) AIFM-RL relativ einfach. Demnach ist für einen solchen Fall als Referenzmitgliedstaat immer der Herkunftsmitgliedstaat des bzw. der EU-AIF anzusehen, mit der Folge, dass die zuständigen Behörden dieses Mitgliedstaates auch für die Zulassung und Aufsicht des AIFM zuständig sind.

(2) mit Sitz in verschiedenen Mitgliedstaaten

Hat der Nicht-EU-AIFM hingegen die Absicht, mehrere EU-AIF mit Sitz in verschiedenen Mitgliedstaaten zu verwalten und nicht zu vertreiben, so sieht Art. 37 Abs. 4 lit. b) AIFM-RL zwei Alternativen zur Konkretisierung des Referenzmitgliedstaates vor: So kann zum einen der Mitgliedstaat, in dem die meisten der betreffenden AIF ihren Sitz haben, zum Referenzmitgliedstaat bestimmt werden oder derjenige, in dem die umfangreichsten Vermögenswerte verwaltet werden.

bb) Vertrieb durch Nicht-EU-AIFM

Ein EU-AIFM, der intendiert, von ihm verwaltete AIF ebenfalls zu vertreiben, hat die gemäß Art. 37 Abs. 4 lit. c) bis lit. h) AIFM-RL errichteten Bedingungen zu beachten.

(1) von EU-AIF

(1.1) in einem Mitgliedstaat

Zieht der Nicht-EU-AIFM in Erwägung, einen EU-AIF in lediglich einem Mitgliedstaat zu vertreiben (Art. 37 Abs. 4 lit. c) AIFM-RL), so ist, falls der AIFM in einem Mitgliedstaat zugelassen ist, als Referenzmitgliedstaat entweder der Herkunftsmitgliedstaat des AIF oder der Mitgliedstaat, in dem der Nicht-EU-AIFM den AIF zu vertreiben beabsichtigt, festzulegen. Ist der AIF hingegen nicht in einem Mitgliedstaat zugelassen, so ist der Referenzmitgliedstaat immer der Mitgliedstaat, in dem der Nicht-EU-AIFM den Vertrieb des AIF verfolgt.

(1.2) in mehreren Mitgliedstaaten

Hat der Nicht-EU-AIFM jedoch die Absicht, einen EU-AIF in mehreren Mitgliedstaaten der EU zu vertreiben, so ist für die Bestimmung des Referenzmitgliedstaates Art. 37 Abs. 4 lit. e) AIFM-RL heranzuziehen, der ebenfalls mehrere Optionen an die Hand gibt. So ist dieser Vorschrift zufolge entweder der Herkunftsmitgliedstaat des AIF oder einer der Mitgliedstaaten, in denen der Nicht-EU-AIFM einen leistungsfähigen Vertrieb aufzubauen beabsichtigt, als Referenzmitgliedstaat anzugeben. Für den Fall, dass der AIF keine Zulassung in einem Mitgliedstaat besitzt, beschränkt sich die eben genannte Wahlmöglichkeit auf die zweite Variante. Sollen mehrere EU-AIF in der Union vertrieben werden, so ist der Referenzmitgliedstaat nach Art. 37 Abs. 4 lit. g) AIFM-RL zu bestimmen. Demnach ist unter der Bedingung, dass die betreffenden AIF alle in demselben Mitgliedstaat zugelassen sind, dieser als Referenzmitgliedstaat festzulegen. Ist dies nicht gegeben, so ist der Referenzmitgliedstaat der Mitgliedstaat, in dem der AIFM einen leistungsfähigen Vertrieb der meisten der betreffenden AIF aufzubauen beabsichtigt.

(2) von Nicht-EU-AIF

Für den Vertrieb von Nicht-EU-AIF durch einen Nicht-EU-AIFM sieht Art. 37 Abs. 4 AIFM-RL ebenfalls spezielle Regelungen vor.

(2.1) in einem Mitgliedstaat

Für den Fall, dass der Nicht-EU-AIFM den Vertrieb eines Nicht-EU-AIF in lediglich einem Mitgliedstaat beabsichtigt, legt Art. 37 Abs. 4 lit. d) AIFM-RL diesen Mitgliedstaat als Referenzmitgliedstaat fest.

(2.2) in mehreren Mitgliedstaaten

Soll hingegen ein Nicht-EU-AIF in mehreren Mitgliedstaaten vertrieben werden, so ist der Referenzmitgliedstaat einer dieser Mitgliedstaaten (Art. 37 Abs. 4 lit. f) AIFM-RL). Bei mehreren Nicht-EU-AIF, die in der Union vertrieben werden sollen, ist der Referenzmitgliedstaat gemäß Art. 37 Abs. 4 lit. h) AIFM-RL der Mitgliedstaat, in dem der AIFM einen leistungsfähigen Vertrieb der meisten betreffenden AIF aufzubauen beabsichtigt.

c) Vorgehen bei mehreren möglichen Referenzmitgliedstaaten

Wie sich soeben gezeigt hat, ist es bei einigen Konstellationen möglich, dass für die Festlegung des Referenzmitgliedstaates mehrere Mitgliedstaaten in Betracht kommen. Hierauf verweist auch Art. 37 Abs. 4 Unterabs. 2 AIFM-RL. Die Richtlinie ordnet an dieser Stelle an, dass der Nicht-EU-AIFM bei den zuständigen Behörden aller Mitgliedstaaten, die gemäß den in den Buchstaben b), c), e), f) und g) festgelegten Kriterien mögliche Referenzmitgliedstaaten sind, beantragt, sich untereinander innerhalb eines Monats nach Eingang eines solchen Antrags über die Festlegung seines Referenzmitgliedstaates zu einigen. Der Nicht-EU-AIFM ist nach Einigung durch die zuständigen Behörden innerhalb von sieben Tagen nach Erlass der Entscheidung über das Ergebnis in Kenntnis zu setzen. Wird dies von den zuständigen Behörden versäumt oder gelangen sie innerhalb Monatsfrist zu keiner Einigung, so kann der Nicht-EU-AIFM seinen Referenzmitgliedstaat gemäß den in Art. 37 Abs. 4 lit. a) bis lit. h) AIFM-RL aufgeführten Kriterien selbst bestimmen. Er ist jedoch nach Art. 37 Abs. 5 AIFM-RL gehalten, dem Referenzmitgliedstaat einen Antrag auf Zulassung vorzulegen, um den zuständigen Behörden die Möglichkeit zu geben, den Einklang der Wahl mit den in

Art. 37 Abs. 4 AIFM-RL genannten Kriterien überprüfen zu können. Fällt die Prüfung positiv aus, so ist von den zuständigen Behörden bei der ESMA eine Empfehlung zu ersuchen, die innerhalb eines Monats zu erteilen ist und nur dann negativ ausfallen darf, wenn die ESMA zu dem Ergebnis gelangt, dass der Nicht-EU-AIFM die Kriterien nach Art. 37 Abs. 4 AIFM-RL nicht eingehalten hat (Art. 37 Abs. 5 Unterabs. 3 AIFM-RL). Für den Fall, dass eine zuständige Behörde eines Mitgliedstaates nicht mit der Entscheidung des AIFM hinsichtlich seines Referenzmitgliedstaates einverstanden ist, kann sie die Angelegenheit der ESMA zur Klärung vorlegen (Art. 37 Abs. 6 AIFM-RL).

d) Änderung des Referenzmitgliedstaates

Ist der Referenzmitgliedstaat für den Nicht-EU-AIFM einmal festgelegt worden, so hat die weitere Geschäftsentwicklung auf die Bestimmung des Referenzmitgliedstaates keine Auswirkungen. Diesen Grundsatz errichtet Art. 37 Abs. 11 AIFM-RL. Eine Ausnahme von diesem Grundsatz gilt jedoch für den Fall, dass der Nicht-EU-AIFM *innerhalb* von zwei Jahren nach seiner Erstzulassung seine Vertriebsstrategie in einer Art und Weise ändert, dass sie, falls sie ursprüngliche Vertriebsstrategie gewesen wäre, die Festlegung des Referenzmitgliedstaates beeinflusst hätte. Dann hat der Nicht-EU-AIFM die zuständigen Behörden des ursprünglichen Referenzmitgliedstaates vor der Durchführung dieser Änderung über diesen Umstand in Kenntnis zu setzen und seinen neuen Referenzmitgliedstaat entsprechend den Bestimmungen in Art. 37 Abs. 4 AIFM-RL festzulegen. Der ursprüngliche Referenzmitgliedstaat beurteilt sodann die Konformität der Festsetzung mit den gesetzlichen Anforderungen und leitet diese Beurteilung an die ESMA weiter, die ihrerseits eine Empfehlung auszusprechen hat. Die zuständigen Behörden des Referenzmitgliedstaates sind sodann verpflichtet, die zuständigen Behörden des neuen Referenzmitgliedstaates über die Änderung zu informieren und diesen eine Abschrift der Zulassungs- und Aufsichtsunterlagen des Nicht-EU-AIFM zukommen zu lassen. Ändert der Nicht-EU-AIFM hingegen seine Vertriebsstrategie *nach* Ablauf der Zweijahresfrist, so kann er bei den zuständigen Behörden des ursprünglichen Referenzmitgliedstaates einen Antrag auf Änderung des Referenzmitgliedstaates stellen (Art. 37 Abs. 12 Unterabs. 2 AIFM-RL). Hat der Nicht-EU-AIFM hingegen bereits zum Zeitpunkt seiner Erstzulassung falsche Angaben hinsichtlich seiner Vertriebsstrategie vorgelegt und wird dieser Umstand innerhalb von zwei Jahren nach Zulassung bekannt, so fordern die zuständigen Behörden des ursprünglichen Referenzmitgliedstaates den Nicht-EU-AIFM auf, den Referenzmitgliedstaat gemäß seiner tatsächlichen Vertriebsstrategie anzugeben, da ihm andernfalls der Entzug seiner Zulassung droht (Art. 37 Abs. 12 AIFM-RL).

2. Zulassungsvoraussetzungen bei Drittlandbezug

Nachdem dargestellt worden ist, wie die Bestimmung des Referenzmitgliedstaates eines Nicht-EU-AIFM zu erfolgen hat, sind im Anschluss die speziellen Zulassungsvoraussetzungen bei Vorliegen eines Drittlandbezuges aufzuzeigen, die je nach einschlägiger Konstellation zu berücksichtigen sind.

a) *Verwaltung von Nicht-EU-AIF durch EU-AIFM*

Für den Fall, dass die Verwaltung von Nicht-EU-AIF, die nicht in der EU vertrieben werden, durch einen EU-AIFM angestrebt wird, hat dieser die Voraussetzungen des Art. 34 AIFM-RL zu beachten. Demnach hat er alle in der AIFM-Richtlinie für Nicht-EU-AIF festgelegten Anforderungen mit Ausnahme der Anforderungen in Art. 21 AIFM-RL (Verwahrung) und Art. 22 AIFM-RL (Jahresabschluss) zu erfüllen.[688] Darüber hinaus müssen geeignete Vereinbarungen über die Zusammenarbeit zwischen den zuständigen Behörden des Herkunftsmitgliedstaates des AIFM und den Aufsichtsbehörden des Drittlandes bestehen, in dem der Nicht-EU-AIF seinen Sitz hat. Hierdurch soll ein effizienter Informationsaustausch gewährleistet werden, der es den Behörden ermöglicht, ihre Aufgaben entsprechend den Anforderungen der AIFM-Richtlinie wahrzunehmen.

b) *Vertrieb von Nicht-EU-AIF durch EU-AIFM*

aa) mit EU-Pass

Ein zugelassener EU-AIFM ist berechtigt, Anteile der von ihm verwalteten Nicht-EU-AIF an professionelle Anleger in der EU zu vertreiben, sobald er die Voraussetzungen des Art. 35 AIFM-RL erfüllt. Zunächst ist grundlegende Bedingung, dass der EU-AIFM alle in der AIFM-Richtlinie festgelegten Anforderungen, bis auf die des Kapitel VI, die sich mit Verwaltung und dem Vertrieb von EU-AIF befassen und deshalb schon rein sachlich nicht passen, erfüllt. Darüber hinaus sind jedoch weitere, in Art. 35 Abs. 2 AIFM-RL genannte Voraussetzungen einzuhalten. So müssen zum einen geeignete Vereinbarungen über die Zusammenarbeit zwischen den zuständigen Behörden des Herkunftsmitgliedstaates des AIFM und den Aufsichtsbehörden des Drittlandes bestehen, in dem der AIF seinen Sitz hat. Weiter darf dieses Drittland nicht auf der Liste der nicht kooperativen Länder und Gebiete, die von der Arbeitsgruppe „Finanzielle Maßnahmen gegen Geldwäsche und Terrorismusfinanzierung“ aufgestellt wurden, stehen.[689] Überdies muss zwischen dem Drittland und dem Herkunftsmitgliedstaat des zugelassenen AIFM sowie mit jedem anderen Mitgliedstaat, in dem die Anteile des Nicht-EU-AIF vertrieben werden sollen, eine Vereinbarung bestehen, die den Normen gemäß Art. 26 des

---

688 *Anm.*: Den Ausnahmetatbeständen liegt Folgendes zugrunde: Wenn keine Anteile an einem AIF potenziellen Anlegern zum Kauf angeboten werden, mithin also kein Vertrieb erfolgt, fällt der klassische Tätigkeitsbereich der Verwahrstelle, die Überprüfung der Cashflows, weg, so dass es einer Verwahrstelle nicht mehr bedarf. Für die Anwendbarkeit des Art. 22 AIFM-RL ist hingegen schon gar nicht der Anwendungsbereich eröffnet, da die Pflicht zur Aufstellung eines Jahresabschlusses nur in für von AIFM verwaltete EU-AIF und für in der EU *vertriebene* Nicht-EU-AIF gilt (vgl. Art. 22 Abs. 1 AIFM-RL).

689 Siehe hierzu: Financial Action Task Force (FATF), High risk and non-cooperative countries, Stand: Februar 2015, abrufbar unter: http://www.fatf-gafi.org/topics/high-riskandnon-cooperativejurisdictions/ (zuletzt abgerufen: 31.5.2015).

OECD-Musterabkommens zur Vermeidung der Doppelbesteuerung von Einkommen und Vermögen vollkommen entspricht. Beabsichtigt der EU-AIFM, Anteile des Nicht-EU-AIF in seinem Herkunftsmitgliedstaat zu vertreiben, so hat er den zuständigen Behörden seines Herkunftsmitgliedstaates für jeden Nicht-EU-AIF, den er zu vertreiben beabsichtigt, ein Anzeigeschreiben zu übermitteln, das die Angaben gemäß Anhang III zur AIFM-RL, also z.B. den Namen der Verwahrstelle, eine Beschreibung sowie die Satzung des AIF, enthalten muss. Der beabsichtigte Vertrieb kann dabei nur für den Fall untersagt werden, dass ein Verstoß gegen die Vorschriften der AIFM-Richtlinie festgestellt werden kann (Art. 35 Abs. 4 Unterabs. 1 S. 2 AIFM-RL). Das eben beschriebene Verfahren gilt gleichermaßen für den Fall, dass der EU-AIFM einen Vertrieb von Nicht-EU-AIF-Anteilen über seinen Herkunftsmitgliedstaat hinaus in anderen Mitgliedstaaten beabsichtigt, jedoch mit der Maßgabe, dass hier nicht zusätzlich der Anhang III, sondern Anhang IV Anwendung findet (Art. 35 Abs. 5 AIFM-RL).

bb) ohne EU-Pass

Ist der zugelassene EU-AIFM nicht im Besitz eines EU-Passes, gelten für ihn die Sonderbestimmungen des Art. 36 AIFM-RL. Es mag sich hier zunächst die Frage stellen, weshalb ein EU-AIFM nicht mit einer solchen Universal-Lizenz ausgestattet sein kann, wenn er doch den Anforderungen der Richtlinie entspricht. Der Erwägungsgrund (4) zur AIFM-RL sagt in diesem Zusammenhang:

> [...] Da die praktischen Folgen und möglichen Schwierigkeiten, die sich aus einem harmonisierten Regulierungsrahmen und einem Binnenmarkt für Nicht-EU-AIFM, die Management- und/ oder Vertriebsaktivitäten innerhalb der Union ausüben und für EU-AIFM, die alternative Investmentfonds [...] von außerhalb der EU verwalten, ergeben, aufgrund fehlender Erfahrungen auf diesem Gebiet ungewiss und schwer prognostizierbar sind, sollte ein Überprüfungsmechanismus vorgesehen werden. Es ist beabsichtigt, dass nach einer zweijährigen Übergangszeit [...] ein harmonisiertes Pass-System auf Nicht-EU-AIFM [...] und für EU-AIFM, die Nicht-EU-AIF verwalten, angewendet wird.[690]

Darüber hinaus heißt es in Erwägungsgrund (15) S. 4 AIFM-RL auch:

> Während eines als Übergang gedachten Zeitraumes sollten Mitgliedstaaten es auch EU-AIFM gestatten können, Nicht-EU-AIF nur auf ihrem Hoheitsgebiet zu vertreiben [...].

Aus diesen Gründen ist es folglich möglich, dass ein zugelassener EU-AIFM (noch) nicht über einen EU-Pass, der ihn zum Vertrieb von Nicht-EU-AIF innerhalb der gesamten Union befugt, verfügt. Die Zulassung des AIFM gemäß der AIFM-Richtlinie

---

690 Siehe hierzu auch Art. 67 AIFM-RL, der die ESMA auffordert, bis zum 22. Juli 2015 eine Stellungnahme über die Funktionsweise des EU-Passes vorzulegen und eine Empfehlung zur Anwendung des Passes auf den Vertrieb durch EU- sowie Nicht-EU-AIFM auszusprechen.

umfasst per se schon nur die Verwaltung von EU-AIF mit Sitz im Herkunftsmitgliedstaat des AIFM, den Vertrieb von EU-AIF durch EU-AIFM an professionelle Anleger sowie die Verwaltung von EU-AIF mit Sitz in einem anderen Mitgliedstaat als dem Herkunftsmitgliedstaat des AIFM (Erwägungsgrund (15) AIFM-RL). Ein Vertrieb gemäß Art. 36 AIFM-RL ist jedoch auch an die Erfüllung bestimmter Voraussetzungen geknüpft. So muss der AIFM grundsätzlich allen Anforderungen, bis auf denen des Art. 21 AIFM-RL, gerecht werden. Darüber hinaus müssen zur Überwachung der Systemrisiken geeignete Vereinbarungen über die Zusammenarbeit zwischen den zuständigen Behörden des Herkunftsmitgliedstaates des AIFM und den Aufsichtsbehörden des Drittlandes, in dem der AIF seinen Sitz hat, bestehen, um so auch einen effizienten Informationsaustausch gewährleisten zu können. Auch im Rahmen von Art. 36 AIFM-RL darf das Drittland nicht auf der Liste der nicht kooperativen Länder stehen.

c) *Gemeinsame Zulassungsvoraussetzungen für die Verwaltung und/ oder den Vertrieb von EU-AIF durch Nicht-EU-AIFM*

Wie die vorangegangene Darstellung gezeigt hat, errichten die Art. 34 bis Art. 36 AIFM-RL spezielle Voraussetzungen für die Verwaltung und den Vertrieb von Nicht-EU-AIF durch EU-AIFM. Aufgrund dessen, dass der Drittlandbezug nicht nur hinsichtlich des verwalteten AIF, sondern – wie schon im Rahmen der Ausführungen zur Bestimmung des Referenzmitgliedstaates aufgezeigt – gerade auch im Hinblick auf den AIFM bestehen kann, sieht die AIFM-Richtlinie in ihrem Art. 37 eine Reihe von gemeinsamen Regelungen vor, die sowohl auf die Verwaltung wie auch auf den Vertrieb von EU-AIF durch Nicht-EU-AIFM gemäß Art. 39 und Art. 40 AIFM-RL anzuwenden sind. Dieser Umstand erklärt den besonderen Umfang der Vorschrift, die sich insgesamt über 23 Absätze erstreckt und damit die längste Regelung innerhalb der gesamten AIFM-Richtlinie bildet. Aufgrund der Tatsache, dass die meisten Absätze bereits im Zusammenhang mit der Bestimmung des Referenzmitgliedstaates des Nicht-EU-AIFM erläutert worden sind, beschränkt sich die jetzige Darstellung lediglich auf diejenigen Inhalte, die im Rahmen des Zulassungsverfahrens des Nicht-EU-AIFM zu beachten sind.

Ein Nicht-EU-AIFM, der die Absicht hat, EU-AIF zu verwalten und/ oder zu vertreiben, ist vorher zunächst verpflichtet, bei der zuständigen Behörde seines Referenzmitgliedstaates eine Genehmigung einzuholen (Art. 37 Abs. 1 AIFM-RL). Voraussetzung für den Erhalt der Genehmigung ist, dass der Nicht-EU-AIFM die Bestimmungen der AIFM-Richtlinie einhält. Dies gilt jedoch nicht für die Artikel, die unter dem Kapitel VI geführt werden, da diese auf EU-AIFM zugeschnitten und mithin bereits aufgrund ihrer Natur nicht anwendbar sind. Der Nicht-EU-AIFM muss zudem über einen gesetzlichen Vertreter in seinem Referenzmitgliedstaat verfügen, der als allgemeine Kontaktstelle fungiert (Art. 37 Abs. 3 AIFM-RL). Der zuständigen Behörde des Referenzmitgliedstaates hat der Nicht-EU-AIFM sodann einen Antrag auf Zulassung vorzulegen (Art. 37 Abs. 5 Unterabs. 1 AIFM-RL). Diese beurteilt im Anschluss, ob die Kriterien zur Bestimmung des Referenzmitgliedstaates nach

Art. 37 Abs. 4 AIFM-RL eingehalten wurden. Sieht die Behörde die Bestimmungen des Art. 37 Abs. 4 AIFM-RL als verletzt an, so lehnt sie den Antrag des Nicht-EU-AIFM unter Angabe der Gründe ab; für den Fall, dass kein Verstoß festgestellt wird, ersucht die zuständige Behörde die ESMA unter Wahrung der Monatsfrist nach Art. 37 Abs. 5 Unterabs. 2 AIFM-RL, eine Empfehlung zu seiner Beurteilung auszusprechen. Eine negative Beurteilung darf vonseiten der ESMA jedoch nur für den Fall ausgesprochen werden, dass ein Verstoß gegen Art. 37 Abs. 3 AIFM-RL festgestellt wird (Art. 37 Abs. 5 Unterabs. 3 AIFM-RL). Erteilt die zuständige Behörde die Zulassung entgegen der negativen Beurteilung der ESMA, so hat diese die Tatsache zu veröffentlichen, dass die zuständigen Behörden ihrer Empfehlung nicht folgen (Art. 37 Abs. 5 Unterabs. 5 AIFM-RL).

Das Zulassungsverfahren des Nicht-EU-AIFM ist jedoch darüber hinaus auch vom Vorliegen der in Art. 37 Abs. 7 AIFM-RL genannten Voraussetzungen abhängig. So muss der AIFM den Referenzmitgliedstaat und seinen gesetzlichen Vertreter in diesem Staat benennen und seine Vertriebsstrategie offenlegen. Darüber hinaus müssen geeignete Vereinbarungen über die Zusammenarbeit zwischen den zuständigen Behörden des Referenzmitgliedstaates, den zuständigen Behörden des Herkunftsmitgliedstaates des betreffenden EU-AIF und den Aufsichtsbehörden des Drittlandes, in dem der Nicht-EU-AIFM seinen Sitz hat, bestehen, um einen effizienten Informationsaustausch zu gewährleisten. Diese Kooperationsvereinbarungen müssen einen Informationsaustausch sowohl für die Zwecke der Aufsicht als auch der Rechtsdurchsetzung bestehen und den europäischen Behörden die Wahrnehmung ihrer durch die AIFM-Richtlinie errichteten Aufgaben sowie, falls erforderlich, die Durchführung sog. Vor-Ort-Inspektionen ermöglichen.[691] Auch hier gilt wiederum, dass das Drittland nicht den nicht kooperativen Ländern angehören darf und eine Vereinbarung zur Vermeidung der Doppelbesteuerung vorhanden sein muss. Der Nicht-EU-AIFM kann ausnahmsweise von den zuständigen Behörden seines Referenzmitgliedstaates entsprechend dem Verfahren in Art. 37 Abs. 9 AIFM-RL von einzelnen Erfordernissen befreit werden, was der ESMA unverzüglich mitzuteilen ist. Ebenfalls sind das Ergebnis des Erstzulassungsprozesses sowie Änderungen und ein Entzug der Zulassung an die ESMA weiterzuleiten.

d) Bedingungen für den Vertrieb durch einen Nicht-EU-AIFM mit EU-Pass

aa) EU-AIF

Der Vertrieb von Anteilen eines EU-AIF an professionelle Anleger durch einen Nicht-EU-AIFM mit EU-Pass wird von Art. 39 Abs. 1 AIFM-RL gestattet. Wird der Vertrieb nur im Referenzmitgliedstaat des Nicht-EU-AIFM angestrebt, so hat dieser den zuständigen Behörden für jeden EU-AIF, den er zu vertreiben beabsichtigt, ein Anzeigeschreiben vorzulegen, das den Anforderungen des Anhang III zur

---

691 ESMA, Final Report (Fn. 280), Box 112, S. 241.

AIFM-Richtlinie entsprechen muss (Art. 39 Abs. 2 AIFM-RL). Innerhalb von 20 Tagen nach Eingang dieses Schreibens ist dem AIFM sodann mitzuteilen, ob er mit dem Vertrieb beginnen darf, wobei einschränkend gilt, dass die zuständigen Behörden diesen nur zu untersagen berechtigt sind, wenn ein Verstoß gegen die Richtlinie festgestellt werden kann (Art. 39 Abs. 3 AIFM-RL). Beabsichtigt der AIFM hingegen den Vertrieb von EU-AIF-Anteilen über seinen Referenzmitgliedstaat hinaus, so gilt auch hier gemäß Art. 39 Abs. 4 AIFM-RL, dass den zuständigen Behörden des Referenzmitgliedstaates für jeden EU-AIF, den der Nicht-EU-AIFM zu vertreiben beabsichtigt, ein Anzeigeschreiben, das den Anforderungen des Anhang IV zur AIFM-RL entspricht, vorzulegen ist. Wesentliche Änderungen dieser Angaben sind der zuständigen Behörde des Referenzmitgliedstaates durch den Nicht-EU-AIFM mindestens einen Monat vor Durchführung bekannt zu machen (Art. 39 Abs. 9 AIFM-RL).

bb) Nicht-EU-AIF

Dem Nicht-EU-AIFM steht es jedoch gleichfalls offen, Anteile eines Nicht-EU-AIF innerhalb der Union an professionelle Anleger zu vertreiben. Voraussetzung hierfür ist jedoch, dass die zusätzlichen Bedingungen des Art. 40 AIFM-RL eingehalten werden. An dieser Stelle kann auf die mehrfach genannten Anforderungen verwiesen werden, die das Drittland zu erfüllen hat.[692] Zudem hat der Nicht-EU-AIFM den zuständigen Behörden seines Referenzmitgliedstaates eine Meldung für jeden Nicht-EU-AIF, den er zu verwalten beabsichtigt, vorzulegen (Art. 40 Abs. 3 AIFM-RL), welche den Anforderungen des Anhang III zur AIFM-RL genügen muss. Wird der Vertrieb nicht nur im eigenen Referenzmitgliedstaat, sondern auch in anderen Mitgliedstaaten der EU angestrebt, so ist auch hier der Meldepflicht unter Wahrung des Anhang IV nachzukommen (Art. 40 Abs. 5 AIFM-RL). Darüber hinaus gilt auch hier die Pflicht zur Mitteilung wesentlicher Änderungen mindestens einen Monat vor ihrem Vollzug (Art. 40 Abs. 10 AIFM-RL).

e) Bedingungen für den Vertrieb durch einen Nicht-EU-AIFM ohne EU-Pass

Artikel 42 AIFM-RL räumt den Mitgliedstaaten überdies die Befugnis ein, Nicht-EU-AIFM zu gestatten, Anteile der von ihnen verwalteten AIF an professionelle Anleger ausschließlich in ihrem Hoheitsgebiet zu vertreiben, wenn die Mindestvoraussetzungen des Art. 42 Abs. 1 AIFM-RL eingehalten werden. Hierzu gehört insbesondere, dass eine Vereinbarung über die Zusammenarbeit zwischen den zuständigen Behörden zwecks Überwachung von Systemrisiken gewährleistet ist.

---

692 1.) Es besteht eine Kooperations-Vereinbarungen zwischen EU- und Drittland-Behörden, 2.) das Drittland wird nicht auf der Liste der nicht kooperativen Länder geführt, 3.) es besteht eine Vereinbarung zur Verhinderung einer Doppelbesteuerung nach Maßgabe des OECD-Musterabkommens.

Soweit es um den Vertrieb von AIF-Anteilen an Anleger in ihrem Hoheitsgebiet geht, sind die Mitgliedstaaten nach Art. 40 Abs. 2 AIFM-RL befugt, Nicht-EU-AIFM strengeren Regelungen zu unterwerfen.

f) Bedingungen für die Verwaltung durch einen Nicht-EU-AIFM ohne EU-Pass

Ist der zugelassene Nicht-EU-AIFM nicht im Besitz eines EU-Passes und beabsichtigt er die direkte oder die über eine Zweigniederlassung erfolgende indirekte Verwaltung eines EU-AIF über seinen Referenzmitgliedstaat hinaus, so gelten für ihn die Bedingungen des Art. 41 Abs. 2 AIFM-RL. Zu diesem Zweck hat er den zuständigen Behörden seines Referenzmitgliedstaates den Mitgliedstaat, in dem er AIF direkt oder indirekt zu verwalten beabsichtigt, zu benennen sowie einen Geschäftsplan vorzulegen. Soll der Vertrieb indirekt erfolgen, so sind nach Art. 41 Abs. 3 AIFM-RL überdies (1.) der organisatorische Aufbau der Zweigniederlassung, (2.) die Anschrift, unter der im Herkunftsmitgliedstaat des AIF Unterlagen angefordert werden können, sowie (3.) die Namen und Kontaktangaben der Geschäftsführer der Zweigniederlassung zu benennen.

F. Entzug der Zulassung

Zuletzt gilt es zu klären, welche Sanktionen einem AIFM drohen können, wenn dieser nach Erhalt der Zulassung nicht mehr den Anforderungen der AIFM-Richtlinie entspricht.

Artikel 11 AIFM-RL räumt den zuständigen Behörden des Herkunftsmitgliedstaates des AIFM die Möglichkeit ein, dem AIFM unter bestimmten gegebenen Bedingungen die zuvor erteilte Zulassung zu entziehen. Die Fallgruppen sind an Art. 7 Abs. 5 OGAW-RL angelehnt und quasi wortgleich in die AIFM-Richtlinie übernommen worden. So kann der Entzug der Zulassung zum einen für den Fall angeordnet werden, dass der AIFM nicht binnen zwölf Monaten von seiner Zulassung Gebrauch macht oder ausdrücklich auf diese verzichtet. Der Strafcharakter des Widerrufs als *actus contrarius* zur Zulassungserteilung kommt jedoch in den Fällen besonders zum Ausdruck, in denen der AIFM selbst Gründe für den Entzug setzt, weil er entweder (1.) die Zulassung aufgrund falscher Angaben oder auf andere rechtswidrige Weise erhalten hat, weil er (2.) die Voraussetzungen, unter denen die Zulassung erteilt wurde, nicht mehr einhält oder (3.) in schwerwiegender Weise oder systematisch gegen die Bestimmungen der AIFM-Richtlinie verstoßen hat (Art. 11 lit. b), lit. c), lit. e) AIFM-RL). Zu beachten ist in diesem Zusammenhang die Formulierung des Art. 11 AIFM-RL, der den zuständigen Behörden grundsätzlich einen Ermessensspielraum gewährt („[...] *können* [...] entziehen [...]."). Insbesondere in Fällen des Art. 11 lit. e) AIFM-RL, in denen der AIFM systematisch, also planmäßig und konsequent, vorgeht, dürfte eine Ermessensreduzierung auf null vorliegen und mithin der Widerruf der Zulassung die einzige sach- und interessengerechte Vorgehensweise sein. Bedauerlicherweise wird der Begriff des „schwerwiegenden Verstoßes" weder in der AIFM-Richtlinie selbst noch von der ESMA weiter ausgeführt oder erläutert. In Anlehnung an die Motive und Absichten der AIFM-Richtlinie dürften jedoch insbesondere die Schaffung systemischer Risiken sowie gravierender Interessenkollisionen in diesem Zusammenhang von besonderer Bedeutung sein.[693]

G. Resümee zur AIFM-Richtlinie

Ab dem Jahr 2007 befand sich die Welt in einer der größten und folgenreichsten Krisen aller Zeiten. Was als Immobilienkrise in den USA begann, weitete sich innerhalb kürzester Zeit auf nahezu alle Wirtschaftsbereiche aus und infizierte Finanzmarktsysteme weltweit. Auch wenn relativ schnell klar war, dass alternative Investmentfonds, insbesondere Hedge-Fonds, nicht die eigentliche Wurzel des Übels darstellten, konzentrierte sich die öffentliche Diskussion dennoch verstärkt auf diese. Die „Hetzjagd" auf alternative Investmentfonds ist nicht zuletzt zurückzuführen auf die im Jahr 2005 von *Franz Müntefering* initiierte „Heuschreckendebatte", die allseits großes Aufsehen erregte. Unter dem Einfluss der Ereignisse der *Subprime*-Krise stehend und aufgrund des Umstandes, dass sowohl Hedge-Fonds wie auch Private Equity-Fonds in den vergangenen Jahren einen großen wirtschaftlichen Aufschwung erlebt hatten und mittlerweile immense Vermögenswerte verwalteten, sah sich der Gesetzgeber veranlasst, den längst notwendigen Schritt zu wagen und ein Gesetz zu erlassen, das die bisher quasi unregulierten alternativen Investmentfonds einem strikten Zulassungs- und Aufsichtssystem unterwirft. Ergebnis der gesetzgeberischen Bemühungen ist die AIFM-Richtlinie vom 8. Juni 2011, der – wider Erwarten – ein personalistischer Regelungsansatz zugrunde liegt und die mithin keine direkten Vorschriften für AIF selbst, sondern nur für deren Verwalter enthält. Bei der AIFM-Richtlinie handelt es sich um eines der bedeutendsten Gesetzeswerke seit Langem, da sie den gesamten alternativen Investmentfonds-Bereich komplett neu formt. Alle Manager, die beabsichtigen, einen AIF zu verwalten oder Anteile an diesem zu vertreiben, müssen nunmehr nach der AIFM-Richtlinie zugelassen sein, da ihre Tätigkeit andernfalls als unzulässig bzw. illegal zu bewerten ist. Dies gilt unabhängig davon, ob der AIFM seinen Sitz innerhalb der EU oder in einem Drittland hat oder ob er einen EU-AIF oder einen Nicht-EU-AIF verwaltet und/ oder vertreibt. Die AIFM-Richtlinie entfaltet ihre Wirkungen somit über die innereuropäischen Grenzen hinaus. Das Interesse des europäischen Gesetzgebers an dieser weit gehenden Reichweite erklärt sich aus seiner Absicht, mit dem Erlass der AIFM-Richtlinie systemische Risiken unabhängig von ihrer „Herkunft" innerhalb der EU auf ein nicht die Stabilität des Finanzmarktes gefährdendes Maß zu begrenzen. Zu diesem Zweck fordert die AIFM-Richtlinie insbesondere:

- Die Ausstattung mit einem Anfangskapital von mindestens 300.000 EUR für interne AIFM und 125.000 EUR für externe AIFM (Artikel 9 AIFM-RL) sowie mit

693 *Spindler/ Tancredi*, WM 2011, 1441, 1445.

zusätzlichen Eigenmitteln in Höhe von 0,02 % des 250 Mio. EUR übersteigenden Wertes,

- die Errichtung eines Vergütungssystems, von dem für den AIFM keine Anreize zu einer erhöhten Risikoübernahme ausgehen, insbesondere durch die enge Verknüpfung der variablen Vergütungskomponente mit dem jeweiligen AIF (Art. 13 i. V. m. Anhang II AIFM-RL),
- die Etablierung einer *Conflicts of Interest Policy* zur Ermittlung, Beilegung und Offenlegung von Interessenkonflikten (Art. 14 AIFM-RL),
- die Einrichtung eines unabhängigen, an die Größe und Komplexität des AIF angepassten Risikomanagementsystems unter der Leitung einer *Permanent Risk Function* (Art. 15 AIFM-RL) mit dem Ziel
  - Risiken, die sich negativ auf die wirtschaftliche Lage des AIF und mithin der Anleger auswirken könnten, von vornherein zu beschränken, insbesondere durch die Festsetzung eines Höchst maßes an Hebelfinanzierung für jeden AIF sowie
  - derartige Risiken fortlaufend zu überwachen und zu lenken,
- die Durchführung von Stresstests zur Erkennung und Bewertung von Liquiditätsrisiken (Art. 16 AIFM-RL),
- die Bestellung einer von der Person des AIFM unabhängigen Verwahrstelle für jeden einzelnen AIF, die den Anlegern gegenüber direkt für ein Abhandenkommen von zur Verwahrung übertragenen Vermögensgegenständen haftet (Art. 21 AIFM-RL) sowie
- die fortlaufende Ausstattung der Anleger sowie der zuständigen Behörden mit Informationen insbesondere über die Anlagestrategien, Risikoprofile, erhobenen Vergütungen sowie das Maß der eingesetzten Hebelfinanzierung im Zusammenhang mit dem jeweiligen AIF (Art. 23, Art. 24 AIFM-RL).

Wie aus den vorgenannten Anforderungen erkennbar, ist die Zeit des unregulierten Daseins von AIFM endgültig beendet, und der gesamte alternative Investmentsektor erhält ein vollkommen neues „Gesicht". Zwar mag der zur Erfüllung dieser Voraussetzungen erforderliche zusätzliche Zeit- und Kostenaufwand bei einigen AIFM als Bürde empfunden werden, die langfristig eine Schwächung der Branche bewirken wird, jedoch ist bei genauerer Betrachtung genau das Gegenteil der Fall. Ziel der AIFM-Richtlinie war neben der Eindämmung systemischer Risiken die Wiederherstellung des Anlegervertrauens in den alternativen Investmentmarkt. Wie der europäische Gesetzgeber selbst bereits am Anfang der AIFM-Richtlinie in Erwägungsgrund (2) betont, profitieren die Märkte, auf denen AIFM operieren, zumeist von deren Tätigkeit. AIFM helfen dabei, Fehlbewertungen auf den Märkten zu erkennen und leisten damit einen wichtigen Beitrag zur Preiskorrektur und mithin zu einem ausgeglichenen Marktsystem. Aus diesem Grund hat bereits der Gesetzgeber selbst vor dem Hintergrund der Stabilisierung des Finanzmarktes ein großes Interesse daran, den durch die Wirtschaftskrise angekratzten Ruf von AIFM zu erneuern. Doch profitieren AIFM hiervon in gleichem Umfang. Auch wenn, wie bereits erwähnt, die Erfüllung der AIFM-Richtlinie einen nicht unerheblichen organisatorischen und finanziellen Aufwand bedeutet, so wirkt eine Zulassung gemäß der AIFM-Richtlinie als eine Art „Qualitätssiegel“, das den (potenziellen) Anlegern eines AIF zeigt, dass der mit der Verwaltung betraute AIFM die gesetzlichen Anforderungen erfüllt und einer behördlichen Aufsicht unterliegt. Eine „Selbstbereinigung des Marktes“ wird zudem dadurch erzielt, dass AIFM, die nicht bereit sind, diesen zusätzlichen Aufwand in Kauf zu nehmen, den Markt verlassen werden. Unseriöse AIFM werden so zwangsläufig verdrängt, was die Anzahl der systemischen Risiken reduziert. Demnach ist die Konzeption der AIFM-Richtlinie durchaus geeignet, die gesetzgeberischen Ziele zu erreichen.

Fraglich ist jedoch, ob die AIFM-Richtlinie tatsächlich eine Reduzierung systemischer Risiken zu bewirken vermag. Bedenken stellen sich vor allem hinsichtlich des zulässigen Einsatzes von Leverage ein. Zwar heißt es in Art. 15 Abs. 4 AIFM-RL, „die AIFM legen ein Höchstmaß an Hebelfinanzierungen fest, das sie für jeden der von ihnen verwalteten AIF einsetzen können [...]“, eine konkrete Begrenzung im Sinne eines fixen Wertes an zulässigem Leverage existiert innerhalb der AIFM-Richtlinie jedoch nicht. Vielmehr wird dem AIFM wiederum ein Entscheidungsspielraum zuteil, im Rahmen dessen dieser über die erforderliche Menge an Leverage bestimmen kann. Erst für den Fall, dass die Behörden im Rahmen ihrer Bewertung zu dem Ergebnis gelangen, dass die Höhe des Hebels zu hoch ist, können sie eine Begrenzung auf ein tolerierbares Maß vornehmen. Dieses Konzept mag auf den ersten Blick einen Widerspruch beinhalten, erklärt sich jedoch letztlich vor dem Hintergrund, dass die AIFM-Richtlinie nicht intendiert, der alternativen Investmentbranche einen Schaden dadurch zuzufügen, dass sie ihre Anlagestrategien und -techniken einzugrenzen und damit dem Sektor die Wettbewerbsfähigkeit und Weiterentwicklungsmöglichkeiten zu entziehen, sondern lediglich die Risiken, die einen negativen Effekt auf das Finanzsystem haben können, zu begrenzen beabsichtigt. Eine Bevormundung des AIFM soll gerade nicht erfolgen.

Ferner sind sowohl die Vergütungs- wie auch die Transparenzvorschriften der AIFM-Richtlinie geeignet, die zwischen dem AIFM und den Anlegern des AIF bestehenden und vielfach kritisierten Informationsasymmetrien zu verringern. Zwar werden diese wohl niemals vollständig beseitigt werden können, da der Wissensvorsprung des AIFM schlichtweg zu groß ist, jedoch wird durch die behördliche Aufsicht des AIFM sichergestellt, dass eine Abweichung vom angegebenen Risikoprofil ohne die Kenntnis der Behörden nicht vorgenommen und so ein missbräuchliches Vorgehen des AIFM von vornherein besser unterbunden werden kann.

Ob sich aber letztlich die Realität der Tätigkeit von AIFM durch die Vorgaben der AIFM-Richtlinie tatsächlich stark verändern wird, ist zu bezweifeln. Die größte Veränderung besteht sicherlich in den gesteigerten Berichts- und Offenlegungspflichten, denen AIFM nunmehr nach ihrer Zulassung ausgesetzt sind. Waren sie es vor dem Erlass der AIFM-Richtlinie gewohnt, frei und ohne Rechenschaftspflicht entscheiden und handeln zu können, so müssen sie jetzt konkrete Angaben zu ihren Anlagestrategien, insbesondere Hebelfinanzierungen, Risikoprofilen und Vergütungen, vorlegen. Dies verursacht zwar einen nicht unerheblichen organisatorischen und zeitlichen Aufwand, der letztlich wohl als zusätzlicher Kostenfaktor auf die Anleger abgewälzt werden wird, auf die tatsächliche Verwaltungstätigkeit haben diese Berichtspflichten jedoch keinen wesentlichen Einfluss.

Insgesamt wird jedoch der Eindruck vermittelt, dass die AIFM-Richtlinie nicht nur einen regulatorischen Rahmen für die Tätigkeit von AIFM errichten will, sondern überdies ein Umdenken bei AIFM derart bezweckt, dass diese nicht nur den kurzfristigen Erfolg ihres AIF als Maßstab ihrer Entscheidungen und Handlungen betrachten, sondern vielmehr ein Bewusstsein für ihre Gesamtverantwortung entwickeln und dieses in ihre Tätigkeiten einfließen lassen. Ihrer Verantwortung können sich AIFM auch nicht durch Delegation von Aufgaben an Dritte entledigen. Dies gilt entsprechend für AIFM von Private Equity-Fonds, die nach Kontrollerwerb an einem nicht börsennotierten Unternehmen nicht nur die finanziellen Interessen ihrer Beteiligung im Blick haben sollten, sondern überdies das langfristige Überleben des Unternehmens und mithin seiner Mitarbeiter fördern sollten. Vor diesem Hintergrund lässt sich sodann auch die gesetzgeberische Entscheidung für die Einbeziehung von Private Equity-Fonds in den Geltungsbereich der AIFM-Richtlinie erklären, wenngleich die Vorschriften zu Private Equity innerhalb der AIFM-Richtlinie noch immer als nicht konzeptgetreu und nur wenig überzeugend erscheinen.

Dritter Teil: Dodd-Frank Wall Street Reform and Consumer Protection Act[694]

A. Einführung und Hintergrund

Der dritte Teil der vorliegenden Arbeit befasst sich mit der Regulierung von Hedge-Fonds in den Vereinigten Staaten von Amerika (USA). Ebenso wie in Europa unterlagen Hedge-Fonds trotz diverser Versuche vor Inkrafttreten des „Dodd-Frank Wall Street Reform and Consumer Protection Act"[695] durch die offizielle Unterzeichnung von US-Präsident *Barack Obama* am 21. Juli 2010 keiner direkten Regulierung. Dies ermöglichte ihnen eine Existenz im Schattendasein fernab von jeglicher Aufsicht oder Kontrolle und machte es sowohl dem Staat wie auch der restlichen Öffentlichkeit gleichzeitig unmöglich, Informationen über die Aktivitäten und konkreten Vorgehensweisen von Hedge-Fonds und deren Managern zu erlangen. Die Verabschiedung des Dodd-Frank Act sollte diesen nicht mehr zu rechtfertigenden Umstand beheben und dazu beitragen, die Transparenz durch Errichtung bestimmter Informationspflichten zu erhöhen. Gleichzeitig soll er die finanzielle Stabilität der USA fördern und das *Too big to fail*-Dilemma beseitigen. Bevor die einschlägigen Normen des Dodd-Frank Act in Bezug auf Hedge-Fonds vorgestellt werden, sollen der Hintergrund sowie die vor dem Dodd-Frank Act unternommenen Anläufe, Hedge-Fonds in den USA einer Regulierung zu unterwerfen, aufgezeigt werden.

I. Wirtschaftlicher Hintergrund

Wie allgemein bekannt, nahm die Wirtschaftskrise von 2007, auch *Subprime*-Krise genannt, ihren Ausgangspunkt in den USA. Sie wurde als die größte und schwerste Krise seit der Großen Depression von 1929 bezeichnet und traf das Land vermeintlich überraschend. Die Bezeichnung „*Subprime*-Krise" kommt dabei nicht von ungefähr. Wörtlich übersetzt bedeutet *subprime* „zweitklassig". Im Zusammenhang mit der Krise verweist der Begriff auf Immobilienkredite, die von den Banken unter Zinsaufschlag an Kreditnehmer mit schlechter Bonität und Kreditwürdigkeit vergeben wurden.[696] Daher werden diese nicht als *prime*-Kunden, sondern als *subprime*-Kunden bezeichnet.[697] Charakteristisch für diese Kundschaft sind z. B. ein wiederholter, mehr als 30 Tage andauernder Zahlungsverzug innerhalb der letzten zwölf Monate,

694 Im Folgenden nur noch als „Dodd-Frank Act" bezeichnet.
695 Public Law 111–203 – July 21, 2010, 111th Congress, 123 Stat. 1376.
696 Federal Reserve, Expanded Guidance for Subprime Lending Programs, S. 2.
697 Später wurde für diese Klasse von Kunden auch der Begriff „NINJA" verwendet (**N**o **I**ncome, **N**o **J**ob, **N**o **A**sset), siehe: Bundeszentrale für politische Bildung, http://www.bpb.de/politik/wirtschaft/finanzmaerkte/55766/subprime-krise?p=all (zuletzt abgerufen: 31.5.2015), Stand: 20.1.2012.

eine Zwangsvollstreckung in den letzten 24 Monaten oder etwa eine Insolvenz in den letzten fünf Jahren.[698] Der Grund, weshalb Kredite an zweitklassige Kundschaft vergeben wurden, bestand darin, dass der *prime*-Markt zu diesem Zeitpunkt bereits nahezu gesättigt war und man sich durch die Erschließung des zweitklassigen Marktes neue Wachstumschancen erhoffte. Darüber hinaus war es *George W. Bush*, der während seiner Präsidentschaft verkündete, es sei Teil des „American Dream", auch einkommensschwachen Familien zu einem Eigenheim zu verhelfen. Und tatsächlich konnte in den Jahren 1995 bis 2006 ein Anstieg der Eigenheimquote um 4 % auf 69 % festgestellt werden.[699] Gefördert wurden diese Hoffnung und gleichzeitig auch die Bereitschaft der *subprime*-Kunden, neue Kreditverträge abzuschließen, durch die Vereinbarung sog. *Teaser Rates*. Diese „Lockangebote" räumten den Kreditnehmern für einen Zeitraum von zwei bis drei Jahren die Möglichkeit ein, kleinere oder gar keine Tilgungsraten für ihre Immobilie zu zahlen, und dies teilweise unter Wegfall jeglicher Zinspflicht. Dieses Modell hatte zur Folge, dass die Kreditnehmer in dieser Zeit ihren vertraglichen Zahlungsverpflichtungen regelmäßig nachkommen konnten und nach Ablauf der zwei bis drei Jahre eine Umschuldung aufgrund der gesteigerten Bonität vorgenommen werden konnte, welche jedoch eine Erhöhung der Raten zur Folge hatte. Dass dieses Modell langfristig jedoch nicht haltbar sein konnte, hätte bereits von Anfang an einleuchten müssen. Denn gerade aufseiten der Kreditnehmer führte das *Teaser-Rate*-Verfahren dazu, dass viele ihre eigene Solvenz überschätzten und die langfristigen Kosten einer Immobilienfinanzierung aus den Augen verloren.[700] Die private Haushaltsverschuldung erreichte mit 1.176 Mio. US-Dollar im Jahr 2006 einen Rekordstand; hinzu kam der Umstand, dass aufgrund der gesteigerten Nachfrage zwischen den Jahren 1997 und 2006 die Immobilienpreise in den USA um 124 % anstiegen, was zu einer Überbewertung der einzelnen Immobilien geführt hatte.[701] Durch den stetig ansteigenden Immobilienpreis erhofften sich die Kreditgeber im Falle einer eintretenden Zahlungsunfähigkeit aufseiten des Kreditnehmers, die Immobilie zu einem erhöhten Preis verkaufen und so die Kreditkosten durch den zwischenzeitlichen Wertzuwachs voll amortisieren zu können. Doch schließlich, was nur eine Frage der Zeit war, gab die *Federal Reserve* ihre im Jahr 2001 eingeleitete Niedrigzinspolitik auf und ging dazu über, die Zinsen bis zum Ende des Jahres 2006 auf 5,25 % zu erhöhen.[702] Dies verursachte eine abnehmende Nachfrage an Immobilien, was wiederum einen Preis- und Wertverfall sowie die ersten Insolvenzen nach sich zog. Die Auswirkungen der *Subprime*-Krise weiteten sich in der Folgezeit auf viele verschiedene Bereiche des Finanzmarktes aus. Dies

698 Federal Reserve (Fn. 696), S. 3.

699 *Bernanke*, Speech at the Federal Reserve Bank of Chicago's 43rd Annual Conference on Bank Structure and Competition (17.5.2007).

700 *Mayer/ Pence/ Sherlund*, The Rise in Mortgage Defaults, S. 11.

701 The Economist, CSI Credit Crunch.

702 Federal Reserve, Historical Changes of the Target Federal Funds and Discount Rates (1971 to present), http://www.newyorkfed.org/markets/statistics/dlyrates/fedrate.html (zuletzt abgerufen: 31.5.2015).

war deshalb möglich, da viele kreditgebende Banken die hypothekarisch gesicherten Forderungen und die hiermit zusammenhängenden Risiken aus den Kreditverträgen mithilfe von Verbriefungszweckgesellschaften als *Mortgaged Backed Securities* verbrieften und somit das Kreditportfolio an den Finanzmarkt weiterreichten. Der Ansteckungseffekt nahm damit seinen bekannten Lauf.

II. Regulierungsversuche vor dem Dodd-Frank Act

Wie bereits erwähnt, gab es bereits vor dem Erlass des Dodd-Frank Acts verschiedene, letztlich jedoch erfolglose, Versuche, Hedge-Fonds in den USA einer gesetzlichen Regulierung zu unterwerfen. Diese Intention basierte seinerzeit bereits darauf, dass Hedge-Fonds aufgrund ihres raschen und enormen Wachstums und ihrer damit einhergehenden veränderten Rolle innerhalb des wirtschaftlichen Gesamtgefüges die Aufmerksamkeit diverser Gruppen wie z. B. der Investoren und Medien, aber auch staatlicher Regulierungs- und Aufsichtsbehörden auf sich zogen.[703] Allein zwischen den Jahren 1990 und 2004 konnte die gesamte Hedge-Fonds-Branche in den USA eine jährliche Wachstumsrate von durchschnittlich 20 % erzielen, womit sich die *assets under management* im Jahr 2004 auf einen Wert von einer Billion US-Dollar beliefen.[704] Darüber hinaus hatte die LTCM-Krise[705] im Jahr 1998 erstmals aufgezeigt, welche dramatischen Folgen der Zusammenbruch eines großen Hedge-Fonds haben kann und welche kostspieligen Rettungsmaßnahmen von staatlicher Seite erforderlich sind, um die Ausbreitung auf andere Wirtschaftsbereiche zu verhindern bzw. zu begrenzen. Die Versuche, die vor dem Dodd-Frank Act unternommen wurden, um Hedge-Fonds bzw. deren Verwalter zu regulieren, sind Gegenstand der folgenden Ausführungen.

1. *Securities Act of 1933*[706]

Der *Securities Act* von 1933 stellte das erste große Regelungswerk in Bezug auf den US-amerikanischen Wertpapiermarkt dar. Als Reaktion auf die und Ergebnis der Großen Depression von 1929, die ihren Anfang mit dem Börsencrash desselben Jahres und der Anhebung des Leitzinses durch die *Federal Reserve* nahm[707], war es die Absicht des *Securities Act* von 1933, den Investoren vor Anteilskauf eine vollständige und faire Informationsgrundlage *(full and fair disclosure)* zur Verfügung zu stellen, da man der Ansicht war, dass insbesondere fehlende Informationen und

703 *Sami*, A Comparative Analysis of Hedge Fund Regulation in the United States and Europe, 29 Nw. J. Int'l. L. & Bus. 275 (2009), S. 275.
704 *Vora/ Gongloff*, Hedge-Fund Milestones, Wall Street Journal vom 29.1.2007.
705 Vgl. bereits „Die „LTCM-Krise"" unter Kapitel Erster Teil.B.II.1.b).dd) dieser Arbeit.
706 Securities Act of 1933, as amended through P. L. 112–106, approved April 5, 2012.
707 Encyclopædia Britannica Online, Great Depression.

Transparenz die Entstehung der Spekulationsblase ermöglichten.[708] Der *Securities Act* errichtete fortan einheitliche Standards für Informationspflichten,[709] die im Rahmen der Registrierungspflicht bei der SEC nach *Section* 6 des *Securities Act* in Form eines *registration statements* bekannt gemacht werden und mindestens eine Beschreibung der emittierenden Gesellschaft und ihrer Geschäftsfelder, eine Beschreibung der zum Verkauf angebotenen Wertpapiere *(securities)* sowie eine unabhängig geprüfte Vermögensaufstellung enthalten müssen.[710] Diese Anforderungen gelten jedoch nur, soweit es sich um ein öffentliches Angebot *(public offering)* von Wertpapieren handelt, da nach der Ausnahmeregelung *Section* 4 (2) eine Registrierungspflicht für Transaktionen entfällt, die sich nicht an die Öffentlichkeit richten. Nach § 230.506[711] der Regelung D des Code of Federal Regulations (C.F.R.) wird das Nichtvorliegen eines öffentlichen Angebotes nach *Section* 4 (2) *Securities Act* von 1933 nur für den Fall angenommen, dass nicht mehr als 35 Käufer in Bezug auf das konkrete Wertpapier existieren und es sich bei diesen Käufern nicht um *accredited purchasers* im Sinne der Legaldefinition nach § 230.501 der Regelung D des C.F.R. handelt, da diese nach § 230.501 (1) (e) (iv) C.F.R. bei der Bestimmung der Anzahl von Investoren nicht einzubeziehen sind. Unter dem Begriff „accredited purchaser" sind nach § 230.501 (a) C.F.R. insbesondere Banken und Unternehmen zu fassen sowie natürliche Personen, die über Vermögenswerte von mehr als einer Million US-Dollar verfügen oder aufgrund ihrer beruflichen Tätigkeit besondere Erfahrungen und Kenntnisse vorweisen können. Der durchschnittliche Privatkunde hingegen wird von dieser Definition nicht erfasst. Aufgrund des Umstandes, dass Hedge-Fonds sich fast ausschließlich an professionelle Kunden und somit *accredited purchasers*[712] richten,[713] fallen sie mithin in den Anwendungsbereich der Ausnahmebestimmung nach *Section* 4 (2) des *Securities Act* von 1933, sodass eine Registrierungspflicht nach den Regelungen des *Securities Act* nicht besteht. Dies gilt jedoch im Rahmen der *Safe-Harbor-Rule* einschränkend nur für den Fall, dass das Investment zudem nicht auf allgemeine – folglich gerichtet an eine große Anzahl unbekannter Personen – und öffentliche – also frei zugängliche – Weise beworben worden ist.[714] Die Regelungen zur Vornahme betrügerischer Transaktionen in *Section* 17 *Securities Act* sind jedoch trotz fehlender Registrierungspflicht für alle Akteure verpflichtend.

---

708 Simon, The Effect of the 1933 Securities Act on Investor Information and the Performance of New Issues, UCLA Working Paper No. 541, 1988, S. 1, 3; *Bednarz* (Fn. 17), S. 39.

709 Securities Act of 1933, Sec.7 i. V. m. Schedule A, Sec. 10.

710 SEC, Registration under the Securitites Act of 1933.

711 Auch bekannt als „Safe Harbor-Rule".

712 Nunmehr auch *institutional* oder *qualified investors* genannt.

713 Siehe: SEC, Implications of the Growth of Hedge Funds, S. 43.

714 *Bednarz* (Fn. 17), S. 43 f.

2. Securities Exchange Act of 1934[715]

Der *Securities Act* von 1933 bildet zusammen mit dem *Securitites Exchange Act* von 1934 (im Folgenden: *Exchange Act*) die Grundlage des Börsenrechts in den USA. Während der *Securities Act* jedoch die erstmalige Wertpapieremission zum Gegenstand hat und sich vorrangig mit dem Anlegerschutz beschäftigt, befasst sich der Exchange Act mit den Transaktionen auf den Zweitmärkten und stellt Anforderungen auf, um einen sicheren, effektiven und fairen Handel zu gewährleisten.[716] Dies soll insbesondere durch die Registrierungspflicht nach *Section* 15 sichergestellt werden.[717] Dort heißt es:

> It shall be unlawful for any broker or dealer [...] to make use of the mails or any means or instrumentality of interstate commerce to effect any transactions in, or to induce or attempt to induce the purchase or sale of, any security (other than an exempted security or commercial paper, bankers' acceptances, or commercial bills) unless such broker or dealer is registered in accordance with subsection (b) of this section.

Demnach ist es Brokern und Dealern strengstens untersagt, einen Handel mit Wertpapieren zu betreiben, ohne der Registrierungspflicht des Exchange Act nachgekommen zu sein. Daher ist zu klären, wie Hedge-Fonds im Sinne des US-Rechts zu qualifizieren sind.

Unter „Broker" wird nach der Legaldefinition *Section* 3 (4) (A) verstanden:

> Any person engaged in the business of effecting transactions in securities for the account of others.

Der Begriff „Dealer" hingegen bezeichnet nach *Section* 3 (5) (A) Folgendes:

> The term "dealer" means any person engaged in the business of buying and selling securities (not including security-based swaps, other than security-based swaps with or for persons that are not eligible contract participants) for such person's own account through a broker or otherwise.

Darüber hinaus hat die SEC weiter stets zwischen „Dealern" und „Tradern" unterschieden. Die *Commission* selbst sagt hierzu:

> The Commission historically has distinguished "dealers" from "traders". [...] Entities that buy and sell securities for investment generally are considered traders, but not dealers. In contrast to dealers, which must register with the Commission in accordance

715 Securities Exchange Act of 1934, as amended through P.L. 112–158 (Pub.L. 73–291), approved August 10, 2012.

716 Exchange Act Sec. 2; *Bednarz* (Fn. 17), S. 44.

717 Das Formblatt zur Registrierung nach Section 12 des Securitites Exchange Act 1934 ist abrufbar unter: http://www.sec.gov/about/forms/form8-a.pdf (zuletzt abgerufen: 31.5.2015).

with *Section* 15 (b) of the Exchange Act, there is no registration requirement for traders.[718]

Basierend auf diesen Ausführungen kann folglich davon ausgegangen werden, dass Hedge-Fonds als Traders einzustufen sind, womit eine Registrierungspflicht gemäß den Normen des Exchange Act hinfällig wird. Dies wird weiter durch die Äußerung der SEC unterstützt, wonach die meisten Hedge-Fonds keiner Registrierungspflicht nach *Section* 15 des Exchange Act unterliegen.[719]

Jedoch ist in Betracht zu ziehen, dass Hedge-Fonds dem Anwendungsbereich der *Section* 12 des Exchange Act unterfallen, welche eine Registrierungspflicht für bestimmte Arten von Wertpapieren *(securities)* vorsieht und an diese in *Section* 13 und 14 weitere Verpflichtungen wie z. B. Berichtspflichten knüpft. Jedoch ist in diesem Zusammenhang die Vorschrift *Section* 12 (g) (1) zu beachten, wonach eine Registrierung nur in den Fällen erforderlich ist, in denen der Wert aller Assets 10 Mio. US-Dollar übersteigt und von mindestens 2.000 Personen bzw. 500 „not accredited investors", also Privatinvestoren, gehalten wird. Diese Grenzwerte an Investoren bieten Hedge-Fonds folglich die Möglichkeit, der Registrierungspflicht nach dem Exchange Act zu entgehen, indem sie darauf achten, dass die Anzahl ihrer Investoren die gesetzlichen Werte nicht erreicht bzw. überschreitet.[720] In diesem Fall stellt auch das Erreichen bzw. Überschreiten der 10 Mio. US-Dollar-Grenze kein Hindernis dar, da die beiden Registrierungsvoraussetzungen kumulativ und nicht alternativ gegeben sein müssen.

3. Investment Company Act of 1940[721]

Ein weiteres wichtiges Regulierungswerk im Bereich der US-amerikanischen Kapitalmarktregulierung ist der sog. Investment Company Act von 1940, der einen umfassenden Vorschriftenkatalog für Investmentgesellschaften aufstellt. Insbesondere geht es darum, den Anlegerschutz zu verbessern und den Wertpapierhandel transparenter zu gestalten. Der Begriff „investment company" wird in *Section* 3 (a) (1) legaldefiniert und bezeichnet eine Gesellschaft, deren vornehmlicher Zweck (künftig) darin besteht, Investmentgeschäfte abzuschließen oder Handel mit Wertpapieren zu betreiben. Liegt nach diesem Verständnis eine „investment company" vor, so ist sie verpflichtet, der Registrierungspflicht nach *Section* 8 Investment Company Act nachzukommen. Eine Ausnahme von dieser Pflicht besteht jedoch nach *Section* 3 (c) (7) für den Fall, dass die Wertpapiere ausschließlich von qualifizierten Investoren *(qualified purchasers)* gehalten werden und zudem auch kein öffentliches

---

718 SEC (Fn. 713), S. 18.

719 SEC, Fn. 718.

720 Hierzu auch: *Bednarz* (Fn. 17), S. 47 m. w. N., der darauf verweist, dass Hedge-Fonds versuchten, den umfangreichen Pflichtenkatalog dadurch zu umgehen, dass sie ihre Anlegerzahl auf 499 begrenzten.

721 Investment Company Act of 1940 as amended through P. L. 112–90 (Pub. L. 76–768), approved January 3, 2012.

Angebot beabsichtigt wird, da in diesem Fall die ausreichend erfahrenen Anleger keines besonderen gesetzlichen Schutzes bedürfen.[722] Die Ausnahmeregelung nach *Section* 3 (c) (7) greift auch für den Fall, dass der Fonds nicht mehr als 100 nicht qualifizierte Investoren vorweist. Unter „qualified purchaser“ versteht der Investment Company Act in *Section* 2 (51): “Any natural person [...] who owns not less than $ 5,000,000,000 in investments” bzw. “any company that owns not less than $ 5,000,000,000 in investments and that is owned directly or indirectly by or for 2 or more natural persons [...|”.

Aufgrund des Umstandes, dass Hedge-Fonds, wie schon erwähnt, sich vornehmlich an qualifizierte Investoren richten, greift die Ausnahme nach *Section* 3 (c) (7), die auch keine zahlenmäßige Beschränkung in Bezug auf qualifizierte Investoren beinhaltet, sodass eine Registrierungspflicht nach *Section* 8 Investment Company Act nicht besteht.

4. Investment Advisers Act of 1940[723]

Der Investment Advisers Act of 1940 ist ein Regelungswerk, konzipiert für Investmentberater im Sinne von *Section* 202 (a) (11) und stellt für diese neben einer Registrierungspflicht in *Section* 203 (a) u. a. Offenlegungs- und Dokumentierungspflichten sowie Vorschriften zu Vergütungen und Verwahrung auf.[724]

Unter „investment adviser“ ist demnach zu verstehen:

> Any person, who for compensation, engages in the business of advising others, either directly or through publications or writings, as to the value of securitites or as to the advisability of investing in, purchasing, or selling securities, or who, for compensation and as part of a regular business, issues or promulgates analyses or reports concerning securities [...].

Ein wichtiges Merkmal ist demnach, dass die Beratung in Bezug auf Investmentgeschäfte gegen ein Entgelt vorgenommen wird und diese Tätigkeit zum regelmäßigen Geschäftsbetrieb des Beraters gehört. Dieser Definition zufolge sind Hedge-Fonds-Manager grundsätzlich in den Geltungsbereich des Investment Adviser Act einzubeziehen, da es auch zu ihren Tätigkeiten gehört, Investoren in Bezug auf die Anlage zu beraten und zu informieren und insbesondere Strategien und Ertragsmöglichkeiten offenzulegen. Bis zur Umsetzung des Dodd-Frank Act, auf den im nachfolgenden Abschnitt einzugehen ist, gab es in *Section* 203 (b) (3) einen Ausnahmetatbestand in Form einer *De-minimis*-Regelung.[725] Diese lautete wie folgt:

722 *Bednarz* (Fn. 17), S. 53.

723 Investment Advisers Act of 1940 as amdended through P.L. 112–90, approved January 3, 2012.

724 Die genannten Regelungsbereiche entsprechen quasi denen der AIFM-Richtlinie.

725 Siehe hierzu auch die Pressemitteilung 2011–133 der SEC vom 22.6.2011, SEC adopts Dodd-Frank Act Amendments to Investment Advisers Act.

> Any investment adviser who during the course of the preceding twelve months has had fewer than fifteen clients and who neither holds himself out generally to the public as an investment adviser nor acts [as] an investment adviser to an investment company [...] [or] a business development company [...].[726]

Demnach blieben Investmentberater mit weniger als 15 Kunden in den letzten zwölf Monaten von der Registrierungspflicht verschont. Dabei galten als „Kunden" in diesem Sinne jedoch nicht die einzelnen Investoren des Fonds, sondern vielmehr wurde der Fonds, in den die Gelder angelegt wurden, als ein Kunde gewertet.[727] Dies hatte zur Folge, dass Hedge-Fonds einer Registrierungspflicht durch Einhalten der *De-minimis*-Regelung entgehen konnten und dies auch tatsächlich taten. Hinzukommen musste u. a. jedoch noch, dass sie nicht im Telefonbuch als *investment adviser* geführt wurden und auch keine öffentlichen Äußerungen dahin gehend tätigten, dass sie noch weitere Kunden aufnehmen würden.[728] Diese Ausnahmeregelung gibt es seit dem Jahr 2011 nicht mehr, sodass alle Hedge-Fonds unabhängig von ihrer Kundenzahl nach *Section* 203 (a) des Investment Advisers Act von 1940 einer allgemeinen Registrierungspflicht unterliegen, womit eine große Lücke im US-amerikanischen Kapitalmarktrecht geschlossen wurde.

5. *Die „Hedge Fund Rule" und der Fall „Goldstein vs. SEC"*[729]

Vor Inkrafttreten des Dodd-Frank Act und der mit diesem einhergehenden Registrierungspflicht für Hedge-Fonds nach *Section* 203 (a) des Investment Advisers Act von 1940 gab es jedoch weitere Bemühungen, Hedge-Fonds registrierungspflichtig zu machen. So hatte die SEC am 2. Dezember 2004, basierend auf dem „Staff Report" aus dem Jahr 2003,[730] die „Hege-Fund-Rule" erlassen, die mit *Section* 203 (b) (3)-2[731] bezeichnet und als Ergänzung zum Investment Advisers Act von 1940 eingefügt wurde und Hedge-Fonds aufgrund ihrer wachsenden wirtschaftlichen Bedeutung sowohl einer Registrierungs- als auch Informationspflicht gegenüber ihren Investoren unterwerfen sowie eine Aufsicht von staatlicher Seite ermöglichen sollte. Die „Hedge Fund Rule" brachte vor allem in dem Punkt eine Neuerung, dass fortan nicht nur mehr der Fonds selbst als Investor gezählt wurde, sondern tatsächlich jede Person, die in einen „privaten Fonds" investiert (*Look through private*

---

726 Der alte Gesetzeswortlaut wurde übernommen aus: *Sami* (Fn. 703), S. 275, 286.

727 Dieser Umstand geht zurück auf die Definition von *„Client" of an Investment Adviser for Certain Purposes Relating to Limited Partnerships* im Investment Advisers Act Release No. 983 vom 12. Juli 1985.

728 *Bednarz* (Fn. 17), S. 57.

729 Philip Goldstein et. al., Petitioners vs. Securities and Exchange Commission, Respondent, No. 04–1334, United States Court of Appeals, District of Columbia Circuit, 451 F. 3d 873 (D. C. Cir. 2006).

730 Siehe SEC (Fn. 713), S. xi-xii.

731 SEC, Registration Under the Advisers Act of Certain Hedge Fund Advisers, II. D.

funds-Regel).[732] Diese Neuformulierung der Definition „client“ hatte somit zur Folge, dass die Berater der großen Hedge-Fonds sich um eine Registrierung bei der *Commission* bemühen und somit speziellen Verhaltenspflichten nachkommen mussten. Konkret hieß es hierzu im „Staff Report“ aus dem Jahr 2003:

> [...] Amending the rules under the Advisers Act would require hedge fund advisers to "look through" any hedge funds under their management and count each investor in each hedge fund as a separate client of the adviser. In practical terms, this would result in the registration of most large hedge fund advisers. [...]

Jedoch handelte es sich nach Ansicht des Hedge-Fonds-Managers *Philip Goldstein* bei dieser neuen Regelung der SEC um „bloße Willkür“ *("arbitrary")*, sodass sie folglich gegen das geltende Gesetz[733] verstoßen würde und zwangsläufig aufgehoben werden müsse. *Goldstein* verklagte die SEC am 9. Dezember 2005, also nur 80 Tage nach dem Erlass der „Hedge Fund Rule“, vor dem „Court of Appeals for the District of Columbia Circuit“ und argumentierte, dass nach traditionellem und historischem Verständnis des Begriffs „client“ stets die Anzahl der Fonds und nicht der einzelnen Investoren maßgeblich sei.[734] *Goldstein* bekräftigte weiter, dass der Investment Advisers Act von 1940 eine Definition von „client“ nicht enthalte und das Vorgehen der SEC somit willkürlich sei. Die SEC entgegnete, dass dieser Umstand jedoch gerade dafür sprechen würde, dass die Regelungen des Investment Advisers Act flexibel und mehrdeutig ausgelegt werden könnten *("ambiguous as to a method for counting clients")* und die „Hedge Fund Rule“ somit nicht gesetzeswidrig sei.[735] Das Gericht entkräftete die Argumentation der SEC mit dem Hinweis darauf, dass eine derartige Regel der Rechtsanwendung nicht existiere. Das Fehlen einer gesetzlichen Definition würde nicht automatisch dazu führen, dass das Begriffsverständnis unklar oder mehrdeutig sei, genauso wie die Existenz einer Legaldefinition nicht unbedingt zu einem klaren Verständnis in Bezug auf einen Begriff führen müsse.[736] Vielmehr würde das Vorhandensein einer gesetzlichen Definition die Problematik auf die einzelnen Merkmale der Definition verlagern. Für ein korrektes Begriffsverständnis kommt es nach Ansicht des Gerichts insbesondere darauf an, die Worte in ihrem konkreten Zusammenhang zu erfassen *("words of the statute should be read in context [...]")*. Auch wenn der Begriff „client“ selbst im Investment Advisers Act seinerzeit nicht definiert wurde, so existierte, und existiert noch immer, doch eine Definition des Ausdrucks „investment adviser“. Hierunter wird, wie bereits zu Beginn angemerkt, verstanden:

---

732 SEC, Fn. 730.

733 Genauer gesagt gegen Section 203 (b) (3) Investment Advisers Act of 1940.

734 Goldstein vs. SEC, 451 F. 3d 873 (D. C. Cir. 2006).

735 Siehe Fn. 734.

736 Siehe Fn. 734.

> Any person who, for compensation, engages in the business of advising others, either directly or through publications or writings, as to the value of securities or as to the advisability of investing in, purchasing, or selling securities.

Das Gericht verwies darauf, dass nach diesem Begriffsverständnis der Investor eines Hedge-Fonds von der Beratung durch den Hedge-Fonds-Manager profitieren, er diese aber nicht direkt *("directly")* von diesem erhalte, da diesem mit Leistung seiner Investition nur noch eine rein passive Rolle zukomme.[737] Aus diesem Grund könne der einzelne Investor nicht als „client" eingestuft werden, da er selbst vom *investment adviser* keine direkte Beratung erhalte.[738] Dies sei, so das Gericht, auch die Ansicht der SEC bis zum Erlass der „Hedge Fund Rule" gewesen.[739] Die SEC habe zudem nicht hinreichend genug dargelegt, wie sie ihren geänderten Sinneswandel begründe. Der Umstand allein, dass Hedge-Fonds, nicht zuletzt wegen des Beinahe-Kollapses von LTCM, im Fokus der Aufmerksamkeit stehen und das Gesetz nicht in Einklang mit der Politik des Kongresses stehe, sei nicht ausreichend.[740] Auch das stetige Wachstum des Hedge-Fonds-Sektors in den vergangenen Jahren könne nicht als Argument für den Erlass der „Hedge Fund Rule" angeführt werden. Darüber hinaus wies das Gericht darauf hin, dass nicht allein die Anzahl der Kunden zur Bestimmung der Bedeutung eines Hedge-Fonds relevant sei, sondern vielmehr Faktoren wie dessen Anlagevolumen oder Verschuldungsgrad, auf welche die „Hedge Fund Rule" jedoch keinerlei Bezug nehme.[741] Zudem würde die *Rule* dazu führen, dass Hedge-Fonds mit weniger als 100 Investoren keine Registrierung unter dem Investment Company Act suchen müssten, jedoch solche mit weniger als 15 Investoren nach dem Investment Advisers Act registrierungspflichtig wären. Ein widersprüchlicher Zustand, der nicht gehalten werden könne, sodass die „Hedge Fund Rule" folglich vom Gericht als willkürlich und somit unzulässig bewertet wurde.[742] Die „Hedge Fund Rule" wurde mit Urteil vom 23. Juni 2006 aufgehoben, sodass es weiterhin keine allgemeine Regelung bezüglich der Registrierungspflicht für Hedge-Fonds gab.[743]

6. *Regulierungsansätze nach „Goldstein vs. SEC"*

a) *„Anti Fraud"-Provision*

Mit der Aufhebung der „Hedge Fund Rule" war die SEC damit gescheitert, Hedge-Fonds-Manager in den USA einer staatlichen Aufsicht zu unterwerfen. Im Zeitraum zwischen der „Goldstein"- Entscheidung im Jahr 2006 und der Einführung des

737 Goldstein vs. SEC, 451 F. 3d 879 (D.C. Cir. 2006).
738 Goldstein vs. SEC, 451 F. 3d 880 (D.C. Cir. 2006).
739 Siehe Fn. 738.
740 Goldstein vs. SEC, 451 F. 3d 883 (D.C. Cir. 2006).
741 Siehe Fn. 740.
742 Goldstein vs. SEC, 451 F. 3d 884 (D.C. Cir. 2006).
743 Zu den weiteren mit der Aufhebung der „Hedge Fund Rule" verbundenen Konsequenzen vgl. *Bednarz* (Fn. 17), S. 65 ff.

Dodd-Frank Act im Jahr 2010 gab es von der SEC keine weiteren Versuche, ein Regelungswerk für Hedge-Fonds-Berater zu entwickeln. Vielmehr wurden Regeln entworfen, die Investoren vor betrügerischen Handlungen vonseiten des *investment adviser* schützen. So wurde am 10. September 2007 die „Prohibition of Fraud by Advisers-Rule" als *Section* 206 (4)-8 zum Investment Advisers Act ergänzt. In 17 C.F.R. § 275.206 (4)-8 (a) heißt es:

> **a) Prohibition.** It shall constitute a fraudulent, deceptive, or manipulative act, practice, or course of business within the meaning of section 206(4) of the Act (15 U.S.C. 80b-6(4)) for any investment adviser to a pooled investment vehicle to:
>
> **(1)** Make any untrue statement of a material fact or to omit to state a material fact necessary to make the statements made, in the light of the circumstances under which they were made, not misleading, to any investor or prospective investor in the pooled investment vehicle; or
>
> **(2)** otherwise engage in any act, practice, or course of business that is fraudulent, deceptive, or manipulative with respect to any investor or prospective investor in the pooled investment vehicle.

Dieser Vorschrift zufolge ist es allen Hedge-Fonds-Beratern *("adviser to a pooled investment vehicle")*[744] untersagt, unwahre Angaben gegenüber auch potenziellen Investoren zu tätigen und so zu einer Irreführung oder einer abweichenden Vorstellung von der Realität aufseiten des Anlegers beizutragen. Darüber hinaus sind auch sonstige betrügerische und manipulative Handlungen untersagt, die dazu führen, dass ein Investor auf Basis falscher Informationen eine Investition tätigt. Von besonderer Bedeutung ist in diesem Zusammenhang, dass sich die Regelung nicht nur auf registrierte Berater bezieht, sondern auch nicht registrierte Berater von ihrem Anwendungsbereich erfasst werden.[745]

b) „Best Practice-Regeln"

Um dem Investor einen gewissen Grad an Schutz einzuräumen und diesem die Möglichkeit zu verschaffen, die Handlungen und Vorgehensweisen des Hedge-Fonds nachvollziehen und kontrollieren zu können, sind am 15. April 2008 vom *Investors'*

744 Der Ausdruck „pooled investment vehicle" wird in 17 C.F.R. § 275.206 (4)-8 (b) für die Zwecke des Absatzes (a) definiert und umfasst nach Angaben der SEC insbesondere Hedge-Fonds, Private Equity-Fonds und alle sonstigen *privately offered pools,* die in Wertpapiere investieren: SEC, Prohibition of Fraud by Advisers to Certain Pooled Investment Vehicles, Final Rule, S. 8.

745 SEC, Prohibition of Fraud by Advisers to Certain Pooled Investment Vehicles, S. 7 „Unregistered Investment Advisers".

Committee – gegründet von der *President's Working Group on Financial Markets*[746] – die „Principles and Best Practices for Hedge Fund Investors" veröffentlicht worden, die eine Art Handbuch zur Struktur und Anlagemethodik von Hedge-Fonds darstellen und dem Investor als Basis seiner Investitionsentscheidung dienen sollen.[747] Konkrete Inhalte für Hedge-Fonds beinhalten diese Prinzipien jedoch nicht. Etwa ein Jahr später, im Januar 2009, erließ das *Asset Managers' Committee (AMC)*, das ebenfalls auf die *President's Working Group on Financial Markets* zurückgeht, sog. *Best-Practice*-Regeln für die Hedge-Fonds-Industrie, die auf die Reduzierung systemischer Risiken sowie eine Verbesserung des Anlegerschutzes abzielten.[748] Diese Regeln sollen zwar Standards für alle Verwalter errichten, gleichzeitig wird jedoch auch darauf hingewiesen, dass zu berücksichtigen ist, dass nicht alle Standards von allen Managern gleichermaßen umgesetzt werden können, da dies nicht immer im Interesse und Einklang mit ihrer Geschäftstätigkeit stehen würden.[749]

Im Wesentlichen gründet sich der Report des *Asset Managements' Committee* auf fünf Ziele: (1.) eine verstärkte Aufklärung der Investoren, (2.) robuste Bewertungsverfahren, (3.) ein umfassendes Risikomanagementsystem, (4.) ein System von allgemeinen Grundsätzen und (5.) die Errichtung einer *Conflicts of Interest*-Politik.[750]

aa) Aufklärungspflichten

Das AMC gibt vor, dass jeder Hedge-Fonds-Manager ein Aufklärungssystem etablieren sollte, das die Investoren in angemessenen zeitlichen Abständen über die Details der Finanz- und Risikopolitik sowie über mögliche Interessenkonflikte aufklärt.[751] Dies soll den Investoren zum einen dabei helfen, ihre Entscheidung betreffend das Investment in einen Hedge-Fonds auf Basis von umfänglichen Informationen zu treffen, und zum anderen die Risiken im Zusammenhang mit ihrer Investition besser einschätzen und überwachen zu können.[752] Insbesondere sind die Investoren jedoch auch über die Performance ihrer Investition und über besondere Ereignisse aufzuklären. Die Informationspflichten des Hedge-Fonds-Managers beziehen sich dabei nicht nur auf den Zeitraum nach der Investition, sondern beginnen bereits im Zusammenhang mit der Unterbreitung eines Angebots z. B. in einem Prospekt,

---

746 Die „President's Working Group on Financial Markets" wurde am 18.3.1988 von Präsident Ronald Reagan durch Executive Order 12631 zu dem Zweck eingerichtet, die Integrität, Effizienz, Geordnetheit und Wettbewerbsfähigkeit des US-amerikanischen Finanzmarktes sowie das Vertrauen der Investoren zu verstärken (Executive Order 12631 Section 2), abrufbar unter: http://www.archives.gov/federal-register/codification/executive-order/12631.html (zuletzt abgerufen: 31.5.2015).

747 *Investors' Committee*, Principles and Best Practice for Hedge Fund Investors, S. 1 f.

748 *Asset Managers' Committee*, Best Practices for the Hedge Fund Industry, S. i.

749 *Asset Managers' Committee* (Fn. 748), S. iii.

750 *Asset Managers' Committee* (Fn. 748), S. iii-iv.

751 *Asset Managers' Committee* (Fn. 748), S. 1.

752 *Asset Managers' Committee*, Fn. 751.

hier *Private Placement Memorandum* (PPM) genannt.[753] Das PPM ist mindestens einmal pro Jahr zu aktualisieren und sollte Informationen zur Struktur, den Anlagezielen und -strategien, den Vergütungen und Gebühren, dem personellen Aufbau des Managements sowie eine Beschreibung zu den Rückgaberechten und dem Haftungsregime des Managements beinhalten.[754] Es sollten jedoch auch Angaben zum Bewertungsverfahren des Managers sowie zu den möglichen Risiken im Zusammenhang mit dem Hedge-Fonds gemacht werden. Hiervon umfasst werden insbesondere auch Angaben zum Einsatz von Leverage.[755] Jegliche Änderungen bezüglich dieser Informationen sollten dem Anleger mitgeteilt werden; dabei müssen die Kommunikationswege der Struktur des Managers und des Hedge-Fonds angepasst sein. In Betracht kommen hier vor allem sog. *Investor Letters*, schriftliche Dokumente, die in vierteljährlichen Abständen über Neuerungen im Zusammenhang mit der Investition aufklären.[756] Weiter können auch sog. *Risk Reports* genutzt werden, die den Investor konkret über das Risikoprofil des Hedge-Fonds informieren. Überdies gibt es die sog. *Performance-Related Financial Information*. Hierin soll der Manager dem einzelnen Investor in Erzählform quantitative sowie qualitative Informationen in Bezug auf die finanzielle Performance des Fonds mitteilen, damit dieser die Entwicklung seiner Investition innerhalb des angegebenen Zeitraumes nachvollziehen kann.[757] Besondere Informationspflichten sollten auch für den Fall des Eintritts eines besonderen (unvorhersehbaren) Ereignisses – wie z. B. Betrugshandlungen des Managers oder einem personellen Wechsel des Managements – bestehen und den Investor insbesondere über mögliche Auswirkungen auf den Hedge-Fonds bzw. auf seine Investition aufklären (sog. *Specific Event Reporting*).[758]

bb) Bewertungsverfahren

Verwalter von Hedge-Fonds sollten ein umfassendes Bewertungsverfahren etablieren, sodass eine klare und beständige Bewertung aller Vermögensgegenstände, die Bestandteil des Portfolios sind, sichergestellt ist.[759] Zu diesem Zweck sollte ein vom Portfolio-Management unabhängiges *Valuation Committee*, bestehend aus Mitgliedern des Senior-Managements, errichtet werden, dem die Verantwortung für die Überwachung des vom Manager eingesetzten Bewertungssystems obliegt.[760] Überprüfungen im Hinblick auf etwaige Garantieanpassungen sind mindestens einmal jährlich vorzunehmen und sollten insbesondere die Fairness der Bewertungsverfahren und ihrer Anwendung durch den Manager und durch von ihm

753 *Asset Managers' Committee* (Fn. 748), S. 1 f.
754 *Asset Managers' Committee* (Fn. 748), S. 2 f.
755 *Asset Managers' Committee* (Fn. 748), S. 4.
756 *Asset Managers' Committee* (Fn. 748), S. 5 f.
757 *Asset Managers' Committee* (Fn. 748), S. 7.
758 *Asset Managers' Committee* (Fn. 748), S. 8 f.
759 *Asset Managers' Committee* (Fn. 748), S. 14.
760 *Asset Managers' Committee* (Fn. 748), S. 14 f.

beauftragte Dritte berücksichtigen. Das *Valuation Committee* ist in diesem Rahmen befugt, Rat von einer vom Fonds-Management unabhängigen dritten Person, z.B. einem Rechtsberater oder einem externen Bewertungsunternehmen, einzuholen, um zu einer abschließenden Würdigung gelangen und Unklarheiten aus dem Weg räumen zu können.[761] Der Fondsmanager selbst muss über ein hinreichendes Maß an Fachwissen und Erfahrung verfügen, um so dem Wesen, der Größe und der Komplexität des verwalteten Portfolios und seiner Bewertung bestmöglich gerecht werden zu können.[762] Die Bewertungs-Funktion sollte zudem nach Möglichkeit von der Portfolioverwaltung getrennt sein. Die Verfahren zur Bewertung der Vermögensgegenstände sollten schriftlich fixiert werden und im Einklang mit der branchenüblichen Praxis stehen.[763] Insbesondere müssen die Bewertungsmethoden den jeweiligen Assets angepasst sein und bei Feststellung eines Änderungsbedarfs vom *Valuation Committee* gebilligt werden.

cc) Risikomanagement

Manager von Hedge-Fonds sind gehalten, ein „Risk Management Framework" einzuführen, dessen Ziel nicht die vollständige Beseitigung von Risiken ist, sondern vielmehr ein vernünftiger Umgang mit diesen.[764] Der Verwalter soll die Risiken innerhalb seiner gewählten Anlagestrategien erkennen und ihre Auswirkungen im Hinblick auf das vom Senior Management festgelegte Risikoprofil bewerten. Die in diesem Zusammenhang relevanten Risiken sind insbesondere Liquiditätsrisiken, Risiken verursacht durch den Einsatz von Leverage, Marktrisiken sowie Ausfallrisiken und operationelle Risiken, wobei ihre Bedeutung und ihr Ausmaß von den jeweiligen Investmentstrategien abhängen.[765] Dem Verwalter selbst obliegt die Aufgabe, Risiken zu identifizieren und zu beschließen, wie mit diesen umzugehen ist, um dem Risikoprofil des Fonds zu entsprechen. Dies kann z. B. durch die Festlegung von *risk limits* erfolgen.[766] Grundsätzlich kommt es darauf an, dass die Fondsverwalter das Risikomanagement nicht als einmalige Handlung betrachten, sondern als kontinuierlichen Prozess, der ständig überwacht und angepasst werden muss. Zur Überwachung des Risikomanagements ist vom Senior Management ein *Chief Risk Officer* zu benennen, der die nötige Fachkenntnis und Erfahrung besitzt, um die Komplexität des „Risk Management Framework" erfassen zu können.[767] In Bezug auf Marktrisiken wird insbesondere die Durchführung von Stresstests angeordnet, um die „Verletzbarkeit" des Portfolios sowie Lücken innerhalb der Liquidität zu ermitteln. Dabei können unterschiedliche Szenarien zugrunde gelegt werden: Zum einen

---

761 *Asset Managers' Committee* (Fn. 748), S. 16.
762 *Asset Managers' Committee* (Fn. 748), S. 17.
763 *Asset Managers' Committee*, Fn. 762.
764 *Asset Managers' Committee* (Fn. 748), S. 22.
765 *Asset Managers' Committee* (Fn. 748), S. 22, 25.
766 *Asset Managers' Committee* (Fn. 748), S. 23.
767 *Asset Managers' Committee* (Fn. 748), S. 24.

sog. Schockszenarien, die Situationen unterstellen, die den Markt „schockieren", z.B. der Anstieg aller Zinsen um 100 %, zum anderen sog. historische Szenarien, welche Marktgegebenheiten simulieren, die in der Vergangenheit tatsächlich bereits einmal bestanden haben, und zuletzt sog. außergewöhnliche Szenarien, die versuchen, das Verhalten während einer unerwarteten Krisensituation zu ermitteln.[768] Ein derartiges Vorgehen kann dabei helfen, bei Eintritt eines zuvor simulierten Ereignisses die Verluste zu minimieren oder gar den Totalausfall des Hedge-Fonds zu vermeiden.

dd) Allgemeine Grundsätze

Gemäß den *Best-Practice*-Regeln des AMC müssen Verwalter von Hedge-Fonds ihre Verwaltungstätigkeit an der Größe und Komplexität sowie den Anlagestrategien des von ihnen verwalteten Fonds ausrichten.[769] Manager interagieren mit einer Vielzahl von Gegenparteien, wie z.B. Primebrokern und Banken, sodass sie aus diesem Grund bei der Auswahl jener Personen eine Art *Due Diligence*-Prüfung durchführen sollten, um die Risiken im Zusammenhang mit diesen dritten Personen möglichst gering zu halten. In diese *Ex-ante*-Prüfung sollten insbesondere Faktoren wie die Kreditwürdigkeit, die Beleumdung, die Erfahrung sowie der Umfang des Serviceangebots des Dritten einfließen.[770] Die Beziehungen zwischen dem Fondsverwalter und dritten Personen sollten zudem schriftlich festgehalten und die einzelnen Vertragsbedingungen kritisch hinterfragt werden. Zudem ist der Verwalter gehalten, operationelle Verfahren zu entwickeln, die die ordnungsgemäße Verbuchung von Positionen auf den Konten sicherstellen, aber auch dafür sorgen, dass an bestimmte Zeiten gebundene Geschäfte, z.B. Optionen, fristgerecht durchgeführt werden.[771] Darüber hinaus muss der Verwalter über angemessene Systeme, Prozesse und Mitarbeiter verfügen, um die Handelsaktivitäten sowie vertraglichen Vereinbarungen derart dokumentieren zu können, dass auf ihrer Basis die Berechnung des NAV sowohl auf Fonds- wie auch auf Investor-Ebene durch die Accounting-Abteilung erfolgen kann.[772] In diesem Zusammenhang ist der Verwalter auch gehalten, ein System einzuführen, das monatlich die materielle Bewertung sowie die ordnungsgemäße Dokumentation aller Vorgänge verifiziert, zusätzlich eine Zuordnung der Investoranteile am NAV des Fonds vornimmt und ein Statement anfertigt, das dem einzelnen Investor dessen aktuelles NAV mitteilt.[773]

ee) Interessenkonflikte

Verwalter von Hedge-Fonds sollen nach dem AMC gehalten sein, Verfahren zu etablieren, die sicherstellen sollen, dass das Management in Fällen von Interessenkonflikten im Einklang mit den ethischen und regulatorischen

768 *Asset Managers' Committee* (Fn. 748), S. 28.
769 *Asset Managers' Committee* (Fn. 748), S. 33.
770 *Asset Managers' Committee* (Fn. 748), S. 34.
771 *Asset Managers' Committee* (Fn. 748), S. 36 f.
772 *Asset Managers' Committee* (Fn. 748), S. 39.
773 *Asset Managers' Committee* (Fn. 748), S. 40.

Grundsätzen handelt.[774] Voraussetzung hierfür ist, dass innerhalb des Managements eine „Compliance-Kultur" errichtet und kommuniziert wird, die das Personal ermutigt, Fragen zu stellen und Bedenken mitzuteilen. Darüber hinaus sollte ein „Code of Ethics" erstellt werden, dessen Grundsätze die Integrität und Professionalität zwischen dem Manager und seinem Personal fördern und welche z.B. den Umgang mit sensiblen Informationen oder die Annahme von Geschenken zum Gegenstand haben.[775] Ein *Chief Compliance Officer* sollte das Compliance-Programm des Managers überwachen und zugleich als „Anlaufstelle" für die Mitteilung von Compliance-Verstößen dienen.[776] Interessenkonflikte können im Fonds-Management auf vielen Ebenen eintreten; so z. B. zwischen dem Manager selbst und dritten Personen wie Primebrokern, zwischen Fonds, die vom selben Manager verwaltet werden, zwischen Mitarbeitern des Managers und dem Fonds, z.B. durch private Investmentaktivitäten, oder auch zwischen den Anlegern aufgrund von *side letters*, die bevorzugte Vereinbarungen z.B. hinsichtlich der Rückgaberechte für den einen oder den anderen beinhalten.[777] Da jedoch nicht alle Interessenkonflikte im Vorfeld erfasst werden können, wird die Einrichtung eines *Conflicts Committee* vorgeschlagen, dessen Aufgabe darin bestehen soll, Potenzial für neue Interessenkonflikte zu erkennen, Anpassungsbedarf in Bezug auf die etablierten Grundsätze festzustellen und mindestens einmal pro Jahr das Konfliktmanagement des Verwalters auf seine Effektivität hin zu überprüfen.[778]

7. Bindungswirkung der „Best-Practice-*Regeln" des AMC*

Im Anschluss an die Erörterung der vom AMC errichteten „*Best-Practice*-Regeln" ist noch zu klären, von welcher Rechtsnatur diese sind und welche Rechtsverbindlichkeit diesen beigemessen werden muss. Dass es sich um keine allgemeingültigen parlamentarischen Gesetze handeln kann, macht bereits der Umstand deutlich, dass die Regeln von einer privaten Institution erlassen wurden, die sich aus Vertretern der Hedge-Fonds-Industrie zusammensetzt.[779] Zudem zeigt auch die Formulierung der einzelnen Regeln, die allesamt mit "should", also „sollte", eingeleitet werden, dass es im Ermessen des Managers steht, ob er sich an diesen Vorgaben orientiert oder nicht. Entscheidet sich der Manager dafür, so kann durch diese Form der *freiwilligen Selbstbindung* ein angemessenes Maß an Transparenz und Risikominimierung zugunsten der Marktstabilität und des Anlegerschutzes erzeugt werden. Die „*Best-Practice*-Regeln" unterscheiden nicht nach der Herkunft des Managers oder danach, ob der Verwalter innerhalb der USA einer Registrierungspflicht unterliegt.

774 *Asset Managers' Committee* (Fn. 748), S. 42.
775 *Asset Managers' Committee* (Fn. 748), S. 43.
776 *Asset Managers' Committee* (Fn. 748), S. 51.
777 *Asset Managers' Committee* (Fn. 748), S. 48.
778 *Asset Managers' Committee* (Fn. 748), S. 49.
779 Siehe: *Asset Managers' Committee*, http://www.amaicmte.org/Asset.aspx (zuletzt abgerufen: 31.5.2015).

Dies hat zur Folge, dass auch Nicht-US-Manager bzw. nicht in den USA registrierungspflichtige *investment adviser* vom „Geltungsbereich" erfasst werden.[780] Damit könnten die „*Best-Practice*-Regeln" eine Wirkung über das geltende Gesetz hinaus erzeugen. In vergleichbarer Weise wie beim „Deutschen Corporate Governance Kodex"[781] (DCGK) wird jedoch eine echte Rechtsverbindlichkeit durch sie nicht begründet. Der DCGK unterscheidet sich zwar insoweit durch das Vorhandensein einer Entsprechenserklärung in § 161 AktG von den „*Best-Practice*-Regeln" des AMC, durch welche der Eindruck der Rechtsverbindlichkeit erregt werden mag, begründet wird sie durch diese tatsächlich jedoch nicht.[782] Vielmehr wird durch sie lediglich eine Art von Publizität erzeugt, die den Anlegern Aufschluss darüber gibt, ob das betreffende Unternehmen im Rahmen seiner Tätigkeit die Regeln des DCGK beachtet oder nicht.[783] Hierdurch wird, wenn auch kein rechtlich zwingender, so doch zumindest ein „faktischer" Befolgungsdruck dadurch hervorgerufen, dass der Kapitalmarkt eine Nichtbeachtung des DCGK als negativ bewertet und mithin ohne direktes Zutun des Gesetzgebers sanktioniert.[784] Dies wird durch die in § 161 Abs. 1 AktG enthaltene Begründungspflicht zusätzlich unterstützt.

Fraglich ist, ob eine derartige mittelbare Bindungswirkung auch in Bezug auf die „*Best-Practice*-Regeln" des AMC festgestellt werden kann. „*Best-Practice*-Regeln" enthalten grundsätzlich international oder national anerkannte Standards, die das bestehende nationale Recht sinnvoll ergänzen und unterstützen können.[785] Eine Entsprechenserklärung, wie sie in § 161 AktG vorzufinden ist, enthält das US-Recht für die „*Best-Practice*-Regeln" des AMC nicht. Das AMC appelliert jedoch an die Hedge-Fonds-Manager, diese Regeln einzuhalten, um auf der einen Seite dem Wachstum und der damit einhergehenden größeren Verantwortung der Hedge-Fonds-Branche gerecht werden zu können, auf der anderen Seite jedoch auch die Gefahr der Ausweitung systemischer Risiken in Krisenzeiten reduzieren zu können.[786] Durch diese Aussage wird in ähnlicher Weisen wie beim DCGK ein faktischer Befolgungsdruck dahin gehend ausgeübt, dass eine Nichteinhaltung der „*Best-Practice*-Regeln" von Investorenseite als negativ empfunden wird und Anlass gibt, an der Seriosität des Managers zu zweifeln.

---

780 *Dechert*, US President's Working Group Recommends Best Practices for Hedge Fund Industry, S. 5.

781 Siehe: http://www.dcgk.de/de/ (zuletzt abgerufen: 31.5.2015).

782 *Spindler*, in: Schmidt/ Lutter, AktG, § 161 Rn.14.

783 Vgl. § 161 Abs. 2 AktG: „Die Erklärung ist auf der Internetseite der Gesellschaft dauerhaft öffentlich zugänglich zu machen."

784 *Michaelsen*, Abweichungen vom Deutschen Corporate Governance Kodex und von § 161 AktG als Pflichtverletzung im Sinne der Untreue, S. 247.

785 *Schenz/ Eberhartinger*, Corporate Governance Codes, S. 33, 36.

786 *Asset Managers' Committee* (Fn. 748), S. i-ii.

III. Zwischenergebnis

Die Ausführungen in Kapitel II haben gezeigt, dass Hedge-Fonds und ihre Berater bzw. Manager auch in den USA lange Zeit ein Schattendasein führen konnten. Sie unterlagen keiner staatlichen Aufsicht; anlegerschützende Regelungen kamen bis auf wenige Ausnahmen nicht zur Anwendung, da es für Hedge-Fonds und Hedge-Fonds-Berater immer Schlupflöcher gab, die es ihnen ermöglichten, einer Registrierungspflicht zu entgehen. Grund hierfür war insbesondere der Umstand, dass Hedge-Fonds vornehmlich mit institutionellen Investoren *(qualified/ accredited purchaser)* ausgestattet sind und diese als weniger schutzbedürftig angesehen werden. Darüber hinaus sorgten traditionell verankerte Ansichten und das Fehlen gesetzlicher Rechtsklarheit dafür, dass Hedge-Fonds-Berater, obwohl sie alle Voraussetzungen erfüllten, nicht registrierungspflichtig unter dem Investment Adviser Act waren, wenn sie weniger als 15 Kunden – zu verstehen als Hedge-Fonds – betreuten. Mit dem Kollaps des großen LTCM-Hedge-Fonds machte sich in den USA ein starker Wandel bemerkbar. Die Notwendigkeit, Hedge-Fonds aufgrund ihres fortschreitenden Wachstums und Einflusses auf die nationale, aber auch globale Wirtschaft einer Regulierung zu unterwerfen, kam zum Vorschein und sollte schnellstmöglich in die Tat umgesetzt werden. Das Ergebnis war der Erlass der „Hedge Fund Rule" durch die SEC, die vom *Court of Appeals for the District of Columbia Circuit* jedoch aufgrund der begründeten Klage von *Goldstein* mit dem Verweis auf willkürliches Handeln für unwirksam erklärt wurde und Hedge-Fonds weiterhin ein unreguliertes Dasein ermöglichte. Zwar kann durch die Veröffentlichung der „*Best-Practice*-Regeln" des AMC eine Verbesserung dahin gehend festgestellt werden, dass es durch ihre „faktische Bindungswirkung" für Hedge-Fonds-Manager immer schwieriger wird, die Nichteinhaltung dieser anerkannten Standards zu rechtfertigen, eine Registrierungspflicht und behördliche Aufsicht fehlt für die Verwalter von Hedge-Fonds jedoch noch immer.

B. Die Entstehung des Dodd-Frank Act

Der Dodd-Frank Act ist ebenso wie die AIFM-Richtlinie das Resultat der Konsequenzen, die infolge der ab dem Jahr 2007 ihren Lauf nehmenden Weltwirtschaftskrise eintraten. Unter Präsident *George W. Bush* wurde am 3. Oktober 2008 ein „Troubled Asset Relief Program" (TARP) gestartet, das eine Reihe von Gesetzesinitiativen zur Stärkung und Verbesserung der Marktstabilität sowie -liquidität beinhaltete.[787] Gleichzeitig sollte ein freier und fairer Markt geschaffen werden, der Innovation ermöglicht und Missbrauch unterbindet.[788] Eine Reform des US-amerikanischen

787 Federal Reserve, Troubled Asset Relief Program Information, abrufbar unter: http://www.federalreserve.gov/bankinforeg/tarpinfo.htm (zuletzt abgerufen: 31.5.2015).

788 The White House, Remarks of the President on 21st century Financial Regulatory Reform (17.6.2009).

Finanzmarktes war unbedingt erforderlich, da die Gesetzeslage, wie sie bisher in den USA gestaltet war, große und einflussreiche Finanzakteure dazu verleitete, äußerst riskante Geschäfte vorzunehmen und die Risiken, da keine Sanktionen für den Fall ihrer Realisierung drohten, außer Acht zu lassen. Der Gesetzgebungsprozess zum Dodd-Frank Act selbst kann als sehr intensiv und aufwändig bezeichnet werden und ist daher für diese Zwecke nur in Ansätzen darstellbar.[789] Der zwischenzeitlich neu gewählte Präsident *Barack Obama* selbst wies jedoch darauf hin, dass während des nicht einfachen legislativen Prozesses in den Jahren 2008 bis 2010 gegen eine starke und große Lobby angekämpft werden musste, die sich gegen die Verabschiedung des Dodd-Frank Act aussprach und die Veränderungen, die dieser mit sich bringen würde, blockieren wollte.[790]

Seinen eigentlichen Start nahm das größte und bedeutendste Gesetzgebungswerk der USA seit der Großen Depression im März 2009, als das *Department of the Treasury* – das Finanzministerium – ein Rahmenkonzept namens „Rules for the Regulatory Road" kurz vor dem G-20-Gipfel in Pittsburgh veröffentlichte.[791] Dieses basierte auf der Reform vier elementarer Komponenten: (1.) Überwachung systemischer Risiken, (2.) Erhöhung des Verbraucher- und Anlegerschutzes, (3.) Schließung regulatorischer Lücken und (4.) Förderung der internationalen Abstimmung.[792] Der erste Entwurf der Gesetzesinitiative *(bill)* H.R. 4173 wurde am 2. Dezember 2009 unter dem anfänglichen Namen „Restoring American Financial Stability Act of 2010" eingebracht und noch am selben Tag dem *Congress* übermittelt. Nachdem die *bill* vom *House of Representatives* am 11. Dezember 2009 genehmigt wurde, wurde der Entwurf dem Senat übersandt, wo er nach Vornahme einiger Änderungen am 15. Juli 2010 schließlich ebenfalls bewilligt wurde.[793] Endgültig in Kraft trat das Gesetz am 21. Juli 2010 mit der Unterzeichnung durch Präsident *Barack Obama*. Seinen Namen verdankt der Dodd-Frank Act dem damaligen Senatsmitglied und Komiteevorsitzenden *Chris Dodd* und dem damaligen Vorsitzenden des Ausschusses für Finanzdienstleistungen des Repräsentantenhauses *Barney Frank*, die beide maßgeblich an der Entstehung des Gesetzeswerkes beteiligt waren.

---

789 Eine Übersicht zum Gesetzgebungsprozess findet sich auf: LLSDC, http://www.llsdc.org/index.php?option=com_content&view=article&id=91:dodd-frank-legislative-history&catid=20:site-content (zuletzt abgerufen: 31.5.2015).

790 The White House, Remarks by the President at Signing of Dodd-Frank Wall Street Reform and Consumer Act (21.7.2010).

791 Siehe: U.S. Department of the Treasury, Treasury Outlines Framework for Regulatory Reform, Press Release tg-72, 26.3.2009.

792 U.S. Department of the Treasury, Fn. 791.

793 Gemäß dem „Zwei-Kammer-System" der USA bedarf es zur Verabschiedung eines Gesetzes sowohl der Zustimmung des *House of Representatives* wie auch des *Senat*, siehe: United States House of Representatives, The Legislative Process, abrufbar unter: http://www.house.gov/content/learn/legislative_process/ (zuletzt abgerufen: 31.5.2015).

C. Struktur und Inhalt

Bei dem Dodd-Frank Act handelt es sich um ein äußerst umfangreiches und komplexes Regelungswerk, was letztlich jedoch seiner besonderen Bedeutung und anspruchsvollen Zielsetzung geschuldet ist. Aus diesem Grund erscheint es sinnvoll, einen kurzen Überblick hinsichtlich des Aufbaus und Inhalts zu geben, um die Regelungen zu Hedge-Fonds in Kapitel IV besser in einen Kontext einordnen zu können.

I. Äußeres Erscheinungsbild

Der Dodd-Frank Act umfasst insgesamt 848 Seiten, auf denen sich wiederum 1.601 *Sections* befinden. Eingeleitet wird der Gesetzestext durch eine kurze Präambel, die wie folgt lautet:

> To promote the financial stability of the United States by improving accountability and transparency in the financial system, to end "too big to fail", to protect the American taxpayer by ending bailouts, to protect consumers from abusive financial services practices, and for other purposes.

Die *Sections* 1 bis 6 beinhalten Allgemeines wie z.B. einen Definitionskatalog, Auswirkungen auf den Staatshaushalt sowie eine salvatorische Klausel. Im Folgenden gliedert sich der Dodd-Frank Act in 16 mit römischen Ziffern bezeichnete Titel, denen ihrerseits z.T. mehrere Untertitel (*subtitle)* zugewiesen sind. Die Titel tragen folgende Überschriften:

Title I:	Financial Stability
Title II:	Orderly Liquidation Authority
Title III:	Transfer of Powers ot the Comptroller of the Currency, the Corporation, and the Board of Governors
Title IV:	Regulation of Advisers to Hedge Funds and Others
Title V:	Insurance
Title VI:	Improvements to Regulation of Bank and Savings Association Holding Companies and Depository Institutions
Title VII:	Wall Street Transparency and Accountability
Title VIII:	Payment, Clearing, and Settlement Supervision
Title IX:	Investor Protections and Improvements to the Regulation of Securities
Title X:	Bureau of Consumer Financial Protection
Title XI:	Federal Reserve System Provisions
Title XII:	Improving Access to Mainstream Financial Institutions
Title XIII:	Pay It Back Act

Title XIV:	Mortgage Reform and Anti-Predatory Lending Act
Title XV:	Miscellaneous Provisions
Title XVI:	Section 1256 Contracts

II. Kernbereiche der Regelung

Aufgrund des Umstandes, dass im Rahmen dieser Untersuchung nicht auf alle Regelungsbereiche des Dodd-Frank Act eingegangen werden kann, da dies den Umfang der vorliegenden Arbeit überdehnen und zu sehr vom eigentlichen Untersuchungsgegenstand – der Regulierung von Verwaltern von Hedge-Fonds unter dem Dodd-Frank Act – ablenken würde, ist es das Ziel der nachfolgenden Ausführungen, die wesentlichsten Neuerungen und Kerngebiete des Dodd-Frank Act in angemessenem Umfang vorzustellen.

1. Einführung des „Financial Stability Oversight Council"

Section 111 des Dodd-Frank Act führt den sog. *Financial Stability Oversight Council* ein, der sich aus zehn stimmberechtigten – darunter eine unabhängige, vom Präsidenten zu ernennende Person – und fünf nicht stimmberechtigten Mitgliedern zusammensetzt und dessen Vorsitz vom Minister für Finanzen zu übernehmen ist. Die Mitgliedschaft der nicht stimmberechtigten Mitglieder beträgt zwei Jahre, das unabhängige Mitglied ist für eine Dauer von sechs Jahren Bestandteil des *Oversight Council* (Sec. 111 (c) (1)). Die Mitglieder des *Oversight Council* müssen auf Verlangen des Vorsitzenden, jedoch mindestens vierteljährlich, zusammenkommen (Sec. 111 (e) (1)).

Das Tätigkeitsspektrum des *Financial Stability Oversight Council* ist gemäß Sec. 112 äußerst umfangreich, ist dem Grundsatz nach jedoch gemäß Sec. 112 (a) (1) auf drei Kernbereiche zurückzuführen: So besteht dessen Aufgabe gemäß Sec. 112 (a) (1) (A) zum einen darin, Risiken zu identifizieren, die von finanziellen Notlagen oder Misserfolgen großer Banken oder sonstiger Finanzinstitute ausgehen und sich auf die finanzielle Stabilität der USA auswirken könnten. Zum anderen soll der *Oversight Council* die Marktdisziplin dadurch fördern, dass die aufseiten der Investoren und Gläubiger bestehende Erwartung, der Staat würde sie im Fall eines Versagens der Bank oder eines sonstigen Finanzinstituts vor Verlusten schützen, aufgelöst wird (Sec. 112 (a) (1) (B)). Darüber hinaus soll der *Oversight Council* auf sich abzeichnende Bedrohungen für den US-Finanzmarkt reagieren (Sec. 112 (a) (1) (C)). Diese drei allgemeinen Aufgabenbereiche werden durch Sec. 112 (a) (2) konkretisiert. Um die Risiken rechtzeitig erkennen und entsprechend überwachen zu können, ist es die Pflicht des *Oversight Council*, alle zur Erfüllung dieser Obligation erforderlichen Informationen von anderen Behörden oder Einrichtungen einzuholen und ebenfalls nationale wie auch internationale Gesetzesvorschläge im Hinblick auf ihre Auswirkungen auf den Finanzmarkt der USA im Auge zu behalten. Insbesondere sollen auch mögliche Schlupflöcher oder sonstige regulatorische Lücken in den nationalen Gesetzen identifiziert und bewertet werden. Das Aufgabengebiet des *Oversight Council* umfasst auch die Unterbreitung von Vorschlägen, z. B. in Bezug auf risikobehaftetes Kapital, Leverage oder die Verbesserung des Risikomanagements für Unternehmen, die keine Banken sind. Grundsätzlich muss bei sich abzeichnenden Bedrohungen für die Stabilität des US-amerikanischen Finanzmarktes der *Oversight Council* stets umgehend reagieren. Ist der *Oversight Council* nicht in der Lage zu bestimmen, ob eine Bedrohung tatsächlich vorliegt, so kann er beim *Board of Governors* der *Federal Reserve* Hilfe ersuchen, welches eine Untersuchung beim entsprechenden Unternehmen vornehmen kann (Sec. 112 (d) (4)). Der Vorsitzende des *Oversight Council* ist darüber hinaus persönlich verpflichtet, einmal pro Jahr im *House of Representatives* vor dem Finanzausschuss die Anstrengungen, Ziele und Pläne des *Oversight Council* vorzustellen und diesbezügliche Fragen zu beantworten (Sec. 112 (c)). Mit einer Zweidrittelmehrheit sowie der Bestätigung des Vorsitzenden kann der *Oversight Council* gemäß Sec. 113 (a) (1) bestimmen, dass ein US-Unternehmen, bei dem es sich um keine Bank handelt, vom *Board of Governors* überwacht und mit Auflagen belegt werden kann, wenn sich herausstellt, dass dessen finanzielle Schwierigkeiten Auswirkungen auf die Stabilität des US-amerikanischen Finanzmarktes haben könnten. Dabei sind insbesondere der Umfang an Leverage, die Verknüpfung mit anderen Unternehmen, die wirtschaftliche Bedeutung des Unternehmens sowie der Wert der Assets zu berücksichtigen (Sec. 113 (a) (2)). Dieselben Befugnisse gelten auch in Bezug auf nicht amerikanische Unternehmen (Sec. 113 (b)). Wird ein Unternehmen, das keine Bank ist, vom *Board of Governors* überwacht, so hat es eine Registrierung nach Sec. 114 zu ersuchen und den erhöhten Standards nach Sec. 115 nachzukommen. Gelangt das *Board of Governors* wiederum zu dem Ergebnis, dass eine Bank, die mehr als 50 Mio. US-Dollar an Assets hält oder ein Unternehmen, das keine Bank ist und unter der Aufsicht des *Board of Governors* steht, eine gravierende Bedrohung für die finanzielle Stabilität der USA darstellt, so kann es mit einer Zweidrittelmehrheit die Fähigkeit des betroffenen Unternehmens, sich mit anderen Unternehmen strukturell zu verbinden oder Finanzprodukte anzubieten, beschränken und hat dies dem Unternehmen schriftlich mitzuteilen (Sec. 121 (a), (b)).

2. Das Ende von „Too big to fail“

Wie sich bereits aus der Präambel des Dodd-Frank Act ergibt, war ein weiteres großes Ziel, das mit der Durchführung der regulatorischen Reform erreicht werden sollte, der *Too big to fail*-Problematik ein Ende zu setzen. Wie bereits im Rahmen der Ausführungen zur LTCM-Krise dargestellt,[794] wird hierunter der Umstand verstanden, dass der Staat den Zusammenbruch eines in die Krise geratenen Kreditinstituts, der aufgrund von dessen Größe und wirtschaftlicher Bedeutung, also aufgrund seiner Systemrelevanz, dazu geeignet ist, gravierende Folgen hervorzurufen, unter Zuführung der nötigen Hilfsgelder zu verhindern, da die Bank schlichtweg „zu groß ist, um zu scheitern“.

794 Siehe hierzu bereits Gliederungspunkt: Erster Teil.B.II.1.b).dd).

Ansatzpunkt dieser Problematik ist insbesondere die Erwartungshaltung der zumeist unversicherten Gläubiger von derartigen Banken, die bisher stets davon ausgegangen sind, der Staat werde im Krisenfall unterstützend eingreifen und so einen etwaigen Schaden von ihnen fernhalten.[795] Eine Abkehr von diesem Denken zu bewirken ist, wie bereits beschrieben, die Aufgabe und der Zweck der Einrichtung des *Financial Stability Oversight Council.*[796] Damit wird jedoch nur ein Teil der Problematik erfasst. Der andere, weit gewichtigere Teil ist darin zu betrachten, dass Banken die Erwartungshaltung ihrer Kunden kannten und dies als eine Art „Freischein" für die Vornahme besonders riskanter Geschäfte ansahen, da, dessen waren sie sich sicher, potenzielle Verluste vom Staat aufgefangen werden würden.[797] Dies hatte zur Folge, dass die Gefahr, die von großen und systemrelevanten Banken ausging, immer größer wurde und auch der Staat irgendwann nicht mehr in der Lage und bereit war, „mitzuspielen", da durch die vermeintlichen Rettungsmaßnahmen das Risiko für die Gesamtwirtschaft kontinuierlich anstieg. Aus diesem Grund stellt der Dodd-Frank Act in Sec. 214 (a) klar, dass alle Finanzinstitute, die künftig in die Insolvenz geraten, aufgelöst werden müssen und keine Steuergelder mehr darauf verwendet werden, die Liquidierung eines Finanzinstituts zu verhindern oder zu finanzieren. Um eine Auflösung der Bank oder eines sonstigen Unternehmens, das keine Bank ist, im Falle einer finanziellen Notlage zu erleichtern und zu beschleunigen, wird nach Sec. 165 (d) (1) vorgeschrieben, dass jede Bank mit einem Gesamtvermögen von mindestens 50 Mio. US-Dollar bzw. jedes Unternehmen, das keine Bank ist, aber bankenähnliche Leistungen wie z. B. Kreditvergabe, Altersvorsorge und privates Investment anbietet und der Aufsicht des *Board of Governors* unterliegt, einen *resolution plan* zum Zwecke einer schnellen und geordneten Liquidierung oder Restrukturierung entwickeln muss.[798] Dieser soll sicherstellen, dass die potenziellen Ansteckungseffekte eingegrenzt werden und so die Stabilität des Finanzmarktes nicht oder so wenig wie möglich berührt wird. Da diese Krisenpläne letztlich der Planung einer eigenen *unternehmerischen Beerdigung* gleichkommen, werden sie gemeinhin auch als *funeral plans*[799] oder auch *living wills*[800] – Patientenverfügungen – bezeichnet.

795 *Stern/ Feldman*, Too Big to Fail: The Hazards of Bank Bailouts, S. 11.

796 Vgl. bereits Kapitel C.II.1. in diesem Kapitel.

797 Es handelt sich hierbei um eine klassische „Moral Hazard"-Situation, siehe hierzu bereits: Zweiter Teil.C.I.1.a).bb) dieser Arbeit.

798 Siehe: 12 C.F.R. § 381.2 (o) – *Anm.*: „C.F.R." steht für „Code of Federal Regulations". Es handelt sich hierbei, neben dem United States Code (U.S.C.), um eines der wichtigsten Gesetzeswerke in den USA. Während der U.S.C. das allgemeine Bundesrecht der USA beinhaltet, enthält der C.F.R. die von den US-Bundesbehörden erlassenen Verordnungen und Richtlinien: http://www.archives.gov/federal-register/cfr/about.html (zuletzt abgerufen: 31.5.2015).

799 United States Senate Committee on Banking, Brief Summary of the Dodd-Frank Wall Street Reform and Consumer Protection Act, S. 5.

800 *Grant*, Planning for the Death of a Systemically Important Financial Institution under Title I § 165(d) of the Dodd-Frank-Act, S. 469.

Von dieser Pflicht werden gemäß 12 C.F.R. § 381.2 (f) (iii) auch ausländische Banken mit einem Asset-Volumen von mindestens 50 Mio. US-Dollar erfasst.

Für den ersten Entwurf eines solchen *resolution plans* und der Vorlage beim *Board of Governors* und der *Federal Deposit Insurance Corporation* sind den Unternehmen in Abhängigkeit zu ihrem Vermögenswert verschiedene Stichtage eingeräumt worden. So mussten gemäß 12 C.F.R. § 381.3 (a) (i) Unternehmen mit einem Vermögen von mindestens 250 Mio. US-Dollar bis zum 1. Juli 2012 einen Plan vorlegen, Unternehmen mit einem Vermögen von mindestens 100 Mio. US-Dollar bis zum 1. Juli 2013 (12 C.F.R. § 381.3 (a) (ii)), und schließlich endete die Frist für Unternehmen ab 50 Mio. US-Dollar an Assets am 31. Dezember 2013 (12 C.F.R. § 381.3 (a) (iii)). Darüber hinaus sind diese Unternehmen nach erstmaliger Vorlage eines *resolution plan* verpflichtet, jährlich einen neuen Plan vorzulegen (12 C.F.R. § 381.3 (a) (3)) und etwaige Änderungen der nach Sec. 165 (d) (1) (A)–(D) zu berücksichtigenden Aspekte aufzunehmen. Sollten im Laufe des Jahres Ereignisse eintreten, die Auswirkungen auf den *resolution plan* haben könnten, so müssen das *Board* und die *Corporation* innerhalb von 45 Tagen nach Eintritt dieses Ereignisses davon in Kenntnis gesetzt werden (12 C.F.R. § 381.3 (b) (2)). Der relativ lange Zeitraum von 45 Tagen überrascht an dieser Stelle und hätte kürzer bemessen werden können, um eine schnellstmögliche Kenntniserlangung aufseiten der Behörden zu gewährleisten.

Der Inhalt eines solchen *resolution plan* wird in 12 C.F.R. § 381.4 konkretisiert. Nach 12 C.F.R. § 381.4 (c) muss eine strategische Analyse enthalten sein, die eine detaillierte Beschreibung der beabsichtigten Handlungen für den Fall des Eintritts finanzieller Nöte vorweist und gleichzeitig auch eventuelle Schwierigkeiten angibt, die sich bei der Umsetzung des Plans ergeben könnten. Weiter muss im *resolution plan* angegeben werden, wie die Corporate Governance in die Krisenplanung integriert wurde (12 C.F.R. § 381.4 (d)), wie die hierarchischen Strukturen im Unternehmen und Management gegliedert sind (12 C.F.R. § 381.4 (e)) und wie das *management information system* aufgebaut ist, insbesondere in Bezug auf die Frequenz der internen Berichterstattung (12 C.F.R. § 381.4 (f)). Darüber hinaus sind interne Unternehmensverbindungen und sonstige Interdependenzen im Konzern aufzuzeigen (12 C.F.R. § 381.4 (g)) und diejenigen Behörden zu benennen, die eine Aufsicht über das Unternehmen ausüben (12 C.F.R. § 381.4 (h)). Schließlich müssen auch der Name sowie die Anschrift und E-Mail-Adresse eines Mitglieds des Senior Managements als Kontaktperson angegeben werden (12 C.F.R. § 381.4 (i)).

3. *Die „Volcker-Rule“*

Eine weitere bedeutende und einschneidende Neuerung findet sich in Sec. 619 des Dodd-Frank Act und wird auch als „Volcker-Rule“ bezeichnet, benannt nach *Paul Volcker*, dem ehemaligen Vorsitzenden der *Federal Reserve*, von welchem die Initiative zu einer derartigen Regel ausging. Die „Volcker-Rule“, die als *Section* 13 neu in den „Bank Holding Company Act of 1956“[801] eingefügt wurde, unterbindet bei Banken den Eigenhandel *(proprietary trading)* und verbietet jegliche Art von Beteiligungsquote an Hedge-Fonds und Private Equity-Fonds. Ein Unternehmen, das bankenähnliche Dienstleistungen erbringt, jedoch keine Bank ist, zusätzlich der Aufsicht des *Board of Governors* unterliegt und Eigenhandel betreibt bzw. Beteiligungen an Hedge-Fonds oder Private Equity-Fonds hält, wird erweiterten Anforderungen an seine Kapitalausstattung unterworfen (Sec. 619 (a) (2)). Eine Ausnahme vom Beteiligungsverbot der Banken an Hedge-Fonds besteht jedoch zum einen für den Fall, dass es um den Aufbau und die Erstausstattung des Hedge-Fonds mit Kapital geht oder, dass nicht mehr als 3 % am Fonds gehalten werden und dieser nicht länger als ein Jahr existiert (Sec. 619 (c) (4) (B) (i) (I)). Der Ausdruck *proprietary trading* wird in Sec. 619 (h) (4) dabei wie folgt verstanden:

> The term 'proprietary trading', when used with respect to a banking entity or nonbank financial company supervised by the Board, means engaging as a principal for the trading account of the banking entity or nonbank financial company supervised by the Board in any transaction to purchase or sell, or otherwise acquire or dispose of, any security, any derivative, any contract of sale of a commodity for future delivery, any option on any such security, derivative, or contract, or any other security or financial instrument [...].

Folglich ist Voraussetzung, dass die Bank bzw. die „nonbank financial company“ als Auftraggeber eines Wertpapiergeschäfts auftritt. Was nicht deutlich aus dieser Definition hervorgeht, ist der Umstand, dass beim Eigenhandel von Banken diese stets in eigenem Namen und für eigene Rechnung handeln und damit dem Kunden sowohl als Käufer wie auch als Verkäufer des Wertpapiers gegenübertreten.[802] Ausweislich Sec. 619 (b) (1) (D) geht es neben der Förderung eines sichereren Bankensystems und dem Schutz des Steuerzahlers darum, Interessenkonflikte zwischen Banken und ihren Kunden zu vermeiden bzw. zu reduzieren. Daher ist zu fragen, wodurch Interessenkonflikte in diesem Zusammenhang entstehen können. Interessenkonflikte können z. B. insbesondere aus dem sog. Vorlaufen resultieren. Dabei ist die Situation derart gelagert, dass ein Wertpapierdienstleistungsunternehmen einen größeren Kundenauftrag zur Ausführung erhält, der mit hoher Wahrscheinlichkeit die Kursentwicklung eines Wertpapiers in nicht unwesentlicher Höhe beeinflussen wird.[803] Um selbst noch von dieser anstehenden Kursänderung profitieren zu können, nimmt die Bank, noch vor Ausführung des Kundenauftrags, für eigene Rechnung und mit den Kundeneinlagen gleichgerichtete Wertpapiergeschäfte vor, sodass es durch dieses Vorgehen der Bank möglich ist, die Wertpapiere noch zu

801 12 U.S.C. ch. 17 (vgl. Fn. 798).
802 *Einsele* (Fn. 618), S. 363 Rn.19.
803 *Benicke*, Wertpapiervermögensverwaltung, S. 631.

einem günstigeren Preis zu kaufen bzw. zu einem höheren Preis zu verkaufen.[804] Damit macht die Bank in zweierlei Hinsicht Gewinn: Zum einen resultiert dieser aus dem Eigenhandel selbst, zum anderen aus dem Aufschlag, den der Kunde auf den zum Zwecke der Ausführung seines Auftrags zu zahlenden Einkaufspreis der Bank zu entrichten hat. Ein Interessenkonflikt entsteht, da die Bank zuerst ihren eigenen wirtschaftlichen Interessen nachgeht und mithin die Interessen des Kunden, der von diesem Vorgehen der Bank regelmäßig keinerlei Kenntnis hat, vernachlässigt.

Auch in Deutschland hat man die Gefahr derartiger Interessenkonflikte erkannt. Aus diesem Grund ist am 13. August 2013 das sog. Trennbankengesetz[805] veröffentlicht worden, das eine Abkehr vom Universalbankensystem einleitet und Banken zu einer Trennung von Eigenhandel und dem sonstigen Einlagegeschäft verpflichtet, sofern die Handelsaktivitäten 100 Mrd. Euro oder 20 % der mindestens 90 Mrd. Euro betragenden Bilanzsumme des Kreditinstituts übersteigen, und den Banken ihre Refinanzierung nunmehr dadurch erschweren will, dass die Verwendung von Geldern der Sparer zur Vornahme von Eigenhandelsgeschäften untersagt wird. Aus dem *Liikanen*-Bericht geht hervor, dass eine solche Trennung in erster Linie das Ziel verfolgt, Bankengruppen bzw. deren gesellschaftlich relevanteste Sparte – das Eigengeschäft und die Erbringung von Finanzdienstleistungen – zum einen sicherer zu machen und in stärkerem Maße von Handelstätigkeiten mit hohem Risiko abzukoppeln und zum anderen die implizite oder explizite Beteiligung der Steuerzahler an den Handelssparten von Bankengruppen zu begrenzen.[806]

Die US-amerikanische „Volcker-Rule“ untersagt den Banken jedoch nicht nur den Eigenhandel, sondern ebenfalls das Halten einer Beteiligung an Hedge-Fonds und Private Equity-Gesellschaften. Hält die Bank nämlich eigene Anteile an einem Hedge-Fonds, hat sie ein Interesse daran, einen maximalen Output aus dieser Investition zu erlangen. Dieser wird bei Hedge-Fonds insbesondere durch den erhöhten Einsatz von Leverage, also Fremdkapitalmitteln, und das Investieren in besonders riskante Anlagen erreicht. Zu diesem Zweck könnte die Bank dem Hedge-Fonds zusätzliches Kapital in Form von Krediten zur Verfügung stellen, die wiederum aus den Spareinlagen der Kunden gezahlt werden, wodurch diese somit ohne jegliche Kenntnis oder eigenes Zutun spekulative Tätigkeiten der Bank fördern. Um zu verhindern, dass der Bankkunde und letztlich der Steuerzahler im Krisenfall für das Profitstreben der Banken geradestehen müssen, sind die durch Sec. 619 Dodd-Frank Act auferlegten Neuerungen in Sec. 13 des Bank Holding Company Act of 1956 aufzunehmen. Ähnliches gilt auch im deutschen Trennbankengesetz. Dieses verbietet in Art. 2 Nr. 3 Kredit- und Garantiegeschäfte mit Hedge-Fonds bzw. AIF,

---

804 Siehe: *Benicke*, Fn. 803.

805 Gesetz zur Abschirmung von Risiken und zur Planung der Sanierung und Abwicklung von Kreditinstituten und Finanzgruppen vom 7. August 2013, BGBl. I, Nr. 47, S. 3090 vom 12.8.2013.

806 Hochrangige Expertengruppe für Strukturreformen im Bankensektor, *Liikanen*-Bericht vom 2. Oktober 2012, S. iv.

um zu verhindern, dass bei einem Kreditausfall die Solvenz der Bank gefährdet werden könnte. In beiden Regelungswerken geht es folglich darum, systemische Risiken zu begrenzen, Ansteckungseffekte zu verhindern und vor allem das Risikobewusstsein der Banken zu schärfen. Darüber hinaus soll das Kapital der Banken geschützt werden und nicht durch Aktivitäten abseits des Kundengeschäfts aufs Spiel gesetzt werden.

4. Das Federal Reserve System und das emergency lending

Die Neuerungen betreffend das *Federal Reserve System* sind im Titel XI des Dodd-Frank Act geregelt. Beim *Federal Reserve System* handelt es sich um die Zentralbank der USA, welche 1913 durch den „Federal Reserve Act“[807] mit dem Ziel, der Nation ein sichereres, flexibleres und beständigeres Finanzsystem bieten zu können, gegründet wurde.[808] Zu den Hauptaufgaben der *Federal Reserve* gehört es insbesondere, systemische Risiken auf dem Finanzmarkt zu beobachten und die Aufsichts- und Regulierungsfunktion im Hinblick auf die Tätigkeit von Banken auszuüben.[809] Sie entspricht damit der hierzulande tätigen Deutschen Bundesbank. Ebenso wie diese unabhängig von den Weisungen der Bundesregierung agiert,[810] ist auch das *Federal Reserve System* grundsätzlich als unabhängige Zentralbank zu verstehen, da seine Entscheidungen nicht der Ratifikation durch den Präsidenten bedürfen, jedoch hat es sich an den durch die Regierung geschaffenen allgemeinen Zielen der Wirtschafts- und Finanzpolitik zu orientieren, sodass es genau genommen nur innerhalb der Regierung unabhängig tätig werden kann.[811] Bestandteil des *Federal Reserve System* ist das schon häufiger erwähnte *Board of Governors*, das sich aus sieben vom Präsidenten zu ernennenden und vom US-Senat zu bestätigenden Mitgliedern zusammensetzt, die für höchstens 14 Jahre im Amt bleiben dürfen.[812] Diesem steht ein umfangreiches Team zur Seite (im Jahr 2004 waren es 1.800 Personen), das es bei der Wahrnehmung seiner Analyse-, Aufsichts- und Regulierungsfunktion unterstützt.[813]

Die Regelungen unter Titel XI im Dodd-Frank Act befassen sich vornehmlich mit dem *emergency lending*, das in den Krisenzeiten 2007/ 2008 von der *Federal Reserve* eingeführt wurde und verschiedene Programme beinhaltet, die Finanzinstituten kurzfristige Kredite in Höhe von nur wenigen Tausend US-Dollar

807 Ch. 6, 38 Stat. 251, enacted December 23, 1913; 12 U.S.C. ch. 3.

808 Federal Reserve, The Federal Reserve System – Purposes and Functions, S. 1.

809 Siehe Fn. 808.

810 Siehe: Deutsche Bundesbank, Aufgaben der Deutschen Bundesbank, abrufbar unter: http://www.bundesbank.de/Navigation/DE/Bundesbank/Aufgaben_und_Organisation/Aufgaben/aufgaben.html#doc126180bodyText1 (zuletzt abgerufen: 31.5.2015).

811 Federal Reserve, The Federal Reserve System – Purposes and Functions, S. 2 f. (“independent within the government“).

812 Federal Reserve (Fn. 811), S. 4.

813 Siehe: Federal Reserve, Fn. 812.

oder auch mehreren Millionen oder gar Milliarden US-Dollar zur Verfügung stellten, damit diese weiter ihrem täglichen Geschäft nachgehen konnten *(discount window).*[814] Tatsächlich sicherte diese Aktion der *Federal Reserve* vielen Banken ihr Überleben, darunter auch einigen deutschen,[815] die von der *Fed* zur Rettung ihrer US-amerikanischen Tochtergesellschaften bzw. Niederlassungen reichlich finanzielle Unterstützung erhielten.[816]

Der Dodd-Frank Act legt nunmehr in Sec. 1101 (a) (6) fest, dass das Board of Governors die Grundsätze und Verfahren betreffend das emergency lending festzulegen hat und dass diese sicherstellen sollen, dass emergency lending-Programme dem Finanzsystem Liquidität zuführen und nicht finanziell gescheiterten Unternehmen helfen. So kann z.B. nach Sec. 1105 Dodd-Frank Act solventen Unternehmen, die in finanzielle Schwierigkeiten geraten sind, unter der Voraussetzung des Vorliegens einer Zweidrittelmehrheit bei der Federal Deposit Insurance Corporation und gegen entsprechende Sicherheit eine Garantie für ihre Verbindlichkeiten gegeben werden.

III. Titel IV: Hedge-Fonds[817]

Nachdem die wichtigsten Neuerungen, die der Dodd-Frank Act mit sich brachte, zumindest in Grundzügen dargestellt wurden, ist nunmehr auf die Regelungen betreffend Manager von Hedge-Fonds und Private Equity-Fonds, die fortan auch unter die Bezeichnung *investment adviser* fallen, in Titel IV des Dodd-Frank Act näher einzugehen. Dieser Titel ist gemäß Sec. 401 auch als „Private Fund Investment Advisers Registration Act of 2010“ zu bezeichnen.

1. Registrierungspflicht für Hedge-Fonds-Manager

Die zentrale Neuregelung in diesem Zusammenhang ist die Statuierung einer ausdrücklichen Registrierungspflicht für Manager sog. *private funds* bei der SEC, wodurch eine seit langer Zeit im US-amerikanischen Finanzmarktrecht bestehende

---

814 Federal Reserve, What were the Federal Reserve's emergency lending facilities during the financial crisis?.

815 Darunter sind z.B. die *Bayerische Landesbank*, die am 8.10.2008 eine Spitzenverschuldung von 10 Mrd. US-Dollar gegenüber der Federal Reserve hatte, oder die noch größere *Deutsche Bank* zu fassen, die am 6.11.2008 mit 66 Mrd. US-Dollar bei der Fed verschuldet war, siehe hierzu die Tabelle auf: http://www.bloomberg.com/data-visualization/federal-reserve-emergency-lending/#/Deutsche_Bank_AG/?total=true&mcp=true&mc=false&taf=false&cpff =false&pdcf=false&tslf=false&stomo=false&amlf=false&dw=false/ (zuletzt abgerufen: 31.5.2015).

816 *Appelbaum/ McGinty*, The Fed's Crisis Lending: A Billion Here, A Thousand There.

817 Im Folgenden wird aus Gründen der Übersichtlichkeit und Vereinfachung nur noch der Begriff des Hedge-Fonds bzw. Hedge-Fonds-Managers verwendet. Die in diesem Zusammenhang getätigten Ausführungen gelten jedoch im gleichen Umfang für Manager von Private Equity-Fonds, sofern nicht explizit auf Anderes verwiesen wird.

Lücke geschlossen wird. Dabei unterscheidet der Dodd-Frank Act zwischen einer Registrierungspflicht für *US-adviser* und *Non-US-adviser*, weshalb diese Differenzierung auch für die folgenden Ausführungen beibehalten wird.

a) US-adviser

Hedge-Fonds-Manager mit Sitz in den USA waren nach dem Investment Advisers Act of 1940 noch vom Anwendungsbereich der Sec. 203 (b) allein deshalb ausgeschlossen, weil sie sich auf den Ausnahmetatbestand berufen konnten, der einschlägig war, sofern sie in den vergangenen zwölf Monaten nicht mehr als 15 Kunden betreuten.[818] *Section* 403 des Dodd-Frank Act eliminiert diese *De-minimis*-Regelung, sodass nunmehr eine allgemeine Registrierungspflicht für Hedge-Fonds-Manager *(advisers to private fund)* unabhängig von der Anzahl ihrer Kunden besteht. Eine Ausnahme von diesem Grundsatz bildet Sec. 408 Dodd-Frank Act, der Hedge-Fonds-Manager von der Registrierungspflicht befreit, wenn die von ihnen verwalteten *assets under management* unter dem Wert von 150 Mio. US-Dollar liegen.[819] Die bereits im Zusammenhang mit dem Widerruf der „Hedge Fund Rule" vom Gericht bemängelte Tatsache, dass die Anzahl der Kunden nichts über die systemischen Risiken, die ein Hedge-Fonds im Krisenfall hervorrufen kann, aussagt, ist somit behoben und durch eine wertmäßige Beschränkung ersetzt worden.[820] Darüber hinaus existiert in Sec. 410 Dodd-Frank Act eine weitere Ausnahmeregelung für sog. *mid-sized investment advisers*, die Manager vom Geltungsbereich der Sec. 203 Investment Advisers Act ausschließt, die für eine Investmentgesellschaft tätig sind, welche nach den Bestimmungen des Investment Company Act of 1940 registriert ist. Voraussetzung hierfür ist jedoch, dass dieser Investmentberater als *investment adviser* in dem Staat registriert ist, in welchem er sein Hauptbüro betreibt. Zudem muss die Summe seiner *assets under management* unterhalb der Schwelle von 100 Mio. US-Dollar liegen. Weiterhin wurde auch die Rule 202 (a) (11) (G)-1, auch als *Family Office-Rule* bezeichnet, in Sec. 409 des Dodd-Frank Act integriert, welche *Family Offices* von der Registrierungspflicht bei der SEC befreit. Diese werden wie folgt definiert:[821]

> A family office is a company (including its directors, partners, members, managers, trustees, and employees acting within the scope of their position or employment) that:
>
> (1) Has no clients other than family clients; provided that if a person that is not a family client becomes a client of the family office as a result of the death of a family member or key employee or other involuntary transfer from a family member or key employee, that person shall be deemed to be a family client for purposes of this section for one year following the completion of the transfer of legal title to the assets resulting from the involuntary event;

---

818 Siehe hierzu bereits die Ausführungen zu Dritter Teil.A.II.4. dieser Arbeit.
819 Umgesetzt in Sec. 203 (m) Investment Advisers Act of 1940.
820 Siehe Ausführungen in: Dritter Teil.A.II.5.
821 Vgl. 17 C.F.R. § 275.202 (a)(11)(G)-1 (b).

(2) is wholly owned by family clients and is exclusively controlled (directly or indirectly) by one or more family members and/or family entities; and

(3) does not hold itself out to the public as an investment adviser.

Sind diese Bedingungen erfüllt, werden Personen, die das Vermögen von *Family Offices* verwalten, nicht als *investment adviser* gemäß dem Begriffsverständnis des *Investment Advisers Act* eingestuft, sodass eine Registrierungspflicht folglich nicht besteht (Sec. 202 (a) (11) (G) Investment Advisers Act of 1940).

Schließlich sind gemäß Sec. 407 Dodd-Frank Act auch Venture-Capital-Fonds von der Pflicht zur Registrierung ausgeschlossen.[822] Gemäß der Legaldefinition in 17 C.F.R. § 275.203 (l)-1 sind zur Bestimmung von Venture-Capital folgende Kriterien zu beachten: (1) „Nicht qualifizierte" Assets werden zu maximal 20 % gehalten, (2) geringer Einsatz von Leverage (maximal 15 % der unternehmenseigenen Kapitalbindung), (3) keine Rücknahmerechte zugunsten von Investoren, (4) keine Registrierung nach dem Investment Company Act. Der SEC zufolge ist diese Legaldefinition ergänzt worden, um eine klare Abgrenzung zwischen dem systemischen Risikopotenzial von Venture Capital-Fonds und sonstigen *private funds*, insbesondere Hedge-Fonds und Private Equity-Fonds, zu schaffen.[823] Aufgrund des Umstandes, dass Venture Capital-Fonds so gut wie gar nicht am öffentlichen Markt tätig sind, gehen von ihnen in nur sehr geringem Maße systemische Risiken aus, die einen Ansteckungseffekt im Fall ihres Zusammenbruchs erzeugen könnten.[824] Dies ist auch der ausschlaggebende Aspekt der Einfügung eines Ausnahmetatbestandes für Venture-Capital-Fonds in den Dodd-Frank Act gewesen.[825]

Für die Registrierung bei der SEC hat jeder *adviser* einen Antrag auf Registrierung einzureichen, der gemäß Sec. 203 (c) (1) Investment Advisers Act Folgendes enthalten muss:

- Den Namen, die Organisationsform, den Hauptsitz, die Namen der Partner bzw. Mitarbeiter des *adviser,*
- die Ausbildung sowie den beruflichen Werdegang des *adviser* innerhalb der letzten zehn Jahre,
- den Zweck und das Wesen der Beratertätigkeit,
- eine von einem unabhängigen Prüfer bestätigte Bilanzaufstellung,
- Angaben zur Vergütung des *adviser,*
- Gründe, die gegen die Zusage einer Registrierung sprechen könnten und schließlich
- ein Statement, das angibt, ob der *adviser* die Beratertätigkeit als Haupttätigkeit auszuüben beabsichtigt.

---

822 Zur Funktion von Venture-Capital siehe bereits die Ausführungen auf S. 52 f.

823 SEC, Exemptions for Advisers to Venture Capital Funds, Private Fund Advisers With Less Than $ 150 Million in Assets Under Management, and Foreign Private Advisers („Exemption Release"), S. 10.

824 SEC (Fn. 823), S. 37.

825 SEC, Fn. 824.

Die SEC hat nach Erhalt der erforderlichen Informationen und Dokumente innerhalb von 45 Tagen über die Gewährung der Registrierung zu entscheiden (Sec. 203 (c) (2) Investment Advisers Act). Eine Zulassung ist insbesondere zu versagen, wenn der *adviser* bereits zuvor eine Registrierung bei der SEC oder einer ausländischen Aufsichtsbehörde angestrebt und in diesem Zusammenhang falsche Angaben gemacht bzw. falsche Dokumente eingereicht hat. Darüber hinaus spricht gegen die Gewährung einer Registrierung aber auch, dass der *adviser* vorsätzliche Gesetzesverstöße begangen hat und wegen einer Straftat wie Betrug, Meineid, Einbruch oder sonstigen Verbrechen, die eine Mindestfreiheitsstrafe von einem Jahr vorsehen, in den letzten zehn Jahren verurteilt worden ist (Sec. 203 (e) Investment Advisers Act).

b) Non-US-adviser

Für ausländische Hedge-Fonds-Manager (*non-US* oder *foreign private advisers*) gelten grundsätzlich die soeben getätigten Ausführungen gleichermaßen, sofern nicht eine der auf sie zugeschnittenen Ausnahmetatbestände einschlägig ist. So müssen *Non-US-adviser* keine Registrierung gemäß den Bestimmungen des Investment Advisers Act of 1940 anstreben, sofern sie ihre Tätigkeit ausschließlich von außerhalb der USA ausüben, sie weniger als 15 Kunden bzw. Investoren vorweisen und weniger als 25 Mio. US-Dollar verwalten (Sec. 402 (a) Dodd-Frank Act).[826] In die Kalkulation einbezogen werden dabei nur Assets, die sich innerhalb der USA befinden.[827] Sobald der *foreign private adviser* jedoch z. B. ein Büro in den USA eröffnet, um von dort aus seine Geschäfte erledigen oder so Kontakte zu seinen Kunden pflegen zu können, fällt er aus dem Geltungsbereich der Ausnahmevorschrift heraus, und dies unabhängig vom Wert seiner verwalteten Vermögensgegenstände.[828] Er wäre dann verpflichtet, sich unter denselben Bedingungen wie ein *US-adviser* um eine Registrierung bei der SEC zu bemühen. Darüber hinaus ist es einem *Non-US-adviser* jedoch gleichfalls möglich, Vermögenswerte in Höhe von bis zu 150 Mio. US-Dollar für eine beliebige Anzahl von Investoren ohne Registrierung bei der SEC in den USA zu verwalten, sofern es sich bei diesen Investoren ausschließlich um sog. *qualifying private funds* handelt.[829] Die Definition für *qualifying private funds* lautet gemäß Rule 203 (m)-1 Investment Advisers Act wie folgt:[830]

826 Umgesetzt in Sec. 202 (a) (30) sowie Sec. 203 (b) (3) Investment Advisers Act of 1940.

827 *Morgan Lewis*, SEC Adopts Exemptions for Certain Private Fund Advisers and Other Dodd-Frank Implementing Rule, S. 3.

828 *DLA Piper*, Foreign Private Advisers Under Dodd-Frank, S. 1.

829 SEC, Exemption Release (Fn. 823), S. 76.

830 Vgl. auch: 17 C.F.R. § 275.203 (m)-1 Private Fund Adviser Exemption.

Qualifying private fund means any private fund that is not registered under section 8 of the Investment Company Act of 1940 (15 U.S.C 80a-8) and has not elected to be treated as a business development company pursuant to section 54 of that Act (15 U.S.C. 80a-53).

Aufgrund des Umstandes, dass Hedge-Fonds unter die Ausnahmeregelung nach Sec. 3 (c) (7) Investment Company Act fallen, da sie ihre Anteile uneingeschränkt an qualifizierte Investoren vertreiben, sind diese nicht als *investment company* im Sinne von Sec. 3 (a) Investment Company Act zu verstehen, sodass sie folglich als *qualified private funds* einzustufen sind. Dabei weist die SEC ausdrücklich darauf hin, dass es in diesem Zusammenhang ohne Belang und auch nicht zu berücksichtigen ist, welche Art oder wie viele Investoren oder Assets der *Non-US-adviser* außerhalb der USA betreut.[831] Hierin spiegelt sich die bereits seit Längerem vertretene Ansicht wider, dass die Art oder Höhe von Beratungs- oder Verwaltungstätigkeiten außerhalb der USA die regulatorischen Ansichten und Interessen innerhalb der USA nicht zu beeinflussen geeignet sind.[832]

2. *Registrierung nach „Form ADV"*

Hedge-Fonds-Manager, die nicht in den Anwendungsbereich einer Ausnahmeregelung fallen und somit eine Registrierung bei der SEC anstreben müssen, haben den Vordruck des Formulars „Form ADV" zu verwenden.[833] Dieses Formular gliedert sich in zwei Teile: In *Part 1* muss der *investment adviser* Angaben u. a. zu seinen Tätigkeiten, Kunden, Assets, Besitzverhältnissen und Angestellten machen. Gemäß den Anforderungen von *Part 2* hingegen hat der *investment adviser* eine „Firmen-Broschüre" bzw. einen Prospekt zu erstellen und jedem Kunden spätestens bei Vertragsschluss ein Exemplar auszuhändigen. Dieser Prospekt ist jährlich hinsichtlich aller von der SEC geforderten Informationen zu aktualisieren und den Kunden unaufgefordert zukommen zu lassen.[834] Hedge-Fonds-Manager, die bereits mit Inkrafttreten des Dodd-Frank Act registrierungspflichtig waren, mussten bis spätestens 14. Februar 2012 das ADV-Formular bei der SEC eingereicht haben, um den Anforderungen zu entsprechen. Zum Ende des Jahres 2012 betrug die Zahl der registrierten *investment adviser* in den USA bereits 11.002, wobei 37 % (4.061) auf *private fund advisers*, darunter insbesondere Hedge-Fonds-Manager, entfielen.[835]

831 SEC, Exemption Release (Fn. 823), S. 77.

832 SEC, Fn. 831.

833 Abrufbar unter: SEC, Form ADV, http://www.sec.gov/about/forms/formadv.pdf (zuletzt abgerufen: 31.5.2015).

834 Auch eine elektronische Übermittlung ist gestattet: SEC, Form ADV – Instructions for Part 2 A, Nr. 3.

835 SEC, More Than 1,500 Private Fund Advisers Registered With the SEC Since Passage of the Financial Reform Law.

3. *Folgen der Registrierung*

Nachfolgend sind die Konsequenzen zu erörtern, die sich aus einer Registrierung nach Sec. 403 Dodd-Frank Act ergeben.

a) Disclosure

Für jeden Hedge-Fonds, den ein registrierter Verwalter betreut, hat dieser der SEC bestimmte Unterlagen und Berichte zu übersenden, damit diese in ihrer Funktion als Aufsichtsbehörde auf Basis der ihr übermittelten Informationen den Schutz der Anleger sowie der öffentlichen Interessen gewährleisten kann. Der Inhalt der offenzulegenden Informationen wird in Sec. 404 Dodd-Frank Act festgelegt und ist in Sec. 204 des Investment Adivers Act aufgenommen worden. Demnach sind gemäß Sec. 204 (b) (3) Investment Advisers Act zu übermitteln:

- Die Höhe der *assets under management* sowie die Höhe des Einsatzes von Leverage,
- eine Beschreibung zur Höhe möglicher Ausfallrisiken,
- eine Beschreibung der Trading- und Investment-Positionen,
- eine Beschreibung der Bewertungsgrundsätze,
- die Asset-Klassen,
- Nebenvereinbarungen,
- Handelsbräuche,
- sonstige Informationen, die die SEC zum Zwecke der Überwachung und Einschätzung von systemischen Risiken für notwendig erachtet.

Die SEC hat ihrerseits dem *Oversight Council* alle Daten und Unterlagen zur Verfügung zu stellen, die ihr von einem Hedge-Fonds-Manager übersandt wurden, damit dieser die systemischen Risiken, aber auch die Interessenkonflikte, die von jedem Hedge-Fonds ausgehen können, besser bewerten und überwachen kann (Sec. 204 (b) (1) (B), (b) (7) (A) Investment Advisers Act). Darüber hinaus ist die SEC befugt, regelmäßig zu kontrollieren, ob der Hedge-Fonds-Manager seinen gesetzlichen Aufzeichnungspflichten ordnungsgemäß nachkommt (Sec. 204 (b) (6) Investment Advisers Act); dies gilt insbesondere in Bezug auf Personen, die mit der Verwahrung der Vermögensgegenstände betraut sind (Sec. 204 (c) (1) Investment Advisers Act). Zu diesem Zweck ist von der SEC im Oktober 2011 ein 42 Seiten umfassender Vordruck mit Namen „Form PF“ veröffentlicht worden, der vom Hedge-Fonds-Manager zur Erfüllung seiner Berichtspflichten zu verwenden ist.[836] Manager besonders großer Hedge-Fonds mit einem Asset-Volumen von mindestens 1,5 Mrd. US-Dollar sind verpflichtet, das PF-Formular nicht einmal jährlich, sondern im vierteljährlichen Turnus zu aktualisieren, da von ihnen größere systemische Risiken zu erwarten

---

836 Abrufbar unter: SEC, Form PF, http://www.sec.gov/rules/final/2011/ia-3308-formpf.pdf (zuletzt abgerufen: 31.5.2015).

und sie deshalb einer stärkeren Aufsicht zu unterziehen sind.[837] Zudem müssen diese nicht nur den für alle *private fund adviser* obligatorischen Abschnitt 1, sondern ebenfalls den auf sie speziell zugeschnittenen Abschnitt 2 des PF-Formulars ausfüllen, der u. a. zusätzliche Angaben zu den eingesetzten Strategien (*long/ short positions*), bestehenden (Kredit-)Verbindlichkeiten sowie zur geografischen Struktur der Anlagen fordert.

b) Custody

Section 411 Dodd-Frank Act fügt die Sec. 223 neu in den Investment Advisers Act ein, die wie folgt lautet:

> An investment adviser registered under this title shall take such steps to safeguard client assets over which such adviser has custody, including, without limitation, verification of such assets by an independent public accountant, as the Commission may, by rule, prescribe.

Der Begriff „custody" ist dabei nach Rule 206 (4)-2 (d) (2), welche auch als *Custody-Rule* bezeichnet wird, zu verstehen als

> [...] holding, directly or indirectly, client funds or securities, or having any authority to obtain possession of them. You have custody if a related person holds, directly or indirectly, client funds or securities, or has any authority to obtain possession of them, in connection with advisory services you provide to clients.

Es wird demnach eine ausdrückliche Verwahrungspflicht für den Hedge-Fonds-Manager in Bezug auf die ihm anvertrauten Assets konstituiert, die auch eine Pflicht zur Verifizierung durch einen unabhängigen zertifizierten Prüfer auf Basis einer schriftlichen Vereinbarung umfasst (Rule 206 (4)–2 (a) (4). Dies geschieht in Form unangekündigter Kontrollen *(surprise examinations)* und soll Missbrauch und Betrug entgegenwirken und die Vermögenswerte der Kunden schützen.[838] Die schriftliche Vereinbarung zwischen dem *adviser* und der unabhängigen Prüfstelle sowie das Ergebnis der *surprise examinations* ist der SEC anzuzeigen.[839] In Bezug auf die Verwahrung gilt, dass diese grundsätzlich entweder einer Verwahrstelle *(qualified custodian)* übertragen oder vom Verwalter *(adviser or related person)* selbst ausgeführt werden kann. Es ist zu beachten, dass Rule 206 (4)–2 jedoch nicht in Bezug auf Kunden gilt, bei denen es sich um eingetragene Investmentgesellschaften nach dem Investment

837 SEC, Form PF (Fn. 836), General Instructions, S. 6 Nr. 9.

838 SEC, Custody of Funds or Securities of Clients by Investment Advisers, S. 13.

839 Zu diesem Zweck ist das Formblatt „Form ADV-E" von der SEC veröffentlicht worden, in dem von einem unabhängigen Prüfer das Ergebnis der Prüfung einzutragen und im Anschluss an die SEC weiterzuleiten ist. Abrufbar unter: SEC, „Form ADV-E", http://www.sec.gov/about/forms/formadv-e.pdf (zuletzt abgerufen: 31.5.2015).

Advisers Act handelt. Auf sie sind die speziellen Verwahrungsvorschriften nach Sec. 17 (f) Investment Advisers Act 1940 anzuwenden.

aa) Verwahrung durch (unabhängigen) *qualified custodian*

Im Regelfall werden die Assets der Investoren an einen sog. *qualified custodian* übergeben, bei dem es sich um eine – im Idealfall unabhängige –[840] institutionelle Verwahrstelle (z.B. eine Bank oder einen Primebroker) handelt, die selbst einer staatlichen Regulierung und Aufsicht unterliegt. Der *adviser* hat den Kunden, in dessen Interesse und Namen ein Konto bei einer solchen Verwahrstelle eröffnet wurde, unmittelbar über diesen Umstand in Kenntnis zu setzen und Namen, Anschrift sowie die Art und Weise der vereinbarten Verwahrung mitzuteilen.[841] Die Verwahrstelle ihrerseits ist verpflichtet, jedem einzelnen Investor mindestens vierteljährlich ein sog. *account statement* direkt zukommen zu lassen, das die einzelnen Assets, ihren Wert und alle mit ihnen verbundenen Transaktionen, die auf dem Kundenkonto innerhalb dieses Zeitraumes verbucht wurden, aufführt.[842] Dies soll dem Kunden die Möglichkeit einräumen, die Daten und Angaben der Verwahrstelle mit denen des *adviser* abzugleichen und auf ihren Wahrheitsgehalt hin zu überprüfen.[843] Betrügerischen Handlungen soll so besser vorgebeugt werden.

bb) Verwahrung durch *adviser* oder *related person*

Die Verwahrung der kundeneigenen Assets kann jedoch auch durch den *adviser* selbst oder durch eine *related person* erfolgen, sofern es sich bei diesen Personen ebenfalls um *qualified custodians* handelt. Gemäß Rule 206 (4)–2 (d) (7) bezeichnet „related person“

> [...] any person, directly or indirectly, controlling or controlled by you, and any person that is under common control with you.[844]

Der Begriff „control“ wird in Rule 206 (4)–2 (d) (1) legaldefiniert als

> [...] the power, directly or indirectly, to direct the management or policies of a person, whether through ownership of securities, by contract, or otherwise.[845]

---

840 Siehe: SEC, Custody of Funds (Fn. 838), S. 26: Hier wird von der SEC zwar eine Empfehlung für die Wahl einer unabhängigen Verwahrstelle ausgesprochen, gleichzeitig wird jedoch darauf hingewiesen, dass man sich zum Schutz kleinerer Anleger, die ihre Assets i.d.R. von einem bankeninternen Verwahrer verwahren lassen, gegen eine Aufnahme des Begriffs „independent“ in den Gesetzestext entschieden habe.

841 17 C.F.R. § 275.206 (4)–2 (a) (2).

842 17 C.F.R. § 275.206 (4)–2 (a) (3).

843 SEC, Custody of Funds (Fn. 838), S. 7.

844 *Anm.*: Mit "you“ wird der *adviser* in der Vorschrift direkt angesprochen.

845 Ein Unternehmen gilt als „beherrscht“, wenn eine Person mindestens 25 % der Stimmrechte an diesem hält (vgl. Rule 206 (4)–2 (d) (1) (ii)).

Folglich sind unter *related persons* Personen bzw. Unternehmenseinheiten zu verstehen, auf deren Unternehmensleitung und -grundsätze der *adviser* (un)mittelbar Einfluss nehmen kann und die seiner Person somit gleichzustellen sind, da sie von ihm z. B. kraft Vertrages beherrscht werden.

Aufgrund des Umstandes jedoch, dass die Verwahrung durch den *adviser* oder durch ihm gleichgestellte *related persons* aufgrund der Möglichkeit der direkten Einflussnahme erfahrungsgemäß mit größeren Risiken und Missbrauchsgefahren verbunden ist als wenn diese durch eine unabhängige Verwahrstelle erfolgt, hat die SEC zusätzliche Bedingungen für den Fall statuiert, dass die Verwahrung von einer mit dem *adviser* verbundenen Person vorgenommen wird. So ist der *adviser* zusätzlich zu den *surprise examinations* gemäß Rule 206 (4)-2 (a) (6) (ii) dazu verpflichtet, einen jährlichen internen Kontrollreport *(annual internal control report)* einzuholen, der insbesondere die Stellungnahme einer unabhängigen zertifizierten Prüfstelle, die in Einklang mit den Regeln des „Public Company Accounting Oversight Board“[846] zugelassen sein muss,[847] hinsichtlich der vom *adviser* oder der *related person* zu errichtenden und durchzuführenden Kontrollen in Bezug auf die Verwahrungstätigkeit enthalten muss. Die SEC erachtet jene Kontrollreporte deshalb für notwendig, da der unabhängige Prüfer im Rahmen der *surprise examinations* im Wesentlichen nur die Unterlagen und Berichte des *advisers* oder der *related person*, jeweils in der Funktion als Verwahrstelle, als Grundlage für seine Bewertung heranziehen kann und eine unbeeinflusste Risikoeinschätzung mithin nur in begrenztem Umfang möglich ist.[848] Zu diesem Zweck hat die SEC einen „Guidance for Accountants“ veröffentlicht, der die Aufgaben und Pflichten des unabhängigen Prüfers näher beschreibt.[849] Zusammengefasst besteht die Hauptfunktion des unabhängigen Prüfers darin, die materielle Übereinkunft der Verwahrungstätigkeit des Verwahrers mit den Inhalten der *Custody-Rule* festzustellen.[850]

---

846 Die Aufgaben des „PCAOB“ umfassen eigenen Angaben zufolge: “The PCAOB is a nonprofit corporation established by Congress to oversee the audits of public companies in order to protect the interests of investors and further the public interest in the preparation of informative, accurate and independent audit reports. The PCAOB also oversees the audits of broker-dealers, including compliance reports filed pursuant to federal securities laws, to promote investor protection.“ Siehe dazu: http://pcaobus.org/Pages/default.aspx (zuletzt abgerufen: 31.5.2015).

847 Hierdurch soll ein erhöhter Qualitätsgrad in Bezug auf den Prüfer erreicht werden: SEC, Custody of Funds (Fn. 838) S. 36 f.

848 SEC, Custody of Funds (Fn. 838), S. 26.

849 SEC, Commission Guidance Regarding Independent Public Accountant Engagements Performed Pursuant to Rule 206(4)-2 Under the Investment Advisers Act of 1940.

850 SEC, Commission Guidance (Fn. 849), S. 5.

c) *Performance Based Fees*

Grundsätzlich ist jeder *adviser*, der nach dem Investment Advisers Act registriert ist, nach Rule 205–3 (a)[851] berechtigt, als Gegenleistung zu seiner Tätigkeit eine performanceabhängige Vergütung zu verlangen. Voraussetzung hierfür ist jedoch, dass es sich bei dem Kunden, mit dem eine solche Vergütungsvereinbarung getroffen wird, um einen qualifizierten Kunden, wie er in Rule 205–3 (d) (1)[852] definiert wird, handelt. Demnach muss der Kunde folgende Kriterien alternativ erfüllen:

(1) Bei dem Kunden handelt es sich um eine natürliche Person oder eine Gesellschaft, die unmittelbar nach Vertragsschluss mit dem *adviser* Assets in Höhe von mindestens 1 Mio. US-Dollar von diesem verwalten lässt.
(2) Der Kunde in Gestalt einer natürlichen Person oder einer Gesellschaft verfügt bei Vertragsschluss (ggf. unter Einbeziehung des Vermögens des Ehegatten) über ein Netto-Vermögen von mindestens 2 Mio. US-Dollar.
(3) Bei dem Kunden handelt es sich um einen *qualified purchaser* nach Sec. 2 (a) (51) (A) Investment Company Act.
(4) Der Kunde ist vor Vertragsschluss in ähnlicher Weise wie der *adviser* selbst tätig.
(5) Bei dem Kunden handelt es sich um einen Angestellten des *adviser*.

Liegt eine der eben genannten Voraussetzungen vor, kann zwischen dem *adviser* und seinem Kunden eine *performance fee* vereinbart werden, da das Gesetz in diesem Fall davon ausgeht, dass der Kunde über die nötige Erfahrung und Kenntnis verfügt, die Reichweite einer solchen Übereinkunft vollumfänglich erfassen zu können. Die in Rule 205–3 (d) (1) genannten Werte sind ab dem 1. Mai 2016 von der SEC alle fünf Jahre um die Inflation zu bereinigen und aktualisiert bekannt zu geben (Rule 205–3 (e)).

d) *Code of Ethics und Whistleblowing*

Registrierte *adviser* sind gemäß Rule 204 A-1 darüber hinaus dazu verpflichtet, einen eigenen sog. *Code of Ethics* zu entwickeln, der sicherstellen soll, dass alle Personen, die der Aufsicht des *adviser* unterliegen, bestimmten Regeln und Verhaltensmaßstäben gerecht werden. Hierbei handelt es sich um keine Neuerung, die durch den Dodd-Frank Act bewirkt wurde, vielmehr ist durch Eliminierung der Ausnahmetatbestände im Investment Advisers Act erstmals jedoch auch eine Anwendbarkeit dieser Regeln in Bezug auf Hedge-Fonds gegeben. Die SEC etabliert für den *Code of Ethics*, der schriftlich niederzulegen ist, selbst keinen hohen Standard, da sie der Ansicht ist, dass die konkrete Ausgestaltung in den Kompetenzbereich des *adviser* fällt und daher auch diesem obliegt. Jedoch wird als Mindestvoraussetzung gefordert, dass aus dem Code of Ethics die besondere fiduziarische Verantwortung sowie

851 = 17 C.F.R. § 275. 205–3.
852 In der Fassung vom 22.2.2012.

die Verpflichtung zur Achtung der einschlägigen Gesetze hervorgehen müssen.[853] Darüber hinaus ist auch auf bestehende Berichterstattungspflichten aufseiten der Angestellten und die Pflicht, bekannte Verstöße gegen den Code of Ethics oder gesetzliche Vorschriften mitzuteilen, hinzuweisen. Um einen stärkeren Anreiz für das „Whistleblowing" zu setzen, hat die SEC selbst in Sec. 922 Dodd-Frank Act Regelungen integriert, die dem Informanten *(whistleblower)* eine Belohnung für den Fall versprechen, dass die freiwillig der SEC mitgeteilten Informationen zur Aufdeckung von Gesetzesverstößen bzw. Straftaten geführt haben. Die Höhe der Belohnung beträgt dabei zwischen 10 % und 30 % der aufgrund des Verstoßes auferlegten Geldstrafe und richtet sich nach der Bedeutung der Informationen und dem Grad der Mitwirkung des *whistleblowers* an der Aufklärung (Sec. 21 (b), (c) Securities Exchange Act of 1934). Gezahlt wird die Belohnung aus einem eigens zu diesem Zweck aufgelegten „Investor Protection Fund", der aus den monetären Sanktionen unterhalten wird (Sec. 21 (g) Securities Exchange Act of 1934).

D. Fazit zum Dodd-Frank Act

Ebenso wie in Europa hat es auch in den USA des Verstreichens eines erheblichen Zeitraumes bedurft, bis die alternativen Investmentfonds, insbesondere Hedge-Fonds, einer direkten Regulierung unterworfen wurden. Zwar hat es auch hier bereits in der Vergangenheit mehrere Versuche gegeben, Hedge-Fonds bzw. deren Verwalter zu regulieren, doch haben die Ausführungen gezeigt, dass schlichtweg Uneinigkeit auch darüber bestand, was als Anknüpfungspunkt einer solchen Regulierung dienen sollte. So hat man in früheren Anläufen stets die Anzahl der Investoren zugrunde gelegt und dabei vollständig außer Acht gelassen, dass letztlich nicht die Anlegerzahl das Risikopotenzial eines Hedge-Fonds bestimmt, sondern vielmehr Faktoren wie die Höhe der verwalteten Assets, die eingesetzten Anlagestrategien und insbesondere der Einsatz von Fremdkapital in diesem Zusammenhang von Relevanz sind. Zwar hat das Gericht im Fall „Goldstein vs. SEC" dies schließlich erkannt, die nötigen gesetzgeberischen Schritte für die Konzeption eines Gesetzeswerkes wurden trotzdem nicht unternommen. Erst die verheerenden Ereignisse der *Subprime*-Krise von 2007/ 2008 und die mit ihr einhergehende verstärkte öffentliche Diskussion haben letztlich zum Erlass des Dodd-Frank Act geführt, der zwar kein speziell auf Hedge-Fonds zugeschnittenes Regelwerk, sondern vielmehr eine Reform des gesamten US-Kapitalmarktrechts darstellt. Immerhin unterliegen die Verwalter von alternativen Investmentfonds seit seinem Erlass jedoch einer allgemeinen Regulierungspflicht, wodurch eine große Lücke im amerikanischen Recht geschlossen wurde und die Vorschriften des Investment Advisers Act of 1940 nunmehr auch auf diese anzuwenden sind.

853 SEC, Investment Adviser Codes of Ethics, Executive Summary.

Vierter Teil: Die Umsetzung der AIFM-Richtlinie in Deutschland

Aufgrund des Umstandes, dass europäische Richtlinien im Gegensatz zu europäischen Verordnungen keine unmittelbare Rechtswirkung erzeugen, ist für ihre Wirksamkeit eine nationale Umsetzung durch die Mitgliedstaaten der EU notwendig, welche innerhalb einer von der EU eingeräumten Umsetzungsfrist zu erfolgen hat. Gemäß Art. 66 Abs. 1 AIFM-RL endete diese Umsetzungsfrist in Bezug auf die AIFM-Richtlinie für die EU-Mitgliedstaaten am 22. Juli 2013. Aus diesem Grund kann es der Vollständigkeit halber nicht unterbleiben, das Umsetzungsbestreben der AIFM-Richtlinie in Deutschland in seinen Grundzügen vorzustellen.

A. AIFM-Umsetzungsgesetz

Am 22. Juli 2013 ist das „Gesetz zur Umsetzung der Richtlinie 2011/61/EU über die Verwalter alternativer Investmentfonds (AIFM-Umsetzungsgesetz – AIFM-UmsG)"[854] durch Gesetz vom 4. Juli 2013 in Kraft getreten. Mit 355 Paragrafen nimmt die Errichtung des neuen Kapitalanlagegesetzbuches (KAGB) in Art. 1 den größten Teil des AIFM-UmsG ein und beinhaltet – wie von der AIFM-Richtlinie vorgegeben – neben Vorschriften zur Erlaubnispflicht von AIFM u. a. auch allgemeine Verhaltens- und Organisationspflichten, Vorschriften zum Drittstaatenbezug und zur Vermögensverwahrung. Im Folgenden soll ein kurzer Überblick über die wichtigsten Inhalte gegeben werden.

I. Aufhebung des InvG

Das AIFM-UmsG errichtet nicht nur neue Gesetze wie das KAGB, sondern hat auch die Änderung bestehender nationaler Gesetze zur Folge. Als wichtigste Neuerung ist in diesem Zusammenhang die gänzliche Aufhebung des Investmentgesetzes (InvG) nach Art. 2a AIFM-UmsG zu nennen. Das InvG war bisher nur auf offene Investmentfonds anwendbar und daher auf AIF wie Hedge-Fonds nicht zugeschnitten. Das KAGB übernimmt jedoch Teile des alten InvG, sodass dieses nicht vollends seine Bedeutung verloren hat. Überdies werden jedoch in den folgenden Artikeln des AIFM-UmsG eine Reihe von Anpassungen vorgenommen, die Auswirkungen z. B. auf die Normen des Handelsgesetzbuches (Art. 6 und 7), Wertpapierhandelsgesetzes (Art. 8), Börsengesetzes (Art. 10), Vermögensanlagegesetzes (Art. 11), Aktiengesetzes (Art. 12) sowie des Strafgesetzbuches (Art. 15) und des Kreditwesengesetzes (Art. 18), aber auch des Finanzdienstleistungsaufsichtsgesetzes (Art. 20) haben.

854 BGBl. I Nr. 35, S. 1981.

II. Anwendungsbereich

Der Anwendungsbereich des neuen KAGB ist sehr weitreichend. Dies ist darauf zurückzuführen, dass mit diesem neuen Gesetzeswerk nicht nur die AIFM-Richtlinie umgesetzt werden, sondern gleichzeitig unter Aufhebung des Investmentgesetzes die Regelungen der OGAW-Richtlinie integriert sowie die für Anwendung der Europäischen Verordnung über Risikokapitalfonds und der Europäischen Verordnung über Europäische Fonds für soziales Unternehmertum erforderlichen Regelungen aufgenommen werden sollten.[855] Aus diesem Grund umfasst der Anwendungsbereich des KAGB jegliche Art von Fonds, womit sowohl OGAW im Sinne der OGAW-Richtlinie wie auch die in der AIFM-Richtlinie behandelten AIF erfasst werden. Dies geschieht ungeachtet des Umstandes, ob diese in offener oder geschlossener Form organisiert sind oder ob es sich um Publikums- oder Spezialfonds handelt.[856] Darüber hinaus errichtet der Anwendungsbereich des KAGB nicht nur Vorschriften für die Verwalter von AIF, sondern ebenfalls für die AIF selbst. Dies ist darauf zurückzuführen, dass die durch das KAGB umgesetzten europäischen Rechtsakte sich sowohl auf die Verwalter wie auch z. T. auf die Produkte selbst beziehen.[857] Ein rein personalistischer Regelungsansatz liegt dem KAGB folglich nicht zugrunde. Vielmehr kann von einem „gemischten Regelungsansatz" gesprochen werden. Das KAGB definiert damit den Begriff des Investmentvermögens auf nationaler Ebene neu, welcher fortan gemäß § 1 Abs. 1 lautet:

> Investmentvermögen ist jeder Organismus für gemeinsame Anlagen, der von einer Anzahl von Anlegern Kapital einsammelt, um es gemäß einer festgelegten Anlagestrategie zum Nutzen dieser Anleger zu investieren und der kein operativ tätiges Unternehmen außerhalb des Finanzsektors ist.

Wie sich erkennen lässt, ist die Definition sehr allgemein gehalten und nimmt keine Einschränkungen in Bezug auf die Anlagen bzw. Anleger oder auf die geografische Herkunft des Investmentvermögens vor. In diesem Zusammenhang wird daher von einem rein „materiellen Investmentfondsbegriff" gesprochen, da die Eigenschaft eines Fondsverwalters zwingend und unabhängig von dessen Willen daraus folgt, dass er einen im KAGB regulierten AIF verwaltet.[858] Dieser löst den bisher im Anwendungsbereich des InvG vorherrschenden „formellen Investmentfondsbegriff" ab, der die Unterwerfung unter das InvG allein von der bewussten Entscheidung

---

855 BMF, Diskussionsentwurf zur Umsetzung der Richtlinie 2011/61/EU über die Verwalter alternativer Investmentfonds, S. 1 f.

856 Das KAGB unterscheidet zudem zwischen semiprofessionellen und professionellen Anlegern.

857 Bundestag, Entwurf eines Gesetzes zur Umsetzung der Richtlinie 2011/61/EU über die Verwalter alternativer Investmentfonds (AIFM-Umsetzungsgesetz – AIFM-UmsG), BT-Drucks. 17/12294 vom 6.2.2013, S. 2.

858 BaFin/*Gänßler*, AIFM-Umsetzungsgesetz, „Materieller Investmentfondsbegriff"; *Deloitte* (Fn. 652), S. 1.

eines Fondsverwalters abhängig machte, einen bestimmten Fondstypus verwalten zu wollen.[859]

Insoweit übernimmt das KAGB die Begriffsbestimmung aus Art. 4 Abs. 1 lit. a) AIFM-RL, die sich von diesem nur durch die Ergänzung „[...] und der kein operativ tätiges Unternehmen außerhalb des Finanzsektors ist" unterscheidet.[860] Mit dieser Formulierung findet eine Klarstellung derart statt, dass ein Investmentvermögen keinen bloß allgemein kommerziellen oder allgemein industriellen Zweck verfolgen darf.[861] Fonds, die den in § 1 Abs. 1 KAGB gestellten materiellen Anforderungen nicht genügen, müssen damit nunmehr als unerlaubtes Investmentgeschäft angesehen werden und sind demnach unzulässig.[862] Auffällig ist zudem, dass der „Grundsatz der Risikomischung" fortan nicht mehr Bestandteil der gesetzlichen Definition von „Investmentvermögen" ist.[863] In Bezug auf die Ausnahmen vom Anwendungsbereich orientiert sich § 2 KAGB in vollem Umfang an den diesbezüglichen Bestimmungen der AIFM-Richtlinie. Der Anwendungsbereich des KAGB strukturiert sich demnach wie folgt:

Abbildung 5: Anwendungsbereich des KAGB.

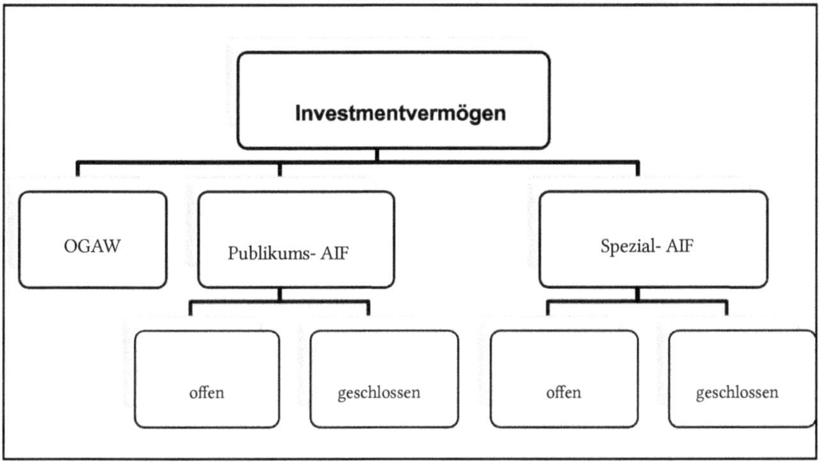

859 *Volhard/ Jung*, in: Weitnauer/ Boxberger/ Anders, KAGB, § 17 Rn. 2.

860 Vgl. zu den einzelnen Definitionsmerkmalen bereits: Zweiter Teil.A.III.1. dieser Arbeit.

861 *Volhard/ Jung* (859), § 1 Rn. 22.

862 Bundestag, (Fn. 857), S. 188; *Eckhold/Balzer* (Fn. 72), § 22 Rn. 3.

863 Vgl. z. B. für das „Sondervermögen mit zusätzlichen Risiken" (Hedgefonds) in § 112 Abs. 1 InvG a. F.: „Sondervermögen mit zusätzlichen Risiken sind Investmentvermögen, die den Grundsatz der Risikomischung beachten [...]."

III. Auswirkungen des KAGB

Im Folgenden werden sowohl die formellen wie auch die materiellen Neuerungen des KAGB in Grundzügen dargestellt.

1. „Semiprofessionelle" Anleger

Wie bereits erwähnt, hat der Begriff „Investmentvermögen" durch das KAGB ein neues „Gesicht" bekommen. Der formelle Investmentfondsbegriff des nunmehr nicht mehr geltenden InvG ist durch einen materiellen Investmentfondsbegriff ersetzt werden, um den Anwendungsbereich des neuen KAGB möglichst offen gestalten zu können. Zudem wird für Spezialfonds im Sinne des § 1 Abs. 6 KAGB die neue und nicht in der AIFM-Richtlinie vorgesehene Anlegergruppe der „semiprofessionellen Anleger" eingeführt[864] wodurch zusätzliche Vertriebsmöglichkeiten geschaffen werden. Bei diesen handelt es sich gemäß § 1 Abs. 19 Nr. 33 a) KAGB um Anleger, die zum Zeitpunkt des Erwerbs des AIF-Anteils

(1) mindestens 200.000 EUR investieren,
(2) schriftlich bestätigen, dass sie sich der Risiken im Zusammenhang mit der beabsichtigten Investition bewusst sind,
(3) nicht über die Marktkenntnisse und -erfahrungen eines professionellen Anlegers verfügen und
(4) in der Lage sind, ihre Anlageentscheidungen selbst zu treffen und die damit einhergehenden Risiken zu verstehen.

Die AIF-Verwaltungsgesellschaft oder die von ihr beauftragte Vertriebsgesellschaft muss darüber hinaus die Erklärungen und Angaben des Anlegers (sog. Kompetenzerklärung) einer eigenen Bewertung unterziehen und im Anschluss schriftlich bestätigen, dass sie den Anleger als „semiprofessionell" qualifiziert.[865] Einer solchen Kompetenzerklärung bedarf es dann nicht, wenn sich ein Anleger verpflichtet, einen Mindestbetrag von 10 Mio. EUR in ein Investmentvermögen zu investieren (§ 1 Abs. 19 Nr. 33 c) KAGB). Der deutsche Gesetzgeber erachtet diese Erweiterung, also die Einfügung einer semiprofessionellen Anlegerklasse, in Abweichung zur AIFM-Richtlinie als zulässig, da sowohl im Hinblick auf die Investitionsvolumina wie auch im Hinblick auf die geforderte Expertise semiprofessioneller Anleger eine Gleichstellung mit professionellen Anlegern als gerechtfertigt erscheint.[866]

---

864 Diese sind abzugrenzen von den semiprofessionellen Anlegern der EuVECA-VO, vgl: *Eckhold/ Balzer* (Fn. 72), § 22 Rn. 76.
865 *Volhard/ Jung* (Fn. 859), § 1 Rn. 105.
866 Bundestag (Fn. 862).

2. *Ausweitung der Aufsichtskompetenzen der BaFin*

Gemäß § 5 KAGB ist die BaFin nunmehr für die Aufsicht aller unter das KAGB fallenden Investmentfonds verantwortlich und hat zudem darüber zu befinden, ob in Zweifelsfällen Investmentvermögen gemäß der Legaldefinition in § 1 Abs. 1 KAGB gegeben ist (§ 2 Abs. 2 KAGB). Ferner kann sie Anordnungen erlassen, sofern diese zur Rechtsdurchsetzung geeignet und erforderlich sind, und von jedermann Auskünfte einholen, soweit dies zur Überwachung der Verbote und Gebote des KAGB notwendig ist (§ 2 Abs. 6 KAGB). Paragraf 7 Abs. 2 KAGB ordnet zudem an, dass der Widerspruch und die Anfechtungsklage gegen Maßnahmen der BaFin keine aufschiebende Wirkung entfalten, was zur Folge hat, dass eine Untersagung des Vertriebs von Anteilen oder Aktien an AIF sofort vollzogen werden darf. Die BaFin ist zudem verpflichtet, eng mit der Europäischen Wertpapier- und Marktaufsichtsbehörde, dem Europäischen Ausschuss für Systemrisiken und den zuständigen Stellen der Europäischen Union, den anderen Mitgliedstaaten der Europäischen Union und den anderen Vertragsstaaten des Abkommens über den Europäischen Wirtschaftsraum zusammenzuarbeiten, indem Auskünfte und Informationen, die zur Ausübung der gesetzlich auferlegten Aufgaben und Befugnisse nützlich sein könnten, übermittelt werden (§ 9 KAGB). Dasselbe gilt für Anordnungen, welche die BaFin in Bezug auf den Entzug einer Erlaubnis oder auf die Aussetzung einer Rücknahme getroffen hat. Im Gegenzug ist die BaFin jedoch auch befugt, die zuständigen Stellen der anderen Mitgliedstaaten der Europäischen Union oder der anderen Vertragsstaaten des Abkommens über den Europäischen Wirtschaftsraum um Informationsaustausch oder Zusammenarbeit bei den Überwachungstätigkeiten zu ersuchen (Art. 10 KAGB). Dabei kann das Hilfeersuchen auch so weit reichen, dass die Behörden der anderen EU-Mitgliedstaaten Überprüfungen vor Ort im Interesse der BaFin durchzuführen verpflichtet sind.[867] Im Grundsatz kann festgehalten werden, dass bei vermuteten oder festgestellten Rechtsverstößen vonseiten einer EU-AIF-Verwaltungsgesellschaft oder einer ausländischen AIF-Verwaltungsgesellschaft stets die Mitgliedstaaten von diesem Umstand unterrichtet werden müssen, die durch die Tätigkeiten der Verwaltungsgesellschaft berührt werden (§ 11 KAGB). Einmal jährlich hat die BaFin der Europäischen Kommission zudem Informationen über AIF-Verwaltungsgesellschaften zur Verfügung zu stellen, welche in § 12 Abs. 3 KAGB spezifiziert werden.

867 *Anm.*: Dasselbe gilt jedoch auch für den Fall, dass die BaFin von Stellen anderer EU-Mitgliedstaaten um Unterstützung bei der Ermittlung eines Sachverhalts gebeten wird. Diese Art der Zusammenarbeit darf dabei gemäß § 10 Abs. 3 KAGB nur für den Fall verweigert werden, dass „die Souveränität, die Sicherheit oder die öffentliche Ordnung der Bundesrepublik Deutschland beeinträchtigt werden könnten".

3. Erlaubnispflicht für Kapitalverwaltungsgesellschaften

Der in der AIFM-Richtlinie gebrauchte Begriff „AIFM" findet auf nationaler Ebene sein Pendant in der Bezeichnung „Kapitalverwaltungsgesellschaft". Unter dieser Bezeichnung ist gemäß § 17 Abs. 1 KAGB zu verstehen:

> Kapitalverwaltungsgesellschaften sind Unternehmen mit satzungsmäßigem Sitz und Hauptverwaltung im Inland, deren Geschäftsbetrieb darauf gerichtet ist, inländische Investmentvermögen, EU-Investmentvermögen oder ausländische AIF zu verwalten.

Für das Verständnis von „Verwaltung" wird hinzugefügt:

> Verwaltung eines Investmentvermögens liegt vor, wenn mindestens die Portfolioverwaltung oder das Risikomanagement für ein oder mehrere Investmentvermögen erbracht wird.

Dabei wird auch hier sowohl die interne wie auch die externe Verwaltung (bzw. Selbst- und Fremdverwaltung) des Investmentvermögens zugelassen (§ 17 Abs. 2 KAGB) und bestimmt, dass für jedes Investmentvermögen nur eine Kapitalverwaltungsgesellschaft zuständig sein darf.

Gemäß § 20 Abs. 1 KAGB, der der Umsetzung von Art. 6 AIFM-RL dient, bedarf der Geschäftsbetrieb einer Kapitalverwaltungsgesellschaft der schriftlichen Erlaubnis der BaFin, welche diese auf Antrag erteilt. Durch dieses grundsätzliche Verbot mit Erlaubnisvorbehalt soll sichergestellt werden, dass Investmentgeschäfte nur von solchen Unternehmen betrieben werden, die über die notwendige fachliche und personelle Ausstattung verfügen.[868] Im Unterschied zur OGAW-Richtlinie konstituiert das KAGB eine Erlaubnispflicht für den Manager des Fonds und nicht für den Fonds selbst. Daher steht es der BaFin offen, die Erlaubnis auf die Verwaltung bestimmter Arten von inländischen Investmentvermögen zu beschränken oder von der Erfüllung sonstiger Nebenbestimmungen abhängig zu machen. Der Erlaubnisantrag muss für OGAW-Kapitalverwaltungsgesellschaften die Vorgaben des § 21 KAGB beachten, AIF-Kapitalverwaltungsgesellschaften haben sich an die Anforderungen des § 22 KAGB zu halten, der insbesondere den Nachweis der Zuverlässigkeit und fachlichen Eignung des Geschäftsleiters sowie Angaben zur Vergütungspolitik und zu Vereinbarungen mit Verwahrstellen fordert und sich damit an Art. 7 Abs. 2, Abs. 3 AIFM-RL orientiert. Die BaFin hat einen Antrag auf Zulassung abzulehnen und damit die Ausübung der beantragten Tätigkeit zu versagen, wenn sie einen der in § 23 KAGB genannten Gründe als gegeben betrachtet.

Die Kapitalausstattung muss bei internen Kapitalverwaltungsgesellschaften 300.000 EUR, bei externen Kapitalverwaltungsgesellschaften 125.000 EUR betragen und für den Fall, dass das verwaltete Investmentvermögen den Wert von 250 Mio. EUR übersteigt, über zusätzliche Eigenmittel in Höhe von wenigstens 0,02 % des Betrages, um den der Wert von 250 Mio. EUR übertroffen wird, verfügen (Art. 25

---

868 *Winterhalder*, in: Weitnauer/ Boxberger/ Anders, KAGB, § 20 Rn. 3, 16.

Abs. 1 KAGB). Mit diesen Werten hält sich das KAGB an die Vorgaben der AIFM-Richtlinie und entspricht diesen vollumfänglich. Dasselbe gilt für § 39 KAGB in Bezug auf das Erlöschen der Erlaubnis, der Art. 11 AIFM-RL quasi wortgleich umsetzt.

4. Rechtsformen der Kapitalverwaltungsgesellschaft

Das KAGB gibt in Abhängigkeit zum verwalteten Investmentvermögen folgende zulässige Rechtsformen der Kapitalverwaltungsgesellschaft vor:

Abbildung 6: Rechtsformen der Kapitalverwaltungsgesellschaft.

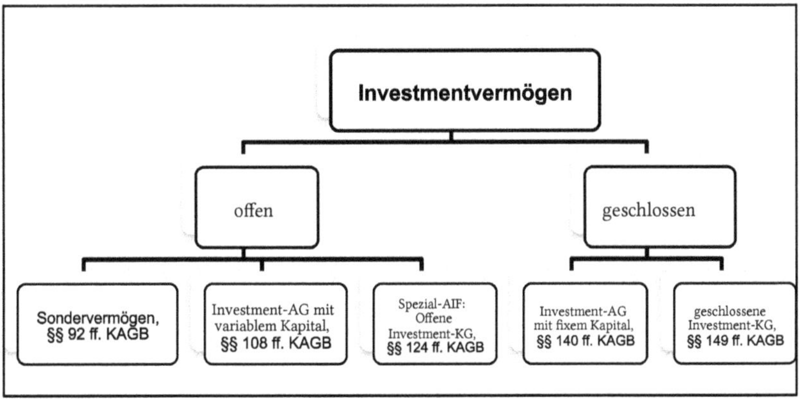

Die Unterscheidung zwischen Investmentvermögen mit „variablem" und „fixem" Kapital wurde eingefügt, um eine begriffliche Abgrenzung zwischen offenen und geschlossenen Fondsvehikeln vornehmen zu können.[869] Die offene Investment-KG ist in das KAGB aufgenommen worden, um in Deutschland ein steuertransparentes Vehikel für das sog. *Pension Asset Pooling* mit dem Ziel zu schaffen, „das Altersvermögen von großen deutschen Konzernen im Inland zu halten und gegebenenfalls auch entsprechendes Vermögen von deren ausländischen Tochterunternehmen in das Inland zu holen".[870] Unter dem Begriff „Pension Asset Pooling" versteht man die „Bündelung verschiedener Pensionsvermögen in einem einheitlichen Vehikel zum Zweck der zentralen Anlageverwaltung".[871] Dies war bisher nicht möglich, da das deutsche InvG für die Bündelung von Investorenkapital bisher nur die Rechtsform des „Sondervermögens" und der „Investmentaktiengesellschaft" vorsah, die insbesondere im Fall grenzüberschreitender Bündelung von Pensionsvermögen von der Mehrzahl der Doppelbesteuerungsabkommen – im Gegensatz zur

869 Bundestag (Fn. 857), S. 247.
870 Bundestag (Fn. 857), S. 235.
871 *Shearman & Sterling*, Neue Chancen für das Pension Asset Pooling, S. 1.

Investment-KG – als „intransparente Steuersubjekte" angesehen wurden, was unerwünschte steuerliche Mehrbelastungen zur Folge hatte.[872] Dieser für den Standort Deutschland bislang bestehende Wettbewerbsnachteil wird durch das KAGB nunmehr beseitigt.

Zu erwähnen sei noch, dass im Rahmen der Gestaltung der Regelungen für offene Publikumsfonds eine Änderung im Vergleich zum InvG dahin gehend stattfinden sollte, dass Immobilienfonds mit dem Inkrafttreten des KAGB nur noch als geschlossene Fonds aufgelegt werden dürfen. Hintergrund dieser Diskussion war, dass die Möglichkeit der sofortigen oder täglichen Rücknahme von Anteilen, wie sie bisher für Beträge bis 30.000 EUR gemäß § 80c Abs. 3 InvG a. F. bestanden hat, zum einen das Liquiditätsmanagement der Immobilienfonds beeinträchtigt hat, zum anderen jedoch dem Anleger gleichzeitig klargemacht werden sollte, dass er mit seiner Investition eine langfristige Anlage mit illiquiden Vermögensgegenständen getätigt hat.[873] Diese bislang bestehende Inkonsistenz konnte jedoch auch durch das KAGB aufgrund heftigen Widerstands der Immobilienwirtschaft nicht behoben werden, sodass offene Immobilienfonds weiterhin als Anlagealternative zur Verfügung stehen.[874]

5. Grundsätze ordnungsgemäßer Verwaltung

a) Allgemeine Verhaltensregeln

Bei Betrachtung der in § 26 KAGB errichteten allgemeinen Verhaltenspflichten kann festgestellt werden, dass diese den Inhalten der AIFM-Richtlinie entsprechen, jedoch mit der Maßgabe, dass die nationale Formulierung an dieser Stelle etwas von der europäischen abweicht. Sie lautet:

> Die Kapitalverwaltungsgesellschaft handelt bei der Wahrnehmung ihrer Aufgaben unabhängig von der Verwahrstelle ausschließlich im Interesse der Anleger.

Der Verweis auf die „Unabhängigkeit" von der Verwahrstelle ist in Art. 12 AIFM-RL im Rahmen der Nennung der allgemeinen Grundsätze so nicht vorzufinden und stellt demnach eine Ergänzung dar. Sie übernimmt damit die aus § 9 Abs. 1 InvG a. F. bereits bekannte Formulierung („Sie handelt bei der Wahrnehmung ihrer Aufgaben unabhängig von der Depotbank [...]."). Insoweit vereint § 26 KAGB den Wortlaut der AIFM-Richtlinie mit dem bisherigen Wortlaut des deutschen InvG.

872 *Shearman & Sterling* (Fn. 871), S. 2; *Campagna*, Pooling-Modell in der betrieblichen Altersversorgung, S. 2.

873 Bundestag (Fn. 857), S. 191.

874 *Wind/ Kautenburger-Behr*, in: Weitnauer/ Boxberger/ Anders, KAGB, vor §§ 230–260, Rn. 16.

b) *Interessenkonflikte*

Im Hinblick auf die Regelung zu Interessenkonflikten in § 27 KAGB kann gleichfalls festgehalten werden, dass der Wortlaut mit dem des Art. 14 AIFM-RL gleichlautend ist. Lediglich ist anzumerken, dass in der Auflistung der möglichen Interessenkonflikte die AIFM-Richtlinie fünf Fallgruppen, das KAGB jedoch nur vier Fallgruppen nennt. Dieser Umstand ist jedoch lediglich darauf zurückzuführen, dass der Begriff „Investmentvermögen", wie er im KAGB verwendet wird, sowohl OGAW wie auch AIF erfasst und somit eine Differenzierung, wie sie in Art. 14 Abs. 1 lit. c) AIFM-RL vorgenommen wurde, sich im Rahmen der nationalen Regelung erübrigt.

Zur Vermeidung von Interessenkonflikten war die Investmentaktiengesellschaft auf nationaler Ebene bereits nach § 9 Abs. 2 Nr. 3 InvG a.F. verpflichtet. Insoweit stellt die Einführung einer *Conflicts of Interest*-Politik im KAGB keine echte Neuerung für das nationale Recht dar. Neu ist jedoch die Ausweitung dieser Pflicht auf einen größeren Adressatenkreis.

c) *Risiko- und Liquiditätsmanagement*

In Bezug auf das Risiko- und Liquiditätsmanagement (§§ 29, 30 KAGB) kann auf die in diesem Zusammenhang im Rahmen der AIFM-Richtlinie getätigten Ausführungen verwiesen werden,[875] da die nationalen Vorschriften insoweit keine Abweichungen enthalten und lediglich terminologisch angepasst worden sind. Im Übrigen beruhen sie im Wesentlichen auch auf dem bisherigen § 9a Abs. 1 InvG a.F.

d) *Berichtspflichten*

Zu den Sorgfaltspflichten des AIFM gehören auch umfangreiche Informationspflichten.[876]

aa) Gegenüber der BaFin

Eine Kapitalverwaltungsgesellschaft im Sinne des KAGB hat gemäß § 34 Abs. 1 der BaFin alle wesentlichen Änderungen, die sich auf die Voraussetzungen ihrer Erlaubnis auswirken könnten, vor Umsetzung dieser Änderungen mitzuteilen. Die BaFin hat innerhalb eines Monats bzw. bei Vorliegen besonderer Umstände im Einzelfall innerhalb von zwei Monaten über eine Ablehnung der mitgeteilten Änderungen zu entscheiden. Darüber hinaus hat die Kapitalverwaltungsgesellschaft bei Bedarf die Mitteilungspflichten nach § 34 Abs. 3 KAGB zu beachten. Einmal jährlich hat jede Kapitalverwaltungsgesellschaft gegenüber der BaFin den Namen, die Anschrift sowie die Anteilshöhe bedeutender Inhaber, die Errichtung, Verlegung oder Schließung einer inländischen Zweigstelle sowie die Begründung, Änderung oder Beendigung einer engen Verbindung offenzulegen (§ 34 Abs. 4 KAGB).

---

875 Vgl. hierzu die Ausführungen in Kapitel Zweiter Teil.C.III./ Zweiter Teil.C.IV. dieser Arbeit.

876 Siehe hierzu auch: *Schröder/ Rahn*, GWR 2014, 49, 50.

Für die AIF-Kapitalverwaltungsgesellschaft im Speziellen gelten zudem die Anforderungen des § 35 KAGB. Hiernach ist diese verpflichtet, die BaFin regelmäßig über die wichtigsten Instrumente und Märkte, auf bzw. mit denen sie auf Rechnung der von ihr verwalteten AIF handelt, zu unterrichten. Sie hat zudem Angaben zum Liquiditätsmanagement, Risikoprofil und zu den Ergebnissen der durchgeführten Stresstests zu tätigen und im Falle des Einsatzes von Leverage in „beträchtlichem Umfang"[877] den Offenlegungspflichten nach § 34 Abs. 4 KAGB nachzukommen. Für den Jahresabschluss, den Lagebericht sowie den Prüfungsbericht einer externen Kapitalverwaltungsgesellschaft werden gemäß § 38 Abs. 1 KAGB die §§ 340a bis 340o HGB für anwendbar erklärt.

Paragraf 34 Abs. 1 KAGB schließt ebenso die bisher nach § 19c Abs. 1 Nr. 1 InvG a. F. vorgesehene Anzeige der *Absicht* der Bestellung einer Person zum Geschäftsleiter unter Angabe der Tatsachen, die für die Beurteilung der Zuverlässigkeit und fachlichen Eignung wesentlich sind, und die Absicht zur Abberufung eines Geschäftsleiters mit ein.[878]

bb) Gegenüber den Anlegern

Gegenüber den Anlegern eines AIF oder OGAW statuiert das KAGB in den §§ 297 ff. für die Kapitalverwaltungsgesellschaft diverse Informationspflichten, die im Wesentlichen denen des § 121 InvG a. F. entsprechen. Das KAGB differenziert an dieser Stelle zwischen Informationspflichten, die gegenüber Privatanlegern auf der einen Seite und professionellen bzw. semiprofessionellen Anlegern auf der anderen Seite bestehen. Eine derartige Unterscheidung ist in der AIFM-Richtlinie nicht vorzufinden, sodass die Normen des KAGB an dieser Stelle weiter gehen und stärker differenzieren. Die Informationspflichten gegenüber potenziellen Privatanlegern, die am Erwerb eines Anteils interessiert sind, finden sich in § 297 KAGB. Hat ein Privatanleger bereits Anteile an einem AIF erworben, so hat die Verwaltungsgesellschaft den laufenden Informationspflichten nach §§ 299 bis 301 KAGB nachzukommen.

Die Informationspflichten gegenüber professionellen bzw. semiprofessionellen Anlegern eines AIF finden sich in §§ 307 bis 308 KAGB. Auch hier wird zwischen vor- und nachvertraglichen Mitteilungspflichten unterschieden. Im Gegensatz zu den Privatanlegern wird (semi)professionellen Anlegern jedoch weder ein Widerrufsrecht (§ 305 KAGB) noch ein Prospekthaftungsanspruch gegenüber der Kapitalverwaltungsgesellschaft (§ 306 KAGB) für den Fall unrichtiger oder unvollständiger Angaben eingeräumt.

Das KAGB errichtet jedoch noch weitere Informationspflichten für Anleger von AIF. So hat die Kapitalverwaltungsgesellschaft potenzielle Interessenkonflikte in den eigenen Betriebsabläufen offenzulegen (§ 27 Abs. 3 KAGB) und den Jahresbericht auf Anfrage den Anlegern vorzulegen (§ 67 Abs. 1 KAGB).

---

877 Zur Bestimmung gelten die Kriterien nach Art. 111 der Delegierten Verordnung (EU) Nr. 231/2013, ABl. EU Nr. L 83, S. 1 vom 19.12.2012.

878 Bundestag (Fn. 857), S. 219.

e) Vergütung

Die Regelungen betreffend die Vergütungssysteme von AIF-Kapitalverwaltungsgesellschaften in § 37 KAGB sind im Gleichklang mit Art. 13 AIFM-RL zu sehen. In § 37 KAGB wird für „Geschäftsführer, Mitarbeiter, deren Tätigkeiten einen wesentlichen Einfluss auf das Risikoprofil der Verwaltungsgesellschaft oder der verwalteten Investmentvermögen haben" der Ausdruck „Risikoträger" geformt und insoweit der Wortlaut der AIFM-Richtlinie spezifiziert. Im Weiteren wird ein Verweis auf die Anforderungen an das Vergütungssystem, die im Anhang II zur AIFM-RL errichtet wurden, vorgenommen. In § 37 Abs. 3 KAGB wird überdies das Bundesministerium für Finanzen ermächtigt, ergänzende Angaben zur Ausgestaltung des Vergütungssystems mittels nicht zustimmungsbedürftiger Rechtsverordnung zu erlassen. Im Übrigen weist der Gesetzgeber darauf hin, dass für die Festlegung des Vergütungssystems das nach dem jeweiligen Gesellschaftsrecht zuständige Organ berufen ist, sodass z. B. bei der Aktiengesellschaft der Aufsichtsrat für das Vergütungssystem des Vorstands und der Vorstand für die Vergütungssysteme der Mitarbeiter verantwortlich ist.[879] Insgesamt wird vom nationalen Gesetzgeber gefordert, dass die Vergütungssysteme dem Verhältnismäßigkeitsgrundsatz Rechnung tragen und insbesondere Faktoren wie die Größe, der Risikogehalt sowie die Internationalität der ausgeführten Geschäfte angemessen berücksichtigt werden.[880]

f) Verwahrung

Das KAGB ersetzt den bisher verwendeten Begriff der „Depotbank" durch „Verwahrstelle", wodurch eine größere Vielfalt an in Betracht kommenden Instituten zur Verfügung gestellt werden kann. Gemäß § 80 Abs. 1 KAGB hat die AIF-Kapitalverwaltungsgesellschaft sicherzustellen, dass für jeden von ihr verwalteten AIF eine Verwahrstelle im Sinne des § 80 Abs. 2 KAGB beauftragt wird. „Hat sicherzustellen" soll in diesem Zusammenhang verdeutlichen, dass „auch in den Fällen, in denen die Verwahrstelle nicht von der AIF-Kapitalverwaltungsgesellschaft, sondern von einer extern verwalteten Investmentgesellschaft beauftragt wird, die AIF-Kapitalverwaltungsgesellschaft dafür verantwortlich ist, dass eine Beauftragung stattfindet".[881] Auch im Fall einer externen Verwaltung obliegt es der Kapitalverwaltungsgesellschaft weiterhin, den jeweiligen fremdverwalteten AIF gegen operationelle Risiken abzuschirmen.[882] Paragraf 80 Abs. 3 KAGB räumt geschlossenen AIF die Möglichkeit ein, abweichend von § 80 Abs. 2 KAGB einen Treuhänder zur Wahrnehmung der Verwahrtätigkeiten zu bestellen, der die Aufgaben einer Verwahrstelle im Rahmen seiner beruflichen oder geschäftlichen Tätigkeit wahrnimmt, sofern dieser über

879 Bundestag (Fn. 857), S. 222.
880 Bundestag, Fn. 879.
881 Bundestag (Fn. 857), S. 231.
882 *Boxberger*, in: Weitnauer/ Boxberger/ Anders, KAGB, § 80 Rn. 2.

ausreichend finanzielle und berufliche Garantien verfügt.[883] Ob diese Voraussetzungen erfüllt sind und damit die Eignung der jeweiligen Person zur Übernahme der Verwahrtätigkeit gegeben ist, muss im Einzelfall unter Berücksichtigung aller Umstände entschieden werden.[884] Die Beauftragung einer solchen Person darf jedoch nach § 80 Abs. 4 KAGB erst dann erfolgen, wenn sie der BaFin zuvor benannt worden ist und diese keine Bedenken gegen eine solche Beauftragung geäußert hat. Mit § 80 Abs. 3 setzt das KAGB die fakultative Ausnahmeregelung des Art. 21 Abs. 3 AIFM-RL um. Die Beauftragung einer Verwahrstelle mit Sitz in einem Drittland für einen ausländischen AIF unterliegt überdies den zusätzlichen Anforderungen des § 80 Abs. 8 KAGB, der u.a. eine wirksame Regulierung der Verwahrstelle sowie eine vertragliche Haftung gegenüber dem ausländischen AIF bzw. dessen Anlegern fordert. Die Ausgestaltung der Aufgaben der Verwahrstelle richtet sich nach den §§ 81 bis 84 KAGB. Eine Unterverwahrung ist nach § 82 KAGB bei Vorliegen eines objektiven Grundes zulässig. Bei der Wahrnehmung ihrer Aufgaben hat die Verwahrstelle grundsätzlich „ehrlich, redlich, professionell, unabhängig und im Interesse des inländischen AIF und seiner Anleger" zu handeln, weshalb auch die Vermeidung von Interessenkonflikten in ihren Verantwortungsbereich fällt (§ 85 KAGB). In § 83 Abs. 5 KAGB wird der aufgehobene § 22 Abs. 1 S. 2 InvG umgesetzt, der eine „Rechtmäßigkeitskontrolle" dahin gehend beinhaltet, dass die Verwahrstelle eine Weisung der AIF-Verwaltungsgesellschaft zum Erwerb eines Vermögensgegenstandes darauf zu kontrollieren hat, ob die gesetzlichen und vertraglichen Anlagegrenzen eingehalten wurden.[885] Für ein Abhandenkommen eines verwahrten Finanzinstruments haftet die Verwahrstelle dem AIF und seinen Anlegern nach § 88 KAGB. Eine Exkulpation ist nur für den Fall möglich, dass das Abhandenkommen auf äußere Ereignisse zurückzuführen ist, die trotz aller angemessenen Gegenmaßnahmen nicht zu verhindern waren. Eine Unterverwahrung berührt die Haftung der Verwahrstelle jedoch nicht. Insoweit wird das gesetzgeberische Haftungsregime der AIFM-Richtlinie hier vollständig umgesetzt.[886]

6. Hedge-Fonds im KAGB

Hedge-Fonds waren bisher in den §§ 112 ff. InvG geregelt und wurden als „Sondervermögen mit zusätzlichen Risiken" bezeichnet. Sie waren gehalten, den Grundsatz der Risikomischung zu beachten, unterlagen jedoch in Bezug auf die Auswahl ihrer Vermögensgegenstände keinen Beschränkungen. Ihre ausdrückliche Erwähnung finden Hedge-Fonds nunmehr im § 283 KAGB. Nach dessen Abs. 1 handelt es sich bei diesen um „allgemeine offene inländische Spezial-AIF". Nach § 283 Abs. 2 KAGB müssen die Anlagebedingungen von Hedge-Fonds zudem den Einsatz von

883 Erwägungsgrund (34) AIFM-RL nennt hier z.B. Notare, Rechtsanwälte oder Registrierstellen.

884 Bundestag (Fn. 857), S. 232.

885 Bundestag (Fn. 857), S. 233.

886 Siehe bereits: Zweiter Teil.C.V.4.

Leverage[887] in „beträchtlichem Umfang“[888] oder die Vornahme von Leerverkäufen[889] vorsehen. Darüber hinaus gilt für „allgemeine offene inländische Spezial-AIF“ nach § 282 KAGB weiterhin der Grundsatz der Risikomischung. Eine Definition für den Begriff der „Risikomischung“ im Anwendungsbereich des § 282 KAGB liefert der Gesetzgeber nicht, sodass insoweit dieselben Anforderungen wie in § 262 KAGB für geschlossene Publikums-AIF heranzuziehen sein dürften.[890]

Während Hedge-Fonds im Geltungsbereich des InvG nur in enumerativ aufgezählte Vermögensgegenstände investieren durften, können sie fortan grundsätzlich in jeden beliebigen Vermögenswert anlegen. Eine Anlagebeschränkung gilt jedoch insofern, als die AIF-Kapitalverwaltungsgesellschaft für den Spezial-AIF nur Vermögensgegenstände erwerben darf, deren Verkehrswert ermittelt werden kann. Die Bewertung der Vermögensgegenstände und die Berechnung des Nettoinventarwertes je Anteil haben gemäß § 279 Abs. 1 KAGB mindestens einmal jährlich zu erfolgen. Gemäß § 284 Abs. 3 KAGB dürfen offene inländische Spezial-AIF auch in Unternehmensbeteiligungen investieren, solange der bislang durch §§ 91 Abs. 3 Nr. 4 i. V. m. 90h Abs. 4 S. 1 InvG errichtete Grenzwert von 20 % nicht überschritten wird. Hierdurch wird ausgeschlossen, dass der offene inländische Spezial-AIF die Kontrolle über ein Unternehmen erlangen kann und somit eine Abgrenzung zu Private Equity-Fonds vorgenommen.

Darüber hinaus werden gemäß §§ 1 Abs. 6 i. V. m. Abs. 19 Nr. 33 KAGB private Anleger von der Möglichkeit, direkt in Hedge-Fonds zu investieren, ausgeschlossen. Der deutsche Gesetzgeber hat an dieser Stelle folglich nicht von der Ermächtigung in Art. 42 i. V. m. Erwägungsgrund (71) AIFM-RL Gebrauch gemacht und den Vertrieb an Kleinanleger nicht gestattet. Als „Kleinanleger“ wird in Art. 4 Abs. 1 lit. (aj) AIFM-RL ein Anleger bezeichnet, bei dem es sich nicht um einen professionellen Anleger handelt. Ebenso werden Privatanleger nicht von den im KAGB verwendeten Begriffen professioneller oder semiprofessioneller Anleger erfasst, da „Privatanleger“ ist, wer weder professioneller noch semiprofessioneller Anleger ist (§ 1 Abs. 19 Nr. 31 KAGB). Eine Neuerung ist jedoch darin zu sehen, dass es nunmehr durch die Einführung der Kategorie „semiprofessioneller Anleger“ erstmals möglich ist, dass auch natürliche Personen Anteile an Hedge-Fonds erwerben können.[891]

Zusätzlich ist zu beachten, dass für die Zulässigkeit des Vertriebs von inländischen Spezial-AIF durch eine AIF-Kapitalverwaltungsgesellschaft an (semi) professionelle Anleger die Anforderungen des § 321 KAGB gegeben sein müssen und insbesondere eine Anzeige gegenüber der BaFin zu erfolgen hat, welche innerhalb von 20 Tagen nach Eingang der vollständigen Anzeigeunterlagen der

887 Vgl. die Legaldefinition in § 1 Abs. 19 Nr. 25 KAGB.

888 Vgl. Fn. 877.

889 Vgl. die Legaldefinition in § 276 Abs. 1 KAGB.

890 So auch: *Baum*, in: Weitnauer/ Boxberger/ Anders, KAGB, § 282 Rn. 7.

891 Vor dem Inkrafttreten des KAGB galt § 2 Abs. 3 InvG, der vorgab, dass Anteile an Sondervermögen ausschließlich von nicht natürlichen Personen gehalten werden dürfen.

Kapitalverwaltungsgesellschaft mitzuteilen hat, ob diese mit dem beabsichtigten Vertrieb beginnen darf. Handelt es sich bei der AIF-Kapitalverwaltungsgesellschaft um eine EU-AIF-Verwaltungsgesellschaft und beabsichtigt diese den Vertrieb von inländischen Spezial-AIF-Anteilen in einem anderen Mitgliedstaat als ihrem Herkunftsmitgliedstaat, so hat die zuständige Stelle des Herkunftsmitgliedstaates der EU-AIF-Verwaltungsgesellschaft der BaFin für den Fall, dass ein Vertrieb in Deutschland beabsichtigt wird, eine von ihr ausgestellte Bescheinigung über die Erlaubnis der betreffenden EU-AIF-Verwaltungsgesellschaft zur Verwaltung von AIF mit bestimmten Anlagestrategien sowie ein Anzeigeschreiben für jeden angezeigten AIF zu übermitteln (§ 323 Abs. 1 KAGB). Die EU-AIF-Verwaltungsgesellschaft darf mit dem Vertrieb beginnen, sobald sie von der zuständigen Stelle ihres Herkunftsmitgliedstaates von der Übermittlung unterrichtet wurde (§ 323 Abs. 2 KAGB). Eine ausländische AIF-Verwaltungsgesellschaft, deren Referenzmitgliedstaat die Bundesrepublik Deutschland ist und die beabsichtigt, Anteile von inländischen Spezial-AIF an (semi)professionelle Anleger zu vertreiben, hat dies gemäß § 325 KAGB der BaFin anzuzeigen. Beabsichtigt diese den Vertrieb von Anteilen an ausländischen AIF, so ist dies nur unter den Voraussetzungen des § 322 Abs. 1 KAGB zulässig (§ 326 KAGB). Ist die Bundesrepublik Deutschland nicht der Referenzstaat der ausländischen AIF-Verwaltungsgesellschaft und wird ein Vertrieb von Anteilen an inländischen Spezial-AIF intendiert, so richtet sich die Zulässigkeit nach § 327 KAGB. Für den Vertrieb von AIF-Anteilen an professionelle Anleger in anderen Mitgliedstaaten der EU durch eine AIF-Kapitalverwaltungsgesellschaft und Vertragsstaaten des Abkommens über den Europäischen Wirtschaftsraum sind die §§ 331 ff. KAGB zu beachten.

7. Private Equity im KAGB

Private Equity-Fonds werden im Rahmen des KAGB als „geschlossene inländische Spezial-AIF" bezeichnet. Ebenso wie bei Hedge-Fonds wird sowohl professionellen wie auch semiprofessionellen Anlegern eine direkte Investition in Private Equity-Fonds aufgrund der Definition in §§ 1 Abs. 6 i. V. m. Abs. 19 Nr. 33 KAGB ermöglicht. Zudem wird deutlich, dass offene Private Equity-Fonds nunmehr nicht zulässig sind. Geschlossenes inländisches Investmentvermögen darf zudem nur noch als Investmentaktiengesellschaft mit fixem Kapital (§§ 140 ff. KAGB) oder als geschlossene Investmentkommanditgesellschaft (§§ 149 ff. KAGB) aufgelegt werden (§ 139 KAGB). Erlangt ein solcher geschlossener Spezial-AIF die Kontrolle über ein nicht börsennotiertes Unternehmen, indem er mehr als 50 % der Stimmrechte an diesem Unternehmen hält, so gelten die besonderen Vorschriften der §§ 287 ff. KAGB. Insbesondere sind im Fall des Kontrollerwerbs Mitteilungspflichten gegenüber dem nicht börsennotierten Unternehmen, den Anteilseignern sowie der BaFin nach § 289 und § 290 KAGB zu erfüllen. Die Zerschlagung des Unternehmens *(Asset Stripping)* wird, wie von Art. 30 AIFM-RL vorgegeben, für einen Zeitraum von 24 Monaten untersagt (§ 292 KAGB). Bei dieser Vorschrift handelt es sich um die zentrale Neuregelung auf dem Private Equity-Sektor. Für den Vertrieb von Private Equity-Anteilen kann auf die vorigen Ausführungen zum Vertrieb von Hedge-Fonds verwiesen werden.

B. Fazit zum AIFM-Umsetzungsgesetz

Die Ausführungen zum AIFM-Umsetzungsgesetz haben gezeigt, dass allein der Name „AIFM-Umsetzungsgesetz" etwas irreführend ist. Der nationale Gesetzgeber selbst weist darauf hin, dass nicht nur die Inhalte der AIFM-Richtlinie, sondern unter Aufhebung des Investmentgesetzes ebenfalls die Regelungen der OGAW-Richtlinie sowie die für Anwendung der Europäischen Verordnung über Risikokapitalfonds und der Europäischen Verordnung über Europäische Fonds für soziales Unternehmertum erforderlichen Regelungen integriert werden sollen. Ungeachtet dieses Umstandes wird jedoch deutlich, welchen Aufwandes es vonseiten des nationalen Gesetzgebers bedurfte, um die europäischen Anforderungen der AIFM-Richtlinie mit den nationalen Grundsätzen in Einklang zu bringen. Zwar wird das Investmentgesetz in seiner Gesamtheit aufgehoben. Jedoch wird deutlich, dass der deutsche Gesetzgeber dessen Inhalte soweit wie möglich in das neue KAGB, teilweise sogar wortgleich, übernommen hat. Insbesondere mit der Einführung der „semiprofessionellen" Anlegerklasse geht der nationale Gesetzgeber sogar über die Bestimmungen der AIFM-Richtlinie hinaus bzw. macht von dem ihm eingeräumten Entscheidungsspielraum Gebrauch. Diese zusätzliche Anlegergruppe eröffnet zusätzliche Vertriebsmöglichkeiten und erscheint als eine Art Ausgleich zu den durch die AIFM-Richtlinie geschaffenen strengeren Anforderungen. Überdies hat nunmehr erneut der materielle Investmentvermögensbegriff Einzug in das deutsche Recht gefunden, sodass fortan jedes Investmentvermögen in Einklang mit den Bestimmungen des KAGB errichtet, verwaltet und vertrieben werden muss, um als rechtmäßig anerkannt zu werden. Hierdurch werden die Rechtssicherheit und Transparenz gefördert und gleichzeitig der Anlegerschutz verbessert. Letztlich kann festgehalten werden, dass der nationale Gesetzgeber mit dem AIFM-Umsetzungsgesetz bzw. mit dem KAGB einen vernünftigen Kompromiss zwischen den Zielen und Intentionen der AIFM-Richtlinie und den Bedürfnissen des alternativen Investmentfonds-Sektors geschaffen hat.

Fünfter Teil: Die „Verordnung über Europäische Risikokapitalfonds"

Am 25. April 2013 ist die „Europäische Verordnung über Europäische Risikokapitalfonds" (EuVECA-VO) im Amtsblatt der EU veröffentlicht worden.[892] Sie ist als Ergänzungswerk zur AIFM-Richtlinie anzusehen und richtet sich insbesondere an Venture-Capital-Fonds, welche als AIF, die mehr als 500 Mio. Euro verwalten, grundsätzlich in den Anwendungsbereich der AIFM-Richtlinie fallen.

A. Problemstellung und Ziele der EuVECA-Verordnung

Da die Mehrheit der Venture-Capital-Fonds in Europa Vermögensgegenstände unterhalb der Schwelle von 500 Mio. Euro verwaltet, fallen diese jedoch regelmäßig unter den Ausnahmetatbestand des Art. 3 Abs. 2 lit. b) AIFM-RL und können so demnach nicht in den Vorteil eines erleichterten europaweiten Vertriebs kommen. Zwar besteht nach Art. 3 Abs. 3 AIFM-RL die Möglichkeit, sich freiwillig der AIFM-Richtlinie zu unterwerfen (sog. *Opt-in*-Verfahren).[893] Dieses hat dann jedoch nicht nur zur Folge, dass die Rechtsfolgen der AIFM-Richtlinie (z.B. EU-Pass) Anwendung finden, sondern vielmehr die Richtlinie in ihrer Gesamtheit einzuhalten ist. Aufgrund dessen, dass es kleinen Venture-Capital-Gesellschaften oftmals jedoch nicht möglich ist, den hohen Anforderungen der AIFM-Richtlinie in finanzieller und organisatorischer Hinsicht zu entsprechen, dürfte das *Opt-in*-Verfahren der AIFM-Richtlinie für die meisten Unternehmen als Alternative ausscheiden, da überdies der Inhalt der AIFM-Richtlinie nicht auf die Bedürfnisse von Venture-Capital-Fonds zugeschnitten ist.[894] Die AIFM-Richt-linie sieht ein strenges Erlaubnis- und Aufsichtsregime für Verwalter von AIF vor, um systemische Risiken, die aus deren Tätigkeit resultieren und Ansteckungsgefahren für den gesamten Finanzmarkt erzeugen können, kontrollieren und eindämmen zu können. Die Tätigkeit von Verwaltern von Venture-Capital-Fonds hingegen ist kaum geeignet, die eben genannten Effekte hervorzurufen, sodass schon das gesetzgeberische Konzept der AIFM-Richtlinie per se nicht passend ist und zu einer Benachteiligung von Venture-Capital-Managern führen könnte.

892 Verordnung (EU) Nr. 345/2013 des Europäischen Parlaments und des Rates vom 17. April 2013 über Europäische Risikokapitalfonds, ABl. EU Nr. L 115, S. 1 vom 25.4.2013 (im Folgenden nur noch als „EuVECA-Verordnung" bzw. „EuVECA-VO" bezeichnet).

893 Siehe hierzu auch: Durchführungsverordnung (EU) Nr. 447/2013 der Kommission vom 15. Mai 2013, ABl. EU Nr. L 132, S. 1 vom 16.5.2013.

894 Europäische Kommission (GD Market), Staff Working Paper – A new European regime for Venture Capital, S. 5.

Um diesen Missstand zu beheben, standen zwei gesetzgeberische Handlungsalternativen zur Auswahl.[895] Zum einen hätte eine Überprüfung der AIFM-Richtlinie vorgenommen werden können, um festzustellen, inwieweit die Regelungen auf Verwalter von Venture-Capital-Fonds anwendbar sind und wo Anpassungsbedarf besteht, um sodann im Anschluss die erforderlichen Änderungen in die AIFM-Richtlinie integrieren zu können. Zum anderen stand der Erlass eines auf Venture-Capital-Fonds zugeschnittenen Regelwerkes zur Auswahl. Wie offensichtlich, hat sich der Gesetzgeber für den zweiten Lösungsweg entschieden. Ausschlaggebend hierfür mag einerseits der Umstand gewesen sein, dass, wie bereits erwähnt, das Konzept der AIFM-Richtlinie an sich schon nicht für Verwalter von Venture-Capital-Fonds passend ist und andererseits die ohnehin schon sehr umfangreiche und wenig übersichtliche AIFM-Richtlinie noch mehr an Komplexität gewonnen hätte.

Basierend auf diesen Ausführungen ist es daher das erklärte Ziel der EuVECA-Verordnung, kleinen und mittelständischen Unternehmen (KMU), die sich noch in der Anfangsphase ihrer Existenz befinden, jedoch ein starkes Wachstums- und Expansionspotenzial aufweisen, das nötige Know-how und Kapital zur Verfügung stellen zu können, das sie zu ihrer Etablierung benötigen (Erwägungsgrund (1) EuVECA-VO). Denn Zahlen belegen, dass die jährlichen Fördersummen von Venture-Capital-Fonds in KMUs von 6 bis 7 Mrd. EUR vor der Krise auf 3 bis 4 Mrd. EUR in den ersten Jahren nach der Krise gefallen sind.[896] Ein fatale Situation, da gerade nach einer Krise dringend Gelder für den Aufbau neuer Unternehmen benötigt werden, um die wirtschaftliche Situation neu ordnen zu können. Daher soll, ebenso wie bei der AIFM-Richtlinie, die Erfüllung der Anforderungen der EuVECA-Verordnung als eine Art „Qualitätssiegel" für KMUs dienen, das dabei helfen soll, das Vertrauen der Anleger in das Unternehmen zu stärken und das allgemeine Wirtschaftswachstum zu fördern. Der „Marktplatz Europa" soll für Investoren wieder attraktiver und sicherer und die Innovations- und Wettbewerbsfähigkeit europäischer Unternehmen sollen verbessert werden. Der Gesetzgeber hat sich zudem für den Erlass einer unmittelbar in allen Mitgliedstaaten der EU geltenden Verordnung entschieden, um gemeinsame und einheitliche Rahmenbedingungen für den Venture-Capital-Markt innerhalb der EU zu schaffen und zu verhindern, dass durch abweichende nationale Regelungen in Bezug auf die Qualitätsanforderungen an die Zusammensetzungen des Portfolios, die Anlageobjekte und den Grad des Anlegerschutzes Gefahren für das Funktionieren des Binnenmarktes entstehen (Erwägungsgründe (2), (3) EuVECA-VO).

---

895 Europäische Kommission (Fn. 894), S. 6.

896 Europäische Kommission (Fn. 894), S. 2.

B. Inhalt der EuVECA-Verordnung

I. Anwendungsbereich und Begriffsbestimmung

Gemäß Art. 1 EuVECA-VO werden in der Verordnung „einheitliche Anforderungen an und Bedingungen für die Verwalter von Organismen für gemeinsame Anlagen festgelegt, die für den Vertrieb von qualifizierten Risikokapitalfonds in der Union die Bezeichnung ‚EuVECA' verwenden wollen". Damit wählt auch dieses Regelwerk einen personalistischen Ansatz und reguliert nicht die Produkte selbst, sondern die Verwalter der Produkte. Gemäß Art. 3 lit. c) EuVECA-VO bezeichnet der Ausdruck „Verwalter eines qualifizierten Risikokapitalfonds" eine juristische Person, deren regelmäßig ausgeübte wirtschaftliche Tätigkeit darin besteht, mindestens einen qualifizierten Risikokapitalfonds zu verwalten. Die Verwalter müssen gemäß Art. 2 EuVECA-VO folgende Kriterien vorweisen:

- Der Wert der verwalteten Vermögenswerte übersteigt nicht den Wert von 500 Mio. EUR,
- Zulassung in der EU,
- Registrierungspflicht gemäß Art. 3 Abs. 3 lit. a) AIFM-RL bei den zuständigen Behörden des Herkunftsmitgliedstaates des Verwalters,
- Verwaltung von Portfolios von qualifizierten Risikokapitalfonds.

Der sachliche Anwendungsbereich der EuVECA-Verordnung bezieht sich folglich auf „qualifizierte Risikokapitalfonds". Hierzu heißt es in Art. 3 lit. b) EuVECA-VO:

> Für die Zwecke dieser Verordnung bezeichnet der Ausdruck
>
> [...]
>
> b) „qualifizierter Risikokapitalfonds" einen Organismus für gemeinsame Anlagen, der
>
> i) beabsichtigt, innerhalb der in seinen Anlagebedingungen oder seiner Satzung festgelegten Frist mindestens 70 % seines aggregierten eingebrachten Kapitals und noch nicht eingeforderten zugesagten Kapitals, berechnet auf der Grundlage der Beträge, die nach Abzug aller einschlägigen Kosten sowie der Kassenbestände und vergleichbarer liquider Mittel für Anlagen zur Verfügung stehen, in Vermögenswerte zu investieren, die qualifizierte Anlagen sind;
>
> ii) nicht mehr als 30 % seines aggregierten eingebrachten Kapitals und noch nicht eingeforderten zugesagten Kapitals, berechnet auf der Grundlage der Beträge, die nach Abzug aller einschlägigen Kosten sowie der Kassenbestände und vergleichbarer liquider Mittel für Anlagen zur Verfügung stehen, für den Erwerb von anderen Vermögenswerten als qualifizierten Anlagen einsetzt;
>
> iii) im Hoheitsgebiet eines Mitgliedstaates niedergelassen ist.

Demnach ist für die Klassifizierung eines OGAW als „qualifizierter Risikokapitalfonds" maßgeblich, dass es sich bei mindestens 70 % der Vermögenswerte, in die der Fonds investiert, um „qualifizierte Anlagen" handelt und im Umkehrschluss nicht mehr als 30 % in nicht qualifizierte Anlagen investiert wird. Unter dem Begriff „qualifizierte Anlagen" werden nach Art. 3 lit. 3) EuVECA-VO verstanden (1.) Eigenkapital oder eigenkapitalähnliche Instrumente,[897] (2.) besicherte und unbesicherte Darlehen, die von dem qualifizierten Risikokapitalfonds einem qualifizierten Portfoliounternehmen[898] gewährt werden, (3.) Anteile an einem qualifizierten Portfoliounternehmen, die von bestehenden Anteilseignern dieses Unternehmens erworben werden und (4.) Anteile von einem oder mehreren anderen qualifizierten Risikokapitalfonds, sofern diese selbst höchstens 10 % ihres aggregierten eingebrachten und noch nicht eingeforderten, zugesagten Kapitals in qualifizierte Risikokapitalfonds investiert haben.

Der Anlegerkreis qualifizierter Risikokapitalfonds wird nach Art. 6 Abs. 1 EuVECA-VO bestimmt. Hiernach dürfen diese grundsätzlich nur an professionelle Anleger gemäß Anhang II Abschnitt I der MiFID-RL vertrieben werden. Darüber hinaus kann ein Vertrieb aber auch an Anleger erfolgen, die gemäß Anhang II Abschnitt II der MiFID-RL als professionelle Anleger behandelt werden können,[899] und an solche anderen Anleger, die sich verpflichten, mindestens 100.000 EUR zu investieren und darüber hinaus schriftlich in einem Vertrag angeben, dass sie sich der Risiken und Verpflichten in Zusammenhang mit der Investition bewusst sind.

II. Die Registrierung und ihre Folgen

Verwalter eines qualifizierten Risikokapitalfonds, die sich den Anforderungen des *Opt-in*-Verfahrens der EuVECA-Verordnung freiwillig unterwerfen, dürfen beim Vertrieb von qualifizierten Risikokapitalfonds in der Union die Bezeichnung

---

897 Siehe hierzu die Definitionen in Art. 3 lit. g), lit. h) EuVECA-VO.

898 Gemäß Art. 3 lit. d) EuVECA-VO bezeichnet der Ausdruck „qualifiziertes Portfoliounternehmen" ein Unternehmen, das (1) zum Zeitpunkt einer Investition des qualifizierten Risikokapitalfonds nicht für den Handel an einem geregelten Markt zugelassen ist, weniger als 250 Personen beschäftigt und einen Jahresumsatz von höchstens 50 Mio. Euro bzw. eine Jahresbilanzsumme von höchstens 43 Mio. Euro hat, (2) nicht selbst ein OGAW ist, (3) weder ein Kreditinstitut, eine Wertpapierfirma, ein Versicherungsunternehmen, eine Finanzholdinggesellschaft noch ein gemischtes Unternehmen ist und (4) im Hoheitsgebiet eines Mitgliedstaates oder in einem Drittlang niedergelassen ist.

899 Hierfür ist es erforderlich, dass mindestens zwei der folgenden Kriterien vorliegen:
(1) Der Kunde hat an einem relevanten Markt während der vier vorhergehenden Quartale durchschnittlich pro Quartal 10 Geschäfte von erheblichem Umfang getätigt;
(2) das Finanzinstrument-Portfolio des Kunden, das definitionsgemäß Bardepots und Finanzinstrumente umfasst, übersteigt 500.000 EUR;
(3) der Kunde ist oder war mindestens ein Jahr lang in einer beruflichen Position im Finanzsektor tätig, die Kenntnisse über die geplanten Geschäfte oder Dienstleistungen voraussetzt.

„EuVECA“ verwenden. Hierfür ist Voraussetzung, dass der Verwalter eine Registrierung gemäß der EuVECA-Verordnung erhalten hat. Die Registrierung wird nach Art. 14 EuVECA-VO von der zuständigen Behörde des Herkunftsmitgliedstaates des Verwalters vorgenommen. Zu diesem Zweck hat der Verwalter des qualifizierten Risikokapitalfonds die nach Abs. 1 und Abs. 2 geforderten Informationen und Angaben offenzulegen. Die Registrierung nach Art. 14 EuVECA-VO gilt für das gesamte Gebiet der EU und verleiht den Verwaltern eines qualifizierten Risikokapitalfonds das Recht, qualifizierte Risikokapitalfonds in der gesamten Union unter der Bezeichnung „EuVECA“ zu vertreiben (Art. 14 Abs. 3 EuVECA). Sie entfaltet folglich die Wirkung eines „EU-Passes“. Ein bedeutender Unterschied zur Registrierung nach der EuVECA-Verordnung gegenüber der Registrierungspflicht gemäß der AIFM-Richtlinie ist jedoch, dass diese für Verwalter von Risikokapitalfonds nicht obligatorisch, folglich nicht zwingend ist. Lediglich für den Fall, dass der Verwalter beabsichtigt, die Bezeichnung „EuVECA“ zu führen und in den Genuss der damit verbundenen Wirkungen zu kommen, hat er eine Registrierung bei der zuständigen Behörde zu ersuchen (Erwägungsgrund (10) EuVECA-VO).

Hat der Verwalter des Risikokapitalfonds jedoch eine Registrierung nach der EuVECA-Verordnung erhalten, so hat er die in der Verordnung aufgestellten Anforderungen vollumfänglich zu erfüllen. So ist dieser gemäß Art. 7 EuVECA-VO verpflichtet, seiner Tätigkeit ehrlich, redlich sowie mit der gebotenen Sachkenntnis, Sorgfalt und Gewissenhaftigkeit nachzugehen und im besten Interesse des qualifizierten Risikokapitalfonds sowie seiner Anleger zu handeln. Dazu gehört auch, Interessenkonflikte zwischen allen Beteiligten zu ermitteln und zu vermeiden und zu diesem Zweck wirksame organisatorische und verwaltungsmäßige Vorkehrungen zu treffen (Art. 9 EuVECA-VO). Zudem sind die Verwalter von qualifizierten Risikokapitalfonds verpflichtet, jederzeit über ausreichende Eigenmittel zu verfügen, um die Kontinuität des Geschäftsbetriebs gewährleisten zu können (Art. 10 EuVECA-VO). Zudem muss die Bewertung der Vermögenswerte mindestens einmal jährlich auf Basis eines zuverlässigen und transparenten Bewertungsverfahrens vorgenommen werden (Art. 11 EuVECA-VO). Darüber hinaus unterliegt der Verwalter gemäß Art. 12 und Art. 15 EuVECA-VO Berichtspflichten gegenüber der zuständigen Behörde des Herkunftsmitgliedstaates sowie gemäß Art. 13 EuVECA-VO bestimmten vorvertraglichen Berichtspflichten gegenüber den Anlegern des Fonds, die im Wesentlichen denen der AIFM-Richtlinie entsprechen. Auffällig ist jedoch, dass die Beauftragung einer Verwahrstelle nicht vorgeschrieben wird. Dies erübrigt sich jedoch im Hinblick auf die Art und das Wesen von Private Equity-Investitionen.

III. Aufsicht

Gemäß Art. 17 EuVECA-VO werden alle registrierten Verwalter sowie die von ihnen vertriebenen qualifizierten Risikokapitalfonds von der ESMA in eine öffentlich zugängliche Datenbank im Internet aufgenommen.

Die zuständige Behörde des Herkunftsmitgliedstaates des Verwalters überwacht die Einhaltung der in der Verordnung aufgestellten Anforderungen durch den

Verwalter (Art. 18 EuVECA-VO) und erhält zum Zweck der Wahrnehmung ihrer Aufgaben die erforderlichen Aufsichts- und Ermittlungsbefugnisse nach Art. 19 EuVECA-VO, die insbesondere Zugang zu Unterlagen aller Art sowie Ermittlungen vor Ort vorsehen. Zudem ist sie befugt, geeignete Maßnahmen – den Entzug der Registrierung eingeschlossen – bei Verstoß gegen die Verordnung zu ergreifen (Art. 21 Abs. 1, Abs. 2 EuVECA).

IV. Integrierung der EuVECA in das KAGB

Die „Verordnung über Europäische Risikokapitalfonds" hat ebenso Einzug in das KAGB gefunden. Dies ist darauf zurückzuführen, dass – wie schon erwähnt – mit diesem neuen Gesetzeswerk nicht nur die AIFM-Richtlinie umgesetzt, sondern gleichzeitig unter Aufhebung des Investmentgesetzes die Regelungen der OGAW-Richtlinie integriert sowie die für Anwendung der Europäischen Verordnung über Risikokapitalfonds und der Europäischen Verordnung über Europäische Fonds für soziales Unternehmertum erforderlichen Regelungen aufgenommen werden sollten.[900] Gemäß §§ 337 i.V.m. 2 Abs. 6 KAGB werden die §§ 1, 2, 5 Abs. 1 sowie die §§ 6, 7, 13, 14, 44 Abs. 1 Nr. 1, 2, 5 bis 7 und Abs. 4 bis 7 KAGB für entsprechend anwendbar erklärt. Dies hat zur Folge, dass Verwalter von qualifizierten Risikokapitalfonds mit Sitz in Deutschland gleichfalls zu einer Registrierung bei der BaFin verpflichtet sind und diese gleichzeitig die zuständige Aufsichtsbehörde ist.[901]

900 BMF (Fn. 855), S. 1 f.

901 Seit Inkrafttreten der EuVECA-VO haben sich viele offene Fragen und praktische Probleme ergeben. Siehe hierzu: *Siering/ Izzo-Wagner*, BKR 2014, 242.

Sechster Teil: Rechtsvergleich

Ziel des sechsten Teils ist es, eine rechtsvergleichende Gegenüberstellung der im Rahmen dieser Arbeit behandelten vier Gesetzeswerke vorzunehmen, welche namentlich lauten: AIFM-Richtlinie, Dodd-Frank Act, Kapitalanlagegesetzbuch (KAGB) sowie die „Verordnung über Europäische Risikokapitalfonds". Dies soll dem Zweck dienen, festzustellen, in welchem Maße Übereinstimmungen, aber auch Abweichungen zu erkennen sind, überdies aber auch zu klären, in welchem Umfang sich die Regelwerke gegenseitig beeinflusst haben.

A. AIFM-Richtlinie vs. Dodd-Frank Act

An dieser Stelle sollen zunächst die zwei Hauptwerke, AIFM-Richtlinie und Dodd-Frank Act, einander gegenübergestellt werden. Dieser Rechtsvergleich bildet den Schwerpunkt innerhalb des sechsten Teils und wird daher am intensivsten behandelt.

I. Hintergrund und Ziele

Zunächst gilt es, die AIFM-Richtlinie und den Dodd-Frank Act im Hinblick auf ihren Entstehungshintergrund und ihre Zielsetzungen zu vergleichen.

Eine wesentliche Gemeinsamkeit von AIFM-Richtlinie und Dodd-Frank Act ist der wirtschaftliche Hintergrund, der beiden Regelungen zugrunde liegt. Auch wenn es bereits Jahre zuvor Bestrebungen auf beiden Seiten gegeben hatte, das Kapitalmarktrecht den veränderten globalen Rahmenbedingungen anzupassen, so haben den finalen Anstoß zum Erlass gesetzlicher Normen, welche die Tätigkeit von Verwaltern alternativer Investmentfonds zum Gegenstand haben, doch erst die im Zusammenhang mit der *Subprime*-Krise eingetretenen Ereignisse gegeben. Sowohl der europäische wie auch der US-amerikanische Gesetzgeber sahen sich ab dem Jahr 2007 plötzlich mit einer wirtschaftlichen Realität konfrontiert, die allzu deutlich vor Augen führte, dass die Zeit des Aufschubs vorbei war und dringend gehandelt werden musste. Großbanken gerieten finanziell stark ins Wanken oder brachen – wie zuletzt am Fall „Lehman Brothers" zu beobachten war – vollkommen zusammen. Unternehmen wurden die zur Bewältigung ihres Tagesgeschäfts erforderlichen Kredite nicht mehr gewährt, was zu einem Auftragsrückgang und einem hierdurch initiierten massiven Arbeitsplatzabbau – allein im Jahr 2008 waren es in den USA 2,6 Mio. weniger Arbeitsplätze – und schließlich zum Ruin vieler privater Haushalte führte. Es entstand ein Teufelskreis, der den Weg aus der Krise stark erschwerte. Unter diesem Druck stehend und den Erwartungen und Hoffnungen einer breiten Öffentlichkeit ausgesetzt, war es nunmehr die Aufgabe des Gesetzgebers, die Verantwortlichen der Krise ausfindig zu machen und sie einem gesetzlichen Regime zu unterwerfen. So kam es, dass der US-amerikanische Gesetzgeber im Jahr 2010 den Dodd-Frank Act erließ, der als das größte und bedeutendste Reformwerk der USA seit der Großen Depression bezeichnet wird. Wie im vorangegangenen Kapitel aufgezeigt werden konnte, richtet sich der Dodd-Frank Act zwar nicht ausschließlich an *private funds*, durch die Regelungen im Titel IV – und nicht zuletzt auch durch die Errichtung der „Volcker-Rule" – macht er jedoch deutlich, dass von diesen ein besonderes systemisches Risiko ausgeht, das es durch entsprechende Regeln zu kontrollieren bzw. einzudämmen gilt, damit es im Krisenfall nicht auf andere Marktsegmente übergreift. Auch im Rahmen der AIFM-Richtlinie steht die Eingrenzung systemischer Risiken durch alternative Investmentfonds im Vordergrund der gesetzgeberischen Erwägungen und kann als übergeordnetes Ziel bezeichnet werden, das dem gesamten Regelwerk zugrunde liegt.

Jedoch ging es auch entscheidend darum, gesetzliche Lücken, derer man sich schon längst bewusst war, zu schließen. Sowohl in Europa wie auch in den USA gab es vor der AIFM-Richtlinie bzw. vor dem Dodd-Frank Act kein Gesetz, das konkrete Anforderungen für Hedge-Fonds oder deren Verwalter statuierte, wodurch diesen ein Schattendasein ohne Aufsicht und Kontrolle ermöglicht wurde. Dies wiederum hatte zur Folge, dass nur wenige offizielle Zahlen und Angaben z. B. zur Höhe des verwalteten Vermögens, zur Vergütungsstruktur der Verwalter jener Fonds oder in Bezug auf die eingesetzten Anlagestrategien aus dem inneren Kreis herausdrangen, was die gesetzgeberische Arbeit überdies erschwerte.

Ein weiteres Anliegen bestand darin, durch die Statuierung von Berichtspflichten die Position und die Rechte der Anleger zu schützen. In der Vergangenheit war es den Investoren von Hedge-Fonds kaum möglich, die Vorgehensweise oder die Vergütungsansprüche der Fondsmanager nachzuvollziehen, da ihnen gegenüber keinerlei Publizitätspflichten bestanden. Durch die allgemeine Pflicht, dass die Fondsmanager stets im Interesse ihrer Anleger zu handeln und zu entscheiden haben, soll gleichzeitig dem Problem der „Prinzipal-Agent-Theorie" entgegengewirkt und die Eliminierung von Fehlanreizen bewirkt werden.

Es zeigt sich folglich, dass die AIFM-Richtlinie und der Dodd-Frank Act in demselben wirtschaftlichen Kontext stehen und auch in ihren Zielen übereinstimmen. Die Eindämmung systemischer Risiken, die von alternativen Investmentfonds ausgehen, kann dabei als übergeordnetes Ziel bezeichnet werden, das den Leitgedanken beider Regelungen darstellt. Letztlich sollte jedoch auch eine Rehabilitierung des Finanzmarktes und die Wiedergewinnung des Vertrauens der Anleger in die Märkte bewirkt werden.

II. Anwendungsbereich und Ausnahmen

Bei Vornahme eines Vergleichs der Anwendungsbereiche der AIFM-Richtlinie und des Dodd-Frank Act gilt es zunächst, eine entscheidende Differenzierung vorzunehmen. Zum einen muss danach gefragt werden, wer der Adressat der Regelungen ist, wen also folglich die Pflicht zur Einhaltung der rechtlichen Anforderungen trifft (persönlicher Anwendungsbereich). Zum anderen kann nach dem Gegenstand gefragt werden (sachlicher Anwendungsbereich), der maßgeblich für die Frage ist, ob der Adressat im konkreten Fall nach Maßgabe der gesetzlichen Vorschriften zu handeln hat. Diese abstrakt formulierte Unterscheidung soll durch die folgenden Ausführungen verdeutlicht werden.

1. Persönlicher Anwendungsbereich

Zur Beantwortung der Frage, wer der Adressat einer Regelung ist, stehen grundsätzlich zwei Möglichkeiten zur Auswahl. In diesem Fall kann einerseits der Fonds selbst Gegenstand der Regelung sein, andererseits jedoch auch die Person, die mit der Verwaltung des Fonds betraut ist. Stellt man die AIFM-Richtlinie und den Dodd-Frank Act in diesem Punkt einander gegenüber, so stellt man fest, dass sich beide Gesetzeswerke für denselben Ansatz entschieden und den Verwalter der Fonds, welcher als AIFM bzw. *adviser* bezeichnet wird, als Anknüpfungspunkt gewählt haben. Beide verfolgen folglich einen personalistischen Ansatz, der es ermöglicht, Regeln zu statuieren, die unabhängig von der Entwicklung der Fondsbranche in der Zukunft Geltung für sich beanspruchen können. Zudem wird bereits im ersten Erwägungsgrund zur AIFM-Richtlinie darauf hingewiesen, dass das Ausmaß der systemischen Risiken, die von Hedge-Fonds ausgehen können, insbesondere von den Tätigkeiten und Entscheidungen des AIFM abhängen würde. Da seine Entscheidungsmacht somit letztlich maßgeblich für die Risikogeneigtheit eines z.B. Hedge-Fonds ist, ist es nur folgerichtig und konsequent, ihn als Anknüpfungspunkt für die gesetzlichen Pflichten auszuwählen.

Darüber ist anzumerken, dass sowohl die AIFM-Richtlinie als auch der Dodd-Frank Act auf nicht europäische AIFM bzw. nicht US-amerikanische *adviser* anzuwenden sind, solange ein Bezug zur EU bzw. den USA besteht. Die AIFM-Richtlinie geht in diesem Punkt jedoch noch etwas weiter, da sie zudem zwischen EU-AIF und Nicht-EU-AIF unterscheidet – eine Differenzierung, die im Dodd-Frank Act nicht vorzufinden ist.

2. Sachlicher Anwendungsbereich

Vergleicht man den sachlichen Anwendungsbereich der AIFM-Richltinie mit dem des Dodd-Frank Acts, so werden schnell Gemeinsamkeiten, aber auch Unterschiede deutlich. Dies hängt vor allem mit dem Umstand zusammen, dass es sich bei der AIFM-Richtlinie um ein eigenständiges, speziell für alternative Investmentfonds konzipiertes Regelungswerk handelt, der Dodd-Frank Act hingegen ein umfassendes Reformwerk darstellt, das sich nicht nur auf *private funds* bezieht, sondern insbesondere auch Regeln für Banken statuiert.

Aus diesem Grund ist es in diesem Zusammenhang sinnvoll, nicht den Anwendungsbereich des gesamten Dodd-Frank Act heranzuziehen, sondern lediglich den, der für das Kapitel IV maßgeblich ist und sich konkret an *private funds* richtet. Eine Gegenüberstellung dieses Geltungsbereichs mit dem der AIFM-Richtlinie zeigt, dass beide Gesetzeswerke grundsätzlich einen sehr weiten Anwendungsbereich beinhalten, der nur wenige Ausnahmen bereithält. Insbesondere Verwalter von

Family Offices und kleinen sowie risikoarmen Fonds werden dabei ausdrücklich vom Anwendungsbereich ausgeschlossen. Die Höhe des verwalteten Vermögens darf dabei in den USA nicht 150 Mio. US-Dollar erreichen, in Europa gilt ein Grenzwert von 100 Mio. Euro. Nach Vornahme einer Währungsumrechung ergibt sich folglich ein annähernd gleicher Wert. Als Argument für beide Ausnahmetatbestände wird von gesetzgeberischer Seite angeführt, dass von *Family Offices*, die sich wesenstypisch nur mit der Verwaltung familieneigenen Vermögens befassen, sowie kleinen Fonds kein bzw. nur ein geringes systemisches Risiko ausgehe und sie damit keine Gefahr für die Stabilität des Finanzmarktes bedeuteten. Damit werden insbesondere Hedge-Fonds, die das vornehmliche Regelungsobjekt darstellen, aber auch Private Equity-Fonds vom Anwendungsbereich beider Gesetzeswerke erfasst. Zu erwähnen ist, dass der Dodd-Frank Act im Gegensatz zur AIFM-Richtlinie eine ausdrückliche Ausnahmeregelung für Venture-Capital-Fonds bereithält und somit ein Teilbereich der Private Equity-Fonds explizit ausgeschlossen wird.

Zusammenfassend kann demnach festgehalten werden, dass sowohl der personalistische Ansatz wie auch der sachliche Anwendungsbereich bei der AIFM-Richtlinie und dem Dodd-Frank Act, bis auf die hier enthaltene Venture-Capital-Ausnahme, übereinstimmen.

III. Regelungsbereiche

Unter diesem Abschnitt soll eine Gegenüberstellung der in der AIFM-Richtlinie und dem Dodd-Frank Act vorzufindenden Regelungsbereiche erfolgen.

1. Registrierungspflicht

Die Kernregelung sowohl der AIFM-Richtlinie als auch des Dodd-Frank Act stellt die Statuierung einer Registrierungspflicht für Verwalter von AIF bzw. *private funds* dar. Sie befindet sich in Art. 7 der AIFM-Richtlinie bzw. in *Section* 403 des Dodd-Frank Act. Auf europäischer Ebene ist damit eine große Lücke in den kapitalmarktrechtlichen Regulierungen geschlossen worden. Aber auch in den USA ist schließlich ein Ausnahmetatbestand im Investment Advisers Act of 1940 beseitigt worden, der eigentlich kaum noch zu rechtfertigen war. Zwar ist eine Registrierungspflicht bei den Betroffenen, wie zu erwarten war, auf Widerstand gestoßen, rationale Gründe, den bisherigen Status quo aufrecht zu erhalten, konnten jedoch auch nicht vorgebracht werden. Grundsätzlich kann jedoch festgestellt werden, dass die Anforderungen, welche die AIFM-Richtlinie an den AIFM stellt, mit denen des Dodd-Frank Act übereinstimmen. So muss der Fondsmanager nachweisen, dass er aufgrund seiner Ausbildung und seines beruflichen Werdegangs den Anforderungen der Fonds-Verwaltung gerecht werden kann und die hierfür nötigen Fachkenntnisse besitzt. Gleichfalls scheidet eine Zulassung aus, wenn der Antragsteller in der jüngeren Vergangenheit strafrechtlich in Erscheinung getreten ist und aufgrund dessen seine Seriosität und Vertrauenswürdigkeit einbüßen musste. Überdies finden sich in Art. 9 AIFM-RL Angaben zu Mindestkapital und sonstigen Eigenmitteln, die der

AIFM zum Zwecke der Registrierung vorweisen muss. Das Anfangskapital eines intern verwalteten AIF muss demnach 300.000 EUR, das Anfangskapital eines extern verwalteten AIF 125.000 EUR betragen. Durch diese Anforderungen an liquiden bzw. kurzfristig zu mobilisierenden Vermögenswerten, die jedoch keine spekulativen Positionen enthalten dürfen (Art. 9 Abs. 8 AIFM-RL), soll die kontinuierliche Verwaltung durch den AIFM sichergestellt werden, auch wenn die Verluste in einer Periode nicht durch Gewinne gedeckt sind. Gemäß Erwägungsgrund (23) AIFM-RL soll durch die Mindestkapitalanforderungen zudem sichergestellt werden, dass AIFM ihre Verwaltungsdienste für AIF kontinuierlich und regelmäßig erbringen und die potenziellen Risiken von AIFM im Rahmen ihrer Berufshaftpflicht abgedeckt werden. Angaben zu Anfangskapital und sonstigen vorzuweisenden Eigenmitteln können weder dem Dodd-Frank Act noch sonstigen einschlägigen Gesetzen entnommen werden. Damit besteht eine gravierende Regelungslücke, die erhebliches Risikopotenzial mit sich bringt.

2. Berichtspflichten

Sowohl in der AIFM-Richtlinie wie auch im Dodd-Frank Act finden sich Berichtspflichten, denen der Verwalter eines AIF bzw. *private funds* zur Erhöhung der Transparenz und Kontrollbefugnisse der Aufsichtsbehörden nachzukommen hat.

Dabei gibt es Transparenzpflichten, die gegenüber den Aufsichtsbehörden bestehen, jedoch auch solche, die gegenüber den Anlegern erfüllt werden müssen, um hierdurch eine verbesserte Informationsausstattung aufseiten der Investoren und eine Einschränkung der Missbrauchsmöglichkeiten aufseiten des Fondsmanagers gewährleisten zu können.

In Bezug auf Berichtspflichten, die gegenüber der zuständigen Aufsichtsbehörde zu erfüllen sind, ähneln sich die AIFM-Richtlinie und der Dodd-Frank Act stark. Gemäß Art. 24 AIFM-RL bzw. Sec. 404 Dodd-Frank Act hat der Fondsmanager der zuständigen Behörde Angaben zu den Märkten und Instrumenten zu tätigen, in die der Fonds investiert. Zudem müssen die Höhe und die Kategorien der Vermögenswerte sowie die mit ihnen verbundenen Risiken aufgezeigt werden. Darüber hinaus ist der Fondsmanager verpflichtet, Angaben zu der Höhe und der Zusammensetzung des Leverage-Einsatzes offenzulegen. Dies alles soll eine frühzeitige Aufdeckung von Markt- und Liquiditätsrisiken ermöglichen, um sodann ihre systemische Ansteckungsgefahr beurteilen und mithilfe geeigneter Maßnahmen noch rechtzeitig aufdecken zu können.

Wie bereits erwähnt, bestehen jedoch nicht nur gegenüber den Behörden Transparenzpflichten, sondern auch gegenüber den Anlegern des verwalteten Fonds. Bei der AIFM-Richtlinie fällt in Art. 23 indes auf, dass dieser zwischen Berichtspflichten unterscheidet, die zum einen *vor* der Anteilszeichnung durch den Anleger erfüllt werden müssen und solchen, denen *nach* Anteilszeichnung nachgekommen werden muss. So ist dem Anleger vor der Anteilszeichnung insbesondere die Identität aller an der Verwaltung des AIF beteiligten Personen – darunter fallen insbesondere die Verwahrstelle oder ein Primebroker – aufzudecken und er vollumfänglich über die

Höhe des Fremdkapitaleinsatzes und die Struktur von Gebühren und Vergütungen aufzuklären. Nach Vornahme der Investition ist der Anleger mindestens einmal pro Jahr über den aktuellen Stand seiner Anlage, d.h. insbesondere über Veränderungen in Bezug auf den Einsatz von Leverage, aber auch hinsichtlich Änderungen im Risiko- bzw. Liquiditätsprofil zu informieren.

In Sec. 404 Dodd-Frank Act bzw. Rule 206 (4)-2 (d) (2) findet sich eine derartige Differenzierung für Berichtspflichten gegenüber den Anlegern *ex ante* und *ex post* hingegen nicht. Lediglich in Bezug auf den Umstand, dass dem Anleger die Kontoeröffnung in seinem Namen bei einer Verwahrstelle mitgeteilt werden muss, herrscht Übereinstimmung mit den Anforderungen der AIFM-Richtlinie (Sec. 411 Dodd-Frank Act).

3. *Verwahrung*

Einen besonderen Bereich innerhalb der AIFM-Richtline, aber auch innerhalb des Titel IV des Dodd-Frank Act, nimmt die Verwahrung der Vermögenswerte durch den Fondsmanager ein. Der Umfang und die Ausführlichkeit von Art. 21 AIFM-RL machen deutlich, dass der europäische Gesetzgeber an dieser Stelle einen besonderen Schwerpunkt setzen wollte, was damit zusammenhängen mag, dass bei der Verwahrung von Kunden-Assets das Potenzial für missbräuchliche Handlungen besonders hoch ist.

Beide Gesetzeswerke geben vor, welche Personen bzw. Institutionen als Verwahrstelle in Betracht kommen. Dabei zeigt sich bereits in diesem Punkt ein gravierender Unterschied: Während die AIFM-Richtlinie in Art. 21 Abs. 4 lit. a) ausdrücklich vorgibt, dass der AIFM zur Vermeidung von Interessenkonflikten nicht selbst die Rolle der Verwahrstelle übernehmen darf, lässt Rule 206 (4)–2 (a) (6) die Verwahrung durch den *adviser* oder eine *related person* zu, sofern es sich bei dem *adviser* selbst um einen *qualified custodian* handelt und dieser besonderen Bedingungen (z.B. interner Kontrollreport), welche die Unabhängigkeit der Verwahrung sicherstellen sollen, nachkommt. Die AIFM-Richtlinie ist in ihren Ausführungen jedoch wesentlich detaillierter und umfangreicher als der Dodd-Frank Act. So beinhaltet diese zudem Angaben zu der Frage der Delegation von Verwahrungstätigkeiten, aber auch die Haftung für ein Abhandenkommen von verwahrten Vermögensgegenständen sowie Exkulpationsmöglichkeiten der Verwahrstelle werden behandelt. Der Dodd-Frank Act macht im Zusammenhang mit der Verwahrung zwar deutlich, dass die Unabhängigkeit unbedingt gewahrt werden muss, bleibt jedoch inhaltlich hinter den Ausführungen der AIFM-Richtlinie deutlich zurück. Zudem wird der Grundsatz der Trennung von Vermögensverwahrung und Vermögensverwaltung in der AIFM-Richtlinie stringenter durchgesetzt.

4. *Vergütung*

Ein weiteres Hauptaugenmerk der AIFM-Richtlinie liegt in der Etablierung einer offiziellen Vergütungsstruktur von AIFM. Artikel 13 Abs. 1 i.V.m. Erwägungsgrund (24) AIFM-RL legen dabei im Grundsatz fest, dass die Vergütungspolitik und -praxis derjenigen Mitarbeiter, deren berufliche Tätigkeit sich wesentlich auf die Risikoprofile der von ihnen verwalteten AIF auswirkt, mit einem soliden und wirksamen Risikomanagement vereinbar und diesem förderlich sein müssen und nicht zur Übernahme von Risiken ermutigen dürfen. Die AIFM-Richtlinie versucht sich einem symmetrischen Vergütungssystem anzunähern, das dem AIFM eine variable Vergütung nur für den Fall eines echten Erfolgs gewährt und sich nicht an dessen bloßer Leistung ausrichtet. Es hat eine Orientierung an den Interessen der Anleger und des zu verwaltenden AIF zu erfolgen, welche insbesondere dadurch gefördert werden soll, dass die variable Vergütungskomponente des AIFM zu mindestens 50 % aus Anteilen am AIF bestehen muss. Das Ziel besteht somit darin, Fehlanreize in der bisherigen Vergütungsstruktur zu beseitigen und das Verantwortungsbewusstsein des AIFM zu schärfen.

Auch in diesem Punkt bleiben die Anforderungen des Dodd-Frank Act inhaltlich hinter denen der AIFM-Richtlinie zurück. Zwar wird in Rule 205–3 (a) darauf verwiesen, dass eine *performanced based fee* nur mit einem qualifizierten Kunden, wie er dort definiert wird, vereinbart werden darf. Die Struktur und Zusammensetzung dieser *fee* ergibt sich jedoch weder aus dem Dodd-Frank Act selbst, noch aus den mit ihm verbundenen sonstigen Gesetzestexten.

5. *Sonstiges*

Unter diesem Punkt sollen Aspekte aufgezeigt werden, die keiner echten Gegenüberstellung unterzogen werden können, da schlichtweg keine Vergleichsbasis existiert. Wie aus den bisherigen Ausführungen mehrfach zu entnehmen war, besteht eines der Hauptziele der AIFM-Richtlinie und des Dodd-Frank Act in der Eindämmung und Kontrolle systemischer Risiken, die von den Tätigkeiten von z. B. Hedge-Fonds ausgehen können. Um die Ausweitung systemischer Risiken verhindern zu können, ist es jedoch zunächst erforderlich, die Risiken im eigenen Unternehmen zu erkennen. Aus diesem Grund fordert die AIFM-Richtlinie in Art. 15 die Errichtung angemessener Risikomanagement-Systeme, die mindestens einmal jährlich auf ihre Aktualität zu überprüfen sind. Darüber hinaus muss der AIFM sicherstellen, dass das Risikomanagement funktional und hierarchisch von den operativen Abteilungen getrennt ist und die Risikomanagement-Grundsätze dem Wesen und der Komplexität des jeweiligen AIF entsprechen und alle wesentlichen Risiken identifizieren und separat dokumentieren. Sucht man hingegen im Dodd-Frank Act oder im Investment Advisers Act nach Vorschriften, die sich explizit mit dem Risikomanagement befassen, so bleibt die Suche ergebnislos. Dies verwundert etwas, da ein an der Struktur des verwalteten Fonds ausgerichtetes Risikomanagement sowohl für die Anleger des Fonds als auch für den gesamten Finanzmarkt von Bedeutung ist. Auch wenn Risikomanagement-Systeme ohnehin Bestandteil eines jeden (größeren) Unternehmens sind, so wäre es an dieser Stelle sinnvoll gewesen, gesetzliche Mindestanforderungen festzulegen, die einen einheitlichen Standard gewährleisten. Zwar gibt in diesem Zusammenhang die *Best Practice*-Regeln des AMC, die jedoch mangels Gesetzesqualität allenfalls eine mittelbare Bindungswirkung erzeugen können. Ähnliches gilt in Bezug auf das Liquiditätsmanagement. Auch in diesem Punkt hat es der US-amerikanische Gesetzgeber versäumt, konkrete Inhalte vorzugeben. Regelmäßige Stresstests, wie sie im Rahmen von Art. 16 AIFM-Richtlinie für AIF vorgeschrieben werden, nennt der Dodd-Frank Act lediglich für "nonbank financial companies and bank holdings" in Sec. 165 (h) (4) (i).

IV. Ergebnis

Wie die Ausführungen gezeigt haben, stimmen die Inhalte der AIFM-Richtlinie im Wesentlichen mit denen des Titel IV des Dodd-Frank Act im Zusammenwirken mit den Normen des Investment Advisers Act of 1940 überein. Dieser Umstand legt den Schluss nahe, dass der bereits im Jahr 2010 erlassene Dodd-Frank Act als Vorbild für die europäische Regelung diente, welche ein Jahr später in Kraft getreten ist. Insbesondere die Errichtung einer allgemeinen Registrierungspflicht für Verwalter von alternativen Investmentfonds bzw. *private funds*, verbunden mit einem strengen staatlichen Aufsichts- und Kontrollregime, dürfte geeignet sein, die Tätigkeit von systemrelevanten Anlageinstrumenten wie Hedge-Fonds besser überwachen und lenken zu können. Ebenfalls ist der personalistische Ansatz, der beiden Gesetzen zugrunde liegt und nicht die Fonds selbst, sondern deren Verwalter reguliert, zu begrüßen, da das Risikoprofil und damit die Höhe der möglichen systemischen Risiken eines alternativen Investmentfonds maßgeblich von den Entscheidungen des AIFM beeinflusst werden und dem Fonds nicht immanent anhaften.

Doch zeigen sich in beiden Regelungen auch Defizite im gesetzgeberischen Konzept. Sowohl der europäische wie auch der US-amerikanische Gesetzgeber haben sich für einen *One size fits all*-Ansatz entschieden, der beabsichtigt, mithilfe eines umfassenden Regelwerkes die gesamte AIF-Branche zu regulieren. Dieser Umstand hat letztlich jedoch dazu geführt, dass die einzelnen Normen äußerst allgemein formuliert und damit als wenig fachspezifisch zu klassifizieren sind, was ihre Anwendung erschwert und zusätzlichen Klärungsbedarf schafft. Insbesondere „inhaltsleere" Ausdrücke wie sie z.B. in Art. 12 AIFM-RL verwendet werden („Gewissenhaftigkeit"; „redlich"; „im besten Interesse"; „die für eine ordnungsgemäße Ausübung erforderlichen Mittel") tragen aufgrund fehlender Spezifizierung wenig zur Rechtsklarheit bei, sondern schaffen Auslegungsspielraum, der Konflikte quasi vorprogrammiert. Ein weiterer Makel des *One size fits all*-Prinzips besteht in der Gefahr einer Überregulierung. Der Leitgedanke der AIFM-Richtlinie ist in Erwägungsgrund (2) AIFM-RL zu finden und lautet:

> Diese Richtlinie zielt daher darauf ab, gemeinsame Anforderungen für die Zulassung von und Aufsicht über AIFM festzulegen, um für die damit zusammenhängenden Risiken und deren Folgen für Anleger und Märkte in der Union ein kohärentes Vorgehen zu gewährleisten.

Eine ähnliche Formulierung befindet sich in der Einleitung zum Dodd-Frank Act:

> To promote the financial stability of the United States by improving accountability and transparency in the financial system, to end "too big to fail", to protect the American taxpayer by ending bailouts, to protect consumers from abusive financial services practices, and for other purposes.

Letztlich steht also die Eindämmung und Kontrolle systemischer Risiken im Vordergrund, um sowohl die Anleger von AIF als auch den gesamten Finanzmarkt vor schädlichen Ansteckungseffekten zu schützen.

Führt man sich dieses Hauptziel vor Augen, so schließt sich sogleich die Frage danach an, weshalb sowohl der europäische wie auch der US-amerikanische Gesetzgeber sich für eine Einbeziehung von Private Equity-Fonds in den Anwendungsbereich der AIFM-Richtlinie bzw. des Dodd-Frank Act entschieden haben. Besondere Bedeutung gewinnt diese Frage insbesondere vor dem Hintergrund, dass das Bewusstsein der Unterschiedlichkeit von Hedge-Fonds und Private Equity-Fonds auf beiden Seiten vorhanden war und stets darauf hingewiesen wurde, dass die Private Equity-Branche im Rahmen der *Subprime*-Krise nicht zur Erhöhung von Systemrisiken geführt habe.[902] Vor diesem Hintergrund erscheint die Integrierung einer *Asset Stripping*-Vorschrift, wie sie in Art. 30 AIFM-RL vorzufinden ist, als nicht nachvollziehbar, zumal diese lediglich die internen Folgen eines Unternehmenserwerbs durch eine Private Equity-Gesellschaft behandelt. Inwieweit sich Kapitalherabsetzungen oder Ausschüttungen in diesem Zusammenhang negativ auf die Stabilität des Finanzmarktes auswirken können, erschließt sich an dieser Stelle nicht, sodass die Regelungen wie eine Art Fremdkörper erscheinen. In Bezug auf den Dodd-Frank Act kommt hinzu, dass dieser in Sec. 407 ausdrücklich Venture-Capital-Fonds, die dem Private Equity-Bereich zuzuordnen sind, vom Anwendungsbereich des Titel IV ausschließt.

Anhand der gesetzgeberischen Leitmotive, die der AIFM-Richtlinie bzw. dem Dodd-Frank Act zugrunde liegen, lässt sich die Einbeziehung von Private Equity-Fonds in den Geltungsbereich beider Regulierungswerke nicht rechtfertigen, da ihr Wesen nicht geeignet ist, systemische Risiken über den Finanzmarkt zu verbreiten. Ein wenig gewinnt man den Eindruck, die Gesetzgeber wollten die Gunst der Stunde nutzen und eigentlich für diese Zwecke irrelevante Themen schnell mitbearbeiten.

Darüber hinaus kann vor dem Hintergrund, dass es sich bei den Anlegern von AIF ausschließlich um institutionelle Anleger handelt, danach gefragt werden, ob eine derart detaillierte und strikte Regelung der Vergütung von AIFM, wie sie in der AIFM-Richtlinie vorgenommen wird, tatsächlich erforderlich ist oder ob es nicht der Vertragsfreiheit der Parteien unterliegen muss, diesbezüglich übereinzukommen. Der europäische Gesetzgeber sieht in diesem Punkt jedoch besonderen

902 SEC, Exemptions for Advisers to Venture Capital Funds, Private Fund Advisers With Less Than $ 150 Million in Assets Under Management, and Foreign Private Advisers, S. 10 f.

Regulierungsbedarf, da die bisher vorherrschende Vergütungsstruktur zu sehr an kurzfristigen Erfolgen und maximalen Renditen, die nur durch risikoreiche Geschäfte erzielt werden konnten, orientiert war und mithin die Entstehung systemischer Risiken förderte. In diesem Zusammenhang kann sodann auch die Frage gestellt werden, weshalb der Gesetzgeber zwar ein striktes Vergütungsregime in die AIFM-Richtlinie aufgenommen hat, Konkretisierungen in Form von klar definierten Höchstwerten in Bezug auf den Einsatz von Leverage, der einen der größten Risikofaktoren für die Entstehung und Verbreitung systemischer Risiken darstellt, jedoch vollends fehlen.

Abschließend kann festgehalten werden, dass mit der Errichtung einer Registrierungspflicht für Verwalter alternativer Investmentfonds in der europäischen AIFM-Richtlinie und *private fund adviser* in dem US-amerikanischen Dodd-Frank Act wichtige Lücken in den vorhandenen Rechtsvorschriften geschlossen wurden. Die allgemein gehaltenen und wenig branchenspezifischen Regelungen in den beiden Gesetzeswerken zeigen jedoch auch, dass sich die Gesetzgeber schwierigen Rahmenbedingungen und enormem Handlungsdruck ausgesetzt sahen, welche die Errichtung eines Regelwerkes zusätzlich erschwerten. So ist insbesondere der wirtschaftliche Entstehungskontext hervorzuheben, welcher – bedingt durch die Ereignisse der *Subprime*-Krise – von zahlreichen Schwierigkeiten geprägt war und den Gesetzgeber hohen Erwartungen aussetzte. Überdies gewinnt man den Eindruck, der Gesetzgeber beabsichtige, ein Umdenken im Sinne eines größeren Verantwortungsbewusstseins beim AIFM in Bezug auf die (un)mittelbaren Auswirkungen seiner Tätigkeit zu bewirken – und dies vor allem im Hinblick auf die Risikogeneigtheit bestimmter Anlagen.

Dennoch ist es als positiv zu bewerten, dass durch die längst überfällige Regulierung von AIFM bzw. *private fund advisers* das Schattendasein dieser Finanzmarktakteure beendet wurde, auch wenn Mängel in der Konzeption und Formulierung der Normen nicht von der Hand zu weisen sind. Ob die AIFM-Richtlinie bzw. die nationalen Umsetzungsgesetze ihren Zweck erreichen werden, bleibt abzuwarten. Die praktischen Auswirkungen dürften jedoch bis auf einen gesteigerten administrativen und finanziellen Aufwand eher wenig einschneidend sein und insbesondere große AIF kaum belasten.

B. AIFM-Richtlinie vs. KAGB

An dieser Stelle soll überprüft werden, welchen Maßstab der deutsche Gesetzgeber bei der Umsetzung der AIFM-Richtlinie in nationales Recht angewandt hat. Aufgrund des Umstandes, dass es sich bei dem am 23. Juli 2013 in Kraft getretenen Kapitalanlagegesetzbuch, wie erwähnt, um das deutsche Umsetzungsgesetz zur AIFM-Richtlinie handelt, versteht sich von selbst, dass in Bezug auf die Vorgaben der AIFM-Richtlinie keine Abweichungen im Sinne reduzierter Anforderungen zulässig sind, sodass eine Gegenüberstellung sich an diesem Punkt erübrigt. Dennoch lassen sich Verschiedenartigkeiten zwischen der AIFM-Richtlinie und dem KAGB feststellen, die es im Folgenden aufzuzeigen gilt.

I. Anwendungsbereich

Zunächst lässt sich festhalten, dass AIFM-Richtlinie und KAGB Unterschiede in der Reichweite ihres Anwendungsbereiches zeigen. Der Geltungsbereich der AIFM-Richtlinie bezieht sich auf alle AIF, die von einer Anzahl von Anlegern Kapital einsammeln, um es gemäß einer festgelegten Anlagestrategie zum Nutzen dieser Anleger zu investieren, und bei denen es sich nicht um OGAW im Sinne der OGAW-Richtlinie handelt (Art. 4 Abs. 1 lit. a) AIFM-RL). Die Definition des zentralen Begriffs „Investmentvermögen" im KAGB schließt OGAW jedoch ausdrücklich in den Anwendungsbereich des Gesetzes ein. Dies ist darauf zurückzuführen, dass mit diesem neuen Gesetzeswerk nicht nur die AIFM-Richtlinie umgesetzt, sondern gleichzeitig unter Aufhebung des Investmentgesetzes die Regelungen der OGAW-Richtlinie integriert werden sollten. Damit geht der Anwendungsbereich des KAGB über den der AIFM-Richtlinie hinaus.

II. Anlegerklassifizierung

Gemäß Art. 31 AIFM-RL darf ein Vertrieb von Anteilen an einem AIF nur an professionelle Anleger erfolgen. Das KAGB führt jedoch an diversen Stellen den Begriff des „semiprofessionellen" Anlegers an, der im Wesentlichen davon gekennzeichnet ist, dass er mindestens 200.000 EUR zu investieren beabsichtigt und eine schriftliche Erklärung darüber abgibt, dass er sich über die mit seiner Investition verbundenen Risiken und Pflichten bewusst ist und nicht über Marktkenntnisse vergleichbar einem professionellen Anleger verfügt (§ 1 Abs. 19 Nr. 33 KAGB). Darüber hinaus differenziert das KAGB ausdrücklich zwischen offenem und geschlossenem Investmentvermögen, aber auch zwischen Spezial-AIF und Publikums-AIF. Spezial-AIF sind dadurch gekennzeichnet, dass nur professionelle (bzw. im Fall des KAGB auch semiprofessionelle) Anleger Investitionen in diese Anlagen tätigen dürfen. Publikums-AIF richten sich, wie der Name schon erahnen lässt, jedoch an das gesamte „Anleger-Publikum", mithin also auch Privatanleger.[903] Hierdurch erfasst das KAGB eine größere Anlegerschaft und bietet zusätzliche Vertriebsmöglichkeiten.

III. Struktur von AIFM

Die AIFM-Richtlinie benutzt für Verwalter alternativer Investmentfonds ausschließlich den Begriff „AIFM". Die offizielle Definition von AIFM in Art. 4 Abs. 1 lit. b) AIFM-RL lautet: „AIFM ist jede juristische Person, deren reguläre Geschäftstätigkeit darin besteht, einen oder mehrere AIF zu verwalten." Bis auf den Umstand, dass es sich bei dem AIFM um eine juristische Person handeln muss, werden demnach keine Konkretisierungen vorgenommen. Lediglich in Bezug auf die Herkunft des AIFM findet sich eine Differenzierung zwischen AIFM mit Sitz in der EU und solchen mit Sitz in einem Drittland. Das KAGB hingegen verwendet den Ausdruck „AIFM" als

903 Eine Ermächtigung findet sich in Art. 43 AIFM-RL.

Bezeichnung für den Verwalter eines AIF an keiner Stelle. Vielmehr führt es den Begriff der „Verwaltungsgesellschaft" ein und bildet hier verschiedene Untergruppen. Diese lassen sich am besten mithilfe folgender Grafik veranschaulichen:

Abbildung 7: System der Verwaltungsgesellschaften im KAGB.

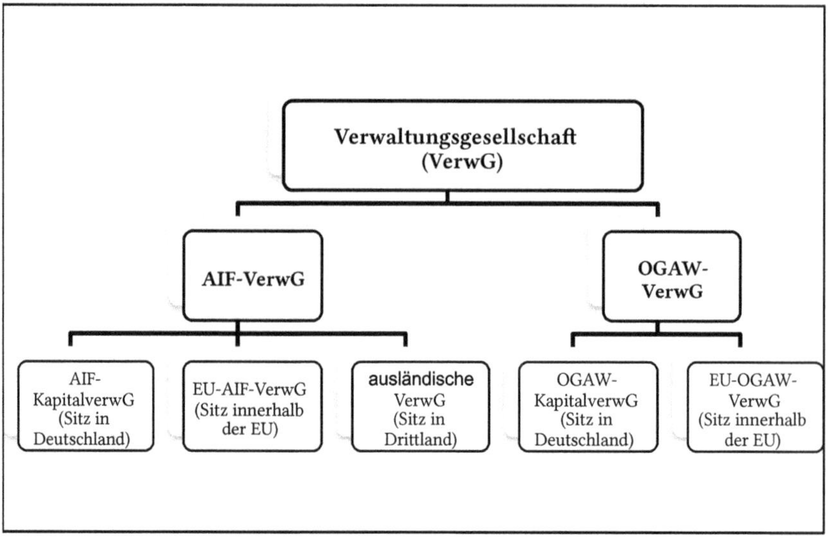

Wie die obige Abbildung zeigt, gestaltet sich die Struktur der Verwaltungsgesellschaften im KAGB deutlich detaillierter und komplizierter als in der AIFM-Richtlinie. Dies ist jedoch letztlich dem Umstand geschuldet, dass das KAGB sowohl AIF, wie sie in der AIFM-Richtlinie verstanden werden, als auch OGAW im Sinne der OGAW-Richtlinie erfasst.

IV. Ergebnis

Anhand der obigen Ausführungen lässt sich aufzeigen, dass das KAGB in manchen Bereichen von den Inhalten der AIFM-Richtlinie abweicht. Zumeist ist dies jedoch auf den Umstand zurückzuführen, dass das KAGB nicht nur die AIFM-Richtlinie, sondern gleichzeitig die Vorgaben der OGAW-Richtlinie und der „Verordnung über Europäische Risikokapitalfonds" umsetzt. Lediglich in Bezug auf die Anlegerklassifizierung lässt sich feststellen, dass die Schaffung der Kategorie des „semiprofessionellen" Anlegers eine echte Abweichung zur AIFM-Richtlinie darstellt.

C. AIFM-Richtlinie vs. EuVECA-Verordnung

Nachdem die Vorschriften der AIFM-Richtlinie zuvor mit dem Dodd-Frank Act und dem Kapitalanlagegesetzbuch verglichen worden sind, erfolgt nunmehr eine Gegenüberstellung der AIFM-Richtlinie mit der „Verordnung über Europäische Risikokapitalfonds“. Dies soll dabei helfen, das Verhältnis von AIFM-Richtlinie und EuVECA-Verordnung näher zu bestimmen.

I. Regulatorischer Ansatz

AIFM-Richtlinie und die EuVECA-VO stimmen in ihrem regulatorischen Ansatz überein, die Verwalter der Fonds einer Regulierung zu unterwerfen und nicht die Produkte selbst. Beide Gesetzeswerke wählen somit den personalistischen Regulierungsansatz, auch wenn eine mittelbare Produktregulierung in beiden Gesetzeswerken nicht von der Hand zu weisen ist. Die AIFM-Richtlinie erfasst grundsätzlich alle Arten von AIF, solange sie nicht in die Ausnahmen nach Art. 3 fallen oder es sich bei diesen um OGAW im Sinne der OGAW-Richtlinie handelt. Die EuVECA-Verordnung ist in ihrem Ansatz wesentlich spezieller und richtet sich nur an Venture-Capital-Fonds, die grundsätzlich auch als AIF im Sinne der AIFM-Richtlinie einzustufen sind, aufgrund des Umstandes, dass sie jedoch zumeist weniger als 500 Mio. EUR verwalten, regelmäßig nicht dem Geltungsbereich der AIFM-Richtlinie unterliegen.

II. Anlegerschaft

Beiden Regelungswerken ist zudem gemein, dass sie den Vertrieb von Anteilen nur an professionelle Anleger gestatten. Die EuVECA-VO sieht jedoch in Art. 6 Abs. 1 zudem die Möglichkeit vor, dass bei Erfüllung bestimmter Voraussetzungen auch Anleger, die grundsätzlich nicht als professionell einzustufen sind, eine Investition in qualifizierte Risikokapitalfonds tätigen können. In Art. 43 AIFM-RL findet sich eine Option, die es den Mitgliedstaaten unter Beachtung strengerer Maßstäbe gestattet, AIF-Anteile auch an „Kleinanleger“ zu vertreiben.

III. Wirkung

Die wohl bedeutendste Wirkung, die AIFM-Richtlinie und EuVECA-Verordnung für Verwalter alternativer Investmentfonds bzw. europäischer Risikokapitalfonds erzeugen, ist jene, dass mit Zulassung bzw. Registrierung diese in den Genuss eines sog. EU-Passes kommen, der den Vertrieb innerhalb der Europäischen Union wesentlich erleichtert.[904] Dies geschieht dadurch, dass mit Zulassung im Herkunftsmitgliedstaat des Verwalters ein EU-weiter Vertrieb möglich ist, ohne um weitere Zulassungen in den anderen Vertriebsländern ersuchen zu müssen. Darüber hinaus sorgen die gleichen Sorgfalts- und Berichtspflichten der AIFM-Richtlinie und der

904 Siehe: Art. 31 Abs. 1 AIFM-RL sowie Art. 14 Abs. 3 EuVECA-VO.

EuVECA-Verordnung sowie die Aufsicht durch die BaFin dafür, dass eine Registrierung bzw. Zulassung entsprechend diesen Vorschriften als eine Art „Qualitätssiegel" für potenzielle Anleger dient, das nicht nur deren Vertrauen in die Märkte verstärken, sondern zudem auch dem europäischen Wirtschaftswachstum insgesamt förderlich sein soll.

IV. Ergebnis

Wie sich zeigt, entsprechen sich AIFM-Richtlinie und EuVECA-Verordnung in vielen Punkten. Ein wesentlicher Unterschied besteht jedoch darin, dass die Registrierungspflicht für Verwalter alternativer Investmentfonds gemäß der AIFM-Richtlinie zwingend ist und eine Verwaltung bzw. ein Vertrieb von AIF-Anteilen ansonsten als unzulässige Tätigkeit angesehen wird, eine Registrierung nach der EuVECA-Verordnung hingegen rein fakultativ ist. Die EuVECA-Verordnung ist als Ergänzungswerk zur AIFM-Richtlinie anzusehen, das Sondervorschriften speziell für Verwalter von Venture-Capital-Fonds mit einem Vermögen von weniger als 500 Mio. EUR enthält, die gemäß der AIFM-Richtlinie eigentlich keiner Registrierungspflicht unterliegen. Der Bedarf an derartigen Regelungen hat sich erst nach dem Erlass der AIFM-Richtlinie herauskristallisiert, als man bemerkte, dass Venture-Capital-Fonds nicht das eigentliche Regelungsobjekt der AIFM-Richtlinie darstellen und das strenge Konzept insbesondere in Bezug auf die Eigenkapitalvorschriften schlichtweg für Venture-Capital-Fonds nicht passend ist und diese zudem überfordern würde. Aus diesem Grund enthält die EuVECA-Verordnung ein weniger strenges Regelungskonzept, das besser auf die Bedürfnisse und Eigenarten von Venture-Capital-Fonds zugeschnitten ist. Ausschlaggebend hierfür ist insbesondere die Tatsache, dass Venture-Capital-Fonds nicht zur Erhöhung bzw. Verbreitung systemischer Risiken auf dem Finanzmarkt beitragen und sie einen großen Beitrag zum Unternehmens- und Wirtschaftswachstum auf dem europäischen Markt leisten.

D. Dodd-Frank Act vs. EuVECA-Verordnung

Der letzte unter diesem Abschnitt durchzuführende Rechtsvergleich ist der zwischen dem Dodd-Frank Act und der EuVECA-Verordnung. Insbesondere soll hier aufgezeigt werden, inwieweit eine Beeinflussung durch das US-amerikanische Gesetzeswerk stattgefunden hat.

Der Dodd-Frank Act sieht in Sec. 407 einen Ausnahmetatbestand für Venture-Capital-Fonds vor, der besagt, dass diese von einer Registrierungspflicht nach Sec. 203 des Investment Advisers Act ausgeschlossen sind. Diese gesetzgeberische Entscheidung beruhte insbesondere auf dem Umstand, dass Venture-Capital-Fonds nicht geeignet sind, systemische Risiken auf den Märkten hervorzurufen oder zu verbreiten. Hinzuweisen ist in diesem Zusammenhang darauf, dass die Definition von „Venture-Capital" in 17 C.F.R. § 275.203(l)-1 eine Investition in nicht qualifizierte Vermögenswerte lediglich bis zu 20 % erlaubt, die Definition in Art. 3 lit. b) der EuVECA-VO hingegen einen Grenzwert von 30 % vorsieht. Es zeigt sich folglich, dass das Erfordernis einer Andersbehandlung von Venture-Capital in den USA bereits von Anfang an gesehen wurde. Da AIFM-Richtlinie und Dodd-Frank Act sich in wesentlichen Teilen entsprechen, verwundert es, dass der europäische Gesetzgeber einen derartigen Ausnahmetatbestand nicht in die AIFM-Richtlinie eingefügt hat, was letztlich nur mit dem konsequenten und starren Festhalten am *One size fits all*-Prinzip zu erklären ist. Doch schließlich, nach Abklingen der akuten Krisensituation, hat auch der europäische Gesetzgeber im Nachgang erkannt, dass Venture-Capital-Fonds nicht mit dem Konzept der AIFM-Richtlinie in Einklang zu bringen sind. Daher ist die Entscheidung, ein separates Regelwerk für Venture-Capital-Fonds zu erlassen, gegenüber der Alternative, die AIFM-Richtlinie entsprechend abzuändern, zu befürworten, auch wenn dadurch noch ein Regelwerk geschaffen wird, was der Übersichtlichkeit insgesamt wenig förderlich ist.

Siebenter Teil: Abschließende Würdigung und Ausblick

Die vorliegende Arbeit befasst sich mit der Regulierung von Verwaltern alternativer Investmentfonds in Europa und den USA unter besonderer Fokussierung auf Verwalter von Hedge-Fonds und Private Equity-Fonds. Den Gegenstand der Untersuchung bilden dabei die AIFM-Richtlinie vom 8. Juni 2011 sowie der US-amerikanische Dodd-Frank Act vom 21. Juli 2010. Das deutsche Umsetzungsgesetz zur AIFM-Richtlinie – das Kapitalanlagegesetzbuch – sowie die „Verordnung über Europäische Risikokapitalfonds" – die EuVECA-VO – finden ergänzende Berücksichtigung.

Aufgrund ihrer stetig wachsenden wirtschaftlichen Bedeutung sowie ihres nicht unerheblichen Einsatzes von Leverage und Leerverkäufen wurde ein Regulierungsbedarf in Bezug auf Hedge-Fonds und Private Equity-Fonds in Europa bereits früh erkannt. Es war der britische EU-Abgeordnete *John Purvis*, der gegen Ende des Jahres 2003 geäußert hatte, dass eine Regulierung der alternativen Fondsbranche aufgrund der Systemrisiken, die sie hervorrufen könne, dringend vorangetrieben werden müsse. Dennoch dauerte es weitere acht Jahre, bis die AIFM-Richtlinie in Kraft trat. Dieser voraus gegangen waren die Ereignisse der *Subprime*-Krise ab dem Jahr 2007, die ihren Anfang mit dem Platzen der US-amerikanischen Immobilienblase nahm und in der Folgezeit nahezu weltweit auf allen Finanzmärkten spürbar gewesen war und daher auch als eine der schwerwiegendsten globalen Wirtschaftskrisen seit der Großen Depression von 1929 bezeichnet wird. Als erste Reaktion auf die Krise erließ der US-amerikansiche Gesetzgeber den Dodd-Frank Act.

Wie die Ausführungen im dritten Teil dieser Arbeit gezeigt haben, handelt es sich bei diesem Gesetz nicht um ein Spezialgesetz für Hedge-Fonds und Private Equity-Fonds, sondern vielmehr um die größte und bedeutendste Reformierung des US-amerikanischen Finanzmarktes seit dem Erlass des *Securities Act* von 1933. Die Gesetzeslage, wie sie sich bis zum Jahr 2010 in den USA gestaltete, verleitete große und einflussreiche Finanzakteure zu sehr dazu, risikoreiche Geschäfte ohne Rücksicht auf ihre potenziellen Folgen zu tätigen, da sie keinen gesetzlichen Beschränkungen bzw. keiner behördlichen Aufsicht unterlagen. Dies änderte die Einführung der *Section* 403 des Dodd-Frank Act, die nunmehr eine Registrierungspflicht für *private fund adviser* gemäß *Section* 203 Investment Advisers Act statuiert und sie der Aufsicht der SEC unterstellt. Hiermit wurde eine große und bedeutende Lücke im US-amerikanischen Recht geschlossen. Vergleichbares gilt auf europäischer Ebene.

Alternative Investmentfonds wie Hedge-Fonds und Private Equity-Fonds unterlagen innerhalb Europas weder einer Regulierung noch einem Aufsichtsregime, da insbesondere die Vorschriften der OGAW- und MiFID-Richtlinie auf sie nicht zur Anwendung kamen. Dies hatte zur Folge, dass die Verwalter derartiger Fonds fernab jeder Kontrolle ein Schattendasein führen konnten und sogar den Anlegern dieser Fonds nur wenig über die tatsächliche Arbeits- und Vorgehensweise, z.B. im Hinblick auf die eingesetzten Anlagestrategien, derjenigen Personen bekannt war, die ihre Gelder verwalteten. Diesen nicht haltbaren Zustand beabsichtigte die AIFM-Richtlinie zu beheben. Daher lagen die ausschlaggebenden gesetzgeberischen Motive für ihren Erlass in der Eingrenzung systemischer Risiken und der Stärkung des Anlegerschutzes durch die Etablierung eines strikten und einheitlichen Regulierungsrahmens sowie solider Vergütungsstrukturen. Die erste Konsultation zu der Verabschiedung einer AIFM-Richtlinie erfolgte im Dezember 2008 und machte schnell sichtbar, dass es sich hierbei um ein hochkomplexes und äußerst sensibles Vorhaben handelte. Der Prozess wurde zudem durch den gesamtwirtschaftlichen Kontext erschwert, der, beeinflusst von den Geschehnissen der noch andauernden Krise, dazu geführt hatte, dass der Gesetzgeber verstärkt im Fokus der Öffentlichkeit stand und sich daher bemühen musste, den Erwartungen an ein rasches und ergebnisorientiertes Handeln bestmöglich zu entsprechen. Der Umstand, dass zwischen der Auswertung der ersten Konsultationsergebnisse im Februar 2009 und dem endgültigen Richtlinienentwurf im Oktober 2010 nur etwa eineinhalb Jahre liegen, zeigt, welchem Erfolgsdruck sich der Gesetzgeber ausgesetzt sah.

Dasselbe kann für den US-amerikanischen Gesetzgeber festgestellt werden, der zum Ende des Jahres 2008 seine erste Initiative gestartet hatte. Das schnelle gesetzgeberische Vorgehen sorgte zwar dafür, dass dem Publikum ein äußerst umfangreiches Regelwerk präsentiert werden konnte, was zeigte, dass der Gesetzgeber seine Prioritäten den Belangen der Bevölkerung gewidmet hatte, das Ergebnis war jedoch nicht frei von Defiziten.

Vorangestellt sei, dass der sowohl im Dodd-Frank Act wie auch in der AIFM-Richtlinie gewählte personalistische Ansatz zu befürworten ist. Aufgrund des Umstandes, dass das Risikoprofil eines alternativen Investmentfonds von den Entscheidungen seines Verwalters abhängt, ist es auch sinnvoll, an diesen Entscheidungsträger als Objekt einer Regulierung anzuknüpfen. In Bezug auf die Anwendungsbereiche beider Gesetzeswerke fiel die gesetzgeberische Entscheidung auf das *One size fits all*-Prinzip. Dieses schließt jegliche Art von AIF bzw. *private funds* ein, solange sie nicht in einen normierten Ausnahmetatbestand fallen („materieller Investmentfondsbegriff"). Dies birgt zwar den Vorteil einer umfassenden Geltungswirkung des Regelwerkes in sich, beinhaltet jedoch auch die Gefahr einer Überregulierung, die sich, so zumindest mit hier vertretener Ansicht, teilweise realisiert hat.

Vor dem Hintergrund, dass sowohl AIFM-Richtlinie als auch Dodd-Frank Act als vorrangiges Ziel für eine Regulierung der alternativen Investmentfondsbranche die Eindämmung und Lenkung von Systemrisiken angeben, stellt sich an dieser Stelle daher die Frage nach den Gründen für eine Einbeziehung von Private Equity-Fonds in den Geltungsbereich beider Gesetzeswerke. Wenn bereits in Bezug auf Hedge-Fonds die Rede davon gewesen ist und mehrfach darauf verwiesen wurde, dass diese trotz ihres hohen Fremdkapitaleinsatzes und trotz ihrer riskanten Anlagestrategien nicht als Verursacher der Krise anzusehen sind, so ist umso unverständlicher, weshalb Verwalter von Private Equity-Fonds, deren Tätigkeit stark von der eines Hedge-Fonds-Managers abweicht, einem derart strengen Zulassungs- und

Aufsichtsregime unterliegen müssen. In diesem Zusammenhang war es der US-amerikanische Gesetzgeber, der diese ungerechtfertigte Gleichbehandlung als Erster erkannte und aus diesem Anlass die *Section* 407 in den Dodd-Frank Act einfügte und Venture-Capital-Fonds mit der Begründung aus dem Anwendungsbereich des Titel IV des Dodd-Frank Act ausschloss, dass von diesen keine systemischen Risiken zu befürchten seien. Die AIFM-Richtlinie ist in diesem Punkt grundsätzlich stringenter und sieht keine spezielle Bereichsausnahme für Venture-Capital-Fonds vor. Im Gegenteil regelt sie sogar Bereiche der Private Equity-Branche, die letztlich nur gesellschafts- oder arbeitsrechtlich von Relevanz sind und mit dem eigentlichen Leitmotiv der AIFM-Richtlinie in keinerlei Verbindung stehen. Erwähnt sei hier nur das *Asset-Stripping*-Verbot in Art. 30 AIFM-RL. Positiv vorzuhalten ist dem europäischen Gesetzgeber jedoch, dass er letztlich die Notwendigkeit einer Andersbehandlung von (zumindest) Venture-Capital-Fonds anerkannte und daher im April 2013 die „Verordnung über Europäische Risikokapitalfonds" verkündete, die, ebenfalls einem personalistischen Ansatz unterliegend, eine rein fakultative Registrierung von Verwaltern von Venture-Capital vorsieht (*Opt-in*) und ihnen so die Möglichkeit gewährt, in den Besitz eines EU-Passes zu kommen, falls sie Vermögen von bis zu maximal 500 Mio. EUR verwalten.

Umgesetzt wurde die AIFM-Richtlinie ebenso wie die „Verordnung über Europäische Risikokapitalfonds" im deutschen AIFM-Umsetzungegesetz, im Speziellen im Kapitalanlagegesetzbuch. Es integriert beide Regelwerke und ist zudem dadurch gekennzeichnet, dass es eine gute Balance zwischen dem Bedürfnis nach Regulierung der Verwalter von Investmentvermögen und den Interessen der Wirtschaft sowie Anleger schafft, indem es z. B. die neue Kategorie der „semiprofessionellen Anleger" einführt und damit die Vertriebsmöglichkeiten für Investmentvermögen erweitert.

Zusammenfassend kann festgehalten werden, dass die Gesetzgeber der USA sowie Europas einen einheitlichen Regulierungs- und Aufsichtsrahmen für Hedge-Fonds und Private Equity-Fonds geschaffen haben. Es ist offensichtlich, dass der Dodd-Frank Act die Gestaltung der AIFM-Richtlinie wesentlich beeinflusst hat, auch wenn beide Regelwerke in ihrer Grundkonzeption divergieren und die AIFM-Richtlinie gegenüber dem Dodd-Frank Act in ihren Ausführungen erheblich detaillierter ist (z. B. im Hinblick auf die Vergütungsstruktur). Unter dem Aspekt, dass sich die Gesetzgeber schwierigen wirtschaftlichen Rahmenbedingungen und einem enormen öffentlichen Druck ausgesetzt sahen, sind – ungeachtet der oben erwähnten Defizite – insbesondere der Regelungsansatz und die Intentionen, die mit der Regulierung verfolgt wurden, als richtig und sinnvoll zu bewerten und daher zu befürworten. Letztlich kann jedoch auch festgehalten werden, dass eine Regulierung der alternativen Investmentfondsbranche sowohl in den USA als auch in Europa trotz der spätestens seit der LTCM-Krise im Jahr 1998 erkannten Notwendigkeit zu lange aufgeschoben wurde und sich daher Ansteckungseffekte, hervorgerufen durch das fortwährende Wachstum der Branche und den vermehrten Einsatz immer riskanterer Anlagestrategien, über einen beträchtlichen Zeitraum ungehindert ausbreiten konnten. Der Erlass der Gesetze zu einem früheren Zeitpunkt hätte Fehlentscheidungen, die nun im Nachgang durch die Verabschiedung zusätzlicher Rechtsakte korrigiert werden müssen, verhindert und bei optimistischer Betrachtung vielleicht sogar zu einer vollständigen Abwendung der *Subprime*-Krise beitragen können.

Ob und in welcher Weise sich die Praxis von AIF-Verwaltern in Europa durch die AIFM-Richtlinie und ihre europäischen wie nationalen Ergänzungs- sowie Umsetzungsakte verändern wird, ist zu diesem Zeitpunkt nicht sicher vorhersehbar. Zwar steht fest, dass der organisatorische Aufwand, den AIFM fortan betreiben müssen, insbesondere im Hinblick auf Aufzeichnungs- und Berichtspflichten, deutlich ansteigen wird, jedoch dürfte dies nach Ablauf einer kurzen Umstellungs- und Eingewöhnungsphase vor allem für große AIF keine weiteren Probleme verursachen. Für kleinere AIF könnte der hierdurch gesteigerte Kostenaufwand jedoch bedeutsam werden. Ob der Gesetzgeber eine derartige – de facto bestehende – Privilegierung konkret beabsichtigt hat, lässt sich nicht erkennen, jedoch dürfte diese gerade vor dem Hintergrund des mit der AIFM-Richtlinie verfolgten Zieles, Systemrisiken einzudämmen, nicht unbedenklich sein.

Letztlich ist überdies nicht zu erwarten, dass in Bezug auf die tatsächliche Arbeitspraxis von AIFM viele Änderungen eintreten werden, da eine Regulierung von AIF gerade nicht erfolgen sollte und somit weiterhin ein großer Ermessensspielraum in Bezug auf die Höhe von Leverage und die eingesetzten Anlagestrategien besteht.

Jedoch ist es dem Gesetzgeber gelungen, ein einheitliches Zulassungs- und Aufsichtssystem zu schaffen, welches dem Schattendasein von AIFM endgültig einen Riegel vorschiebt.

Göttinger Schriften zum Wirtschaftsrecht

Herausgegeben von Olaf Deinert, Torsten Körber, Rüdiger Krause, Gerald Spindler und Andreas Wiebe

Die Schriftenreihe *Göttinger Schriften zum Wirtschaftsrecht* bietet ein Forum für herausragende Dissertationen, Monographien und Sammelbände. Inhaltlich deckt die Reihe das zivile deutsche und internationale Wirtschaftsrecht in seiner ganzen Bandbreite ab. Neben dem klassischen Handels- und Gesellschaftsrecht ist Raum für Versicherungs- und Kapitalmarktrecht sowie – den Schwerpunkten der Göttinger Fakultät entsprechend – insbesondere für medien-, wettbewerbs- und arbeitsrechtliche Thematiken.

Die Reihe richtet sich an Wissenschaftler und Praktiker in Anwaltschaft, Behörden, Verbänden und Unternehmen.

Band 1 Andreas Reißmann: Äußerungsrechtliche Schutzpflichten. Der Schutz vor herabsetzenden, unwahren und indiskreten Äußerungen im Vertragsrecht durch § 241 Abs. 2 BGB. 2012.

Band 2 Kathrin Brandt: Gleichstellungsquote im Aufsichtsrat der Aktiengesellschaft. 2012.

Band 3 Julius Raapke: Die Regulierung der Vergütung von Organmitgliedern und Angestellten im Aktien- und Kapitalmarktrecht. 2012.

Band 4 Henning Hilke: Risiko und Bankenaufsicht. Eine rechtsvergleichende Analyse der präventiven Begrenzung bankbetrieblicher und systemischer Risiken. 2014.

Band 5 Patrick Alexander Andrä: Bilanzierung von Immaterialgüterrechten nach HGB und IFRS. 2014.

Band 6 Mohamed Bou Sleiman: Contingent Convertible Bonds. Zweck, Ausgestaltung und rechtliche Rahmenbedingungen. 2015.

Band 7 Florian Krack: Möglichkeiten individueller Aufsichtsratsvergütungen in der deutschen Aktiengesellschaft. 2015.

Band 8 Sara Tancredi: Die Regulierung von Hedge-Fonds und Private Equity in Europa und den USA. Eine rechtsvergleichende Untersuchung der AIFM-Richtlinie und des Dodd-Frank-Act unter ergänzender Einbeziehung des AIFM-Umsetzungsgesetzes und der EuVECA-VO. 2016.

www.peterlang.com

www.ingramcontent.com/pod-product-compliance
Ingram Content Group UK Ltd.
Pitfield, Milton Keynes, MK11 3LW, UK
UKHW021837290926
8980IPUK00004B/514

9 783631 668047